Kamtschatka

Zu den Bären und Vulkanen im Nordosten Sibiriens

Andreas von Heßberg

Trescher Verlag

2., erweiterte und aktualisierte Auflage 2012

Trescher Verlag
Reinhardtstr. 9
10117 Berlin
www.trescher-verlag.de

ISBN 978-3-89794-195-3

Herausgegeben von Bernd Schwenkros und
Detlev von Oppeln

Reihenentwurf und Gesamtgestaltung:
Bernd Chill
Gestaltung, Satz, Bildbearbeitung: Ulla Nickl
Lektorat: Sabine Fach
Stadtpläne und Karten: Johann Maria Just,
Martin Kapp

Das Werk einschließlich seiner Teile ist urheberrechtlich geschützt. Jede Verwertung ist ohne Zustimmung des Verlages unzulässig. Dies gilt insbesondere für den Aushang, Vervielfältigungen, Übersetzungen, Nachahmungen, Mikroverfilmung und die Einspeicherung und Verarbeitung in elektronischen Systemen.
Alle Angaben in diesem Buch wurden sorgfältig recherchiert und überprüft, trotzdem kann für die Richtigkeit keine Gewähr übernommen werden. Hinweise und Informationen unserer Leserinnen und Leser nimmt der Verlag gerne entgegen.

Gedruckt auf chlorfrei gebleichtem Papier

Printed in Germany

Land und Leute

Reisevorbereitung und Ausrüstung

Reiseziele

Reisereportagen

Sprachführer

Reisetipps von A bis Z

Anhang

[4] Inhalt

Vorwort	9
Hinweise zur Benutzung dieses Reiseführers	10
Das Wichtigste in Kürze	11

Land und Leute   12

Geographie   14
Klima   16
Reisezeit   18
Geologie und Vulkanismus   18
Ausgewählte Vulkane Kamtschatkas   22
Die Böden   24
Vegetation   26
Tierwelt   34
Namensliste der Süßwasser-Fischarten Kamtschatkas   38

Naturschutz   41
Schutzgebiete   41
Umweltschäden   43
Illegale Jagd   45
Naturschutz in Russland   48

Die indigene Bevölkerung   50
Itenmenen   50
Korjaken   52
Tschuktschen   53
Evenen   54
Ainu   56
Aleuten   56

Russische Besiedlungsgeschichte   66
Wissenschaftliche Expeditionen vom 17. bis 19. Jahrhundert   69
Erste Kamtschatka-Expedition (1725–1730)   71
Große Nordische Expedition (1733–1743)   72
Weitere Expeditionen   76

Politik und Wirtschaft   78
Edelmetalle und andere Bodenschätze   80
Energiegewinnung   81

Forstwirtschaft	82
Landwirtschaft	83
Fischerei	84
Tourismus	85

Reisevorbereitung und Ausrüstung 88

Bürokratie 90
Einladung 90
Visum 91
Einreise und Registrierung 93
Regelungen für Kamtschatka 93
Sperrgebiete 94
Genehmigungen für Naturschutzgebiete 94
Reiseanbieter und ihre Programme 96

Individuelles Reisen 99
Anreise 99
Unterwegs auf Kamtschatka 101
Landkarten und Navigation 107

Ausrüstung für die Wildnis 108
Bekleidung 109
Übernachten 114
Sonstige Ausrüstung 115
Die Wildnisküche 116
Der richtige Proviant 118
Die Reiseapotheke 120

Verhalten gegenüber Bären 122
Vorsichtig sein 122
Eindeutiges Verhalten 122
Bärenkontakt 122
Angriff eines Bären 124
Lagerplatz und Lebensmittel 124

Angel- und Bootstouren auf Kamtschatka 126
Anreise 126
Vorkommende Fischarten 127
Angellizenz 128
Flüsse 129
Ausrüstung 130

[6] Inhalt

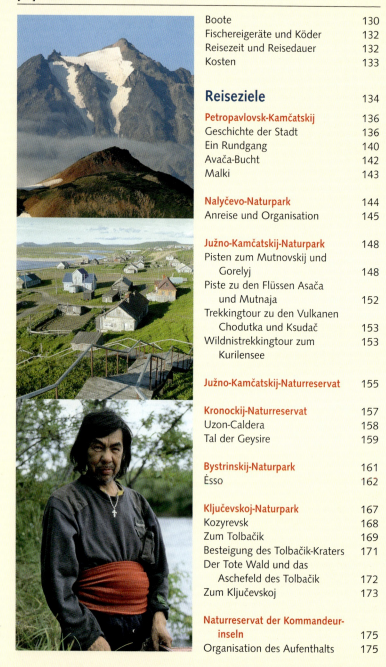

Boote	130
Fischereigeräte und Köder	132
Reisezeit und Reisedauer	132
Kosten	133

Reiseziele 134

Petropavlovsk-Kamčatskij 136
Geschichte der Stadt 136
Ein Rundgang 140
Avača-Bucht 142
Malki 143

Nalyčevo-Naturpark 144
Anreise und Organisation 145

Južno-Kamčatskij-Naturpark 148
Pisten zum Mutnovskij und Gorelyj 148
Piste zu den Flüssen Asača und Mutnaja 152
Trekkingtour zu den Vulkanen Chodutka und Ksudač 153
Wildnistrekkingtour zum Kurilensee 153

Južno-Kamčatskij-Naturreservat 155

Kronockij-Naturreservat 157
Uzon-Caldera 158
Tal der Geysire 159

Bystrinskij-Naturpark 161
Èsso 162

Kljùčevskoj-Naturpark 167
Kozyrevsk 168
Zum Tolbačik 169
Besteigung des Tolbačik-Kraters 171
Der Tote Wald und das Aschefeld des Tolbačik 172
Zum Kljùčevskoj 173

Naturreservat der Kommandeurinseln 175
Organisation des Aufenthalts 175

Inhalt [7]

Anreise	176
Nikol'skoe	177
Naturreservat Korjakskji	179

Reisereportagen 180

Die Beringia	182
Bei den Einsiedlern von Karaginskij	187
Um den Vulkan Ključevskoj	192
River and Ice	203
Auf hohen Vulkangipfeln und unbekannten Bärenpfaden	209
Wanderung zur Uzon-Caldera und zum Tal der Geysire	217
Zu Fuß vom Kurilensee zum Mutnovskij	228
Angelabenteuer an der Opala	240
Auf dem Vulkan	243
Jenseits der Komfortzone	245
Voll durchorganisiert oder individuell?	250

Sprachführer 252

Reisetipps von A bis Z 265

Literatur	292
Kamtschatka im Internet	298
Artenliste Säugetiere	300
Artenliste Vögel	306
Über den Autor, Danksagung	319
Register	320
Bildnachweis	323
Kartenregister	336

Essays

Der WWF auf Kamtschatka	49
Seehundsfest und Rentiertanz	57
Graf von Benjowski	70
pro Sibiria e.V. – Partnerschaft mit Sibirien	77
Die Manfred-Hermsen-Stiftung auf Kamtschatka	166

Vorwort

»*Nur das Schöne kann die Welt retten*«
Fëdor M. Dostoevskij

»Wo, bitte schön, liegt Kamtschatka?« Diese Frage bekam ich sehr häufig im Vorfeld meiner zahlreichen Berichte und Vorträge zu Kamtschatka gestellt. Aber diejenigen, die schon einmal von dieser fernen Halbinsel im Osten Russlands hörten oder gar Bilder gesehen haben, bekommen einen glasigen Blick. Die Assoziationen, die mit dem Wort Kamtschatka verbunden sind, verursachen Neugierde und Reisesehnsucht. Wer an Kamtschatka denkt, der hat Vulkane, Bären, Lachse und pure Wildnis vor Augen. Das Gebiet ist nicht nur elf Zeitzonen von Deutschland entfernt, es war auch viele Jahrzehnte für normale Westeuropäer gesperrt. Aufgrund der Abgeschiedenheit, der niedrigen Bevölkerungsdichte, der geringen Nutzung der Naturressourcen und nicht zuletzt wegen der Sperrung großer Gebiete als strategisch und militärisch bedeutsames Grenzgebiet zu den USA ist die Natur auf der Halbinsel Kamtschatka bis heute größtenteils in einem ursprünglichen Zustand geblieben. Eine ständig wachsende Zahl an Abenteuer- und Naturtouristen wird durch die vielfältigen Aktivitätsmöglichkeiten und Naturphänomene nach Kamtschatka gelockt.

Dieser Reiseführer wendet sich sowohl an diejenigen Besucher Kamtschatkas, die mit Reiseagenturen unterwegs sind und Näheres zum bereisten Gebiet oder zur Landeskunde wissen möchten, als auch an die Individualisten, die mehr Hilfe und Ratschläge während der Vorbereitung und Durchführung benötigen.

Das Wort Massentourismus kennt man auf Kamtschatka glücklicherweise noch nicht. Dennoch wächst die touristische Infrastruktur von Jahr zu Jahr. Es werden Wanderpfade in den zahlreichen Naturparks angelegt, Holzhütten gebaut und Zeltplätze mit Bademöglichkeiten an warmen Quellen eingerichtet. Die Anzahl der im Tourismussektor beschäftigten Menschen wächst zunehmend, was sich vor allem an der großen Zahl lokaler Reiseagenturen zeigt. Ob man eine Trekkingtour durch die Wildnis macht oder mit dem Schlauchboot zum Lachsfischen fährt, ob man mit dem Lkw zu den Vulkanen oder per Helikopter in entfernte Landesteile gebracht wird – die Vielfalt an Angeboten ist groß. Für Alleinreisende und spontan Entschlossene ist es jedoch nach wie vor nicht ganz einfach, sich ohne handfeste Informationen selbst zu organisieren.

Der vorliegende Reiseführer wird abgerundet durch kurze Reiseberichte und Abenteuergeschichten von diversen Autoren, die Kamtschatka auf unterschiedlichste Arten bereisten. Sie decken die ganze Bandbreite an Aktivitäten, die auf Kamtschatka möglich sind, ab. Gegenüber der ersten Auflage wurden einige Reisereportagen herausgenommen und neue eingefügt. Die Leser können in die einzelnen Abenteuer abtauchen, können mit den Autoren leiden und sich freuen und werden die eine oder andere Zusatzinformation aus den Texten herausfiltern. Schließlich wird das Buch so auch noch zu einer interessanten und unterhaltsamen Reiselektüre.

Blühende Weidenröschen auf dem Weg zum Vulkan Ključevskoj

Hinweise zur Benutzung

Dieses Buch ist all jenen gewidmet, die sich für einen nachhaltigen Schutz der Landschaften Kamtschatkas, deren Tier- und Pflanzenwelt sowie deren indigener Bevölkerung einsetzen.

Das Kapitel **Land und Leute** am Anfang des Buches bietet einen kurzen, leicht verständlichen Überblick über die Natur Kamtschatkas und die heutige Situation der Menschen und der Gesellschaft.
Damit besonders der Individualtourist für seine Reiseplanung und die erfolgreiche Durchführung genug Hilfen erhält, wird im Kapitel **Reisevorbereitung und Ausrüstung** ausführlich auf organisatorische und bürokratische Voraussetzungen eingegangen. Der Gruppenreisende wiegt sich ja in der Regel in der Sicherheit eines vorher organisierten Programmablaufes.
Das Kapitel **Reiseziele** stellt alle Orte und Nationalparks vor, die für Touristen zugänglich sind, was nicht heißt, dass sie mühelos bereist werden können.
Im Anschluss an die bereits erwähnten **Reiseberichte** fassen die **Reisetipps von A bis Z** das Wichtigste in Kürze zusammen. Im Anhang finden sich ein Personen- und Ortsregister, Literatur- und Internethinweise sowie Übersichtstabellen über Pflanzen und Tiere.
Die aus der russischen Sprache übernommenen Eigennamen und Begriffe sind in den international standardisierten Transliterationsregeln für das kyrillische Alphabet gehalten, einige Namen wurden aber in der eindeutschenden Schreibweise beibehalten, so heißt Kamčatka in diesem Buch beispielsweise Kamtschatka. Schwierigkeiten ergaben sich vor allem bei russischen Wörtern, die aus historischen deutschen Quellen stammen und nicht mit der ursprünglichen kyrillischen Schreibweise verglichen werden konnten.
Die Namen der geographischen Bezeichnungen von Flüssen, Bergen und Landschaften sind aus der aktuellen Ausgabe (1996) der russischen Generalstabskarten im Maßstab 1:200 000 entnommen. Eine ausführliche Darstellung der Transliteration des russischen Alphabets ins lateinische sowie die Übersetzungen einiger russischer Redewendungen und wichtiger Wörter befindet sich im **Sprachführer** auf → S. 252.
Im Text verwendete **Lebens- oder Geschichtsdaten** sind in der Regel nur bei der jeweils ersten Nennung der Person oder des Ereignisses angegeben worden. Fehlen diese Daten, so sind sie nicht zu ermitteln gewesen. Da in Russland noch bis 1917 der Julianische Kalender galt, können andere Literaturquellen abweichende Daten ausweisen.
Die **Pflanzennamen** sind aus den aktuellsten Artenlisten der Flora Kamtschatkas entnommen. Die im Text verwendeten lateinischen Namen können stark von den Namen in anderen Quellen abweichen. Auch hier gilt der Spruch: Viele Köche verderben den Brei. Die Abkürzung ›spp.‹ hinter einem latei-

Reittour im Bystrinskij-Naturpark

nischen Gattungsnamen bezeichnet den Begriff ›Spezies‹ (Art), wenn die Art nicht genau bestimmt werden konnte.

Die **Angaben zu Preisen** entsprechen, wenn nicht anders erwähnt, dem Kenntnisstand von Ende 2011 und sind in Rubel oder Euro angegeben.

Die Angaben zu den verwendeten oder weiter empfohlenen Internetseiten entsprechen dem Stand vom Herbst 2011.

Jede Art von Veränderungen und neuen Erkenntnissen, aber auch von Hinweisen und Verbesserungsvorschlägen werden dankbar vom Autor und Verlag angenommen. In einer Region, in der sich die Gesellschaft, Wirtschaft und Infrastruktur so schnell ändert wie in dem riesigen Gebiet Russlands, wird ein Reiseführer dieser Art nie auf dem aktuellen Stand sein können.

Das Wichtigste in Kürze

Einreise

Es besteht **Visumpflicht**, die Prozedur ist kompliziert und kann nur persönlich und nicht per Post bei der Botschaft erledigt werden. Wer keine Erfahrung hat, sollte sich an eine spezielle Agentur wenden, bei Pauschalreisen erledigt dies in der Regel der Veranstalter. Benötigt wird ein noch sechs Monate gültiger Reisepass, der Nachweis einer Reisekrankenversicherung und ein Nachweis der Rückkehrwilligkeit (z. B. Nachweis eines regelmäßigen Einkommens durch Arbeits- und Verdienstbescheinigung, Registrierung der eigenen Firma, Nachweis von Wohneigentum usw.). **Visabedingungen** können sich jederzeit ändern und sollten immer aktuell bei den russischen Botschaften oder Konsulaten erfragt werden (www.russisches-konsulat.de).

Geldwechsel

1 Euro entspricht etwa 40 Rubel, wobei man in vor Ort günstiger tauscht als in Deutschland. In Petropavlovsk gibt es Wechselstuben und Geldautomaten, an denen man mit der ec-Karte abheben kann. Euro und US-Dollar können problemlos getauscht werden. In größeren Geschäften, Restaurants, Hotels etc. kann man meist auch mit Kreditkarte bezahlen. Man sollte Dollar- oder Euroscheine in kleiner Stückelung mitzunehmen.

Verständigung

Ohne Russischkenntnisse ist es schwieriger, zumindest die Kenntnis des **kyrillischen Alphabets** hilft bei der Orientierung. Englischkenntnisse kann man außerhalb der Partnerstrukturen westlicher Reiseanbieter nicht unbedingt erwarten.

Telefonieren

Mobiltelefone funktionieren auf Kamtschatka nicht überall. Innerhalb der besiedelten Gebiete rund um Petropavlovsk und Elizovo gibt es keine Lücken im Empfang.

Für **Festnetzgespräche** nach Hause geht man am besten in ein Hotel oder in ein Postamt.

Nach Deutschland wählt man die Landesvorwahl 0049 (oder +49) und dann die Ortsnetzvorwahl ohne die Null sowie die Rufnummer. Nach Österreich wird statt der 49 die 43 gewählt, in die Schweiz die 41.

Wer in der Wildnis unterwegs ist, sollte über die Mitnahme eines **Satellitentelefons** nachdenken.

Ausführliche Hinweise in den Reiseinformationen ab S. 88 und in den Reisetipps von A bis Z ab S. 265.

Verstand wird Russland nie verstehen,
Kein Maßstab sein Geheimnis rauben;
So wie es ist, so lasst es gehen –
An Russland kann man nichts als glauben.

*Fëdor Ivanovič Tjutčev (1803–1873),
russischer Dichter und Diplomat*

Land und Leute

Geographie

Die Halbinsel Kamtschatka erstreckt sich etwa 1600 Kilometer von Nord nach Süd und ist ungefähr 250 000 Quadratkilometer groß. Die maximale Breite ist 470 Kilometer. Im Westen, zwischen der Halbinsel und dem sibirischen Festland, liegt das Ochotskische Meer. Im Osten erstreckt sich der Nordwest-Pazifik, die Beringsee, die Alaska von Asien trennt. Die Südspitze liegt bei 51° Nord und 157° Ost, die schmale Landbrücke zum sibirischen Festland liegt auf dem 62. nördlichen Breitengrad. Diese geographische Lage entspricht in Europa der Region von Brüssel nach Trondheim.

Der Name Kamtschatka bezeichnet sowohl die gesamte Halbinsel (etwa 370 000 Quadratkilometer) als auch die Verwaltungsregion (russisch kraj), der nicht nur die gesamte Halbinsel angehört, sondern auch weite Teile des nördlich davon gelegenen Gebietes. Dies mag zu Verwirrungen führen. Die ursprüngliche Verwaltungseinheit (Förderationssubjekt, russisch oblast' ›Kamtschatka‹ existierte seit 1932 und hatte eine Fläche von 472 300 Quadratkilometern, was etwas mehr als der Fläche von Deutschland und Österreich entspricht. Seit 1991 waren Kamtschatka (179 737 Quadratkilometer) und Korjakien (292 563 Quadratkilometer) verwaltungstechnisch getrennt. Seit 1. Juli 2007 sind beide Verwaltungseinheiten zur Region (kraj) Kamtschatka zusammengeführt worden (Volksabstimmung dazu am 22.10.2005). Die Verwaltungseinheit ›Region Kamtschatka‹ besteht aus elf Rajons (Landkreisen) und drei Stadtkreisen.

Dieser Reiseführer deckt größtenteils das ehemalige Verwaltungsgebiet Kamtschatka ab, da der touristisch sehr gering erschlossene Norden der Halbinsel, der ehemalige Autonome Korjakische Bezirk (russisch okrug) kaum von

Die Ganali-Berge nordwestlich von Petropavlovsk

Gebirgsbach an seiner Quelle

Touristen besucht wird. Zum Gebiet Kamtschatka gehören auch die beiden im Pazifik liegenden Kommandeurinseln (Komandorskie ostrova). Die Kurileninseln (Kuril'skie ostrova) im Süden Kamtschatkas gehören schon zum Verwaltungsgebiet Sachalin.

Zum Volkszählungstermin am 1. Januar 2010 beherbergte der gesamte Kraj Kamtschatka 342 250 Einwohner, die überwiegend russischer Abstammung sind (0,7 Einwohner/Quadratkilometer). Daneben gibt es die Volksgruppen der Korjaken (2%), Itenmenen (0,64%) und Evenen (0,52%), welche die Urbevölkerung Kamtschatkas darstellen. Momentan verlassen etwa 5000 Einwohner pro Jahr die Halbinsel in Richtung russisches Festland. Das Leben auf Kamtschatka muss nach wie vor massiv vom russischen Staat subventioniert werden, da die lokale Wirtschaft nicht leistungsfähig genug ist. Deshalb gibt es ein staatlich gefördertes Aussiedlungsprogramm ins russische Kernland. Die Geburtenrate ist mit etwa 2500 Kindern pro Jahr gering. Die größten Siedlungen sind die Regionshauptstadt Petropavlovsk-Kamčatskij (195 200 Einwohner), Elizovo (40 100), Ust'-Kamčatsk (13 400) und Mil'kovo (11 500) (Zahlen von 2010).

Aufgrund der reichlich vorhandenen Niederschläge gibt es auf der Halbinsel Kamtschatka etwa 14 100 Flüsse und mehr als 100 000 Seen. Die meisten dieser Flüsse besitzen eine Länge von unter zehn Kilometern. Es sind aber auch 105 Flüsse darunter, deren Länge über 100 Kilometer beträgt. Der längste Fluss ist der im zentralen Tal der Halbinsel nach Norden fließende Kamčatka-Fluss mit einer Länge von etwa 700 Kilometern. Der größte See ist mit 24 680 Hektar der Kronockij-See (ozero Kronockoe), davon sind 60 Hektar Inseln. Der zweitgrößte See ist der im Süden Kamtschatkas gelegene Kurilensee (ozero Kuril'skoe) mit einer Wasserfläche von etwa 76 Hektar.

Klima

Das Klima der Halbinsel Kamtschatka ist geprägt durch die geographische Lage am östlichen Rand der großen asiatischen Landmasse und durch die hohen Bergmassive. Es kann als nördliches (boreales) Klima bezeichnet werden, allerdings mit maritimen Einflüssen durch den nahen Pazifik und das Ochotskische Meer (Ochotskoe more). Die relativ niedrigen Jahresdurchschnittstemperaturen dieses borealen Klimas werden durch die lang anhaltenden Wintermonate und den kurzen Sommer bedingt.

Allerdings liegen die Temperaturen Kamtschatkas in einem weit gemäßigteren Rahmen als auf dem sibirischen Festland. Die maritime Umgebung mit den großen temperaturausgleichenden Wassermassen lässt die tiefsten Wintertemperaturen nur selten unter −35°C fallen, die Sommerhöchsttemperaturen dagegen selten über 30°C steigen. Gegenüber dem Festland ist die Jahressumme an Niederschlägen jedoch höher, wobei die niederschlagsreichsten Monate im Herbst und Winter liegen. Allgemein sind die Niederschlagsmengen im Südosten der Halbinsel mit etwa 2500 Millimetern pro Quadratmeter im Jahr höher als im Nordwesten. Die trockenste Region ist das zentrale Kamtschatka-Tal zwischen der westlichen und der östlichen Bergkette, nördlich der Stadt Mil'kovo. Das abgebildete Klimadiagramm von Petropavlovsk-Kamčatskij (24 m ü.N.N., 52°59'N und 158°39'E, 1185 mm Jahresniederschlag, 2,4°C Jahresdurchschnittstemperatur) stellt ein Beispiel für das Klima der Südostküste dar.

Im Hochsommer kann besonders im Mutnovskij-Gebiet noch viel Schnee liegen

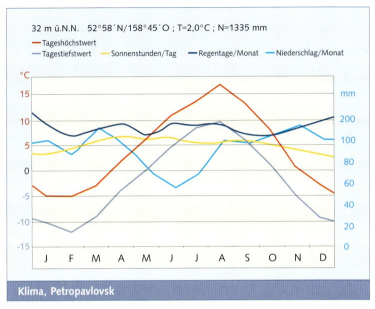

Klima, Petropavlovsk

Die abwechslungsreiche Topographie Kamtschatkas mit den Bergketten und einzeln stehenden Vulkanen, in unterschiedlicher Distanz zur Küste, den Flüssen und Seen verursacht ein vielfältiges und oft sehr kleinräumiges Mosaik an lokalen Wettererscheinungen und Mikroklimaten. Es kann oben am Berg der Orkan pfeifen und aus allen Schleusen regnen, während unten im Tal von beidem nichts zu spüren ist. So muss sich ein Kamtschatkareisender darauf einstellen, dass er jederzeit von heftigen Winden, anhaltenden Regenfällen oder gar Schneefällen überrascht werden kann. Man kann aber auch frühmorgens das Zelt öffnen und zehn Meter Sichtweite im dichten Nebel haben. Die entsprechende Ausrüstung und warme Bekleidung sollte somit auch bei einem Sommeraufenthalt nicht fehlen.

Im Gegensatz dazu gibt es im Juli und August auch lang anhaltende Schönwetterperioden mit stabiler Hochdruckwetterlage und Tagestemperaturen von 20 bis 25°C. Der September hat ebenfalls häufig noch sehr schöne Sonnentage zu bieten hat, dann allerdings schon mit kalten oder leicht frostigen Nächten.

Die wohl schönste Erscheinung des Wettergeschehens auf Kamtschatka sind die Wolkenbilder und intensiven Regenbögen. Besonders die einzeln stehenden Vulkane haben einen starken Einfluss auf die Strömungsrichtung, Verwirbelungsmuster und Geschwindigkeit der Luftmassen und der in ihr mittransportierten Feuchtigkeit. So kann man bei hohen Windgeschwindigkeiten und entsprechend sonnigem Wetter über oder neben den Gipfeln dieser Vulkane kreisrunde Föhnwolken, sogenannte ›Föhnfische‹ oder ›UFO-Wolken‹ (Cumulus im aufsteigenden Teil, Lenticularis als Linsen), sehen, die dort oft den ganzen Tag über stabil stehen bleiben.

Reisezeit

Die Wintersaison fängt im Oktober an und dauert bis weit in den Mai hinein, allerdings wieder abgängig vom jeweiligen Mikroklima. Einige Gebiete im Süden Kamtschatkas beanspruchen den Titel ›schneereichste Region der Erde‹, was auf die ungeheueren Schneemengen hinweist. Für Winteraktivitäten, zum Beispiel per Ski oder Hundeschlitten, gibt es somit genug Möglichkeiten.

Die ideale Reisezeit innerhalb der drei günstigen Sommermonate Juli bis September ist abhängig von den individuellen Aktivitäten. Wer ornithologisch interessiert ist, sollte gleich im Juni nach Kamtschatka kommen. Dagegen kann der botanisch Interessierte ab Anfang Juli die volle Blütenpracht der Wiesen und Wälder bestaunen. Mit Stechmücken und diversen blutsaugenden Fliegen hat jeder Besucher von Juni bis September zu kämpfen, in manchen Jahren schwach ausgeprägt, in einigen Jahren aber auch als dichte Plage auftretend (so z.B. 2011). Wer auf Angeln aus ist, der muss sich an die Laichzüge der Lachse halten. In manchen Jahren bleiben diese aber aus oder sind nur sehr schwach ausgeprägt. Wer sich für Bergsteigen oder die Besichtigung von Vulkanen interessiert, braucht stabile Hochdruckgebiete. Diese sind Ab Mitte August häufiger. Dann ist auch der größte Teil des Schnees in den Hochlagen abgeschmolzen.

Geologie und Vulkanismus

Die Halbinsel Kamtschatka wird von zwei parallelen Bergketten durchzogen, die sich von südwestlicher in nordöstlicher Richtung erstrecken: die Westliche oder Zentrale Bergkette (Zapadnyj oder Sredinnyj chrebet) und die Östliche Bergkette (Vostočnyj chrebet). Beide bestehen aus kristallinem und metamor-

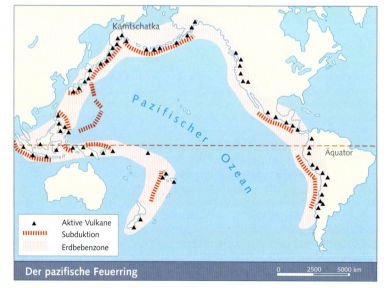

Der pazifische Feuerring

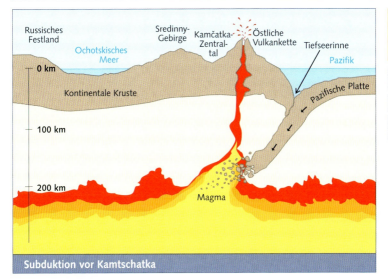

Subduktion vor Kamtschatka

phem präkambrischem und paleozoischem Gestein im Zentrum und jüngerem meso- und känozoischen Flankenmaterial. In der Westlichen Bergkette, die zwischen 1000 und 2000 Meter hohe Gipfel besitzt, gibt es nur einen einzigen aktiven Vulkan, den 3621 Meter hohen Ičinskij (Ičinskaja Sopka). Zwischen den beiden Bergketten liegt eine ausgedehnte bis zu 150 Kilometer breite Vertiefung, die höchstwahrscheinlich durch tektonische Aktivitäten entstanden ist. Hier liegen die breiten Täler des Kamčatka- und Bystraja-Flusses. Der nach Norden fließende Kamčatka-Fluss ist der längste Fluss der Halbinsel. Er ist die Lebensader der entlang seiner Ufer liegenden Siedlungen und der Städte Mil'kovo, Ključi, Ust'-Kamčatsk.

Die Region zwischen der Westlichen Bergkette und dem Ochotskischen Meer ist geprägt durch waldfreie Tundra, Sümpfe und Moore mit Torfmächtigkeiten von bis zu acht Metern. Die gesamte Westküste ist sehr flach, während die Ostküste schroff und steil ist und nur wenige Strände mit Kies oder Sand besitzt. An der Ostküste gibt es eine große Anzahl von Buchten und Naturhäfen, darunter auch der ideale natürliche Seehafen, die Avača-Bucht (Avačinskaja guba), an der auch die Hauptstadt Petropavlovsk liegt.

Die geologische Entstehung und Entwicklung Kamtschatkas beruht auf einem engen Zusammenspiel von tektonischen und vulkanischen Aktivitäten und der Erosionskraft der umgebenden Meere. Man geht davon aus, dass schon im späten Pliozän und frühen Pleistozän, also ab etwa 2,5 Millionen Jahre vor unserer Zeit, ein großer Magmaausfluss am Boden des Pazifischen Ozeans die ersten Berge geschaffen hatte. Kaum schauten diese Berge über die Meeresoberfläche, waren sie der hohen Erosionskraft der Meereswellen ausgesetzt. Im mittleren Pleistozän, vor ungefähr 380 000 bis 130 000 Jahren, entstanden dann zahlreiche Schild- und Stratovulkane, wobei die stark explosiven Ausbrüche dieser Zeit auf

Geologie und Vulkanismus

einen hohen Gasdruck im Magma schließen lassen. Aus dieser Zeit stammen die heutigen Großlandschaften der Halbinsel, besonders die Westliche und östliche Bergkette. Neben diesen beiden Gebirgszügen sind die großen Vulkanketten und die einzeln stehenden Feuerberge die wohl eindrucksvollsten und dominantesten geomorphologischen Erscheinungen der Halbinsel. Die meisten der 129 Vulkanberge entstanden im späten Pleistozän, bis vor 10 000 Jahren, und frühen Holozän, seit 10 000 Jahren, und sind seit dieser Zeit größtenteils nicht mehr aktiv. Aber nicht alle schweigen seitdem. Momentan werden 29 Vulkane als aktiv geführt, das sind zehn Prozent aller aktiven Vulkane weltweit.

Kamtschatka liegt am ›Pazifischen Feuerring‹ (›Ring of Fire‹), einer Kette von aktiven Vulkanen, geothermalen und seismischen Aktivitäten, die sich von Neuseeland und einigen Südseeinseln über Indonesien, die Philippinen, Taiwan, Japan, die Kurileninseln, Kamtschatka, die Aleuten, Alaska, und die Rocky Mountains bis hinunter zu den Anden zieht. Im Gebiet Kamtschatkas taucht die pazifische Platte unter die Eurasische Kontinentalplatte ab und wird in den Tiefen des oberen Erdmantels aufgeschmolzen. Die Gasphase und das freiwerdende Wasser erniedrigen den Schmelzpunkt der überlagernden Gesteine, und es bilden sich Magmen. Die zähflüssige Gesteinsschmelze dringt wegen der geringeren Dichte durch die Erdkruste nach oben. Die Geschwindigkeit dieser Subduktion (Abtauchung) ist unter dem Vulkankomplex der Ključevskaja Sopka und dem Ostryj Tolbačik im Nordosten Kamtschatkas am dramatischsten. Hier taucht die Pazifikplatte bis zu acht Zentimeter pro Jahr unter die Kontinentalplatte (zweitschnellste Subduktionsbewegung auf der Erde). Die Erde kommt hier nie zur Ruhe. Der Vulkan Ključevskoj ist mit 4688 bis 4835 Metern der höchste aktive Vulkan der Nordhalbkugel. Die Höhe des Gipfels variiert ständig aufgrund der vielen Ascheausbrüche (2011 ca. 4700 Meter).

Neben vulkanischen Aktivitäten gibt es eine Reihe anderer heißer Stellen auf Kamtschatka: Geysire, heiße Wasser- und Schlammquellen, kochende Schwefelseen und Schwefelwasserstoff ausdünstende Fumarolen.

Legende

1. Kambal'nyj
2. Koševela
3. Il'inskij
4. Želtovskij
5. Ksudač
6. Chodutka
7. Želtaja
8. Asača
9. Mutnovskij
10. Gorelyj
11. Viljučinskij
12. Opala
13. Korjakskij
14. Avačinskij
15. Dzendzur
16. Županovskij
17. Karymskij
18. Malyj Semljačik
19. Kichpinyč
20. Uzon
21. Kronockij
22. Kizimen
23. Ičinskij
24. Ostryj Tolbačik
25. Ploskij Tolbačik
26. Bezymjannyj
27. Ploskaja Dal'njaja
28. Ključevskoj
29. Šiveluč

Geologie und Vulkanismus

Die folgende Liste der bekanntesten aktiven Vulkane zeigt auch, dass die jüngsten Ausbrüche noch lange nicht beendet sind. Durch die Aufschmelzungsprozesse in der Erdkruste und das anschließende Aufdringen der Magmen entstehen auch in Verbindung mit Gasen eine Vielzahl von Gesteinen, Mineralien und Edelmetallen. Wer sich für das hochinteressante Fachgebiet Mineralogie aber auch für den Vulkanismus auf Kamtschatka interessiert, dem sei ein Besuch des Museums des Vulkanologischen Institutes in Petropavlovsk dringend empfohlen. Die Vulkane Kamtschatkas sind aufgrund der einzigartigen Kombination aus Vulkanismus und endemischer Tier- und Pflanzenwelt am 7. Dezember 1988 in die UNESCO World Heritage List aufgenommen worden.

Vulkane der Halbinsel Kamtschatka

Ausgewählte Vulkane Kamtschatkas

dt. Name (russ. Name)	Höhe über N.N.	nördliche Breite	östliche Länge	letzter Ausbruch
Nord-Kamtschatka				
Šiveluč (Шивелуч)	3307 m	56° 39« N	161° 21« E	1993
Ključevskoj (Ключевской)	4688 m	56° 03« N	160° 39« E	1994
Bezymjannyj (Безымянный)	2869 m	55° 58« N	160° 36« E	1997
Ploskij Tolbačik (Плоский Толбачик)	3062 m	55° 50« N	160° 24« E	1975–76
Ostryj Tolbačik (Острый Толбачик)	3672 m	55° 50« N	160° 20« E	unbekannt
Ploskaja Dal'njaja (Плоская Дальняя)	3903 m	56° 04« N	160° 29« E	1890
Ičinskij (Ичинский)	3621 m	55° 40« N	157° 43« E	unbekannt
Zentral-Kamtschatka				
Kizimen (Кизимен)	2375 m	55° 12« N	160° 19« E	1927–28
Kronockij (Кроноцкий)	3521 m	54° 45« N	160° 30« E	1941
Kichpinyč (Кихпиныч)	1552 m	54° 29« N	160° 14« E	unbekannt
Uzon (Узон)	1591 m	54° 30« N	159° 55« E	1986
Malyj Semljačik (Малый Семлячик)	1563 m	54° 08« N	159° 40« E	1894
Karymskij (Карымский)	1468 m	53° 03« N	159° 27« E	seit 1996
Dzendzur (Дзендзур)	2154 m	53° 37« N	159° 00« E	unbekannt

Ausgewählte Vulkane Kamtschatkas [23]

dt. Name (russ. Name)	Höhe über N.N.	nördliche Breite	östliche Länge	letzter Ausbruch
Županovskij (Жупановский)	2923 m	53° 35« N	159° 08« E	1956–57
Korjakskij (Корякский)	3458 m	53° 19« N	158° 43« E	1957
Avačinskij (Авачинский)	2741 m	53° 15« N	158° 51« E	1991

Süd-Kamtschatka

Viljučinskij (Вилючинский)	2173 m	52° 25« N	158° 15« E	unbekannt
Gorelyj (Горелый)	1829 m	52° 32« N	158° 02« E	2010
Mutnovskij (Мутновский)	2322 m	52° 27« N	158° 12« E	1960–61
Asača (Асача)	1909 m	52° 21« N	157° 50« E	unbekannt
Želtaja (Желтая)	885 m	52° 20« N	157° 54« E	unbekannt
Opala (Опала)	2460 m	52° 32« N	157° 20« E	1894
Chodutka (Ходутка)	2089 m	52° 04« N	157° 42« E	unbekannt
Lukina (Ksudač/Ксудач)	1079 m	51° 49« N	157° 32« E	1907
Želtovskij (Желтовский)	1957 m	51° 35« N	157° 20« E	1923
Il'inskij (Ильинский)	1577 m	51° 30« N	157° 12« E	1901
Košeljuva (Кошелёва)	1853 m	51° 21« N	156° 45« E	1690 (?)
Kambal'nyj (Камбальный)	2161 m	51° 18« N	156° 54« E	unbekannt

Lava- und Aschefeld südlich des Tolbačik

Die Böden

Die entscheidenden Faktoren der Bodenbildung in Kamtschatka sind der Vulkanismus und der Permafrost. Die häufigsten Bodentypen sind aus vulkanischem Material entstanden und mit einem hohen Anteil vulkanischer Glase durchsetzt, sogenannte Andosole (die Bodennamen sind angelehnt an die internationale Nomenklatur der World Reference Base for Soils). In den Hochlagen der Berge und auf jungen vulkanischen Flächen findet man wenig entwickelte Böden, sogenannte Leptosole.

Vulkanische Böden

Der größte Teil Kamtschatkas ist bedeckt mit mehreren unterschiedlich alten Schichten vulkanischer Aschen und pyroklastischem Material (Bims). Dieses Material kann sowohl durch die Auswürfe der Vulkane als auch durch die Ablagerungen der Flüsse verteilt werden. Das führt oft soweit, dass riesige Landschaften komplett eingeebnet werden, wie am Nordrand des Vulkans Ksudač im Süden Kamtschatkas. Diese Böden können zwar sehr leicht von Pflanzen durchwurzelt werden, allerdings besitzt dieses Material eine sehr geringe Wasserspeicherkapazität. So können sich auf den reinen Bimssteinflächen in den ersten Jahrzehnten, bis es zu einer nennenswerten Akkumulation von Feinerde und einer Bodenbildung gekommen ist, nur spezialisierte Flechten halten. Vulkanische Aschen können in ihrer chemischen Zusammensetzung recht unterschiedlich sein. Basische Aschen besitzen eine hohe Kationen-Austauschkapazität, was zu einer raschen Aufnahmemöglichkeit der Mineralien durch die Pflanzenwurzeln führt und dementsprechend zu üppigem Wachstum. Dagegen entwickeln sich auf sauren Aschen ärmere Böden mit einer niedrigeren Nährstoffversorgung für die Pflanzen.

Permafrostböden

Zusätzlich gibt es viele Böden, die unter Permafrostbedingungen entstanden sind oder sich noch unter dem Einfluss des Permafrosts befinden, sogenannte Cyrosole. Permafrostböden entstehen, wenn die mittlere Jahresdurchschnittstemperatur so niedrig ist, dass der Boden im kurzen Sommer in einer Tiefe ab einem Meter nicht mehr auftaut. Das ist in arktischen und subarktischen Gebieten oder in hochgelegenen Bergregionen der Fall. Zyklen von Auftauen und Frieren in den oberen Bodenschichten verursachen physikalische Prozesse im Boden, die zu charakteristischen Mustern an der Oberfläche führen, wie beispielsweise Polygonböden. Liegen die Permafrostböden an Hängen mit über zwei Grad Gefälle, so kommt die aufgetaute und aufgeweichte obere Bodenschicht im Sommer ins Rutschen. So entstehen Solifluktionsböden, die in den flachen Abschnitten wieder zum Stillstand kommen. Dadurch ist in den Senken eine Ansammlung von Bodenmaterial und ein höheres Pflanzenwachstum zu beobachten, während an den Hängen magere Böden liegen und dort wegen der ständigen Bodenbewegungen eventuell nur spezialisierte Pflanzenarten überleben können.

Sümpfe und Moore

Die Moore, Sümpfe und Feuchtgebiete im Westen und Norden der Halbinsel und in einigen Sonderstandorten sind geprägt durch einen weiteren Bodentyp, die Histosole. Es sind saure Böden, die durch eine hohe Wassersättigung gekennzeichnet sind. In solchen unter den Sümpfen und Mooren liegenden Böden ist der Anteil an organischem Material mit über 20 Prozent der Gesamtmasse hoch, weil die biologischen Abbauprozesse durch Mikroorganismen aufgrund der niedrigen Bodentemperaturen, des Säuregehaltes und des hohen Wasserstandes sehr langsam sind. Die wenigen spezialisierten Pflanzenarten, die an solche Böden angepasst sind, treten dafür flächendeckend auf und prägen das gesamte Landschaftsbild, etwa das Wollgras oder andere Sauergräser.

Herbstfärbung in der Tundra: Bärentraube

Vegetation

Die Vegetation der Halbinsel Kamtschatka kann im wesentlichen in sieben verschiedene pflanzengeographische Zonen unterteilt werden: die Tundra, die Erlen- und Kiefergebüschzone, die Nadelwälder, die Steinbirkenwälder, die Auenwälder, die Hochstaudengebiete, die Wiesen und die Feuchtgebiete.

Die Verteilung dieser Vegetationszonen innerhalb Kamtschatkas ist sowohl vom Klima, der Topographie und der Hangneigung als auch vom Boden und von äußeren Störungseinflüssen abhängig. Die Distanz zum Meer bestimmt die Temperaturschwankungen und Niederschlagsmengen im Jahresablauf und während der Vegetationsperiode. Die geographische nördliche Breite bestimmt die Länge der Vegetationsperiode. Je nördlicher, desto eher findet sich Tundravegetation. Gleiches gilt für die topographische Höhe an den Bergmassiven, wo sich Gebirgstundra befindet. Natürlich können sich die einzelnen Zonen vermischen oder mosaikartig ineinander greifen, zum Beispiel ein Flusslauf mit Auenvegetation in einer Tundrafläche oder ein lichter Steinbirkenwald, unter dem die Hochstauden besonders üppig wachsen.

Tundra

Das äußere Erscheinungsbild dieser Vegetationszone ist geprägt durch bis zu 30 Zentimeter hohe Zwergsträucher der Familie der Ericaceen wie zum Beispiel Rhododendron und Vaccinium, zahlreiche farbenprächtige Blumen sowie viele Flechtenarten der Gattungen Cladonia, Cetraria und Stereocaulon. Tundra kommt im Süden Kamtschatkas mosaikartig zwischen den anderen Vegetationszonen ab einer Meereshöhe von 400 Metern auf weniger entwickelten und nährstoffarmen Böden vor.

Im Norden Kamtschatkas, im ehemaligen Bezirk Korjakskij und im nördlich davon gelegenen Okrug Čukotskij (Чукотский автономный округ, Halbinsel Tschukotka), bedeckt die Tundra die Landschaft fast vollständig bis hinunter an die Küsten. Alle Pflanzenarten der Tundra sind sehr gut an kurze Vegetationsperioden mit langen Tagen, Permafrostböden oder karge, nährstoffarme Böden angepasst.

Die häufigsten Pflanzenarten sind Vaccinium uliginosum, Rhododendron aureum, Rhododendron camtschaticum, Salix spp. (Kriechweidenarten), Arctostaphylos alpinus, Empetrum sibiricum, Cassiope lycopodioides, Cassiope tetragona, Loiseleuria procumbens, Bryanthus gmelinii, Ledum decumbens, Phyllodoce caerulea, Betula exilis, Dryas octopetala, Oxyria digyna und Sibbaldia procumbens. Dazu kommen einige Sauergräser (Cyperaceae): Carex spp., Eriophorum spp., Eleocharis spp. und Süßgräser (Poaceae): Poa spp., Festuca spp.

Erlen- und Kieferngebüschzone

Nur zwei Pflanzenarten dominieren diesen auf Kamtschatka weit verbreitet vorkommenden Vegetationstyp (russisch Stlanik): die bis zu drei Meter hohe Zwergkiefer (Pinus pumila) und die bis zu fünf Meter hohe Kamtschatka-Erle (Alnus kamtschatica).

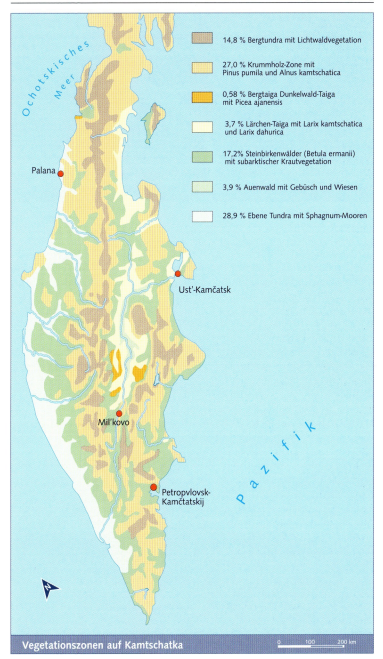

Vegetationszonen auf Kamtschatka

[28] Vegetation

Kriechweide in der Tundra

Diese Gebüschzone ist im Süden auf der Insel Sachalin ebenso zu finden wie auf den Kommandeurinseln. Sie ist stark an ein ozeanisch bis subkontinentales Klima gebunden und fehlt daher in den Gebieten, wo es zu trocken und warm (Zentralkamtschatka) oder zu kalt ist (ab einer Höhe von 1000 Metern). Was beide Gehölzarten ebenfalls nicht vertragen, ist eine zu starke Beschattung. Sie werden daher in den Tälern und Senken von konkurrenzkräftigeren Bäumen verdrängt. Das bedeutet aber auch, dass die Übergangszone mit Birken (Betula ermanii) und Lärchen (Larix gmelinii) durchwachsen ist. Zwischen beiden Gebüscharten gibt es jedoch auch eine klare Gebietstrennung: auf feuchten und regenreichen Flächen wächst die Erle und auf trockeneren Flächen die Kiefer. Zusätzlich findet man in dieser Gebüschzone noch: Sorbus sambucifolia, Rhododendron aureum und Juniperus sibirica. Diese Gebüschzone durchqueren zu müssen, ist eine wahre Herausforderung für jeden Kamtschatka-Wanderer. In einer Stunde nur 500 Meter voranzukommen, ist dann keine Seltenheit!

Moorsee im Bystrinskij-Park

Ein interessantes Erscheinungsbild bietet die Zwergkiefer in einigen Übergangsregionen zwischen der Gebüschzone und der Tundra, so beispielsweise im Kronockij-Naturreservates, wo sie speziell auf den Bergkuppen und Bergrippen wächst, während in den Senken Tundravegetation vorherrscht. Das ist mit dem Abfluss der Kaltluft und der Einwehung von Schnee in den Senken zu erklären. Auf den Kuppen apert die dünnere Schneedecke früher aus, und die Vegetationsperiode ist für die Kiefer ausreichend lang. Die Zwergkiefer wird in der Flora Kamtschatkas auch als Heil- und Nutzpflanze aufgeführt: ein Aufguss aus den Nadeln hilft gegen Skorbut, das abgestorbene Holz und die Nadeln sind ein ausgezeichnetes Brennmaterial, und die Samen in den Zapfen sind nahrhaft und gesund. Einige Tierarten haben diese Zapfen auch auf ihrem Speiseplan: der Tannenhäher (Nucifraga caryocatactes kamchatkensis), der Zobel (Martes zibellina kamchadalica) und schließlich der Kamtschatka-Braunbär (Ursus arctos beringianus).

Nadelwälder

Die Verbreitung dieses Vegetationstyps ist auf das zentrale Tal zwischen der westlichen und der östlichen Bergkette beschränkt, welche die Einflüsse der beiden Ozeane stark abmildern. Die Sommer sind hier heißer und trockener und die Winter kälter – ein Klima sehr ähnlich zu den kontinentalen Gebieten Jakutiens. Hier wachsen dichte und hohe Wälder aus mehrhundertjährigen Lärchen (Larix gmelinii), Fichten (Picea ajanensis), Pappeln (Populus tremula und Populus komarovii) und Birken (Betula ermanii und Betula japonica). Die meisten dieser Bäume wachsen gerade, so dass sie forstwirtschaftlich genutzt werden können. Leider wird aber auch hier, wie in großen Teilen Sibiriens, großflächig Kahlschlag betrieben, was die Landschaft besonders entlang der Pisten nicht besonders attraktiv erscheinen lässt. Ob das im Sinne der forstlichen Nachhaltigkeit liegt, ist bei den Holzzuwachsraten in diesem Klima und den erheblichen negativen Auswirkungen auf dieses Ökosystem äußerst zweifelhaft. Die hellgrünen Lärchenwälder mit den dunkelgrünen Fichten im Unterwuchs sowie den hellrosa blühenden Weidenröschen (Chamerion angustifolium) und den dunkelroten Rosenblüten (Rosa acicularis und Rosa rugosa) auf den Lichtungen gehören ohne Zweifel zu den ästhetischsten Anblicken der Vegetation Kamtschatkas. Weitere häufig vorkommende Arten dieser Vegetationszone sind Sorbus sambucifolia, Lonicera caerulea, Vaccinium vitis-idaea, Ledum palustre, Linnaea borealis, Lycopodium annotinum, Maianthemum dilatatum und verschiedene Arten der Familie Pyrolaceae.

Eine Besonderheit der Nadelwälder Kamtschatkas ist das im Südosten des Kronockij-Naturresevats gelegene nur etwa 16 Hektar große Gebiet der endemischen Tannenart Abies gracilis. Wieso diese Tannenart nur hier vorkommt, ist bis heute nicht geklärt. Es wird vermutet, dass diese Art von Ureinwohnern vor einigen hundert oder tausend Jahren von der Insel Sachalin eingeschleppt wurde und sich hier zu einer eigenständigen Art gebildet hat. Der Anblick dieses kleinen Nadelwaldes ist um so erstaunlicher, wenn man vorher tagelang durch Birkenwälder gelaufen ist und plötzlich vor dieser dunkelgrünen Wand steht. Im Winter erkennt man diesen immergrünen Wald auch sehr gut aus der Luft.

[30] Vegetation

Birkenwald in Zentralkamtschatka

Birken-Erlen-Pappelwälder

In einigen Nadelwaldgebieten Zentralkamtschatkas, besonders dort, wo der Boden etwas feuchter ist als unter den Lärchen, gedeihen die Zitterpappel (Populus tremula), die Weißbirke (Betula kamtschatica/B. middendorffii) und die Erle (Alnus hirsuta). Diese drei Baumarten kommen aber auch häufig auf den abgeernteten, forstlich genutzten Flächen der Nadelwälder vor. Hier haben die drei erwähnten Baumarten eine schnellere Ausbreitungsstrategie. Da die Nadelwälder häufig im Kahlschlag oder im weiten Schirmschlag geerntet werden, breiten sich die Birken-Erlen-Pappelwälder immer weiter in Zentralkamtschatka aus. Ohne forstliche Hilfe werden die Lärchen und Fichten sehr viele Jahrzehnte benötigen, um in diesen Flächen wieder zu keimen. Im Unterwuchs der Birken-Erlen-Pappelwälder dominieren verschiedene Stauden, die auch in den Steinbirkenwäldern vorkommen. An trockeneren Stellen findet man häufig Ledum palustre und Vaccinium vitis-idaea, an den feuchteren Stellen Mädesüß (Filipendula kamtschatica), Eisenhut (Aconitum maximum) und die Kamtschatka-Türkenbundlilie (Lilium debile).

Steinbirkenwälder

Die mit einem Anteil von etwa 30 Prozent an der Gesamtfläche der Halbinsel wohl häufigste Vegetationseinheit ist die der Steinbirkenwälder, die von der Ermans-Birke (Betula ermanii) dominiert wird. Dieser Baum ist vom deutschen Botaniker und Kamtschatka-Forscher Adolf Erman als erstem wissenschaftlich beschrieben worden. Der typische Wuchs dieses Baumes ist stark verzweigt, mit krummer Struktur, knorriger Borke und einer Höhe von höchstens zehn Metern, was auf die Schneelasten im Winter zurückzuführen ist. Das macht ihn gerade noch als Brennholzlieferanten für die lokale Bevölkerung interessant. Dieser Umstand bewahrte die ausgedehnten Birkenwälder bisher vor größeren industriellen Eingriffen. Die Steinbirkenwälder wachsen von der Küstenregion bis in eine Meereshöhe von 800 Metern in den Gebieten, die mehr als 110 Tage Vegetationsperiode und weniger als 65 Frosttage pro Jahr haben. Typisch für das äußere Erscheinungsbild dieser Birke ist die lichte Baumkrone, die höchstens 30 Prozent des Bodens abschattet. Dadurch ist die krautige Vegetation in diesen Wäldern besonders hochwachsend und artenreich: Filipendula kamtschatica, Senecio cannabifolius, Aconitum fischeri, Chamerion angustifolium, Cirsium kamtschaticum, Calamagrostis spp., Actaea erythrocarpa, Dactylorhiza aristata, Fritillaria camtschatcensis, Trillium camtschatcense, Veratrum oxysepalum und natürlich die orange blühende Version unserer europäischen Türkenbundlilie Lilium debile. Einige Sträucher kommen hier auch im Unterwuchs vor: Lonicera caerulea (mit den essbaren und sehr schmackhaften blaubeerähnlichen Früchten, russ. жимолость, žimolost'), L. chamissoi, Sorbus sambucifolia und Vaccinium praestans. Besonders in den feuchteren Gebieten und in der Nähe der Flussauen greifen die Steinbirkenwälder und die Vegetationszone der Hochstaudengebiete ineinander.

Hochstaudengebiete

Der wohl beeindruckendste Vegetationstyp Kamtschatkas ist die Zone der Riesen-Hochstauden. Dieser Vegetationstyp wächst unter ozeanischen Klimaeinflüssen und besonders an feuchten und regen- bzw. schneereichen Stellen der Talauen und Flussterrassen. Die dicht wachsenden Stängel der hier vorkommenden Pflanzenarten werden bis zu viereinhalb Meter hoch. Hochstauden sind nicht verholzende mehrjährige Pflanzenarten, die ihre Stängel in einer Vegetationsperiode in die Höhe schieben. Einige Arten schaffen im Frühsommer zwei Meter in nur zwei Wochen! Für die botanisch Interessierten: die Hochstaudenflur Kamtschatkas und der Insel Sachalin ist die biomassenreichste nichtverholzende Vegetationseinheit der Erde. Die Trockenmasse am Ende des Sommers beträgt oberirdisch 20 Tonnen pro Hektar und im Wurzelbereich 10 Tonnen pro Hektar. Durch diese Vegetation zu wandern, ist wegen der Höhe der Pflanzen, die einen mehr als einen Meter überragen können, und der Dichte der

Riesenbärenklau und Greiskraut

Stängel eine interessante Erfahrung. Man sollte jedoch vorsichtig sein, da hier auch bevorzugte Schlafplätze der Bären liegen! Dafür gibt es manchmal bequeme Bärenpfade, auf denen man schneller vorankommt.

Typische Pflanzenarten dieser Vegetationszone sind Filipendula kamtschatica, Senecio cannabifolius, Cirsium kamtschaticum, Angelica ursina, Heracleum dulce, Anthriscus aemula und Pleurospermum uralense. Die Hochstaudengebiete sind aufgrund der extremen Konkurrenz um Licht und Nährstoffe weit artenärmer als der ähnlich aussehende krautige Unterwuchs in den Steinbirkenwäldern.

Ebenso imposant wie gefährlich ist Heracleum dulce, der Süße Riesenbärenklau. Diese Pflanze kann bis zu viereinhalb Metern hoch werden und dabei einen Stammdurchmesser von zehn Zentimetern haben. Aber bei Berührung der feinen Stängel- und Blatthaare wird bei entsprechender vorheriger Sonnenbestrahlung eine phototoxische Reaktion auf der Haut ausgelöst, die so schmerzhaft wie eine Verbrennung sein kann.

Winter-Schachtelhalm

Auenwälder

Entlang der zahlreichen Flüsse der Halbinsel herrschen besondere Wachstumsbedingungen für die Pflanzen. Das liegt zum einen an den jährlichen Überflutungsereignissen während der Schneeschmelze mit den entsprechenden physikalischen Einwirkungen, zum anderen an der Wassersättigung der Böden mit der entsprechenden Sauerstoffarmut an den Wurzeln. Von den Baumarten sind Weiden, Erlen und Pappeln am besten an diese Bedingungen angepasst. Die häufigsten Arten sind Alnus hirsuta, Populus suaveolens, Salix udensis, S. viminalis und S. macrolepis. Die meisten Baumarten in den Auenwäldern wachsen schnell und gerade, so dass ihre Stämme als Konstruktions- und Bauholz Verwendung finden. Allerdings ist die Langlebigkeit dieses Holzes weit geringer als die der Steinbirken, weswegen sich die Abholzungen in Flussnähe noch sehr in Grenzen halten. Im Unterwuchs findet man wieder einige der Arten der Hochstauden-Zone: Filipendula kamtschatica, Senecio cannabifolius, Cirsium kamtschaticum, Equisetum hyemale und Urtica platyphylla.

Wiesen

Natürliche Graswiesen existieren auf der Halbinsel Kamtschatka hauptsächlich in der Nähe der Überflutungsgebiete der großen Flüsse, wo die Wassermassen und die Eisplattenbewegungen im Frühjahr keine hohen und verholzenden Pflanzen aufkommen lassen. Diese Wiesen sind geprägt von verschiedenen Arten der Süßgräser (zum Beispiel Calamagrostis langsdorffii), die bis zu zwei Meter hoch werden, und Sauergräser (zum Beispiel Eriophorum- und Carex-Arten). Dazwischen wird man wieder einige Arten der Hochstaudenzone finden, auch wenn sie hier nicht so hoch wachsen (zum Beispiel Artemisia spp., Lathyrus pilosus, Chamerion angustifolium und Cirsium kamtschaticum). In der Nähe der Siedlungen und Gehöfte werden diese natürlichen Wiesen bis zu zweimal pro Jahr für die Heuernte gemäht, wodurch die Gräser gegenüber den anderen krautigen Arten zusätzlich profitieren.

Feuchtgebiete

In diesem Vegetationstyp sind die Sümpfe und Moore der Halbinsel zusammengefasst, die durch die Schmelzwässer aus den Bergen oder durch die hohen Niederschlagsmengen im Herbst und Winter gespeist werden. Hier gedeihen fast nur Spezialisten, die mit der hohen Wassersättigung, den niedrigen pH-Werten im Boden, der niedrigen Mineralisationsrate der abgestorbenen Pflanzenteile (zum Beispiel Torfauflagen) und wegen der Feuchtigkeit auch mit der kürzeren Vegetationsperiode zurechtkommen. Dieser Vegetationstyp ist am häufigsten in den flachen Küstenbereichen westlich der Zentralen Bergkette und im Norden im Korjakischen Kreis zu finden.

Typische Gattungen und Arten der Sümpfe und Moore Kamtschatkas sind die vielen verschiedenen Torfmoose (Sphagnum), die Sauergräser (zum Beispiel Eriophorum und Carex), Binsengewächse (zum Beispiel Juncus), Schachtelhalmgewächse (zum Beispiel Equisetum), Moosbeeren (Vaccinium microcarpus), Rosmarinheide (Andromeda polifolia), die Zwerg-Seerose (Nuphar pumila), das Blutauge (Potentilla palustris), der Fieberklee (Menyanthes trifoliata), der

Drosera rotundifolia: Sonnentau

Nördliche Igelkolben (Sparganium polaris) oder insektenfressende Arten, wie Pinguicula villosa, P. vulgaris, Utricularia spp. und Drosera rotundifolia. Ein längerer Aufenthalt von Juni bis Ende September ist hier wegen der enormen Mückenschwärme nicht zu empfehlen.

Tierwelt

Die Tierwelt Kamtschatkas ist relativ artenarm. Dies liegt an der engen Verbindung zwischen der Halbinsel und dem arktisch geprägten Festland. Durch den sogenannten ›Arktischen Riegel‹ sind viele Tierarten, die seit der letzten Warmperiode vor ungefähr 7000 Jahren einwanderten, auf Kamtschatka ›gefangen‹ und haben teilweise eigene Unterarten oder Arten gebildet. Wegen dieses ›Arktischen Riegels‹ gibt es auf Kamtschatka keine Reptilien wie Schlangen oder Eidechsen und gerade mal zwei Amphibienarten: den Sibirischen Winkelzahnmolch, Salamandrella keyserlingii und den eingeschleppten Sumpffrosch Rana ridibunda, der beispielsweise in Malki im warmen Wasser oder in Esso am Ausfluss des Schwimmbades zu finden ist. Recht zahlreich sind dagegen die Säugetier- und besonders die Vogelarten. Eine komplette Liste der Säugetier- und der Vogelarten Kamtschatkas findet sich im Anhang am Ende des Buches (→ S. 300, 306). Die Liste der Süßwasserfischarten ist im Abschnitt Fische zu finden (→ S. 38).

Säugetiere

Unter den 95 gelisteten Säugetierarten Kamtschatkas und der angrenzenden Meeresgebiete finden sich sehr viele Arten oder Unterarten, die nur auf Kamtschatka vorkommen, also endemisch sind. Am beeindruckendsten von allen Arten sind wohl der Kamtschatka-Braunbär (Ursus arctos piscator), das Kamtschatka-Rentier (Rangifer tarandus phylarchus), der hier vorkommende Elch (Alces alces buturlini) und das Murmeltier (Marmota camtschatica camtschatica).

Kamtschatka-Braunbär

Tierwelt [35]

Ein zutrauliches Ziesel

Die ersten Europäer waren im 18. Jahrhundert äußerst verblüfft, als sie die große Zahl Braunbären entdeckten. Der Kamtschatka-Braunbär ist neben dem Kodiak-Braunbär die größte Braunbärenart der Erde. Und er ist gegenüber dem Menschen auch eine relativ friedliche Braunbärenart (im Gegensatz zum nordamerikanischen Grizzly), denn er ist an eine fischreiche Nahrung gewohnt, und große Säugetiere wie Rentier oder Elch gehören nur selten in sein Beuteschema. Im Herbst kommen zur Fischkost noch die reichlich vorhandenen Beeren und Kiefernzapfen der Tundra dazu.

Der Kamtschatka-Braunbär ist ein Tier von enormer Stärke und Ausdauer, blitzschneller Reaktionsfähigkeit und hoher Geschicklichkeit. Man sollte ihn daher nie unterschätzen – auch wenn er scheinbar friedlich auf der Waldlichtung vor einem Beeren zupft. Sein Gebiss kann jede Art von Knochen brechen, seine Tatzen können Felsen zur Seite wälzen, er kann steilste Hänge hochklettern, und er kann in eisigem Wasser stundenlang ruhig und geduldig sitzen, um auf vorbeischwimmende Fische zu warten. Er ist ein exzellenter Schwimmer und schafft es im Sprint auf kurzen Distanzen mit einem Pferd mitzuhalten. Dafür kann er aber auch bis zu 100 Kilometer am Tag wandern. Das einzige, was er nicht beherrscht, ist Bäume hochzuklettern. Das schaffen eventuell nur noch die jungen Bären. Die erwachsenen Bären sind einfach zu schwer dafür: 150 bis 200 Kilogramm wiegt eine Bärin und bis zu 400 Kilogramm ein männlicher Bär.

In den großflächigen Schutzgebieten Kamtschatkas ist die Bärenjagd offiziell verboten, außerhalb dieser Gebiete wird mancherorts um so wahlloser abgeschossen. Der chinesische Schwarzmarkt lockt mit hohen Summen für alle Bärenprodukte. Auf der gesamten Halbinsel Kamtschatka existiert nach einer ausführlichen dreijährigen Studie des WWF (World Wide Fund for Nature) von 1996 mit

Rotfuchs in der Nähe des Avačinskij

geschätzten 10 000 Tieren die weltweit größte Populationsdichte an Braunbären. Der Mensch (Jäger) braucht nichts zu regeln. Außerhalb der Siedlungsgebiete ist der Bär niemandem im Weg und stört nicht das natürliche ökologische Gleichgewicht. Die Bären regeln ihre Populationsdichte untereinander.

Hier sei auch erwähnt, dass sich Braunbären sehr schnell an menschliche Nähe gewöhnen können. Es ist daher äußerst wichtig, dass man seinen Lagerplatz frei von Müll und Essensresten hinterlässt, was ja sowieso für jeden Naturaufenthalt gelten sollte. Die Leitsprüche ›Gefütterte Bären sind gefährliche Bären‹ oder auch ›Ein gefütterter Bär ist ein toter Bär‹, weil dieser gefährlich werden kann und dann abgeschossen werden muss, sollte man stets bedenken. Wie man sich als Wanderer Bären gegenüber verhalten sollte, steht ab S. 122.

Das Kamtschatka-Rentier besitzt mit einer maximalen Höhe von über 1,20 Metern und einer Breite von mehr als 1,50 Metern das größte Rentier-Geweih der Erde. Neben den wenigen Exemplaren, die in der Tundra frei leben, ist es auch ein überlebenswichtiges Nutztier für die Bevölkerungsgruppen der Evenen, Itenmenen und Korjaken. Das domestizierte Rentier ist jedoch um einiges kleiner als das freilebende, und die Geweihe erreichen nicht mehr als einen Meter Länge.

Was die Körpergröße anbetrifft, so sind auch die Kamtschatka-Unterarten des Elchs, des Murmeltiers oder des Schneehasen (Lepus timidus gichiganus) die größten ihrer Art auf der Erde.

Eines der seltensten Säugetiere auf Kamtschatka ist das Kamtschatka-Schneeschaf (Ovis nivicola nivicola), das zurückgezogen in den Hochlagen der bergigen Gebiete lebt.

In den Meeresgebieten vor der Küste Kamtschatkas finden sich die einzige westpazifische Seeotterpopulation (Enchidra lutris lutris) sowie 9 Robbenarten und 23 Delphin- und Walarten. Die seltensten Arten sind der Nördliche Seelöwe (Eumetopias jubatus) mit nur etwa 1800 Individuen und der Westpazifische Grauwal (Eschrichtidae gibbosus), von dem es nur noch etwa 100 Tiere geben soll. Ausgestorben ist die Stellersche Seekuh (Hydrodamalis gigas), die 1741 von Steller entdeckt wurde und bereits 30 Jahre später ausgerottet war. Sie lebte in den flachen Küstengewässern der Kommandeurinseln.

Vögel

Die vielfältigen Landschafts- und Biotoptypen sowie die große geographische Nord-Süd-Ausdehnung der Halbinsel Kamtschatka bedingen eine große Artenvielfalt bei den Vögeln. Das Handbuch der Vögel Russlands und angrenzender Gebiete listet momentan ungefähr 220 Arten auf. Darunter sind sowohl Brutvögel als auch Wintergäste und solche, die nur selten oder zufällig auf Kamtschatka beobachtet wurden. Aufgrund des Fischreichtums ist die Artenvielfalt der Vögel an der Küste besonders hoch. Aber auch die wandernden Lachse in den Flüssen und Seen ziehen viele Vögel an, unter ihnen den mit 2,80 Meter Flügelspannweite größten Greifvogel der Erde, den Stellers- oder Riesen-Seeadler (Haliaetus pelagicus). Dieser bekannteste Vogel Kamtschatkas baut riesige Nester in den Steilwänden und auf schroffen Felsen entlang der Meeresküste, selten

Gelbschopflund

auch in alten Steinbirken. Der Stellers-Seeadler hat sein Hauptverbreitungsgebiet in Süd-Kamtschatka, kommt aber vereinzelt auch im gesamten Gebiet des Ochotskischen Meeres und der Kurileninseln vor. Die Gesamtpopulation beträgt geschätzte 7500 Tiere, auf Kamtschatka leben 4500 davon. Zwischen 150 und 1000 dieser imposanten Tiere verbringen den Winter an den Ufern des fischreichen Kurilensees im äußersten Süden Kamtschatkas. Weitere Greifvogelarten Kamtschatkas sind der Weißschwanzseeadler (Haliaetus albicilla), der Steinadler (Aquila chrysaetos kamtschatika), fünf Falkenarten, der Rauhfußbussard (Buteo lagopus kamtschatkensis) und vier Eulenarten. Einer der scheuesten Großvögel Kamtschatkas ist das in den lichten Steinbirkenwäldern lebende Felsenauerhuhn (Tetrao parvirostris kamtschatikus) und der in der baumlosen Tundra und in Sumpfgebieten brütende Kanadakranich (Grus canadensis). Die wohl schönsten Vögel Kamtschatkas sind das Taiga-Rubinkehlchen (Luscinia calliope) und der Gelbschopflund (Lunda cirrhata).

Für ornithologisch Interessierte ist Kamtschatka sicherlich eine mehrwöchige Reise wert. Man sollte nicht nur die üblichen guten Teleobjektive und viel Geduld mitbringen, sondern sich einen lokalen Führer suchen, der einen mit höherer Sicherheit an die richtigen Beobachtungsstellen leitet.

Fische

In den Gewässern Kamtschatkas tummelt sich ungefähr ein Viertel der gesamten Anzahl (Individuen) aller pazifischen Lachse! Hier kommen auch alle 13 Salmoniden-Arten des Pazifiks vor – in Alaska sind es nur acht Arten. Einige dieser Arten sind endemisch, kommen also nur in Kamtschatka vor. Darunter ist der seltene und stark gefährdete Oncorhynchus mykiss (russ. Mikiža). Der Fischreichtum bedingt nicht nur den Reichtum an Bären, Adlern und Meeressäugern, sondern war über Jahrtausende auch die Lebensgrundlage der eingewanderten Volksgruppen. Heute bietet Kamtschatka einigen Lachsarten die letzten kompletten Schutzgebiete der Erde, die von den Laichgewässern bis zum Lebensraum im Meer reichen. Einige Reiseanbieter sind spezialisiert auf Angeltouristen und helfen bei allen Fragen der Organisation von Touren zu den fischreichsten Gewässern und der Ausrüstung, Näheres dazu steht im Kapitel über das Angeln. Geräucherter Lachs ist das wohl leckerste Souvenir, das man sich aus Kamtschatka mit nach Hause bringen kann.

Namensliste der Süßwasser-Fischarten Kamtschatkas

nach Reschetnikow, 2003

lateinisch	deutsch	englisch	russisch/kyrillisch

Familie Petromyzontidae (Neunaugen)

lateinisch	deutsch	englisch	russisch/kyrillisch
Lethentheron japonicum	Arktisches Neunauge	arctic lamprey	Japonskaja minoga/ Японская минога)
Lethentheron reissneri	Fernöstliches Bachneunauge	far eastern brook lamprey	Dal'nevostotschaja rutsch'evaja minoga/ Дальневосточая ручьевая минога)

Familie Salmonidae (Lachsartige)
Gattungen Oncorhynchus (pazifische Lachse)

lateinisch	deutsch	englisch	russisch/kyrillisch
Oncorhynchus gorbuscha	Buckellachs	humpback salmon oder pink salmon	Gorbuscha/Горбуша
Oncorhynchus keta	Hunds- oder Ketalachs	dog salmon	Keta/Кета)
Onchorhynchus nerka	Blaurücken- oder Rotlachs	sockeye salmon	Nerka/Нерка
Oncorhynchus tschawytscha	Königslachs	king salmon	Chinook oder Tschavitscha/Чавыча
Oncorhynchus kisutch	Silberlachs	silver salmon	Coho oder Kischutsch/Кижуч
Onchorhynchus masou	Kirschlachs	cherry salmon	Sima/Сима
Onchorhynchus (Parasalmo) mykiss	Regenbogenforelle	rainbow trout	Mikischa/Микижа

Gattung Salvelinus (Saiblinge)

lateinisch	deutsch	englisch	russisch/kyrillisch
Salvelinus malma	Pazifiksaibling	dolly varden	Mal'ma/Мальма Golez/Голец
Salvelinus leucomaenis	Ostsibirischer Saibling	whitespotted char	Kundscha/Кундша
Salvelinus kronocius	Kronockij-Saibling	longhead char	Dlinnogolovij golez/ Длинноголовый голец

Namensliste der Süßwasser-Fischarten Kamtschatkas

lateinisch	deutsch	englisch	russisch/kyrillisch
Salvelinus albus	Weißer Saibling	white char	Belij golez/ Белый голец
Salvelinus schmidti	Schmidts Saibling	Schmidt's char	Golez schmita/ Голец шмита
Salvelinus taranetzi		Taranetz's char	Golez taranza/ Голец таранца wohl nur auf Tschukotka

Familie Coregonidae (Coregonen/Renken)

lateinisch	deutsch	englisch	russisch/kyrillisch
Prosopium cylindraceum	Runder Weißfisch	round whitefish	Obiknovennij balek/ Обыкновенный валек

Familie Thymallidae (Äschenartige)

lateinisch	deutsch	englisch	russisch/kyrillisch
Thymallus arcticus	Arktische Äsche	arctic grayling	Sibirskij charius/ Сибирский хариус

Familie Osmeridae (Stinte)

lateinisch	deutsch	englisch	russisch/kyrillisch
Hypomesus olidus	Kleinmäuliger Stint	pond smelt	Malorotaja korjuschka/Малоротая корюшка
Osmerus mordax	Arktischer Stint	rainbow smelt	Asiatskaja subataja korjuschka/Азиатская зубатая корюшка

Familie Gasterosteidae (Stichlinge)

lateinisch	deutsch	englisch	russisch/kyrillisch
Gasterosteus aculeatus	Dreistacheliger Stichling	three-spined stickleback	Trechiglaja koljuschka/ Трехиглая колюшка

Familie Cottidae (Koppen)

lateinisch	deutsch	englisch	russisch/kyrillisch
Cottus poecilopus	Sibirische Koppe	spotted sculpin	Pestronogij podkamenschik/ Пестроногий подкаменщик

Familie Esocidae (Hechte)

lateinisch	deutsch	englisch	russisch/kyrillisch
Esox lucius	Hecht	pike	Schuka/Щука

Eingeführte Arten (Neozoen)
Familie Cyprinidae (Karpfenartige)

lateinisch	deutsch	englisch	russisch/kyrillisch
Cyprinus carpio	Karpfen	carp	Sazan/Сазан
Carassius auratus	Giebel	crucian carp goldfish	Serebrjanij karas'/ Серебряный карась

Insekten

Moskitos und andere Blutsauger sind auf Kamtschatka fast überall in riesigen Schwärmen zu finden – man muss eher sagen, diese finden einen. Die Stechmückenarten der Gattung Culex sehen nicht anders aus als die europäischen. Sie sind jedoch mit bis zu einem Zentimeter Körperlänge erheblich größer. Die Stechmücken belästigen den Wanderer in allen Gebieten unter 1000 Meter Meereshöhe, besonders aber in den Wäldern, Hochstauden- und Feuchtgebieten. Am erträglichsten ist es auf den ausgedehnten schwarzen Aschefeldern, wo diese Mücken sich weniger wohlfühlen. Allerdings gibt es dann noch vier Millimeter große blutsaugende Beißfliegen (an den zwei weißen Punkten auf den Beinen zu erkennen) und die nur einen Millimeter winzigen Gnitzen, die vor allem in den Dämmerungsstunden zu Hunderten um das Zelt schwirren. Pferdefliegen oder auch Bremsen gibt es in den Wäldern vor allem im Juli; sie sind aber weniger häufig. Nach spätestens einer Woche in der Wildnis hat man sich soweit an die Plagegeister gewöhnt, dass man die Stiche nicht mehr spürt. Chemische Abwehrmittel werden detailliert im Reiseinformationen erwähnt.

Es gibt natürlich auch angenehmere und schöne Insekten auf Kamtschatka. Darunter sind schwarz-weiße Hummeln, glänzende Laufkäfer und Grashüpfer. Auf den vielen Blüten der Hochstauden und Wiesen sieht man die Kamtschatka-Unterarten des Schwalbenschwanzes, Fuchsfalters, Apollofalters, verschiedene Bläuling-Arten und Zitronenfalter.

Großer Fuchsfalter

Naturschutz

Besonders der amtliche Naturschutz hat auf Kamtschatka eine lange Tradition. Schon im Jahr 1882 wurden per Anordnung von Zar Alexander III. (1845, Regierungszeit 1881–1894) die beiden Schutzgebiete Süd-Kamtschatka und Kronockij eingerichtet. Ersteres Gebiet beherbergt den Kurilensee und die gesamte Südspitze der Halbinsel. Hier sollten damals die Seeotterbestände vor dem illegalen und unkontrollierten Abschuss geschützt werden. Das zweite Gebiet besitzt eine ganze Reihe außergewöhnlicher Landschaften wie die Uzon-Caldera (ein vulkanischer Einsturzkrater), das Tal der Geysire (Dolina Gejzerov), den größten See Kamtschatkas oder auch den weltweit einzigen Bestand der Tannenart Abies gracilis. Hier sollte 1882 der Zobel geschützt werden, der in der Region von Jägern fast ausgerottet worden war.

Bereits während der Sowjetzeit sind weitere ausgedehnte Schutzgebiete etabliert worden. Als erstes sowjetisches Reservat wurde im Jahr 1934 der schon bestehende Naturpark Kronockij zu einem strikten Naturreservat (Zapovednik) umgewandelt, auch wenn dieser strenge Schutzstatus in den Jahren 1951 und 1961 kurz aufgehoben wurde. Große und hoffnungsvolle Schritte hinsichtlich des Arten- und Landschaftsschutzes sind seit 1990 besonders mit der Hilfe von internationalen Naturschutzorganisationen unternommen worden.

Schutzgebiete

Momentan zählt man auf der Halbinsel Kamschatka ein ganzes Netzwerk an Schutzgebieten. Darunter sind drei Totalreservate (Federal'nye zapovedniki) – Korjakskij, Kronockij und Komandorskij – sowie ein föderales Reservat (Federal'nyj zakaznik): Südkamtschatka (Južno-Kamčatskij). Alle vier Reservate besitzen rechtlich den höchsten Schutzstatus in Russland. Weiterhin gibt es vier Naturparks auf Bezirksebene (Regional'nyj prirodnyj park), 23 Gebiete für den Schutz bestimmter Arten oder Landschaften (Regional'nyj zakaznik) und 83 Naturmonumente (Pamjatniki prirody) – meist kleinflächige, aber einzigartige Felsformationen oder Flussabschnitte. Es kann auch passieren, dass Schutzgebiete ineinander geschachtelt sind, also beispielsweise innerhalb eines Naturparks ein Naturmonument oder ein Zakaznik liegt. Das Kronockij-Naturreservat wurde bereits 1984 zum Biosphärenreservat (Biosfernyj rezervat) erklärt.

Diese über 100 Schutzgebiete machen etwa 27,4 Prozent, das entspricht etwas über 8,5 Millionen Hektar, der Gesamtfläche der Region Kamtschatka (einschließlich des ehemaligen Autonomen Kreises Korjakien) aus. Sie decken eine hohe Vielfalt an Lebensräumen, Tier- und Pflanzenarten, ökologischen Funktionen und Landschaftsstrukturen ab. Auf die Reisemöglichkeiten in den Schutzgebieten Kamtschatkas wird noch detaillierter im Kapitel Reiseziele eingegangen.

Fünf dieser Schutzgebiete sind 1996 als Biosphärenreservate von der UNESCO als Weltnaturerbe ›Die Vulkane Kamtschatkas‹ in der World Natural Heritage List, der Liste der weltweit bedeutendsten Naturdenkmäler, zusammengefasst worden. Eingeschlossen sind darin die beiden Reservate Kronockij und Južno-Kamčatskij sowie die Naturparke Bystrinskij, Nalyčevo und Südkamtschatka, zusammen 3,3 Millionen Hektar. Im Jahr 2001 kam noch der Naturpark Ključevskoj dazu. Diese unter internationalem Schutzstatus stehenden Gebiete repräsentieren die komplette Höhendifferenzierung Kamtschatkas und seine Naturlandschaften. Im Jahr 2002 wurden auch die Kommandeurinseln zu einem Biosphärenreservat erklärt.

In der IUCN (International Union for Conservation of Nature) werden die wichtigsten Schutzgebiete Kamtschatkas in die Management-Kategorien Ia (Kronockij; striktes Reservat) und IV (Naturparks Bystrinskij, Nalyčevo, Ključevskoj und Južno-Kamčatskij; Habitat- und Artenschutzmanagement) unterteilt.

Schutzgebiete

Umweltschäden

Schwerwiegende Umweltschäden sind bereits in einigen Teilen des Landes festzustellen. Bis nach Europa durchgesickert sind Informationen über die radioaktive Verschmutzung einiger Teile der Krašeninnikov-Bucht im Süden der Avača-Bucht. Allerdings weiß auch jeder Bewohner Kamtschatkas, dass dort Einheiten der pazifischen U-Boot-Flotte stationiert sind. Das Thema ist allerdings aus verschiedenen Gründen unpassend für einen Reiseführer und soll hier nicht weiter ausgebreitet werden, auch, weil verlässliche Quellen nicht existieren. Durch die Siedlungs- und zunehmende Verkehrsdichte vor allem in der Umgebung von Petropavlovsk und Elizovo sind Luft- und Wasserverschmutzung verstärkt zu finden. Entlang der Pisten im Hinterland liegen zwar Müll oder auch einmal ein kaputtes Autos, aber die großflächigen Zerstörungen halten sich stark in Grenzen. Durch den Bau weiterer sommertauglicher Pisten werden jedoch noch intakte Naturgebiete irreparabel zerstört. Solche Pisten dienen in erster Linie nicht der Anbindung einsamer Siedlungen an den Rest des Wegenetzes, sondern industriellen Interessen rund um die Förderung und Ausbeutung von Naturressourcen.

Im Gebiet der beiden Städte rund um die Avača-Bucht bis nach Paratunka sowie bei Mil'kovo liegen ausgedehnte landwirtschaftliche Nutzflächen, die aus ehemaligen Niedermoorgebieten der Flussmündungen geschaffen wurden. Hier werden Getreide, Kartoffeln oder Gemüse angebaut sowie Milchkuhhaltung betrieben. Immerhin kann sich Kamtschatka auf diese Weise mit Kartoffeln, Gemüse und Milchprodukten fast selbst versorgen. Die Niedermoore allerdings sind dort in ihren Flächen stark reduziert worden. Aber das dürfte kaum eine große Rolle im Naturhaushalt spielen, da es genug andere Moorflächen auf Kamtschatka gibt.

Im Nalyčevo-Naturpark

[44] Umweltschäden

Amphibienfahrzeug im Schutzgebiet am Vulkan Goreljy

In Zentralkamtschatka nördlich von Mil'kovo werden die Nadelwälder intensiv forstwirtschaftlich genutzt. Ob der dort praktizierte Kahlschlag oder großflächige Schirmschlag (einzelne Samenbäume bleiben auf der Fläche stehen) noch einer nachhaltigen Forstwirtschaft entspricht, ist stark anzuzweifeln. Offiziell heißt es, diese Kahlschläge würden nur die Waldbrände imitieren und daran seien die Lärchen-Fichten-Wälder angepasst. Die Menge der eingeschlagenen mehrhundertjährigen Lärchenstämme entspricht jedoch nicht der Menge, die mittelfristig auch wieder nachwächst. Außerdem wird in dem ohnehin schon trockenen Gebiet Zentralkamtschatkas der Grundwasserspiegel durch großflächige Entwaldungen abgesenkt, was erhebliche Auswirkungen auf die Bodenerosion und die nachfolgende Waldstruktur und Artenzusammensetzung hat. Soll die Forstwirtschaft auf eine nachhaltigere Basis gestellt werden, so dürfen die momentan übernutzten Waldregionen Zentralkamtschatkas nicht weiter ausgebeutet werden. Die Folge wären dann aber unweigerlich längere Pisten in entlegenere Gebiete, denn der Hunger nach gutem Bauholz aus Lärchen und Fichten ist auch in Kamtschatka ungebremst. Man wird also in Zukunft mit einer intensiveren Erschließung der Wälder Zentralkamtschatkas rechnen müssen. Zur Zeit aber spielt die Nutzung der Wälder auf Kamtschatka als Rohstofflieferant für den Weltmarkt keine entscheidende Rolle. Die großen sibirischen Nadelwälder beherrschen da den Weltmarkt schon eher.

Ein anderes aktuelles Problem sind die größeren Abtorfungen an der Westküste und bei Elizovo. Weitere Felder zur Torfgewinnung sind geplant. Diese Landnutzung bedroht ganz massiv auch den Lebensraum vieler Tier- und Pflanzenarten.

Illegale Jagd

Eine weitaus bekanntere und problematischere Angelegenheit ist die teilweise illegale Jagd auf Bären, Elche und Schneeschafe. Hier engagieren sich die verschiedenen Naturparkverwaltungen zusammen mit dem WWF für eine Eindämmung des Problems, aber außerhalb der Schutzgebiete fühlt sich, wie so oft in Russland, keiner zuständig, oder die entsprechenden Personen drücken ein Auge zu und halten dafür die Hand auf. Solange zahlungskräftige Ausländer immer noch in lockenden Anzeigen der Jagdzeitschriften diese für die meisten Menschen unverständliche Art des ›Naturerlebens‹ angeboten bekommen, funktioniert auch das System der gegenseitigen Jagdseilschaften und offenen Hände – selbst, wenn der Abschuss staatlich abgesegnet ist und das Geld offiziell in die Staatskasse fließen soll. Die Jagd auf Kamtschatka ist seit 1975 staatlich lizenziert, zur Zeit werden durch das Staatliche Amt für Jagdwirtschaft 500 Lizenzen pro Jahr vergeben, aber genauso hoch ist die geschätzte Zahl der illegalen Abschüsse, ebenfalls nach Angaben des Amtes für Jagdwirtschaft!

Illegale Bärenjagd

Ein lokaler Jäger kann für 700 Rubel (Preis 2011, ca. 18 Euro) im Frühjahr eine Jagdlizenz erwerben. Diese ist auf seinen Namen ausgestellt und erlaubt ihm, in den Monaten April bis Juni einen Bären zu erlegen. Danach erlischt diese Lizenz eigentlich. Wenn er aber den Bären unbemerkt von offizieller Seite erschießt und niemand etwas davon erfährt, kann er auf den nächsten Bären jagen. So kann ein Jäger auch mehrere Bären pro Saison erschießen, ohne dass er dafür Rechenschaft ablegen muss. Sollte er dann doch mit einem erlegten Bären erwischt werden, kann er sich ja auf seinen zulässigen Abschuss auf der Lizenz berufen, die er ja

Riesiges Elchgeweih bei Alexander Daniluk in Esso

[46] Illegale Jagd

Bären haben nur einen natürlichen Feind: ihresgleichen

bis dahin als Blankoschein mit sich führte. Wenn eine offizielle Stelle den erlaubten Abschuss eines Bären auf der Lizenz durchgestrichen hat, kann der Jäger für weitere 700 Rubel eine neue Lizenz erwerben. Nach drei Monaten erlöschen die Lizenzen automatisch, dann benötigt der Jäger für die drei Sommermonate Juli bis September eine neue Lizenz, bevor sich die Bären in ihre Winterhöhlen zurückziehen. Erschreckend ist in diesem Zusammenhang, wie ›billig‹ eine Bärenabschusslizenz auf Kamtschatka von offizieller Seite zu bekommen ist und mit welchen Eurobeträgen gehandelt wird, um schießwütige Ausländer anzulocken. Diese große Spanne lässt die Kassen der Jagdagenturen kräftig klingeln, weshalb dieser Jagdtourismus so schnell nicht gestoppt werden kann. Interessant ist auch die Tatsache, dass die Jagdlizenz auf den Jäger persönlich ausgestellt wird – nicht auf den Jagdgast aus dem Westen. Aber wer überprüft das System, wenn es gut geschmiert ist? Und noch immer findet der Jagdtourismus auch mit dem Helikopter und dem Schneemobil statt, statt sich an die Bären heranzupirschen. Die zahlungskräftigen Kunden kommen mehrheitlich aus Europa und USA.

Nicht nur die Unterfinanzierung der lokalen Bevölkerung spielt bei der illegalen Jagd eine große Rolle, sondern die Kontrolle kann auch deswegen schlecht funktionieren, weil der Inspektor vom Naturpark, der staatliche Aufsichtsjäger und der Wilderer gemeinsam in einer kleinen Siedlung leben und einander bestens kennen. Da können eventuell nur noch Anti-Wilderer-Brigaden der Naturschützer aus anderen Regionen Russlands im Verbund mit der Polizei Abhilfe schaffen. So kommt es vor, dass entsprechende Kontrolleure aus dem Kaukasus für mehrere Wochen im Einsatz auf Kamtschatka sind und dann mal wieder durchgreifen. Aber an der Situation ändert sich auch so dauerhaft nichts. Eine nachhaltige Jagdwirtschaft und damit ein nachhaltiger Jagdtourismus erfordert dringend funktionierende Anti-Wilderer-Kontrollen vor Ort. Sie sind vermutlich nur mit den an ›ihren Bären‹ interessierten russischen Jagdpächtern und Berufsjägerverbänden zu leisten. Aber auch die Jägerschaft im Westen und die westlichen Jagdtourismusfirmen sowie die Jagdzeitschriften, in denen solche Firmen inserieren, sollten an einem Strang ziehen, wenn sie schon ohne Jagd nicht auskommen können. Wer angesichts solcher illegalen Praktiken noch davon spricht, dass Jagd ›angewandter Naturschutz‹ ist, der ist schlicht zynisch.

Die Wildnis Kamtschatkas braucht keine menschliche Regulation der Bären- oder Elchbestände. Diese haben sich über Jahrtausende dort erfolgreich selber reguliert und stellen auch keine Gefahr für die wenigen Siedlungen dar. Es geht also nicht um die Jagd als hegenden Eingriff in die Tierbestände, sondern nur um die Geltungssucht der schießwütigen Trophäenjäger. Der Jäger darf nur den Schädel und das Fell mit in die Heimat nehmen. Der restliche Körper wird jedoch nicht liegen gelassen, denn einige Bestandteile des Bären, etwa die Gallenblase oder Knochen, erzielen bis zu 300 Euro pro Kilogramm bei Händlern, die dieses auf illegalen Kanälen nach China verkaufen. Der dortige Markt könnte also durch die Einstellung der Bärenjagd auf Kamtschatka ebenfalls stark eingedämmt werden.

Fischwilderei

In den letzten Jahren trat vermehrt ein weiteres Problem auf: Organisierte Wildererbanden fischen illegal die Flüsse nach Lachsen ab, um das ›rote Gold Kamtschatkas‹, den Lachsrogen oder roten Kaviar zu erhalten. Etwa 100 Euro bringt ein Kilogramm in Moskau ein, im fernen Europa, Japan oder Nordamerika das Doppelte. Dabei geht die Lachs-Mafia äußerst brutal vor: die Wilderer riegeln mit Netzen ganze Flüsse ab, holen die weiblichen Lachse heraus, schlitzen die Bäuche auf, ohne die Tiere vorher zu betäuben, und entnehmen die Eier. Die verendenden Fische bleiben am Ufer liegen oder werden durch den Fluss weggespült. Die Mengen sind so beachtlich, dass sowohl die Fischpopulationen als auch die weiteren Nahrungsketten, die von den Lachsen abhängen, stark darunter leiden. Weniger Lachse – weniger Bärennachwuchs! Die erwachsenen Bären kommen dann an die fischreichen Gewässer, an denen auch die einheimischen Menschen mit traditionellen Methoden fischen, um ihren Nahrungsbedarf zu decken, was dann zu weiteren Konflikten führen kann. Die durch diese Wilderei entgangenen Staatseinnahmen werden auf jährlich sechs Milliarden Euro geschätzt. Aber die Fischereipolizei ist meistens personell völlig unterbesetzt und schlecht ausgerüstet, so dass sie dieser Wildfischerei kaum Herr werden kann. Betrachtet man die Höhe der Kosten für eine Angellizenz, beispielsweise auf den Königslachs, die 2011 bei etwa 1000 Rubel für zwei Exemplare lag, und vergleicht das mit dem allgemeinen Volkseinkommen, dann verwundert es nicht, dass viele Einwohner Kamtschatkas das schnelle Geld riechen.

Weitere Informationen zur aktuellen Naturschutzproblematik auf Kamtschatka sind ins Kapitel über Politik und Wirtschaft eingeflossen, da der Naturschutz sehr eng mit der aktuellen wirtschaftlichen Situation verknüpft ist.

Die Bestrebungen zum Schutz der grandiosen Lachsbestände auf Kamtschatka sollen aber auch nicht unerwähnt bleiben. Zum einen setzt sich langsam der Gedanke durch, dass der Raubbau am Lachs nicht der Allgemeinheit dient, sondern nur dem Egoismus einiger weniger, und zum anderen werden Auflagen vielerorts stärker kontrolliert. Interessant in diesem Zusammenhang ist auch das staatlich eingerichtete biologische Forschungsexperiment am Lachszug im Fluss Kol. Dort wurde ein Zakaznik eingerichtet, was die Fischnutzung komplett verbietet. So kann das Verhalten und die Populationsschwankungen des Lachs besser studiert werden. Nähere Informationen dazu unter www.kolriver.ru oder über salmon_zakaznik@mail.ru.

Naturschutz in Russland

Ein allgemeines Problem des Naturschutzes in Russland ist, dass dieser in der politischen Themenhierarchie eine völlig untergeordnete Rolle spielt: politische und gesellschaftliche Vernachlässigung und chronischer Geldmangel sind die Folge. In dieser Situation fällt den Nichtregierungsorganisationen (NGOs) Russlands, insbesondere im Bereich Naturschutz, zukünftig eine entscheidende Rolle zu. Beispielsweise arbeitet Russlands Regierung an der Erstellung eines neuen Waldgesetzes, das zur großen Gefahr für den Naturschutz werden kann. Danach dürfen Regionalparlamente wie das in Petropavlovsk künftig keine neuen Naturschutzgebiete mehr einrichten. Vorschriften zum Walderhalt sollen der Privatisierung von Wäldern zuliebe abgeschafft werden. Wer Wald besitzt, wie beispielsweise die Holzkonzerne oder der Staat, darf dann damit machen, was er will. Die Bevölkerung, die sich in vielen Gebieten Russlands auch aus dem Wald ernährt, wird nicht gefragt.

Ebenso gibt es Bestrebungen, die bestehenden Schutzgebiete in ihrem rechtlichen Status zu untergraben und so den Natur- und Artenschutz lächerlich zu machen. Denn obwohl die Putin-Administration das Kyoto-Protokoll 2004 endlich ratifiziert hat, führen der wichtige Arten- und Landschaftsschutz und dessen effektive Kontrolle weiterhin ein stiefmütterliches Dasein. Zum Glück ist die Machtzentrale in Moskau viele Zeitzonen von Kamtschatka entfernt, denn durch das eigenständige und selbstbewusste Handeln der Menschen Kamtschatkas und durch die Deviseneinnahmen aus dem zunehmenden Tourismus geht einiges auch auf dem ›kleinen Dienstweg‹ voran. Der WWF unterstützt dabei die Regionalregierung von Kamtschatka beim Verwaltungsaufbau und der Erstellung und Umsetzung von Managementplänen der Großschutzgebiete. Nicht zuletzt ist die Aufnahme in die Weltnaturerbeliste eine internationale Reklame, die auch für die Entwicklung eines natur- und sozialverträglichen Tourismus genutzt werden kann und dem Austausch von Wissenschaftlern dient.

Bewahrt den Wald vor Feuer!

Der WWF auf Kamtschatka

Die hohe Bedeutung der Biodiversität auf Kamtschatka wird nicht so sehr an der hohen Anzahl verschiedener Arten der Flora und Fauna gemessen, sondern vielmehr durch das Vorhandensein seltener und spezifischer Artengemeinschaften und Ökosysteme, die sich unter dem Einfluss der geothermalen und vulkanischen Aktivitäten, der klimatischen Phänomene, der Ozeannähe sowie der isolierten Lage der Halbinsel entwickelt haben. Rund 10 Prozent der ungefähr 1100 Pflanzenarten sind in der ›Roten Liste‹ Russlands aufgeführt, ebenso 35 Vogel- und 12 Säugetierarten.

Der WWF (World Wide Fund for Nature), insbesondere der WWF-Deutschland war ab 1994 von allen internationalen Umweltverbänden der erste, der auf Kamtschatka tätig wurde. Durch den Schutz der Ökoregion Kamtschatka will der WWF einen Teil der weltweiten Biodiversität und ökologischen Prozesse für zukünftige Generationen bewahren. Der politische Wandel und die anhaltende wirtschaftliche Krise in Russland bedrohen zunehmend die sehr empfindliche Natur der Halbinsel. Der WWF-Deutschland setzt daher darauf:

▶ ein stabiles Netz von Schutzgebieten auszuweisen und die rechtliche und wirtschaftliche Situation der Schutzgebiete zu stärken,
▶ alternative, nachhaltige Einnahmequellen für die einheimische Bevölkerung innerhalb und außerhalb der Schutzgebiete zu entwickeln,
▶ die indigene Bevölkerung, die Verwaltungen und NGOs im Bereich Umwelt weiterzubilden,
▶ Umweltbildung mit Kindern, Jugendlichen und Lehrern in den Clubs ›Freunde des WWF‹ zu fördern,
▶ den Ökotourismus zu unterstützen.

Der WWF-Deutschland förderte zum Beispiel den Aufbau einer touristischen Infrastruktur im nördlich von Petropavlovsk gelegenen Naturpark Nalyčevo (→ S. 144). Es wurden sechs Stationen in Form von Berghütten gebaut und Parkranger für Naturschutzaufgaben und für die Betreuung von Touristen eingestellt. Seit September 1998 gibt es im Hauptquartier des Naturparks auch ein Umwelt-Informationszentrum und ein Naturmuseum. Im Jahr 2000 ist dort der 100 Kilometer lange ›WWF-Wanderpfad‹ eröffnet worden. Der WWF International unterstützt zudem die Arbeit der Freiwilligen im Club ›WWF-Volontäre und Freunde des Nalytschewo-Parks‹.

Im Naturpark Bystrinskij existieren seit jüngster Zeit auch 13 mobile Funkstationen, die vom WWF angeschafft wurden. Damit können nun nicht nur Korjaken und Evenen in den fernab gelegenen Fischer- und Rentierzüchtersiedlungen mit der Außenwelt in Kontakt treten, sondern auch die Parküberwachung ist so verbessert worden und insbesondere die Wilderei kann wirksamer bekämpft werden.

Sergey Rafanov
WWF-Büro in Kamtschatka
683023 Petropavlovsk-Kamčatskij
prospekt Pobedy 27-1, Büros 109-112

Die indigene Bevölkerung

Während der menschlichen Besiedlungsgeschichte Amerikas war die Halbinsel Tschukotka eine Art Durchgangsgebiet. Einige der damaligen Volksgruppen schwenkten jedoch in Richtung der Halbinsel Kamtschatka und besiedelten diese von Norden kommend.

Die frühesten Spuren der menschlichen Besiedlung auf Kamtschatka wurden in Form von Resten von Erdhäusern und bearbeiteten Knochen am Ufer des Uški-Sees, etwa 200 Kilometer landeinwärts der Westküste gefunden. Die Funde wurden auf ein Alter von ungefähr 14 000 Jahren datiert (mittleres Paläolithikum). Nachdem auch auf der amerikanischen Seite der Beringsee ähnliche Funde gemacht wurden, geht man davon aus, dass schon zu dieser Zeit intensive Kontakte zwischen den beiden Kontinenten existierten. Während dieser Zeit lag der Meeresspiegel wegen der Eiszeit ungefähr 100 Meter unter dem heutigen Niveau, so dass man fast trockenen Fußes nach Alaska kommen konnte. Einige der aus dem neolithischen Zeitalter ebenfalls am Uški-See gefundenen Überreste haben große Ähnlichkeiten mit einigen Gebrauchsgegenständen der Itenmenen, die frühe Forscher im 17. und 18. Jahrhundert auf Kamtschatka registrierten. Man geht daher davon aus, dass die Itenmenen bereits länger auf Kamtschatka leben als die anderen Volksgruppen der Korjaken, Tschuktschen und Evenen.

Itenmenen

In der eigenen Sprache bedeutet itenme'n so viel wie ›die Bewohner des trockenen Landes‹. Der Forscher Stepan Petrovič Krašeninnikov (1711–1755) nannte die Itenmenen Kamtschadalen und meinte damit die Bewohner Kamtschatkas. Die Korjaken nennen in ihrer eigenen Sprache die Itenmenen ›Kamtschalo‹. In den 1920er Jahren setzten die Sowjets den Namen ›Itenmenen‹ fest. Kamtschadalen wurden fortan die russifizierten Itenmenen, besonders die aus Mischehen mit Russen, genannt. Im Deutschen findet man auch den Begriff Itelmenen. Ihre Sprache gehört wie die der Korjaken und Tschuktschen zur paläoasiatischen oder paläosibirischen Sprachgruppe. Darunter versteht man eine Art ›Restetopf‹: Alle indigenen Volksgruppen im Nordosten Sibiriens, deren Sprache bisher keiner größeren Sprachgruppe zugeordnet werden konnte, werden als paläosibirisch bezeichnet. Dies kann auch an einem Mangel wissenschaftlicher Untersuchungen liegen.

Ursprünglich bewohnten die Itenmenen den kompletten mittleren und südlichen Teil Kamtschatkas und siedelten sich besonders dicht im Kamčatka-Tal und den anderen großen Flusstälern an. Die russischen Kosaken beanspruchten seit Ende des 17. Jahrhundert das Kamčatka-Tal für sich und verdrängten die Itenmenen an die Westküste. Aufgrund von Seuchen und andauernden blutigen Konflikten mit den Kosaken und den korjakischen Nachbarn wurde die Anzahl der Itenmenen in relativ kurzer Zeit stark reduziert. Nach Zahlen von Anfang 2003 leben entlang der Westküste noch ungefähr 1400 Menschen, davon 1079 im Verwaltungsgebiet Kamtschatka, die sich selbst als Itenmenen bezeichnen und ihre überlieferte Kultur pflegen. Nur etwa 200 von ihnen sprechen noch die itenmenische Sprache. Die rund 9000 Itenmenen des mittleren Kamčatka-Tals sind inzwischen stark mit Russen vermischt. Diese Menschen haben größtenteils den Kontakt zur Kultur und Sprache ihrer Vorfahren verloren, so dass sie eigentlich nicht mehr als Itenmenen bezeichnet werden können.

Die Kultur der Itenmenen wurde in sehr detaillierter Weise vom deutschen Forschungsreisenden Georg Wilhelm Steller (1709–1746) und seinem wissenschaftlichen Begleiter Kraseninnikov im Rahmen der von Vitus Bering (1681–1741) durchgeführten ›Großen Nordischen Expedition‹ (1733–1743) dokumentiert. Dank ihrer sorgfältigen Beobachtungen hat man heute ein ziemlich genaues Bild von der damaligen Kultur der Itenmenen. Die Itenmenen ernährten sich hauptsächlich von Fischen, die sie an der Luft trockneten, sogenannten Jukola, räucherten oder einlegten. Sie jagten mit Einbaum-Booten auf dem Meer, erlegten Seehunde oder Seeotter und im Süden Kamtschatkas sogar Wale. Die Itenmenen waren für ihre großen Kenntnisse der Medizinpflanzen Kamtschatkas bekannt. Sie züchteten Hunde, die im Winter vor Transportschlitten gespannt wurden,

Verbreitung indigener Volksgruppen in Nordost-Asien

Legende
1. Evenen
2. Aleuten
3. Korjaken
4. Eskimos
5. Aljutoren (korjakische Küstenjäger)
6. Nymyladen (korjakische Rentiernomaden)

[52]   Die indigene Bevölkerung

Die indigene Volkstanzgruppe Nulgur aus Èsso

und nutzten Ski und Schneeschuhe, um auch im Winter auf die Jagd gehen zu können. Bearbeitetes Metall kannten die Itenmenen schon vor dem Auftauchen der Russen. Sie nutzten es vor allem für die Herstellung von Waffen.

Wie viele andere indigene Volksgruppen Russlands wurden auch die Itenmenen im Zuge der Sowjetisierung gezwungen, ihre traditionelle Lebensweise aufzugeben und die dominante russische Kultur anzunehmen. Sie wohnen nun in festen Häusern, tragen russische Kleidung, nutzen Fischernetze aus Nylon, züchten Kühe und betreiben Gemüseanbau. Seit einigen Jahren findet jedoch wieder eine Rückbesinnung auf die alte Kultur und eine Rekonstruktion der fast verlorengegangenen Bräuche statt – zum Teil unter Rückgriff auf die alten Aufzeichnungen von Steller und Krašeninnikov. Tkhsanom, die Ratsversammlung der Itenmenen, ist bemüht, ihren politischen und ökonomischen Einfluss weiter zu stärken.

Korjaken

Die Korjaken leben hauptsächlich im Norden Kamtschatkas, im Korjakischen Bezirk sowie in kleineren Gemeinschaften auf der Halbinsel Tschukotka. Der Name ›Korjaken‹ stammt von dem korjakischen Wort ›kor‹ für Rentier. Unter den Korjaken gibt es sesshafte Gruppen, die Nymylanen, die entlang der Küste wohnen, und nomadische Rentierzüchter, die Tschavtschuvenen.

Vladimir Jochelson, der im Rahmen der ›Jesup Nordpazifik Expedition‹ zu Beginn des 20. Jahrhundert bei den Korjaken forschte, sammelte viele wertvolle ethnographische Informationen über diesen Volksstamm, bevor auch dieser in den 1920er Jahren russifiziert wurde. Seine Aufzeichnungen sind eine wertvolle Grundlage für die Wiederbelebung der eigenen Kultur durch die Korjaken.

Das Rentier ist der Mittelpunkt im Leben der Korjaken: Es liefert Nahrung, Felle für die Bekleidung, Baumaterial für die Jarang genannten Zelte, stellt ein Handelsgut dar und ist Zugtier für die Schlitten im Winter. Eine Herde Rentiere

Die indigene Bevölkerung [53]

wird oft von mehreren Familien gemeinsam betreut und kann mehrere tausend Tiere umfassen. Zu Sowjetzeiten änderte sich das Leben der Korjaken erheblich. Die großen Herden wurden in kleinere Einheiten geteilt und die Hirten in Brigaden zu je acht bis zehn pro Herde organisiert. Die Wanderrouten der Herden wurden festgelegt und an feste Siedlungen gebunden. Die staatliche Abnahmegarantie für Fleisch, Felle und Geweihe war ein knallhartes Plansoll und eine wirtschaftliche Geißel für die Hirten und brachte keinen großen Wohlstand in den hohen Norden. Der Vorteil des sowjetischen Systems lag zumindest darin, dass die Hirten in ein relativ gutes soziales Versorgungsnetz

Alltagsgegenstände im Museum von Ėsso

eingebunden waren. Seit dem Zusammenbruch des sowjetischen Wirtschaftssystems haben die Korjaken das Problem, dass sowohl dieses Versorgungsnetz als auch die Absatzmärkte für ihre Produkte weggebrochen sind. Zwar mangelt es nicht an Abnehmern in Japan oder China, aber die Handelswege sind lang, und die Zwischenhändler schöpfen den meisten Gewinn ab. Die nun fehlende Subventionierung der Rentierwirtschaft bekommen die Korjaken stark zu spüren. Eine Produktverarbeitung vor Ort, zum Beispiel eine Konservierung von Rentierfleisch, scheitert am Desinteresse der Investoren und an infrastrukturellen Problemen.

Einige Gruppen von Korjaken, Aljutoren genannt, die sesshaft an der Küste der Beringsee leben, ernähren sich von der Jagd auf Meeressäuger wie Robben und Wale sowie von der Fischerei in den Flüssen. Fleisch und Fisch werden an der Luft getrocknet. Früher benutzten die Korjaken mit Robbenfell bespannte Kajaks und Einbäume aus Pappelstämmen, die heute Holz- oder Aluminiumbooten mit Außenbordmotoren gewichen sind.

In früheren Zeiten gab es einen regen Tauschhandel mit Fett, Öl, Fellen, Geweihen und Trockenfisch zwischen den sesshaften und den wandernden Korjakengruppen, oft waren sie auch durch familiäre Bande miteinander verbunden. Nach der letzten Zählung von 2003 leben auf Kamtschatka 5506 Korjaken.

Tschuktschen

Nur wenige der heute lebenden rund 12 000 Tschuktschen leben im Bereich Kamtschatkas an entlegenen Stellen der Nordostküste. Ihr eigentliches Kernland liegt auf der Halbinsel Tschukotka (Čukotskij poluostrov) im Tschuktschischen Autonomen Kreis am nordöstlichsten Zipfel des asiatischen Festlandes, das im Norden an das Gebiet der Korjaken angrenzt. Der erste namhafte Ethnograph, der die Kultur dieses Volkes aufzeichnete, war Vladimir Bogoraz. Sein dreibändiges Werk (1904 bis 1909) ist noch heute eine wichtige Quelle für das Verständnis des traditionellen Lebens im hohen Norden Asiens. Seit einigen Jahren wird der 1930 (gest. 2008) geborene tschuktschische Schriftsteller Jurij Sergejewitsch Rytch'u mit seinen Romanen und Erzählungen über das Leben in Tschukotka in der deutschsprachigen Literatur immer populärer.

So wie bei den Korjaken gibt es auch bei den Tschuktschen an der Küste sesshafte Gruppen, die Ankalyt, und mit Rentierherden nomadisierende Gruppen, die Tschautschuwat. Der Unterschied ist jedoch fließender als bei den Korjaken. Eine rentierzüchtende Familie kann auch zeitweise an der Küste siedeln und auf dem Meer jagen und umgekehrt. Die Küsten-Tschuktschen jagen hauptsächlich Fische, Robben und Wale. Die Kombination aus Rentierzucht und Jagd auf Meeressäuger machte die Tschuktschen zu einem relativ wohlhabenden Volk.

Die traditionell in Zelten lebenden Tschuktschen hatten auch stets einen regen Handels- und Informationsaustausch mit ihren Verwandten auf der alaskanischen Seite der Beringsee und den Tschuktschen-Inuits (Eskimos) an der Nordmeerküste. Selbst zu Sowjetzeiten paddelten einige Tschuktschen mit ihren Kajaks nachts immer mal wieder heimlich zu den amerikanischen Verwandten. Seit dem Zerfall der Sowjetunion fließt der Warenverkehr vermehrt von Alaska nach Tschukotka, denn die 1923 zwangsweise kollektivierte Rentierwirtschaft und der Walfang sind ohne einen Ersatz zusammengebrochen. Tschukotka scheint von der zehn Zeitzonen, also noch eine Zone östlicher als Kamtschatka, entfernten Zentrale in Moskau vergessen worden zu sein. Die meisten Tschuktschen besinnen sich daher wieder auf ihr traditionelles Leben als Jäger und Nomaden. Als im Dezember 2000 der Multimilliardär Roman Abramovič mit 92 % aller Stimmen zum neuen Gouverneur Tschukotkas gewählt wurde (im Amt bestätigt im Oktober 2005), begann sich die Lage der Bevölkerung dort sichtlich zu verbessern. Abramovič finanzierte aus eigenen Mitteln Lebensmittel, Fertighäuser, Treibstoff, Schulen und Lehrer, Krankenhäuser und Straßenbaumaßnahmen. Auf diese Weise hat sich in den letzten Jahren die extrem rückständige Region doch zum Besseren gewandelt. Seit Juli 2008 ist der Gouverneur von Tschukotka Roman Kopin. Als Grenzgebiet ist Tschukotka für Ausländer nur mit Sondergenehmigung zu bereisen.

Evenen

Die Evenen sind eng mit dem Volk der Evenken verwandt und weit über den mittel- und ostsibirischen Raum verteilt. Evenen kamen in einer relativ geringen Anzahl in der Mitte des 19. Jahrhunderts nach Kamtschatka und siedelten entlang der Nordostküste des Ochotskischen Meeres. Ihre Kultur ist stark beeinflusst von der der Jakuten, Jukagiren und der Korjaken. Von den Russen wurden sie auch ›Tungusen‹ oder ›Lamuten‹ genannt. Der Volksname in ihrer eigenen Sprache ist Evesel, im Singular Even, wobei die Etymologie des Wortes ›Even‹ nicht genau geklärt ist. Ihre Sprache gehört zur tungusisch-mandschurischen Sprachgruppe.

Nach der letzten Volkszählung von 2003 leben auf Kamtschatka 1529 Evenen. Die meisten von ihnen, etwa 900, sind im Bystrinskij-Distrikt in Zentralkamtschatka nordwestlich von Mil'kovo beheimatet. Die übrigen Evenen leben im Norden im Distrikt Penžinskij um die Ortschaften Ajanka und Oklan sowie im Distrikt Oljutorskij um die Ortschaften Ačajvajam und Chailino.

Historische Aufnahme einer Korjakin auf einem Rentier reitend

Die Evenen jagten traditionell wilde Rentiere, Elche, Schneeschafe und manchmal Bären. Wegen ihrer Felle wurden auch Erdhörnchen, Ziesel und Murmeltiere gejagt. Daneben fischten die Evenen mit Netzen und Speeren in den Flüssen nach Lachsen. Rentiere wurden nur in kleinen Gruppen domestiziert gehalten und dienten als Zugtiere für die Schlitten im Winter. Von den Itenmenen übernahmen sie die Benutzung von Hundeschlitten. Die Evenen benutzten im Winter zwei unterschiedliche Arten von Ski für lange Strecken und für die Jagd in unebenem Gelände. Von den russischen Kosaken erwarben sie kleine kräftige Pferde, die sie für den Sommer als Reit- und Transporttiere einsetzten.

Rentiergeweih in der Tundra

Die ursprünglichen Wohnzelte waren aus einem stabilen Holzrahmen gebaut, der mit Rentierfellen bespannt wurde. Die Feuerstelle befand sich in der Mitte des Zeltes, das in der Dachspitze eine Belüftungsklappe hatte. Die traditionelle Bekleidung der Evenen aus Fellen und Leder war in ganz Sibirien für ihre eleganten Verzierungen mit Perlenstickerei bekannt. Allerdings spielt diese Bekleidung im heutigen Alltag nur noch für touristische Tanzvorführungen eine Rolle.

In den 1920er Jahren änderte sich das Leben der Evenen im Zuge der Sowjetisierung grundlegend. Sie wurden wie andere Volksgruppen gezwungen, ihr nomadisches Leben aufzugeben und in festen Siedlungen zu leben. Nicht alle Evenen fanden dabei eine Anstellung i den neu entstandenen Rentier- oder Jagdbrigaden, so dass einige in der Forstwirtschaft, als Bauern oder in der Milchwirtschaft arbeiteten. Die russische Kultur beeinflusste nahezu alle Aspekte des Lebens und ließ die Kenntnisse über die traditionelle Kultur fast in Vergessenheit geraten. Das wenige an alter Kultur, was in Erinnerung blieb, wird jetzt im Bystrinskij-Distrikt rund um die Ortschaften Anavgaj und Esso wieder mehr und mehr zum Leben erweckt. Der Tourismus stellt dabei eine wichtige Einnahmequelle für die Evenen dar.

Ainu

Dieser Volksstamm lebte bis vor 150 Jahren noch in Süd-Kamtschatka und auf den Kurileninseln, ist dort heute aber nicht mehr zu finden. Wahrscheinlich brachte der Siedlungsdruck und die Unterdrückung der indigenen Völker durch die russischen Kosaken die Ainu dazu, wieder nach Süden in ihre angestammten Gebiete auf Sachalin und in Japan auszuwandern. Heute leben nur noch auf Hokkaido, der Nordinsel Japans, ungefähr 17000 Ainu, die allerdings dort fast vollständig assimiliert wurden. Die Sprache gilt als ausgestorben.

Die Ainu lebten in festen Siedlungen aus Holzhäusern mit Wänden aus Grassoden und Torf, und machten sowohl Jagd auf Landtiere als auch auf Meeressäuger. Sie benutzten mit Pflanzenwirkstoffen vergiftete Pfeile und Speere sowie Harpunen und Netze. Sie nutzten einheimische Pflanzen als Nahrung und für medizinische Zwecke und webten Stoffe aus Pflanzenfasern. Die Ainu praktizierten eine ausgeprägte Tätowierungskunst.

Aleuten

Dadurch, dass die Kommandeurinseln zum Territorium Kamtschatkas gehören, sollte das Volk der Aleuten nicht unerwähnt bleiben. Diese kamen zu Beginn des 19. Jahrhunderts aus dem Osten von den Nachbarinseln Attu, Rat, Fox und Pribilov und siedelten auf der vorher von Menschen unbewohnten Inselgruppe der Beringinseln. Seit 1825 gelten diese Inseln als permanent bewohnt. Die Aleuten jagten dort die in großen Massen vorkommenden Robben, Fische und Seevögel, waren Meister im Kajakbau und deren Benutzung auf hoher See und hatten sehr gute wasserabweisende Bekleidung für diese regenreiche Region. Bei einer Volkszählung im Jahr 1883 waren nur noch 23 Prozent der Bewohner der Beringinsel Aleuten. Heute ist es schwer, einen ›echten‹ Aleuten zu finden.

Seehundsfest und Rentiertanz

von Dr. Erich Kasten

Wie in vielen anderen subarktischen Gebieten sind auch auf Kamtschatka die von Menschen über die Jahreszeiten genutzten Reichtümer der Natur über weite Gebiete verstreut. Deren Nutzung erfordert Mobilität, also geeignete Transportmittel und Behausungen, da sich der Mensch dem Rhythmus der Natur anpassen muss. Vor allem die Lebensweise der Rentierhalter ist durch eine solche Mobilität geprägt. Sie gehören dem Volk der Evenen an, die erst um 1830 nach Kamtschatka eingewandert sind, sowie den Tschawtschuwenen, einer Gruppe der Korjaken. Diese Völker bewohnen vor allem die Gebiete im Landesinneren und im Norden der Halbinsel. Auch Küstengruppen der Korjaken, wie die Nymylanen und Oljutoren, sowie die weiter südlich an der Westküste lebenden Itenmenen nutzen im jahreszeitlichen Wechsel verschiedene Jagd- und Fangplätze. Ebenso erfordert der Austausch zwischen Küstenvölkern und Rentierhaltern im Landesinneren Beweglichkeit.

Korjakische und evenische Rentierhalter nutzten für Transporte während des Sommers für lange Zeit das Rentier. Ein besonderer Satteltyp, an dem früher auch die Stangen der Jurten befestigt und über den Boden geschleift wurden, trägt die Packtaschen. Anders als die Korjaken ritten die Evenen auch selbst auf ihren Rentieren. Während des Sommers sind Pferde im unwegsamen Gelände Kamtschatkas ein geeignetes Transportmittel. Eine zu Beginn des 19. Jahrhunderts aus Jakutien eingeführte Pferderasse kommt mit den klimatischen Bedingungen des Nordens besonders gut zurecht. Die Pferde werden im Winter freigelassen und suchen sich ihr Futter selbst. Seit der Sowjetzeit werden die abgelegenen Siedlungen und die meisten Rentierlager jedoch mit Helikoptern und Kettenfahrzeugen versorgt. Inzwischen sind Helikopterflüge so teuer, dass man wieder verstärkt auf das Pferd als Transportmittel zurückgreift.

Der Winter ist in Kamtschatka die beste Zeit für Transporte. Besonders im Spätwinter lassen sich auf dem überfrorenen Schnee in den Morgenstunden mit Hunde-, Rentier- und heute Motorschlitten schnell beträchtliche Entfernungen zurücklegen.

In den fischreichen Gegenden in der Nähe der Küste bietet sich vor allem die Nutzung von Hundeschlitten an. Rentierhalter im Landesinneren verwenden auch Rentiere als Zugtiere für Schlitten. Es gibt verschiedene Rentierschlittentypen: Der mit Fellen ausgelegte Aufsatz des leichten Reiseschlittens bietet dem Menschen Halt, wohingegen für Transporte von Lasten kräftigere Schlitten mit ebener Ladefläche benutzt werden. Von ganz anderer Bauart ist der Hundeschlitten. Charakteristisch ist sein senkrecht stehender Bügel aus gebogenem Holz, an dem sich der Schlittenführer festhält. Allen Schlittentypen ist gemeinsam, dass die Verbindungen zwischen den Holzteilen mit Riemen verschnürt sind. Das gibt dem Schlitten die nötige Elastizität bei den oft schnellen Fahrten über raues Gelände.

Rentiernomadismus im Wandel

In früheren Zeiten versprach die Rentierhaltung Wohlstand und Unabhängigkeit und war die deutlich bevorzugte Alternative zu anderen wirtschaftlichen Tätigkeiten:

»Jeder Mann ist sich selbst Gesetz, solange er ein Dutzend Rentiere besitzt [...]. Aus Bequemlichkeit und der Gesellschaft wegen finden sich sechs bis acht Familien zusammen, aber sie werden nur durch gegenseitige Übereinkunft zusammengehalten

[...]. Sie haben einen Führer [...], der gewöhnlich die größte Herde der Gesellschaft besitzt; er entscheidet, wo das Lager aufgeschlagen wird und wann weiter gezogen wird; andere Macht besitzt er nicht; alle ernsteren Fragen über persönliche Rechte und Verpflichtungen muss er der gemeinsamen Entscheidung aller Mitglieder überlassen.« (G. Kennan, 1890)

Wie in anderen Ländern haben auch in der früheren Sowjetunion staatliche Planer Eingriffe in die Lebensweisen indigener Völker vorgenommen, ohne deren Erfahrungen und lokalem Wissen gebührend Beachtung zu schenken. Besonders deutlich wird das in den erzwungenen Veränderungen in der Rentierhaltung. Die Kollektivierung von Rentierherden und Umorganisation zu Kolchosen Ende der 1920er Jahre waren für viele Einheimische noch zu verkraften, zumal auch Vorteile damit verbunden waren. Einen besonders schmerzhaften und folgenschweren Einschnitt stellte jedoch der Ende der 1950er Jahre eingeleitete Wandel vom ›Familiennomadismus‹ (nicht schulpflichtige Kinder mit ihren Eltern oder Familien) zum ›Produktionsnomadismus‹ (Berufshirten ohne Familien) dar. Seitdem blieben nur noch Hirtenbrigaden bei den Tieren, während Kinder und Jugendliche in Internaten erzogen und Frauen und ältere Menschen in neuerrichtete Dörfer umgesiedelt wurden. Dadurch verlor die jüngere Generation den Bezug zu Lebensweisen und kulturellen Überlieferungen ihrer Vorfahren, ohne die ein Leben in der Tundra mit den Herden kaum möglich ist.

Tundra und Meeresküste

Die Nutzung weiträumiger Territorien durch eine einzelne Gruppe kann durch eine wirtschaftliche Spezialisierung und den Austausch von Produkten zwischen verschiedenen Gruppen ersetzt werden. Wie in anderen subarktischen Gebieten entwickelten sich auch auf Kamtschatka geradezu lebensnotwendige Wechselbeziehungen zwischen Küsten- und Inlandsbevölkerungen. Zum Beispiel waren Seehundprodukte bei den Rentierhaltern begehrt für die Riemenherstellung, während die Küstenbevölkerung die durch nichts zu überbietenden wärmenden Eigenschaften von Rentierfellen bei eisigen Winden und winterlichen Temperaturen um die minus 40 °C schätzte. Solche lebenswichtigen Kontakte waren früher durch ein Geflecht sozialer Beziehungen sehr verlässlich. Diese sozialen Netzwerke versuchte man in der Sowjetzeit durch staatlich organisierte sozialistische Solidarität zu ersetzen, heute sind indigene Gemeinschaften wieder darum bemüht, einstige soziale Netzwerke und lokale Ökonomien neu aufzubauen. Das bietet sich vor allem in entlegenen Gegenden an, die wegen der unzureichenden Verkehrsanbindung nur einen begrenzten Zugang zu den Märkten im Süden der Halbinsel haben.

Nahrung

Rentierfleisch wird gekocht oder getrocknet. Die Innereien werden mit Vorliebe roh gegessen, das Hirn und das Knochenmark gelten als Delikatesse.

»[Das Rentier] trägt ihn nicht nur von Ort zu Ort, sondern liefert ihm Kleidung, Nahrung und Decken für seine Zelte; seine Geweihe werden zu kunstlosen Geräten der verschiedensten Art verwendet, seine Sehnen getrocknet und zu Faden verarbeitet; seine Knochen dienen in Seehundsöl eingeweicht als Brennmaterial, seine gereinigten und mit

Eine Nymylanin stampft getrockneten Lachsrogen

Talg gefüllten Gedärme als Nahrungsmittel, sein Blut mit dem Inhalte seines Magens vermischt wird als ›Manjalla‹ gegessen; seine Zunge und sein Mark gelten als die größte Delikatesse [...] und sein den Korjakengöttern geopferter Körper verschafft seinem Besitzer allen geistlichen und weltlichen Segen, dessen er bedarf.« (G. Kennan, 1890)

Seehunde sind nicht nur wegen ihres Fleisches, sondern vor allem auch wegen ihrer zentimeterdicken Fettschicht begehrt. Lachse werden auf verschiedene Weise geräuchert und getrocknet sowie eingesalzen. Sie dienen den Menschen und Schlittenhunden als wichtigste Nahrung während des ganzen Jahres. Als besonders schmackhaft gelten Fischköpfe in rohem oder fermentiertem Zustand, der ihnen einen säuerlichen Geschmack und besonderen Geruch verleiht. Pflanzen und Beeren sowie Kiefernsamen decken den Vitaminbedarf auch während des langen Winters, indem sie auf verschiedene Weise konserviert werden. Dazu zählt u.a. eine besondere schmackhafte Bärlauchart (wilder Knoblauch). Die Nymylanen gewinnen besondere Pflanzenwurzeln, indem sie mit Stöcken in der Tundra Vorratslager der Mäuse suchen und ausheben. Dabei werden besonders die Wurzeln von Kimchiga (Claytonia tuberosa) und Sarana (Fritillaria camschatcensis) gesucht.

Häute, Felle und Bekleidung

Von den Küstenbewohnern erhielten die Rentierhalter neben Fett und Öl auch Seehundfelle, die besonders strapazierfähig und wasserabweisend sind. Die wasserabweisende Eigenschaft erweist sich als vorteilhaft für bestimmte Kleidungsstücke und Packsäcke. Aus der Haut einer besonderen Seehundart (russ. Lachtak, Erignathus barbatus nauticus) werden besonders strapazierfähige Riemen hergestellt, die Rentierhaltern als Lasso dienen oder die beim Schlittenbau Verwendung finden. Aus dem Leder von Seehundhäuten werden die Sohlen der Winterstiefel hergestellt, und Seehundfelle dienen zum Bespannen der Skiunterseiten (als Steigfelle für Touren durch unebenes Gelände).

Die Küstenbewohner stellen aus Seehundfellen auch ihre Boote (baidar, matew) her. Die Felle werden dabei um ein Holzrahmengestell gelegt und vernäht. Der kleinere Bootstyp zeichnet sich besonders bei der Jagd zwischen den Eisschollen durch seine Wendigkeit aus. Dabei passen sich die reißfesten Häute elastisch an die scharfen Eiskanten an. Mit größeren Booten dieser Art, die um die zehn Personen aufnehmen konnten, wurden früher weite Reisen entlang der Küste unternommen.

Seehundjagd mit einem traditionellen Kajak aus Robbenleder

Rentierfell zeichnet sich wegen des hohen Luftanteils in den Haaren durch besonders wärmende Eigenschaften aus. Aus den Fellen der Beine werden die Winterstiefel hergestellt. Die Haare vom Hals werden gefärbt und als farbiger Muster auf der Kleidung verwendet. Besonders wertvoll sind bestimmte Teile des Rentierrückens, aus deren getrockneten Fasern Fäden zum Nähen gezwirbelt werden. Die kleinen Fellstücke zwischen den Klauen an der Sohle der Rentiere dienen als Schuhsohlenauflage für Wanderungen auf glattem Eis. Gegerbt wird das Rentierleder mit Rentierexkrementen. Nach dem Trocknen des Fells werden Fleisch- und Fettreste von der Innenseite entfernt und das Leder mit eingeweichter Erlenrinde eingerieben, was der Kleidung ihre charakteristische rotbraune Farbe verleiht. Schwarze Farbe wird durch Einreiben mit Asche und gekochten Fischschuppen erreicht, weiße Farbe wird durch das Wässern in Bächen erzeugt.

Auch Felle und Häute anderer Tiere finden Verwendung, besonders für zusätzliche schmuckvolle Applikationen. Dabei handelt es sich oft um Felle des Vielfraßes und kleinerer Pelztiere wie des Zobels. Die Fellmützen sind an der Vorderseite häufig mit dichtem Hundefell gesäumt, welches das Gesicht bei Sturm oder Fahrtwind abdeckt. Kunstvolle Ornamente werden aus besonderen Körperteilen von Tieren angefertigt wie etwa aus der dünnen Haut der Kehle des Seehunds, den rot gefärbten Fellbüscheln ungeborener Seehunde und den bunt gefärbten Halshaaren des Rentiers.

Kunsthandwerkliche Kreativität und ästhetisches Empfinden zeigten sich seit jeher bei den Völkern Kamtschatkas vor allem in ihrer Kleidung. Besondere Muster werden aus Perlen aufgestickt, die seit langem zu den begehrten Tauschwaren der Völker Kamtschatkas zählen. Sie sind jedoch nicht nur Ausdruck von ästhetischem Empfinden, sondern zugleich auch ein Zeichen von Wohlstand. Die aufgestickten Motive gaben früher Auskunft über die Herkunft, besonders auf Festen und Jahrmärkten, bei denen diese Festkleidung getragen wurde. Doch wurden bestimmte Stile und Motive weniger bewusst als Ausdruck der eigenen Familien- oder Siedlungsidentität verwendet, sondern man nähte so ›wie man es bei den Eltern und Großeltern gesehen hatte‹, wie ältere Informanten versichern. Heute experimentieren viele Kunsthandwerkerinnen gerne mit Stilelementen von unterschiedlicher Herkunft, um so die Gegenstände für den Käufer optisch attraktiver zu gestalten. Andere versuchen, charakteristische Stilelemente ihrer eigenen Gruppe oder Siedlung beizubehalten.

Die Applikationen der Bekleidung der Nymylanen und Oljutoren beinhalten zum Beispiel die mit Stofffäden aufgestickten farbenprächtigen Pflanzenmotive, während evenische Muster ausschließlich aus abstrakten Motiven in Form von Rhomben, Quadraten und Dreiecken zusammengestellt sind.

Die Fellmäntel der Korjaken und Evenen unterscheiden sich dadurch voneinander, dass der knielange Umhang der Korjaken vorne geschlossen ist. Die evenische Kleidung hingegen ist wie ein Mantel vorne geöffnet. Der längsseitige Saum ist mit aufgestickten symmetrischen Mustern versehen, hinter dem sich ein reichlich mit Perlen verzierter Lendenschurz verbirgt.

Kunsthandwerk
Auch das Kunsthandwerk auf Kamtschatka bleibt von den schwierigen Zeiten des gegenwärtigen Umbruchs nicht unberührt. Die russischen Museen sind nicht mehr in der Lage oder gewillt, indigene Kunst zu angemessenen Preisen anzukaufen. Gleichzeitig fehlen in Russland noch private Kunstsammler, die zum Beispiel in Nordamerika

indianischer Kunst zum Aufschwung verholfen haben. Wohlhabende ›neue‹ Russen haben zumeist noch andere Konsumgewohnheiten. Kunstsammler aus dem Ausland werden durch die neuen russischen Gesetze zur Beschränkung der Ausfuhr von Kunstgegenständen ferngehalten, obwohl gerade deren Nachfrage nach hochwertigen Kunstgegenständen künstlerische Entwicklungen in dieser Region in die richtigen Bahnen lenken könnte. Um ihr Überleben zu meistern, sind viele Künstler heute gezwungen, sich auf die Anfertigung von billiger Touristenkunst zu verlegen. Bei einigen hochtalentierten Künstlern war so im Laufe der letzten zehn Jahre ein Verfall in künstlerischem Ausdruck und Kreativität festzustellen, und einheimische Nachwuchskünstler erhalten so die falschen Orientierungen.

Weltsicht und Ritual
Bei den Herbstfesten der Küstenkorjaken werden symbolisch dargestellte Seelen erlegter Tiere mit rituellen Speisen beköstigt. So werden sie in würdevoller Weise verabschiedet und ins Jenseits geschickt. Dort sollen sie von der guten Behandlung berichten, die sie erfahren haben, damit die Jagdtiere wiederkehren. Die korrekte Durchführung der Rituale soll den zukünftigen Jagderfolg sichern. Die Rituale dienen der Versöhnung für das, was sich der Mensch von der Natur hat nehmen müssen.

Bei Tschavtschuvenen und Evenen stehen Rituale im Hinblick auf das Wohlergehen der Rentierherden im Vordergrund. Hierzu werden durch Holzfiguren dargestellte Schutzwesen rituell beköstigt oder mit Gaben an das Feuer wohlgestimmt.

Auf diese Weise haben trotz der Unterdrückung schamanistischer Traditionen in der ehemaligen Sowjetunion vor allem unter Stalin bestimmte Rituale und Ansichten bis heute überlebt, die von der Grundhaltung geprägt sind, im Sinne eines behutsam zu pflegenden Übereinkommens mit der Natur zu leben und nicht gegen sie.

Die wichtigste Gestalt in der Erzähltradition der Korjaken ist Kutkinjaku. Sein wechselhafter Charakter und sein Auftreten – teils Mensch, teils Rabe – erklärt das Zustandekommen der Welt in ihrer heutigen, nicht gerade vollkommenen Form. Die Erzählungen sprechen vielfältige Mensch-Natur-Beziehungen und deren Transformationen an, worüber in der Mythologie dieser Völker besonders nachhaltig reflektiert wird. Kutkinjakus Taten und Abenteuer werden gerne in anekdotenhafte Erzählungen gekleidet, womit auch der jüngeren Generation Werte und Verhaltensweisen nahegebracht werden.

Kutkinjaku und die Füchsin
Bei Kutkinjaku lebte eine Füchsin. Sie stand immer früh auf und ging los, um für ihre Kinder Fische zu fangen. Kutkinjaku sah, wie sie einen Fisch nach Hause brachte. Er sagte sich: »Kocht sie vielleicht Essen?« Er lief zur Füchsin, nahm ihr das Essen weg und brachte es nach Hause. Seine Frau Miti fragte: »Wer hat dir das gegeben?« Kutkinjaku antwortete: »Die gute Füchsin gab mir den Fisch für euch mit ...«

Eines Tages machte die Füchsin Tolkuscha-Speise aus fettem Fleisch. Als sie nicht zu Hause war, schlich sich Kutkinjaku in das Haus und aß sich satt. Zuhause sagte er wieder, wie gut er beköstigt wurde.

Am nächsten Tag gingen Miti und Mitigal ebenfalls dorthin. Kutkinjaku blieb zu Hause. Die Füchsin beköstigte Miti und erzählte, wie Kutkinjaku ihr den Topf gestohlen hatte. Miti antwortete: »Und mir hat er erzählt, dass du so gut warst und ihm das Essen gegeben hättest.«

Als sie nach Hause zurück kamen, fing Miti an zu schimpfen: »Warum bist du so ein Betrüger, warum stiehlst du ihre einzige Nahrung?« Kutkinjaku antwortete, dass die eigenen Vorräte zur Neige gehen und die Kinder ernährt werden müssten. Miti sagte: »Sie hat auch Kinder, die ernährt werden müssen, und du hast ihr Essen weggenommen.«

Tanz und Gesang im Ritual
Tänze und Gesänge sind ein wichtiger Bestandteil der Herbstfeste. Dazu werden Bewegungen und Laute verschiedener Tiere nachempfunden, um Nähe und Verständigung mit ihnen zu suchen. So tanzen und singen die Nymylanen während ihres O-lo-lo-Festes die ganze Nacht in Anwesenheit symbolisch dargestellter Seelen der erlegten Seehunde und Bergschafe. Damit wird ihnen Hochachtung und Wertschätzung entgegengebracht. Durch Grimassen wird der Gesichtsausdruck von Seehunden nachempfunden. Sie begleiten beispielsweise beim Cho-lo-lo-Fest der Oljutoren den Gesang, mit dem versucht wird, mit der ›Herrin der Seehunde‹ in eine rituelle Kommunikation zu treten. Das Geräusch eines rituellen Kreisels stellt den aushauchenden Atem von Seehunden dar. Die auf diesen Festen gesungenen Familienmelodien dienen ebenfalls dem Ausdruck von Familien- und Siedlungsidentitäten sowie der Erinnerung an Vorfahren. Bestimmte Gesänge werden von Kindern übernommen und unter Geschwistern variiert. Dabei bleibt die Grundmelodie erhalten und ist weiterhin erkennbar.

Tanz und Gesang als künstlerische Darstellung
Im Ritual überlieferte Tanz- und Gesangsimitationen von Tierverhalten bilden ebenfalls die Grundlage inszenierter Darstellungen indigener Tanzensembles. Dabei werden die Motive in künstlerisch-choreographischer Weise weiterentwickelt. Seit den 60er Jahren verschmolzen traditionelle Tänze und Gesänge mit russischer Ballettkunst zu neuen Tanzstilen. Der Rückgriff auf bestimmte lokale Motive und deren Umgestaltung unter den verschiedenen Einflüssen der neueren Zeit sorgen für künstlerische Innovation und Variation. Besonders junge Künstler können sich so mit eigenen Traditionen auseinandersetzen und auf diese Weise ihr kulturelles Erbe – wenn auch in veränderter Form – fortführen. Ihre Darbietungen richten sich an Touristen und dienen bei Gastspielreisen vor allem kommerziellen Zwecken. Bei den eigenen Festen stärken sie aber auch Identitäten von Dorfgemeinschaften und ethnischen Gruppen.

Amulette

[64] Seehundsfest und Rentiertanz

»Als ich klein war, und die älteren Frauen immer an der Küste beisammen saßen und die Fische verarbeiteten, spielten wir mit den Möwen, die sofort in großen Mengen und mit lautem Kreischen über uns kreisten. Wir warfen ihnen kleine Fischreste zu, und mit den eigentümlichsten Bewegungen flogen sie darauf zu und schnappten sie. Das machte ich immer wieder und schaute mir genau an, wie sie flogen. Und dann dachte ich mir, wenn ich doch auch so fliegen könnte. So übte ich und nahm mir einen Stock zur Hilfe, den ich hinter dem Rücken trug und an dem ich seitlich meine Arme spreizte. Und seitdem tanze ich auf unseren Festen, wie die Möwen durch die Lüfte fliegen.«
(Natal'ja Jaganova, Lesnaja)

Kulturstiftung Sibirien

Die Kulturstiftung Sibirien wurde 2010 gegründet. Sie ist aus langjährigen Forschungen zu den Völkern des Nordens und aus Maßnahmen zum Erhalt dieser Kulturen hervorgegangen. In letzter Zeit stehen dabei Sibirien und der Ferne Osten Russlands im Vordergrund. Stiftungszweck ist der Erhalt indigener Sprachen und des darin zum Ausdruck kommenden – vor allem ökologischen – Wissens sowie die weitere Entwicklung künstlerischer und handwerklicher Traditionen der Völker Sibiriens.

Lehrmaterialien für indigene Gemeinschaften tragen dazu bei, dem Verlust kultureller Vielfalt und der Auflösung lokaler und ethnischer Identitäten entgegenzuwirken. Sie werden zusammen mit Einheimischen und unter Nutzung moderner Technologien erstellt. Ausstellungen, Kulturbegegnungen in Form von Gastspielen und Workshops, sowie wissenschaftliche Symposien in Deutschland und Russland dienen dem besseren gegenseitigen Verständnis und dem wissenschaftlichen und künstlerischen Dialog zwischen Menschen aus verschiedenen Kulturen.

Eine digitale Bibliothek und Sammlungen sollen vor allem auch indigenen Gemeinschaften einen Zugang zu Forschungsergebnissen und Dokumentationen ermöglichen. Für die Bibliothek wird der seit 2004 etablierte Domainname www.siberian-studies.org weiter verwendet. Mehr Informationen über die Kulturstiftung sind zu finden unter: www.kulturstiftung-sibirien.de.

Perspektiven für die Zukunft

Der wirtschaftliche Niedergang seit der Perestrojka ist besonders im Norden und im fernen Osten Russlands spürbar – und vor allem bei der dort lebenden indigenen Bevölkerung. So sank in Kamtschatka die Anzahl der Rentiere auf ein Fünftel des vormaligen Standes. Die Ursachen liegen nicht nur in der wirtschaftlich schwierigen Transformation bislang hochsubventionierter Wirtschaftszweige in ein marktwirtschaftliches System. Vielmehr zeigen sich auch die Versäumnisse staatlicher Politik der vergangenen Jahrzehnte, die indigenem Wissen wenig Beachtung schenkte. Für viele Einheimische erscheint als einziger Ausweg aus der gegenwärtigen Krise, modernes Wissen wieder verstärkt mit Erfahrungen und Kenntnissen der älteren Generation zu verbinden. Die UNESCO und die Kulturstiftung Sibirien unterstützen diese Bemühungen indigener Gemeinschaften. Dabei geht es um die Stärkung naturgemäßer und kulturell angepasster Wirtschafts- und Lebensweisen bei den Völkern Kamtschatkas.

Zubereitung eines Gerichts mit wildem Knoblauch

Russische Besiedlungsgeschichte

Das Wort Kamtschatka stammt vom Namen des größten Flusses der Halbinsel, der von den einheimischen Korjaken ›Konschatka‹ genannt wurde, die Itenmenen nannten ihn ›Uikoal‹. Nach Georg Wilhelm Steller (1709–1749) leitet sich ›Konschatka‹ von einem früher an dem Fluss wohnenden und sehr angesehenen Mann namens ›Konschat‹ ab. Stepan Krašeninnikov (1711–1755) meinte dagegen, dass dieser angesehene Mann kein Itenmenen gewesen sei, sondern der Russe Ivan Kamčatskij, der schon im frühen 17. Jahrhundert in weiten Teilen der Halbinsel Tschukotka und Kamtschatkas gereist war.

Im Jahr 1649 erreichte der Russe Michail Staduchin von Norden kommend den Fluss Anadyr' im Süden des heutigen Tschukotkischen Bezirks und ließ dort ein befestigtes Fort (russ. ostrog) bauen, Anadyrskij – die erste russische Ansiedlung in dieser Region. Er stieß anschließend weiter nach Süden vor, zum Fluss Penžina, der ins Ochotskische Meer mündet. Die Neuigkeiten über die dort vorkommenden Zobel- und Seeotterbestände gelangten wenig später nach St. Petersburg. In den folgenden Jahren wurden intensive Erkundungsreisen und die Besiedlung der Region rund um das Ochotskische Meer geplant und umgesetzt. Im Jahr 1679 entstand im Mündungsbereich der Penžina in der Nähe der heutigen Siedlung Kamenskoe der zweite Ostrog: Aklanskij. Die ersten Truppen der Kosaken erreichten 1695 und 1696 Kamtschatka, schafften es aber nicht, von den widerspenstigen Eingeborenen größere Mengen an Fellen zu bekommen. Mit einer kleinen, aber gut bewaffneten Mannschaft hatte der Russe Vladimir Atlasov (um 1661–1711), der von 1697 bis 1699 von Anadyrskij kommend weite Bereiche der Halbinsel bereiste, schließlich 3200 Zobelfelle von den Eingeborenen erzwungen und mit nach Moskau gebracht. Der begeisterte Zar Peter der Große (1672, Regierungszeit 1682–1725) liebte wertvolle Felle – nicht nur für sich, sondern auch für den Export. Von nun an war die Eroberung Kamtschatkas eine beschlossene Sache. Der erste Ostrog auf der Halbinsel Kamtschatka, Verchne-Kamčatskij, wurde 1698 im Bereich der heutigen Stadt Mil'kovo gebaut. Es folgte Nižne-Kamčatskij in der Nähe der heutigen Stadt Ključi. Die einheimische Bevölkerung wehrte sich erbittert, wodurch es zu blutigen Auseinandersetzungen kam. Letztendlich hatte sie jedoch keine Chance gegen die Kosaken. Der letzte Itenmenen-Aufstand war 1740, der letzte Aufstand der Korjaken 1756. Viele Männer wurden getötet, die Frauen und Kinder versklavt.

Im Jahr 1724 unterzeichnete Zar Peter der Große ein Dekret für die Organisation einer großangelegten Expedition nach Kamtschatka, Amerika und das Meer dazwischen, das bis dahin nur sehr wenig erforscht war. Diese Expedition (1725–1730) wurde dem Dänen Vitus Bering aufgetragen, der allerdings ohne besondere Erfolge wieder nach St. Petersburg zurückkehrte. Zwei Jahre darauf wurde die zweite Kamtschatka-Expedition (1733–1743) unter seiner Führung organisiert, von der er allerdings nicht lebend zurück kam. Jedoch wurde diese zweite Expedition ein voller Erfolg und ging unter dem Titel ›Die Große Nordische Expedition‹ in die Geschichte der Erforschung des nordpazifischen Gebietes ein. Während dieser Expedition wurden im Jahr 1739 zwölf Expeditionsmitglieder im nördlichen Bereich der Avača-Bucht an Land gesetzt. Sie sollten die

Karte Nordostsibiriens von Philip von Strahlenberg (1730)

Unterkünfte für die Offiziere bauen, da man dort mehrere Überwinterungen plante. So entstand die Siedlung Peter und Paul (Petropavlovsk), wenn auch mit einigen Anfangsschwierigkeiten. Es wurde stets behauptet, diese beiden Expeditionen hätten hauptsächlich einen wissenschaftlichen Charakter gehabt, die politischen und geostrategischen Ziele des Zaren waren aber letztendlich die Antriebsfeder dafür. ›Von nun an kann niemand mehr darüber diskutieren, dass wir die ersten Eroberer der Kurilen- und Aleuten-Inseln sowie der amerikanischen Küste zwischen dem 66. und 54. Breitengrad sind‹ (Slovcov, 1844).

Zu Beginn des Russisch-Japanischen Krieges (1905–1906) gab es keine Militärtruppen auf der Halbinsel Kamtschatka, sondern nur eine Art Bürgerwehr. Ende 1905 legten zwei japanische Kreuzer im Hafen von Petropavlovsk an. Nachdem sie keinen Widerstand entgegengesetzt bekamen, schossen sie auf die Kühe und organisierten zusammen mit den Russen riesige Parties. Nach dem Friedensabkommen – die Russen verloren den Krieg – bekamen die Japaner neben den Kurileninseln und dem Südteil der Insel Sachalin auch die Fischereirechte für die russischen Gewässer der Region, was in den folgenden Jahren intensiv genutzt wurde.

Fassaden an Gebäuden aus der Sowjetzeit

Die ersten Sowjets kamen 1918 nach Kamtschatka, wurden aber von einem japanischen Angriff liquidiert. Erst 1923 schafften es die Bolschewiken, ihre Macht auch in diesem fernen Zipfel Russlands nachhaltig zu etablieren.

Während der Sowjetzeit war Kamtschatka für ausländische Besucher geschlossen. Weil dieses Gebiet während des Kalten Krieges eine hohe militärische Bedeutung hatte, ließ man nichts unversucht, möglichst viele Russen dort anzusiedeln. So wurden die meisten Arbeitsplätze mit attraktiven Löhnen subventioniert und der Lebensstandard der Bevölkerung lag höher als im Westen Russlands. Es gab alle Konsumgüter, freie Flüge nach Westen und staatlich bezahlte Jahresurlaube am Schwarzen Meer oder im Kaukasus.

Nach der Auflösung der Sowjetunion 1990 wurden nicht nur viele der Vergünstigungen gestrichen, sondern es stiegen gleichzeitig auch die Preise für alle Konsumgüter, fossile Brennstoffe und Dienstleistungen. Das Leben im Fernen Osten wurde ab 1994 (Rubelverfall) noch zusätzlich dadurch erschwert, dass die Zentrale in Moskau entweder in ökonomischen oder politischen Krisen steckte oder sich niemand mit Kamtschatka auseinandersetzen wollte. Dort gab es bis dahin nicht einmal Erdöl, so wie in den meisten anderen sibirischen Bezirken und autonomen Kreisen. Dieser Umstand förderte zwar das eigenständigere Denken und Handeln der Menschen auf Kamtschatka, führte aber auch zu einer extremen Abwanderung. Die Gesamtbevölkerung Kamtschatkas wurde bei einer Volkszählung am 1. Januar 2001 mit 333 000 angegeben. Aufgrund der sich verschlechternden Wirtschaftslage haben seit 1991 etwa 25 Prozent der Einwohner Kamtschatka wieder verlassen. Laut einer vom WWF finanzierten Umfrage im Jahr 2004 sind weitere 25 Prozent zur Ausreise bereit, wenn es ihnen irgend möglich ist. Momentan gibt es auch ein föderales Umsiedlungsprojekt für Einwohner Kamtschatkas nach Zentralrussland. Der jährliche Rückgang beträgt zur Zeit etwa 5000 Bewohner. Besonders die gut ausgebildete Jugend verschwindet in den europäischen Teil Russlands, was die zukünftige Wirtschaftskraft Kamtschatkas weiter verschlechtert. Die größten Städte sind Petropavlovsk (195 200 Einwohner), Elizovo (40 100), Ust'-Kamčatsk (13 400) und Mil'kovo (11 500) (Zahlen von 2010).

Wissenschaftliche Expeditionen vom 17. bis 19. Jahrhundert

Die wissenschaftlichen Expeditionen im Fernen Osten Russlands hatten stets auch eine politische oder geostrategische Komponente. Je nach Interessenslage und Geldgeber der Expeditionen nahmen mehr Wissenschaftler oder mehr Staatsbeamte bzw. Soldaten teil. Hervorgehoben werden sollen hier nur diejenigen Forschungsreisen vom 17. bis 19. Jahrhundert, die zu einem besseren Verständnis der entdeckten Tier- und Pflanzenwelt sowie der Landschaften und deren Ureinwohnern beitrugen. Schon 1639 bis 1641 hatte eine Kundschaftergruppe unter Leitung des Kosaken Ivan F. Moskovitin von Jakutsk aus das Ochotskische Meer erreicht, wo 1647 der Ostrog und die für spätere Expeditionen nach Kamtschatka wichtige Siedlung Ochotsk angelegt wurde.

In den Jahren 1648 und 1649 fuhr der Kosake Semën I. Dešnëv (1605–1672) mit seiner Mannschaft von der Mündung der Kolyma kommend, um die Halbinsel Tschukotka bis hinunter nach Kamtschatka. Aus den geographischen Daten nach dieser Fahrt entstand die erste Seekarte des gesamten Nordost-Sibirischen Küstenbereiches einschließlich der Küste von Nordost-Kamtschatka, die Tobol'sk-Karte von 1667. Der Beweis, dass es keine Landverbindung zwischen Asien und Amerika gibt, war damit zwar erbracht, aber verschwand durch ein Versehen in den Archiven.

In den Jahren 1661 bis 1663 segelte der Kosake I. M. Rubez von Jakutsk über die Lena zum Nordmeer, umschiffte Tschukotka und fuhr im Kamčatka-Fluss so weit flussaufwärts, wie es mit den mitgebrachten Booten möglich war. Er kehrte nach Anadyrskij zurück, schaffte es also nicht, die Südspitze Kamtschatkas zu umsegeln.

Die bisherigen Schwierigkeiten bei den Erforschungen von Tschukotka, Kamtschatka und der Beringsee bestanden darin, dass die Teilnehmer mit ihrer Ausrüstung auf dem mühsamen und langen Landweg bzw. auf Flüssen von Westen her anreisen mussten. Die benötigten hochseetauglichen Schiffe wurden erst vor Ort gebaut, was zusätzlich Zeit und Mühen kostete.

Wegen des Expansionsdrangs des Russischen Reichs und mit der Erkenntnis, dass das Land im Norden und Osten durch Meere begrenzt war, beschloss der westlich orientierte und gegenüber neuen Techniken aufgeschlossene Zar Peter der Große gegen Ende des 17. Jahrhunderts eine komplette Neuorganisation und Modernisierung der russischen Flotte. In diesem Projekt findet sich auch der Gedanke, einen Seeweg durch das Eismeer nach China und Indien zu erkunden. Dafür wurde zum einen die Ausrüstung der Flotte auf den technischen Stand Europas gebracht, zum anderen wurden verstärkt Naturwissenschaftler, Kartographen, Landvermesser und Kapitäne in Westeuropa angeworben.

Im Jahre 1719 wurden die beiden Geodäten Ivan Evreinov (gest. 1724) und Fëdor Lužin (gest. 1727) vom Zaren beauftragt, von Tschukotka nach Kamtschatka und zu den Kurileninseln zu segeln, um dieses Gebiet und eine mögliche Landverbindung nach Amerika zu erforschen. Die Mission konnte aber die bestehenden Unklarheiten über eine mögliche Landverbindung nach Amerika nicht restlos aufklären, wahrscheinlich weil die Küste Amerikas in Nebel verhüllt war.

Graf von Benjowski

Eine etwas kuriose Episode der russischen Besiedlungsgeschichte Kamtschatkas rankt sich um den österreichisch-ungarischen Grafen slowakischer Abstammung Moritz August von Benjowski (1741/46–1786). Dieser kämpfte in Polen gegen die Russen, wurde 1769 gefangengenommen und 1770 von der Zarin Katharina II. nach Kamtschatka verbannt. Dort machte er sich in der lokalen Selbstverwaltung nützlich. Mit dem Vorschlag, eine Schule bauen zu wollen und die Südspitze Kamtschatkas landwirtschaftlich zu erschließen, wurde er nicht nur schnell der Freund des Gouverneurs Nilov, sondern verliebte sich auch noch in dessen Tochter Afanasija. Doch

Graf von Benjowski – der König von Madagaskar

insgeheim ging es ihm nicht um Rang und Namen in der Gruppe der Verbannten. Für seine lang geschmiedeten Fluchtpläne bemächtigte er sich eines Schiffes, tötete den Gouverneur, nahm Afanasija mit sich und flüchtete am 14. Mai 1771 mit 96 Mithäftlingen nach Süden. Nach einigen Irrfahrten und einer niedergeschlagenen Meuterei erreichte er am 2. September Formosa und am 24. des Monats Macao. Dort starben viele seiner Gefährten, darunter auch seine Geliebte. Benjowski verkaufte ›sein‹ Schiff und hatte Glück, dass zu jener Zeit ein französisches Schiff vor Anker lag. So konnte er wieder nach Europa zurückkehren.

In Paris verschaffte er sich den Auftrag, auf Madagaskar eine Kolonie zu gründen. 1774 erreichte er Madagaskar und wurde 1776 von den dortigen Eingeborenen zum König ausgerufen. In Paris stieß er aber auf Ablehnung seiner Pläne, so dass er wieder auf Seiten Österreichs in den Militärdienst trat. Erst 1783 fand er bei den Engländern Gehör für seine Pläne auf Madagaskar und kehrte 1784 dorthin zurück. Die Franzosen verübelten ihm die Zusammenarbeit mit den Engländern und schickten Truppen aus Mauritius. In einem Gefecht wurde er am 23. Mai 1786 getötet. Sein Buch ›Begebenheiten und Reisen‹ erschien bereits im Jahre 1791 auch in deutscher Sprache:

»Am neunzehnten August besuchten uns über tausend Insulaner, wovon jeder ein Geschenk mitbrachte. Zusammen belief sich dieß auf mehr als achtzehnhundert Ellen Zeug, auf zweyhundert und fünf Sonnenschirme, eine Menge Porzellangeschirr, und einige mit Gold verzierte elfenbeinerne Figuren. Ich empfahl ihnen durch Niklas unsere zurückbleibenden Gefährten, wogegen sie mir angelobten, sie als ihre Brüder zu behandeln, und ihnen einen Theil von ihren Ländereyen und Besitzungen abzutreten. Den folgenden Morgen um vier Uhr bestimmte ich an Bord zu gehen. ... Mir folgte eine ungeheure Menge Insulaner, die durch ihre Thränen und ihr Geschrey ein rührendes Schauspiel von zärtlichem Gefühl und gutem Herzen gaben.«

Wer sich näher über die schillernde Figur informieren möchte, sollte in Bibliotheken oder im Internet auch nach folgenden Varianten seines Namens suchen: Benovsky, Beňovský, Benyovski etc.

Die Erste Kamtschatka-Expedition (1725–1730)

Nachdem Peter der Große sich wegen eines Feldzuges nach Persien für einige Jahre anderen Themen widmen musste, wurde die Pläne zur Erforschung Ostsibiriens erst 1724 wieder aufgenommen. Der Däne Vitus Jonassen Bering (1681–1741) reiste am 8. Februar 1725 – kurz nach dem Tod des Zaren – mit dem Auftrag nach Osten, die Frage nach der Landverbindung endgültig zu klären. Diese ›Erste Kamtschatka-Expedition‹ (1725–1730) hatte ganz klare Befehle: Man sollte an der Küste des Ochotskischen Meeres ein oder zwei robuste hochseetaugliche Schiffe bauen, es sollte an der Küste Kamtschatkas soweit nach Norden gesegelt werden, bis man entweder kein Land mehr sieht oder die Küste Amerikas entdeckt, und es sollte versucht werden, so weit entlang der amerikanischen Küste zu segeln, bis man die Siedlung einer europäischen Macht findet, ein fremdes Schiff trifft und dort nach der Küste fragt oder an Land selbige Informationen einholt. Zu Berings Begleitern gehörten auch die Seeoffiziere Martin Spangberg (ca. 1695–1757 oder 1761) und Aleksej Čirikov (1703–1748).

Die Reise über den Landweg führte zuerst zur am sibirischen Fluss Ob' gelegenen Gouverneurs-Stadt Tobol'sk (1587 gegründet), wo die Ausrüstung und die Mannschaft weiter vervollständigt wurden. In Tobol'sk kamen noch 37 Soldaten, in Enisejsk noch 30 Zimmerleute dazu. Im Sommer 1726 erreichte die Expedition die Siedlung Jakutsk. Für den Transport der Schiffsbauausrüstung und des vielen Proviants von Jakutsk nach Ochotsk gab es wegen einiger Versäumnisse große Schwierigkeiten. Von den 660 Transportpferden waren bis zum Oktober 1726 zwei Drittel wegen Futtermangels verendet. Die restlichen Tiere starben im darauffolgenden Winter, so dass der Transport erst im April 1727 mit Hundeschlitten durchgeführt werden konnte. In Ochotsk starben auch einige Mannschaftsmitglieder durch Hunger und Krankheit.

Im Laufe des Sommers 1727 wurden die meisten Materialien und der Proviant an die Westküste Kamtschatkas zur Mündung des Flusses Bolšaja gebracht. Von dort fand im März 1728 der Transport der Mannschaft und Ausrüstung mit Hundeschlitten und der Hilfe von Einheimischen nach Nižne-Kamčatskij, ein Ostrog im Mündungsbereich des Kamčatka-Flusses, statt. Im Juni 1728 war dort das Schiff ›St. Gabriel‹ seetauglich geworden, so dass man mit einer 44-köpfigen Mannschaft endlich nach Norden aufbrechen konnte. Man segelte meistens entlang der Küste, entdeckte auch die Sankt-Lorenz-Inseln und erreichte eine nördliche Breite von 67°18'48'', worauf Bering beschloss umzukehren, weil sich keine Küste weiter nach Norden erstreckte. Die Küste Amerikas konnte wegen Nebels aber nicht gesichtet werden. Nach einer

Vitus Bering leitete die erste Expedition

Überwinterung in Nižne-Kamčatskij segelte Bering im Juni 1729 um die Südspitze Kamtschatkas nach Ochotsk, von wo aus er die Rückreise nach Westen antrat und St. Petersburg im März 1730 erreichte.

Die Ergebnisse der Expedition wurden von der Admiralität nicht uneingeschränkt akzeptiert, und es blieben Zweifel offen, ob die Ziele der Reise erreicht worden waren. Allerdings half die Erste Kamtschatka-Expedition entscheidend bei der Verbesserung des Kartenmaterials von Nordost-Sibirien mit. Bering verfasste auch einen separaten Bericht über die in Sibirien lebenden Völker, speziell über die Jakuten und Tschuktschen.

Die Große Nordische Expedition (1733–1743)

Sowohl die Admiralität als auch die Zarin Anna Ivanovna (1693, Regierungszeit 1730–1740) befürworteten und finanzierten 1732 eine zweite Mission nach Fernost, diesmal allerdings in vier Gruppen über die gesamte Nordmeerküste und ausgewählte Gebiete im Landesinneren aufgeteilt: von Archangelsk bis zur Mündung des Ob', bis zur Enisej-Mündung, bis zur Lena-Mündung und von dort bis nach Kamtschatka. Zusätzlich zu den vier Gruppen gab es noch eine wissenschaftliche Abteilung, deren Mitglieder sich aufteilten. Darunter waren die deutschen Akademiker Georg Wilhelm Steller, Prof. Johann Georg Gmelin (1709–1755), Prof. Gerhard Friedrich Müller (1705–1783), Johann Eberhard Fischer (1697–1771) sowie der russische Student Stepan P. Krašeninnikov. Bering leitete die vierte Gruppe nach Kamtschatka (die ›Zweite Kamtschatka-Expedition‹) und be-

Krašeninnikov-Karte von 1753

kam den Seeoffizier Aleksej Čirikov als zweiten Kapitän zur Seite gestellt. Berings Hauptaufgaben bestanden in der Untersuchung des Meeres zwischen Kamtschatka und Amerika bzw. Japan, sowie der nördlichen Küste des Russischen Reiches. Besonders die Frage nach der Landverbindung zu Amerika war noch abschließend zu lösen.

Es wurde festgelegt, in Ochotsk zwei Schiffe zu bauen, mit denen die Nordmeerküste erkundet werden sollte. Ein anderer Auftrag bestand darin, die Eingeborenen mit Geschenken freundlich zu stimmen und gegebenenfalls tributpflichtig zu machen. Es sollte die Natur erforscht, nach Bodenschätzen Ausschau gehalten sowie deren sofortige Nutzung veranlasst werden. Insgesamt waren an der Zweiten Kamtschatka-Expedition etwa 3000 Menschen beteiligt: Soldaten, Matrosen, Offiziere, Dolmetscher, Maler, Kopisten, Zimmerleute, Schiffsbaumeister und Hilfskräfte.

Buchtitel von Gmelins Reisebericht

Bering übernahm die Transportkoordination der großen Mengen Proviant und des Materials für den Schiffsbau, die über den mühsamen Landweg von Jakutsk nach Ochotsk geschafft werden mussten.

Die Gruppe der Wissenschaftler hatte für ihre Arbeit sehr große Freiheiten garantiert bekommen (etwa Archiveinsichten in allen Siedlungen, Anstellungen von lokalen Dolmetschern und Führern, Privatquartiere, Einkaufsrechte für die Akademie), blieben aber von den Transportschwierigkeiten auch nicht verschont. Besonders die Bücher, die auf zehn Jahre berechneten Papiervorräte, Farben und zahlreiche empfindliche Messinstrumente machten die Logistik in dem wechselhaften Klima Ostsibiriens zu einer Herausforderung. Bering organisierte sogar einen Postdienst zwischen Ochotsk und St. Petersburg, der allerdings wegen des Mangels an Kurieren, Pferden sowie der riesigen Entfernungen nicht immer gewährleistet war. Die enormen Transport- und Versorgungsschwierigkeiten für die etwa 500 Teilnehmer zu Beginn der Expedition, die ungefähr 500 Menschen aus den sibirischen Garnisonen und die 2000 Kosaken, Bauern und andere für den Transport rekrutierten Personen verursachten weit höhere Kosten, als ursprünglich von Bering veranschlagt. Die gesamte zehnjährige Expedition kostete etwa 1,5 Millionen Rubel, eine Summe, die einem Sechstel der gesamten Staatseinnahmen Russlands im Jahr 1724 entsprach.

Am 6. September 1740 fuhr die Expedition von Ochotsk, wo die beiden Schiffe ›St. Peter‹ (Kapitän Bering) und ›St. Paul‹ (Kapitän Čirikov) vom Schiffsbaumeister Andrej Kuzmin gebaut wurden, in Richtung Kamtschatka ab. Am 20. September 1740 wurde Steller mit einer kleinen Gruppe weiterer Wissenschaftler, Studenten und Helfer beim Ostrog Bol'šereck an der Westküste an Land gesetzt. Die Schiffe segelten weiter um die Südspitze Kamtschatkas zur Avača-Bucht, wo im Herbst davor Unterkünfte für den Winter gebaut worden waren. Unterdessen erkundete Steller das Innere Kamtschatkas, reiste bis zur Südspitze und zum Kurilensee, studierte dort die Lebensweise der Itenmenen und Ainu und kam im Februar 1741 zurück nach Bol'šereck. Dort erhielt er die Nachricht von Bering, der ihn zur Amerikareise einlud. Im März traf er Bering an der Ostküste, verbrachte aber die Zeit bis zur Abreise mit weiteren Exkursionen in der Umgebung der Avača-Bucht und gab ausführliche Instruktionen, über die während seiner Abwesenheit zu erledigenden Aufgaben.

Beide Schiffe verließen am 29. Mai 1741 Petropavlovsk und segelten Richtung Amerika, wurden aber nach einigen Tagen wegen schlechten Wetters getrennt. Die ›St. Peter‹ erreichte Mitte Juli die Insel Kajak vor der Küste des bis dahin noch unentdeckten Alaska und im August die Aleuten-Inseln, wo man eine erste Begegnung mit Amerikanern (Aleuten) hatte. Der deutsche Forscher Steller machte von den entdeckten Inseln kurze Notizen, sammelte einige Pflanzen und untersuchte die Geologie. Bering, der für diese Tätigkeit nicht viel übrig hatte, ließ immer nur für einige Stunden den Anker unten. Während der Fahrt versuchte sich Steller auch als Arzt zu betätigen. Am 6. November strandete das Schiff bei der Rückfahrt nach Kamtschatka an einer unbewohnten Insel – der Beringinsel. Die Besatzung war von Trinkwassermangel und Skorbut gekennzeichnet. Am 8. Dezember 1741 starb Bering. Steller unternahm in den Wintermonaten zahlreiche Exkursionen auf der Insel, entdeckte dabei auch die nach ihm benannte Seekuh (Hydrodamalis gigas, Rhytina stelleri), die bereits bis 1768 von Robbenjägern ausgerottet wurde, und den flugunfähigen Brillenkormoran (Phalacrocorax perspicillatus), der etwa hundert Jahre später ebenfalls ausgerottet wurde.

Nachdem die ›St. Peter‹ von den verbliebenen Handwerkern in ein kleineres Schiff umgebaut worden war, konnte die restliche Mannschaft – 31 Mann waren bis dahin gestorben – im August 1742 die Rückreise nach Petropavlovsk antreten. Steller reiste zurück nach Bol'šereck, wo er einen Teil seiner Ausrüstung gelassen hatte und widmete sich im Winter 1742/43 der Ausarbeitung seiner Manuskripte ›Beschreibung von dem Lande Kamtschatka‹, ›Reise von Kamtschatka nach Amerika mit dem Commander-Kapitän Bering‹ und ›Beschreibung von sonderbaren Meeresthieren‹. Im Frühjahr und Sommer 1743 reiste Steller erneut an die

Stellers ›Beschreibung von dem Lande Kamtschatka‹

Südspitze Kamtschatkas, auf die Kurileninseln, und weiter an der Ostküste bis zur Insel Karaga im Nordosten Kamtschatkas. Er kehrte erst im Frühjahr 1744 nach Bol'šereck zurück. Den im September 1743 erlassenen Befehl Čirikovs zur Beendigung der Expedition erhielt er erst im Januar 1744. Im August segelte er von Kamtschatka nach Ochotsk ab, von wo er weiter nach Jakutsk (bis Juli 1745) und Tobol'sk (bis Sommer 1746) reiste. Im Spätherbst 1746 erreichte er noch Tjumen, als er dort wegen schwerer Krankheit am 12. November starb. Seine immensen Mengen an Aufzeichnungen, Zeichnungen, Manuskripten und Belegexemplaren schickte er schon im Mai 1746 nach Moskau voraus. Alle Bücher von ihm wurden zum Teil erst lange nach seinem Tod veröffentlicht, so dass der damalige Student und spätere Gelehrte Krašeninnikov, der mit auf der ›St. Peter‹ segelte, das erste Buch über Kamtschatka veröffentlichte: ›Die Beschreibung des Landes Kamtschatka‹.

Das zweite Expeditionsschiff, die ›St. Paul‹ erreichte im Juli 1741 die nordamerikanische Küste im Bereich des Alexander-Archipels (heutiges Südost-Alaska) – weit südlicher als das Schwesterschiff. Nach einem kurzen Aufenthalt segelten Čirikov und seine Mannschaft, darunter auch der französische Astronom Luis De l'Isle de la Croyère (ca. 1688–1741), zu den westlichen Aleuten-Inseln und zurück nach Petropavlovsk.

Als im Sommer 1742 die Nachricht über den Tod Berings nach St. Petersburg geschickt wurde, befürchtete Čirikov nicht zu Unrecht, dass von dort der umgehende Befehl kommen werde, die Expedition zu beenden. In der Zwischenzeit regierte Elisabeth I. (1709, Regierungszeit 1741–1761). Sowohl die Zarin als auch die Akademie der Wissenschaften in St. Petersburg waren nicht mehr bereit, die hohen Kosten weitere Jahre lang zu tragen.

Der grandiose Erfolg dieser Expedition beruhte wegen der gewaltigen logistischen Herausforderungen zum größten Teil auf dem organisatorischen Geschick Berings und der Energie aller beteiligten Expeditionsteilnehmer, gegen die Widrigkeiten Sibiriens und der Ozeane sowie die Widerstände lokaler Beamter zu arbeiten. Die wissenschaftliche Nachbearbeitung der unvorstellbaren Mengen an mitgebrachten Materialien erforderte nicht nur viele Jahre, sondern weitere Finanzmittel. Darüber hinaus wurden die Veröffentlichungen der Ergebnisse von der Zarin behindert, weil sie fürchtete, feindliche Mächte könnten sie in die Hände bekommen und daraus Nutzen ziehen. Dennoch erschienen einige

Skizze von Steller mit nach ihm benannten Tierarten: rechts die ausgerottete Seekuh, links der Seelöwe

für die damalige Zeit wertvolle und aufsehenerregende Bücher: Gmelins ›Flora Sibirica‹ und ›Reise durch Sibirien‹, Kraśeninnikovs ›Beschreibung des Landes Kamtschatka‹, Müllers ›Versuch einer Neueren Geschichte von Russland‹ und J. E. Fischers ›Sibirische Geschichte‹.

Weitere Expeditionen

Nach 1761 wurden von der Akademie in St. Petersburg weitere Expeditionen geplant und ausgerüstet, da die neue Zarin Katharina II. (1729, Regierungszeit 1762–1796) diesen Unternehmungen gegenüber aufgeschlossen war. In den Jahren 1768 bis 1774 bereisten mehrere Wissenschaftler die noch unbekannten Gebiete des Russischen Reiches und Russisch-Alaskas: Peter Simon Pallas (1741–1811), Samuel Gottlieb Gmelin (1744–1774), Ivan Ivanovič Lepëchin (1740–1802), Johann Güldenstedt (1745–1781) und Johann Peter Falk (1730–1774). Die Koordination dieser Unternehmungen wurde weitestgehend von Pallas durchgeführt, dem auch die Ehre gebührt, durch Veröffentlichungen den Ruf Stellers postum gefestigt zu haben.

Im Jahre 1778 erreichte der englische Seefahrer James Cook (1728–1779) im Rahmen seiner dritten Weltumseglung (1776–1779) den Nordpazifik und entdeckte einige weitere Inseln in der Beringsee. Zwischen 1785 und 1787 erforschte der französische Seefahrer Jean François de Galaup de La Pérouse (1741–1788) unter anderem die Küstenbereiche des nordwestlichen Pazifiks, Sachalins und Kamtschatkas.

Das wissenschaftliche Interesse an der Halbinsel Kamtschatka verlor sich, nachdem Alaska als neues Ziel mit noch wertvolleren Pelztierbeständen in den Mittelpunkt der Reisen rückte. Außerdem war Alaska auch von geopolitischer Bedeutung für das Russische Reich. 1799 wurde die Russisch-Amerikanische Handelskompanie zur Erschließung der russischen Besitztümer in Alaska gegründet.

Eine große Schiffsexpedition wurde in den Jahren 1785 bis 1793 unter dem Kommando von Leutnant Joseph Billing (1758 oder 1761–1806) durchgeführt. Mit an Bord waren die Wissenschaftler Gavriil Andreevič Saryčev, R. Gall und K. Bering (Berings Enkel). Ihre Aufgabe war es, den Nordosten Sibiriens, die Inseln in der Beringsee und die Küstenländer Alaskas zu erforschen.

Erwähnenswert sind noch die Forschungsreisen der Deutschen Naturwissenschaftler Adolf Erman (1806–1877, Reise nach Kamtschatka 1828–1830), Johan Karl Ehrenfried Kegel (1784–1863, Reise nach Kamtschatka 1841–1847) und Carl von Ditmar (1822–1892, Reise nach Kamtschatka 1851–1855). Von 1803 bis 1806 fand unter der Leitung von Adam Johann von Krusenstern (1770–1846) und Jurij F. Lisjanskij (1773–1837) die erste russische Weltumseglung statt, die unter anderem die Kenntnis von Kamtschatka, Sachalin und Alaska förderte.

Von 1841 bis 1845 bereiste der russische Zoologe Aleksandr F. von Middendorf (1815–1894) im Auftrag der St. Petersburger Akademie den Norden und Osten Sibiriens. In den Jahren 1878 und 1879 gelang dem schwedischen Polarforscher und Geographen Adolf Erik von Nordenskjöld (1832–1901) mit dem Schiff ›Vega‹ erstmals die Nordostpassage, die 6500 Kilometer lange Fahrt entlang der sibirischen Nordmeerküste bis nach Kamtschatka.

pro Sibiria e.V. – Partnerschaft mit Sibirien

von Katharina Gernet

›pro Sibiria e.V.‹ nennt sich ein kleiner Kreis von Sibirien-Experten und Enthusiasten aus ganz Deutschland, der seit 2003 in breiterem Rahmen fortsetzt, was zehn Jahre zuvor der Münchner Verein ›Itenmen e.V.‹ in Form von regional begrenzten Hilfsprojekten für Kamtschatka begann.

Die Mitglieder von pro Sibiria e.V. wollen dazu beitragen, dass in Sibirien nachhaltige Veränderungen hin zu einer sozial gerechten, ökologisch verträglichen Entwicklung stattfinden. In erster Linie engagiert sich der Verein für die Verbesserung der Lebensumstände benachteiligter ethnischer Minderheiten.

Es sollen Initiativen unterstützt werden, die durch das Engagement von Menschen vor Ort selbst entstanden sind und die finanzielle Hilfe brauchen, um fortgeführt werden zu können. Solche Initiativen dienen zum Beispiel der Verbesserung sozialer Verhältnisse, der Wiederherstellung, dem Erhalt und dem Schutz natürlicher Lebensgrundlagen, der Stärkung kultureller Eigenheiten, der wirtschaftlichen Eigenständigkeit in von Arbeitslosigkeit und Armut betroffenen Gebieten und der Gleichstellung von Frauen und Männern.

Neben der Förderung von Projekten im Ausland leistet pro Sibiria e.V. Öffentlichkeits- und Bildungsarbeit in Deutschland. Der Verein informiert über die Lebensbedingungen der Menschen in Sibirien und über die kulturellen und gesellschaftlichen Entwicklungen in den Regionen seiner Projektpartner.

Alle Vereinsmitglieder betätigen sich auf ehrenamtlicher Basis. Der Verein freut sich über weitere Mitglieder und ist dankbar für jede Art von Unterstützung, sei es in Form von Geldspenden, Mundpropaganda oder persönlicher Mitarbeit.

Mit anderen Menschen den eigenen Wohlstand teilen, ist eine Sache. Mit ihnen ihre Sorgen teilen, eine andere. So will pro Sibiria e.V. nicht nur materielle Hilfe in akuter Not geben, sondern auch ein Zeichen dauerhafter Völkerfreundschaft und Verbundenheit setzen. Die namhaften deutschen oder internationalen Organisationen zur Entwicklungszusammenarbeit engagieren sich auf Kamtschatka wie auch in anderen peripheren Gebieten Sibiriens bisher kaum. Obwohl Sibirien weit von uns entfernt ist, kann Europa zeigen, dass gegenüber dem Schicksal der entlegenen Nachbarn keine Gleichgültigkeit herrscht.

Mehr Informationen über den Verein sind zu finden unter: www.prosibiria.de.

Blühender Garten in Ėsso

Politik und Wirtschaft

Russland ist seit dem Ende der Sowjetunion, deren letzter Präsident Michail Gorbatschow war, offiziell eine demokratische föderale Präsidialrepublik mit einer auch von westlichen Ländern und Organisationen anerkannten Marktwirtschaft. Inoffiziell lässt das Verständnis für Demokratie in vielen Bereichen, beispielsweise bei der Pressefreiheit, noch stark zu wünschen übrig, und allerorts regieren Schattenwirtschaft und Korruption.

Die momentanen Machtpositionen des Ministerpräsidenten Vladimir Putin und des Präsidenten Dmitri Medwedew sind an die zentralistische starke Position der Zaren und KP-Vorsitzenden angelehnt und mag für viele demokratisch erzogene Europäer eher an eine Diktatur erinnern. Verstärkt wird dieser Eindruck von aktuellen Bestrebungen des Ministerpräsidenten Vladimir Putin, die Medienlandschaft komplett zu kontrollieren oder der Entscheidung, die Gouverneure der Provinzen zu ernennen, statt wie bis 2006 vom Volk wählen zu lassen.

Das Parlament Russlands besteht aus zwei Kammern, dem Unter- und dem Oberhaus. Die Volksvertreter im Unterhaus, in der ›Duma‹, werden von allen Bürgern direkt gewählt. Das russische Oberhaus, der Föderationsrat, ist die Vertretung der regionalen Verwaltungseinheiten, von denen es 89 sogenannte Subjekte gibt: Republiken (Respublika), Föderationskreis (Kraj), Regionen (Kraj, manchmal auch als Region bezeichnet), Gebiete (Oblast') und Bezirke (Okrug). Die Mitglieder des Föderationsrates werden von den Gouverneuren bestimmt. Die Region Kamtschatka gehört zum Kraj Fernost (Dal'nij Vostok), mit der Generalgouverneurs-Hauptstadt Chabarovsk. Unterteilt ist Kamtschatka in elf Distrikte (Landkreise, Rajon): Aleutski, Bystrinski, Elizovo, Karaginski, Mil'kovo, Oljutorski, Penšinski, Sobolevo, Tigil, Ust'-Bol'šereck und Ust'-Kamčatsk, sowie drei Stadtkreise: Petropavlovsk-Kamčatskij, Viljutschinsk und Palana.

Die Sitze im Gebiets-Parlament Kamtschatkas, der Oblast'naja, teilen sich seit der letzten Wahl (Dezember 2007): Einiges Russland (Putin/Medwedew; 88,4%; 38 Abgeordnete), Liberaldemokratische Partei (7%; 3 Abgeordnete),

Transparent der Partei ›Einiges Russland‹ zum Nationalfeiertag am 12. Juni

Verfallene Station der Bergrettung am Avačinskij

Kommunistische Partei (2,3%; 1 Abgeordneter), Partei ›Heimat‹ (2,3%, 1 Abgeordneter). Die Wahl im Dezember 2011 hat an der Parteienverteilung nicht viel geändert.

Am 5. Dezember 2004 fand die wohl letzte freie Gouverneurswahl statt, bei der sich neben dem Amtsinhaber auch der Bel-Kam-Tour Besitzer, Generaldirektor des Handelshafens und mehrfache Millionär Aleksandr Dudnikov, sowie Boris Nevcorov, Bezirkschef von Ust'-Kamčatskij, zur Wahl stellten. Die Wahl gewann der Amtsinhaber Maškovcev. Seit März 2011 heißt der amtierende Gouverneur Vladimir Iljuchin, von der (Putin-)Partei Einiges Russland. Die offizielle Internetseite der Administration der Region Kamtschatka ist www.pkgo.ru.

Kamtschatka ist zwar schon seit über 300 Jahren ein Teil Russlands, aber die wirtschaftliche und industrielle Entwicklung des Gebietes begann erst vor einigen Jahrzehnten. Das meiste dieser Entwicklung beruhte bis in die heutige Zeit auf massiver Naturnutzung und -zerstörung und wirtschaftlicher Ineffizienz. Das fing mit der Ausrottung der Stellerschen Seekuh und des flugunfähigen Kormorans auf der Beringinsel an und wurde über die Jahrhunderte mit den Meeressäugern fortgeführt. Die Robben-, Seeotter- und Walbestände haben sich bis heute nicht mehr von den Raubzügen im 18. und 19. Jahrhundert erholt. Die Kamtschatka-Lärche (Larix gmelinii) ist stellenweise so stark abgeholzt worden, dass die einstigen Lärchen-Fichtenwälder mehrere Jahrhunderte zur Regeneration brauchen werden.

Die Ausbeutung der in den letzten Jahren gefundenen Edelmetall- und Gasvorkommen Kamtschatkas beschreitet trotz des inzwischen gewachsenen Verständnisses für eine intakte Natur und einer nachhaltigeren Nutzung die gleichen Wege wie zu Sowjetzeiten. Es bleibt zu hoffen, dass sich wenigstens der zunehmende Tourismus nicht zum Massentourismus entwickelt und die aus diesem Sektor stammenden Einnahmen die Naturschutzlobbyisten, die es auch auf Kamtschatka gibt, stärken werden.

Edelmetalle und andere Bodenschätze

Kamtschatka hat aufgrund der vulkanischen Geschichte der Gebirgsmassive, besonders im Bereich des älteren Zentralgebirges, einige Vorkommen an Gold, Silber, Platin, Nickel, Kupfer und Zinn. Darüber hinaus gibt es auf Kamtschatka einige äußerst seltene und begehrte Mineralien. Allerdings sind für eine großindustrielle Schürfung die abbauwürdigen Mengen an den meisten Stellen zu gering, und das Gewinnen von Gold aus Flusssedimenten ist sogar verboten.

Die momentan umstrittenste Goldmine liegt bei Aginskoje direkt an der Grenze zum Bystrinskij-Naturpark, der immerhin in der World Heritage Liste geführt wird. Damit diese Mine betrieben werden konnte, wurde vom Gouverneur 1994 und 1996 die Grenze des Naturparks verlegt. Die IUCN und die UNESCO hatten daraufhin 1996 eine Erklärung abgegeben, dass internationale Unternehmen und Staaten sich nicht mehr weiter an der Goldgewinnung auf Kamtschatka beteiligen sollen. Die Aginskoje-Mine wird u.a. von der kanadischen Kinross Gold Corporation aus Toronto und einem chinesischem Konsortium betrieben, während das US-amerikanische Unternehmen OPIC (Overseas Private Investment Corporation) die nötige politische Sicherheit gewährleistet. Bisher sind größere Umweltschäden glücklicherweise ausgeblieben, weil das goldhaltige Gestein nicht vor Ort weiterverwertet wird, sondern in großen weißen Bigbags per Lkw auf einer 140 Kilometer langen Staubpiste nach Mil'kovo und dann weiter zum Hafen in Petropavlovsk gebracht wird. Das Gold wird dann in China oder Japan herausgeschmolzen – mit welchen Umweltschäden dort, ist nicht feststellbar. Eine zweite kleinere Goldmine ist momentan südlich des Vulkans Asača. Putins und Medwedews Minister für Naturressourcen (seit 2004), Juri Trutnev, ist gleichzeitig Minister für Ökologie (!) und damit auch für die föderalen Reservate und den gesamten Waldfonds Russlands zuständig. Er fordert, die Parkgrenze erneut zu verschieben. Die Arbeitslosigkeit im Bystrinskij- und Mil'kovskij-Distrikt ist so gravierend hoch, dass die lokale Bevölkerung momentan stark auf die Aginskoe-Mine baut, da dort etwa 200 Arbeitsplätze geschaffen wurden.

Verschwiegen wird der Bevölkerung allerdings, dass die meisten der Jobs an Facharbeiter vom Festland gehen und die lokale Bevölkerung nur die Hilfsarbeiten verrichten darf. Die Edelmetallgewinnung wird für die wirtschaftliche Entwicklung der Bevölkerung Kamtschatkas nur einen sehr geringen Anstieg der Lebensqualität und des Bruttosozialproduktes bringen.

An der Zufahrt zu einer Goldmine

Das Geld aus der Goldgewinnung wird nur wenigen Menschen vor Ort zugute kommen, wie Beispiele aus der Vergangenheit zeigen. Die allgegenwärtige Korruption in Russland wird die Mafia anlocken, sobald das Gold gewonnen ist. Die Goldgewinnung wird die Laichgewässer der Lachse verschmutzen, die wiederum für die Itenmenen und Evenen dieser Region von großer Bedeutung sind – besonders seit die Rentierkolchosen Anfang der 1990er Jahre zusammengebrochen sind.

Energiegewinnung

Seit Jahrzehnten ist Kamtschatka von Energieimporten – Heizöl, Treibstoff, Kohle – abhängig, was jedoch erst seit dem Rubelverfall 1994 zu einem ernsthaften Problem für die lokale Wirtschaft geworden ist. Eine Energiekrise nach der anderen beutelt die Menschen Kamtschatkas seitdem. Entweder sind die Heizkosten unbezahlbar, die Heizung fällt für Stunden oder Tage aus, oder die importierten Energiemengen versickern in dunklen Kanälen. Was läge da näher, als die ungeheuren Energievorräte unter der dünnen Erdkruste, auf der Kamtschatka liegt, anzuzapfen. Momentan werden aber nur zwei Prozent der verbrauchten Energiemenge Kamtschatkas aus erneuerbaren Quellen (Wasserkraft, Solar, Wind, Geothermie) gedeckt. Mit Hilfe ausländischer Investoren wie Weltbank, Europäische Bank für Wiederaufbau und Entwicklung sowie Siemens und entsprechenden staatlichen Bürgschaften ist im Frühjahr 2000 der Bau eines Geothermalkraftwerks am Vulkan Mutnovskij begonnen und 2006 auch fertiggestellt worden. Die Kosten dieses Projektes lagen immerhin bei etwa 150 Millionen Euro. Die Weltbank verkündete, dass sie stolz auf dieses ökologisch und ökonomisch gelungene Projekt sei. Dabei wird nicht verraten, dass das Geothermalkraftwerk am Mutnovskij von Moskau aus per Satellit ferngesteuert wird. Zum einen bleiben dadurch die meisten gut bezahlten Arbeitsplätze in Moskau, zum anderen trägt dieses System nicht zur Energieselbstständigkeit Kamtschatkas bei. Dass die Probebohrungen und der Bau eines Großkraftwerks in einer Gebirgstundra irreparable Schäden hinterlassen, wird von allen Beteiligten wohlweislich verschwiegen. Zwar hat die Betreiberfirma Geotherm strenge Umweltauflagen, aber wie üblich in Russland ist der Zwang, sich daran zu halten, nur ungenügend stark ausgebildet. Weitere Geothermalkraftwerke sind momentan in Planung. Zusätzlich werden an den Flüssen Tolmačova und Bystraja Wasserkraftwerke geplant oder schon gebaut.

Kohlekraftwerk im Hafen von Petropavlovsk

Die Gründe für die zähe Umsetzung von Neubauplänen für weitere Geothermalkraftwerke sind offensichtlich: Die Aktivitäten der Energiekonzerne konzentrieren sich bislang auf die Gas- und Erdölvorkommen an der Westküste Kamtschatkas. Hier wurden 1999 zwei Gasfelder mit zusammen etwa 15 Milliarden Kubikmeter Volumen entdeckt: Kšukskoe und Nižne-Kvačinskoe. Die Planung sieht eine jährliche Fördermenge von 750 Millionen Kubikmetern und eine 414 Kilometer lange Pipeline nach Petropavlovsk vor, die 2010 gebaut wurde. Das Projekt würde eine Investition von etwa 135 Millionen Euro benötigen und die Stadt für zwölf Jahre versorgen können. Die Wirtschaftlichkeit dieses Vorhabens ist bislang ungeprüft. Eine Gasförderung an der Westküste Kamtschatkas und die daraus folgende Infrastruktur wäre auch der erste Schritt zu einer breiten Gas- und Ölförderung im Ochotskischen Meer, wo unter den flachen Schelfbereichen große Lager entdeckt wurden. Moskau unterstützt die Förderung massiv, während der ehemalige Gouverneur von Kamtschatka, Vladimir Birjukov, die Unterschrift eines seiner Staatssekretäre unter einem entsprechenden Abkommen wieder zurückgezogen hat und sich damit einige Feinde in Moskau gemacht hat. Nicht zuletzt aufgrund solcher Vorkommnisse ließ Putin im Jahr 2005 die Gouverneurswahlen abschaffen.

Forstwirtschaft

Die für den Export nutzbaren Wälder Kamtschatkas, die Lärchen-Fichten-Wälder Zentralkamtschatkas, bedecken nur ein geringes Areal, so dass die Forstwirtschaft nur einen kleinen Anteil an der Wirtschaftskraft Kamtschatkas ausmacht. Die momentanen Holzexporte aus den riesigen Wäldern Jakutiens, Nordwestrusslands und im Fernen Osten an der Grenze zu China bestimmen die Marktpreise, mit denen die Forstwirtschaft Kamtschatkas nicht konkurrieren kann. Die meisten der starken, alten und wertvollen Lärchenstämme sind ohnehin schon im Laufe der Sowjetzeit gefällt worden. Während des Zweiten Weltkrieges lag die jährlich eingeschlagene Menge noch bei 200 000 Kubikmeter, bis Ende der 80er Jahre wurde das mit mehr als 1 Million Kubikmeter auf die Spitze des Raubbaus getrieben. Dieses Holz ging größtenteils in den Export – in den 90ern konnte Kamtschatka zusätzlich zum eigenen Holzbedarf, jährlich etwa 500 000 Kubikmeter Bau- und Konstruktionsholz, noch wenigstens etwa 1 500 00 Kubikmeter exportieren. Nach 1994 haben die hohen Rohöl- und Energiekosten die Forstwirtschaft fast zusammenbrechen lassen. Die Wälder werden nach den Jahrzehnten der starken Zerstörungen durch große Maschinen und rücksichtsloses Vorgehen zwar nun besser bewirtschaftet, aber es dauert noch lange, bis sich eine geregelte und nachhaltige Forstwirtschaft durchsetzen wird. Aktuell werden zwischen 140 000 und 420 000 Kubikmeter eingeschlagen. Der Export von Holz macht momentan nur etwa vier Prozent des Außenhandels Kamtschatkas aus. Viele der Dörfer Zentralkamtschatkas sind durch die kollabierte Forstwirtschaft in äußerst schlechte finanzielle Verhältnisse abgerutscht, was eine zusätzliche Landflucht in Richtung Petropavlovsk auslöst. Das meiste Lärchenholz wird nach wie vor für den lokalen Markt benötigt – als Bau- und Konstruktionsholz.

Landwirtschaft

Die Landwirtschaft Kamtschatkas wird von zwei unterschiedlichen Systemen geprägt: der Rentierhaltung und der klassischen Landbebauung mit Gemüse, Früchten und Getreide sowie der Haltung von Haustieren (Milchkühe, Fleischrinder, Schweine, Hühner, etc.). Beide Systeme sind an klare klimatische und geographische Grenzen gebunden: die Rentierhaltung an die Futterverfügbarkeit, die Landbebauung an entsprechende Böden, klimatisch günstige Lagen und kurze Transportwege zu den Konsumenten. Letzteres System macht 90 Prozent der gesamten landwirtschaftlichen Produktion aus, ist also weitaus bedeutender für die Gesamtbevölkerung Kamtschatkas als die Rentierhaltung.

Der Großteil der landwirtschaftlichen Güter wird jedoch nicht in der großen Ebene zwischen Petropavlovsk, Elizovo und Paratunka produziert, sondern in der wärmeren und trockeneren Region um Mil'kovo in Zentralkamtschatka. Angebaut werden mehrere Sorten Kartoffeln, Gerste, Hafer, Karotten, Kohl, Hülsenfrüchte, Buchweizen und Grünfutter für die Haustiere. Die landwirtschaftliche Fläche Kamtschatkas wird in einer Statistik von 1998 mit 82 400 Hektar angegeben, die sich in 57 300 Hektar Acker, 18 400 Hektar Weideland und 6700 Hektar für die Heuproduktion aufteilten. Die Einkommen besonders aus der Milch- und Fleischproduktion sinken momentan aufgrund der zunehmenden billigen Futtermittel- und Fleischimporte.

Die Fellproduktion in Fuchs- und Minkfarmen spielt eine kleine, aber nicht unbedeutende Rolle in der landwirtschaftlichen Produktion, gehen doch die Produkte vorwiegend in den Export.

Wer kann, versorgt sich aus seinem Garten

Fischerei

Die aus der Fischerei resultierende Wirtschaftskraft Kamtschatkas ist schwierig abzuschätzen, da nach momentanen Schätzungen genauso viel Fisch von Wilderern wie von lizenzierten Fischern gefangen wird. Genauere Zahlen über die legalen Mengen an angelandetem Seefisch bekommt man selbst von der Fischereibehörde nicht. Nur beim Lachs kennt man die offiziellen Zahlen einigermaßen genau: In der Lachssaison 2011 (von März bis September) wurden 251620 Tonnen gefangen – eine absolute Rekordzahl seit dem Beginn dieser statistischen Erhebung vor 90 Jahren. Die gesamte Fangmenge (Lachse, Seefische, Krabben) beträgt momentan durchschnittlich etwa 600 000 Tonnen pro Jahr.

Mitte der 1950er Jahre schaffte es eine moderne Fischereiflotte innerhalb von nur zwei Jahren, die Küstengewässer Kamtschatkas fast leerzufischen. Daraufhin zog man mit der Flotte an die amerikanische Küste, wo die Barsch- und Flunderbestände irreparabel zerstört wurden. Anschließend erlitten die Küstengewässer rund um Hawaii das gleiche Schicksal, bevor man ins antarktische Meer zog und die Krillbestände dezimierte und den einen oder anderen Wal erlegte. Erst als Ende der 70er Jahre jedes Land eine 200-Meilen-Schutzzone einrichtete, fischte die russische Pazifikflotte wieder in heimischen Küstenabschnitten. Die Schellfischvorkommen im Ochotskischen Meer und in der Beringsee waren das neue Ziel der Trawler. Die Population ist inzwischen fast zusammengebrochen, so dass man sich auf eine neue Art spezialisiert hat: die Kamtschatka-Krabbe, eine Seespinne, die Spitzenpreise auf dem japanischen Markt erzielt. Wo auch immer größere Krabbenbestände ausgemacht werden, werden sie gnadenlos abgefischt. Neben dem Zusammenbrechen der Populationen und dem einhergehenden Verlust der jeweiligen Meerestiere für die menschliche Ernährung ist der massive Rückgang der Meeressäuger wie Robben und Wale ein nicht unbedeutender Effekt der unreglementierten Fischereiquoten. In den letzten zehn Jahren hat sich die Population des seltenen Stellerschen Seelöwen (Eumetopias jubatus) auf ein Zehntel verkleinert.

Frisch gefangene Flundern aus der Avača-Bucht

Im Hafen von Petropavlovsk

Momentan fischen mehrere hundert Firmen und Gesellschaften in den Gewässern Kamtschatkas. Die größten dieser Firmen sind aus den früheren Fisch-Kollektiven hervorgegangen und haben sich auf den lukrativen Lachsfang spezialisiert.

Die Fischerei ist mit einem Anteil von ungefähr 60 Prozent an der gesamten Industrieproduktion das Rückgrat der Wirtschaft Kamtschatkas. In Zeiten schwerer Energiekrisen und schwacher Absatzzahlen bewahrt der Fischfang die Bezirke und autonomen Kreise rund um das Ochotskische Meer und die Beringsee vor dem finanziellen Bankrott. Wenn die Situation der Überfischung aber nicht bald unter Kontrolle kommt, geschieht das gleiche Unglück wie schon einmal in den 50er Jahren: Mehrere Firmen mussten schließen, die Boote wurden verkauft, und einige Fischersiedlungen an der Küste wurden verlassen. Die Regionalregierungen unternehmen momentan kaum etwas gegen diesen Raubbau, obwohl es rechtlich genügend Kontrollbehörden gäbe, die freilich völlig unterfinanziert sind: Federal'nyj Komitet po Rybalovstvu (Föderales Fischfangkomitee), Special'naja Služba Morskoj Inspekcii (Spezialmarineinspektion), Komitet po Ochrane Prirody (Komitee zum Schutz der Umwelt) und regionale Kontrolleure des Federal'naja Pograničnaja Slušba (Föderale Grenzschutzbehörde) (siehe auch Abschnitt zur illegalen Jagd).

Der Hafen Petropavlovsk ist neben Vladivostok auch der wichtigste Pazifikhafen für das russische Militär. Dieses spielt jedoch in der heutigen wirtschaftlichen Situation Kamtschatkas eine untergeordnete Rolle.

Tourismus

Als zu Zeiten von Perestrojka und Glasnost 1991 die ersten westlichen Touristengruppen Kamtschatka besuchen durften, staunten sie nicht schlecht über die weitestgehend intakten Naturlandschaften mit ihrer wilden Schönheit und reichhaltigen Tier- und Pflanzenwelt. Die ersten Anzeigen von Reiseagenturen

Eine umweltfreundliche Art der Fortbewegung

tauchten Mitte der 1990er Jahre in Abenteuer- und Reiseprospekten Europas und Amerikas auf. Allmählich entwickelte sich eine Liebhabergemeinde für Kamtschatka, die in ihren Heimatländern mehr und mehr als Multiplikatoren dienten. Die anfängliche, anerzogene Skepsis der meisten Westeuropäer und Amerikaner bezüglich einer Reise in den Fernen Osten Russlands verschwand nur sehr zögerlich. Inzwischen hat sich das Bild etwas geändert. Kamtschatka hat von den Gebieten im Fernen Osten Russlands das höchste touristische Entwicklungspotential.

Die weite Anreise und die nordische Natur mit oft wechselhaftem Wetter wird einen Massentourismus auf Kamtschatka in absehbarer Zeit wohl nicht entstehen lassen. Problematisch ist nur die massive Ansammlung von Touristen im Tal der Geysire, in der Uzon-Caldera und am Kurilensee, alles äußerst attraktive und beliebte Ziele in Naturreservaten, sowie die Monopolstellung der Helikoptergesellschaft ›Kamchatka's Airlines‹ (Kamčatskie Avialinii) und der Reiseagentur ›Bel-Kam-Tour‹. Besitzer dieser Firma ist der Politiker und Generaldirektor des Handelshafens Aleksandr Dudnikov. Alle früheren Helikoptergesellschaften sind aufgelöst bzw. fusioniert worden, nachdem 2003 eine dieser MI-8 Maschinen in Südkamtschatka abstürzte und dabei alle Insassen ums Leben kamen. Darunter war auch der Gouverneur von Sachalin samt einem Großteil seines Kabinetts.

Vom Gesetz her ist Tourismus in den Naturreservaten nicht erlaubt, was aber durch die Umbenennung der Touristengruppen in naturkundliche Exkursionen umgangen wird, denn Exkursionen und wissenschaftliche Touren sind gestattet. Solange jedoch das über die Zukunft der Reservate wachende wissenschaftliche Gremium von der Reservats-Behörde und der mit ihr assoziierten Helikoptergesellschaft beherrscht wird, geschieht hinsichtlich der Touristenmassen in diesen Gebieten kaum etwas. Im Gegenteil: Solange das Transportmonopol existiert, möchte die Helikoptergesellschaft den Tourismus dort noch stärker ausbauen und sogar auf weitere empfindliche und sehenswerte Naturgebiete ausdehnen. Die Holzstege und Hütten im Tal der Geysire und in der Uzon-Caldera sind selbstverständlich von der Helikoptergesellschaft bezahlt worden – die

Parkverwaltung hat ja zu wenig Geld. Ein Flug dorthin kostet mehrere hundert Euro, wofür man dann auf den angelegten Wegen zu den einzelnen Geysiren laufen darf und anschließend ein Essen serviert bekommt. Das Geschirr wird vor Ort gewaschen, und jeder Tourist geht vor dem 60-minütigen Flug noch mal auf die Toilette. Das Abwasser fließt oder sickert in den unteren Abschnitt des Geysir-Tales. Hier sind also dringend weitere Investitionen nötig, um den Tourismus wieder auf eine naturverträglichere Basis zu bringen. Des weiteren darf die bisherige Sperrfrist für Besuche im Frühjahr in diesen Regionen, in der die Bären ihre Jungen bekommen, nicht unterlaufen werden. Ein echtes Machtwort über dieses Treiben könnte die UNESCO sprechen, aber da fehlt wahrscheinlich auch die politische Courage.

Aber es gibt auch viele positive Beispiele für nachhaltigen und sanften Tourismus auf Kamtschatka. Zwar muss stets bedacht werden, dass die Russen vor Ort unter Öko-Tourismus etwas anderes verstehen als wir Mitteleuropäer. Aber das Verständnis für ein nachhaltiges und naturverträgliches Verhalten in der Wildnis und ein ökologisch ausgerichtetes Reisen erfordert einen langjährigen Lernprozess. Besonders der WWF Deutschland und der WWF Russland fördern diesen Öko-Tourismus. Als beispielhaft für russische Verhältnisse kann man den Nalyčevo-Naturpark ansehen, der für die Wandertouristen eine gute Infrastruktur anbietet: angelegte Wanderwege, Holzbrücken, Berghütten, ein Naturkundemuseum, Campingplätze und ausgebildete, mit Funkgeräten ausgerüstete Inspektoren. Es gibt sogar eine ›Kamchatka Ecotourism Society‹, ul Lenina, Elizovo, kamchatkaecotourism@yandex.ru, www.kamecotour.ru.

Die Jagd und der Wald sind eine wichtige Einkommens- und Ernährungsquelle für die einheimische, insbesondere die indigene Bevölkerung. Leider gibt es sowohl außerhalb wie auch innerhalb der Naturparks, selbst in denen mit dem internationalen Status ›Weltnaturerbe‹, legale und illegale Jagd. Die seit Jahrhunderten traditionelle Naturnutzung der indigenen Bevölkerung sicherte nachhaltig das Überleben aller Arten. Der seit Anfang der 1990er Jahre einsetzende und zum großen Teil illegale Jagdtourismus von Jägern aus USA, Japan, Europa und Russland ist eine dauerhafte Bedrohung für eine stabile Wildtierpopulation.

Bärin mit ihren Jungen

Eine Reise zur Halbinsel Kamtschatka erfordert eine gründliche Vorbereitung. So sind nicht nur organisatorische und bürokratische Fragen zu regeln, auch über die Ausrüstung sollte man sich rechtzeitig Gedanken machen.

Reisevorbereitung und Ausrüstung

Bürokratie

Wer nach Russland reisen möchte, steht zuerst vor dem bürokratischen Apparat eines Landes, dessen Sprache er nicht versteht und dessen Einreisemodalitäten nur schwer zu durchschauen sind. Bevor man den russischen Boden betreten darf, sind einige dieser bürokratischen Hindernisse zu beseitigen. Für organisierte Reisegruppen macht das in der Regel der Reiseunternehmer. Individualreisende müssen sich jedoch um alles selber kümmern.

Russlandreisende aus Deutschland, der Schweiz und Österreich benötigen für die Einreise ein gültiges Visum. Seit August 2005 kann man das Visum nicht mehr per Post beantragen und es auch nicht mehr direkt auf dem Postweg erhalten. Man muss also die vollständigen Unterlagen für das Visum entweder persönlich zur jeweiligen russischen Botschaft oder den russischen Generalkonsulaten, beispielsweise in Frankfurt, München oder Hamburg, bringen und bekommt in der Regel innerhalb von zehn Arbeitstagen seinen Reisepass mit dem eingeklebten Visum zurück. Wer nicht in der Nähe einer entsprechenden russischen Vertretung wohnt, beauftragt besser eine Visumagentur, schont seine Nerven und spart sich die Fahrten zur Botschaft.

Einladung

Vorrausetzung für die Erteilung eines Visums ist eine Einladung, auch Visumunterstützung, Visabefürwortung oder ›Visa Support‹ genannt. Die Einladung bekommt man über eine russische Firma, eine russische Reiseagentur, eine einladende russische Institution, zum Beispiel eine Universität, oder eine russische Privatperson. Der einfachste Weg, sowohl für Reisegruppen als auch für Individualtouristen, besteht im Anschreiben diverser **Visum-Agenturen**, wie sie im Internet zu finden sind (über Suchmaschinen: ›Visum, Agentur‹). Bei den meisten Agenturen zahlt man um die 30 Euro Bearbeitungsgebühr, hat aber dafür keine eigene Arbeit mit den Behörden. Die aufgelisteten Agenturen besorgen nicht nur die Einladung, sondern bieten auch die Beantragung des Visums an. Ein Touristenvisum ist 30 Tage gültig – wer länger bleiben will, benötigt ein Geschäftsvisum.

Maria Travel, www.maria-travel.com; eine informative, aber in gebrochenem Deutsch geschriebene Seite. Dort auf Visum klicken.

Visa Support Russia, www.visatorussia.com; exzellenter Service, Formular (auf englisch) einfach online auszufüllen, Bezahlung über Kreditkarte.

Visa? Wie, Teplitzer Str. 5, 14193 Berlin, Tel. 030/78990305, www.visa-wie.de; komplette Visabeschaffung, auch telefonische Beratung.

Visum.de, www.visum.de; eine zuverlässige deutsche Visum-Agentur mit Büros in verschiedenen Bundesländern.

Viele Ziele kann man nur mit dem Hubschrauber erreichen

Vladimir Reisen Visaservice, Lindwurmstr. 42, 80337 München, Tel. 089/53-859661 (Mo.–Fr. 9.30–13 und 14–7.30 Uhr), www.vladimir-reisen.de; für diejenigen, die ohne Internetanschluss sind, oder lieber jemanden direkt fragen wollen.

Visa Express Service, Hedemannstr. 13, 10969 Berlin, Tel. 030/84409060, www.visa-express.de; sehr umfangreiche Homepage mit Online-Formularen.

In allen Fällen muss der Reisende ein Formular ausfüllen, mit dessen Hilfe die russische Visum-Agentur beim Außenministerium oder den regionalen Behörden eine Einladung und – besonders wichtig – einen amtlichen Stempel bekommt. Für eine russische Visum-Agentur ist das eine tagtägliche Arbeit, und man kennt die zuständigen Beamten vor Ort sehr gut. Weniger reibungslos läuft das ab, wenn eine russische Privatperson einen Ausländer einladen will. Der Gang auf die Ämter und die Jagd nach dem richtigen Stempel kann zu einem nerven- und zeitaufreibendem Unternehmen werden – selbst für einen Russen. Ähnliches gilt letztendlich ja auch für einen Deutschen, der einen Russen einladen will.

Es wird daher empfohlen, auch bei einer privaten russischen Einladung eine Visum-Agentur zu bemühen, um seinen Gastgeber nicht mit der Bürokratie zu belasten. Die Preise für die Einladungen bei den erwähnten Agenturen betragen um die 35 Euro für ein 30-tägiges Touristenvisum und 105 Euro für ein 90-tägiges Geschäftsvisum. Wer die Einladung aus Russland selbst organisiert bekommt diese nach etwa zwei Wochen per Post, Fax oder email zugeschickt. Sie besteht aus einem mehr oder weniger schlichten A5- oder A4-Zettel, auf dem in kyrillischer Schrift der Name des Reisenden, seine Adresse, Geburtsdatum,

Auch so kommt man vorwärts

Geburtsort, Reisepassnummer, Dauer der Gültigkeit des Reisepasses, Reisezeit und sein Reiseziel innerhalb Russlands steht. Als Reiseziel sollte man diejenigen größeren Städte (Provinzhauptstädte) angeben, die man während der Reise besuchen wird. Spontane Änderungen der angegebenen Route sind möglich, da das freie Reisen innerhalb Russlands mit dem erteilten Visum erlaubt ist.

Visum

Für die Beantragung eines Visums wird neben der Einladung ein **Reisepass** mit mindestens drei Monaten Gültigkeit über das Ende der Reise hinaus (bei Geschäftsreisen 6 Monate), ein **biometrisches Passfoto**, ein Nachweis (Kopie) über eine **Auslandskrankenversicherung** und ein **ausgefüllter Visumsantrag** benötigt. Bezüglich der erforderlichen Unterlagen schaut man auf die offizielle Seite der russischen Botschaften (www.russisches-konsulat.de/visa.htm). Das Visumformular bekommt man über die Webpage der Botschaft als pdf-Datei oder über eine der erwähnten Agenturen als Fax bzw. Kopie per Post.

Der **Nachweis über eine Auslandskrankenkasse** ist nötig für alle Bürger der

Länder, die dem Schengener Abkommen beigetreten sind, also auch Deutschland und Österreich. Für Schweizer Staatsbürger ist dies nicht notwendig. Die Versicherungen die momentan von den russischen Behörden anerkannt werden, sind auf einer Liste zu finden, die es ebenfalls über die Webpage der Botschaft gibt. Allerdings darf man sich nicht wundern, wenn in Zeiten von häufigen Fusionen zwischen Versicherungsagenturen diese Liste etwas veraltet ist. Am besten geht man mit dieser Liste zu einer freien Versicherungsagentur und informiert sich über die gelisteten Krankenversicherungsunternehmen.

Reisegruppe am Tolbačik

Seit November 2010 benötigt man für ein russisches Visum noch zusätzlich eine **Bestätigung der ›Rückkehrwilligkeit des Besuchers‹**. Bei Arbeitgebern kann das eine Bescheinigung über sein Arbeitsverhältnis oder eine Verdienstbescheinigung sein. Die Selbständigen können auch eine Kopie des Mietvertrages oder ihrer Gewerbeanmeldung nehmen. Rentner nehmen ihre Rentenbescheinigung, Studenten ihre von der Uni abgestempelte Immatrikulationsbescheinigung. Diese neue Formularanforderung ist nur eine sinnlose bürokratische Schikane mehr bei dem lukrativen Geschäft mit Visa. Die russische Seite verweist in diesem Zusammenhang gerne auf die Visapflicht für russische Staatsbürger, die in die EU reisen möchten. Die europäisch-russische Expertenkommission, die seit Jahren einen Weg sucht, die Visum-Pflicht der EU-Europäer für Russland aufzuheben, tritt auf der Stelle.

Das Touristen-, Geschäfts- und das Transitvisum kostet bei den meisten Agenturen im normalen Bearbeitungsmodus (mehr als 15 Arbeitstage) ungefähr 35 Euro und etwa 70 Euro bei acht Bearbeitungstagen. Wer innerhalb von 3 Arbeitstagen oder innerhalb des gleichen Tages ein Visum braucht, muss mit 70 Euro für die Bearbeitung rechnen.

Wer persönlich zur Botschaft oder dem Generalkonsulat mit dem Visumantrag geht, muss sich eventuell auf eine längere Warteschlange gefasst machen, da auch sehr viele in Deutschland lebende Russen notwendige behördliche Angelegenheiten dort erledigen wollen. Auf der Internetseite der russischen Botschaft findet man die Adressen der den deutschen Bundesländern zugeteilten Generalkonsulate (Berlin, Bonn, Frankfurt, Hamburg, Leipzig und München).

Die **Bezahlung des Visums** wird entweder im Vorfeld des Botschaftsbesuches erledigt, und man bringt eine Kopie des Überweisungsträgers oder des Kontoauszuges mit. Die andere Möglichkeit ist die, dass man von der Visumabteilung der Botschaft oder des Generalkonsulats einen vorgedruckten Überweisungsträger überreicht bekommt und schnell um den Häuserblock zur nächsten Bank eilt, um die Summe zu überweisen. Letzteres ist dann sinnvoll, wenn man noch nicht genau weiß, wie viel das gewünschte Visum in der gewünschten Bearbeitungszeit kosten wird.

Die Bankverbindung der russischen Botschaft in Deutschland oder der Generalkonsulate erfährt man über die Homepage bzw. über die dortige Visumabteilung. Alle Generalkonsulate bieten aber auch die Bezahlung mit EC-, Master- oder Visa-Karten an.

Weitere Adressen finden sich in den Reisetipps von A bis Z unter ›Diplomatische Vertretungen‹ → S. 268.

Einreise und Registrierung

Dem in den Reisepass eingeklebten Visum ist noch eine **Einreise- und eine Ausreisekarte** beigefügt, die in der Regel in den Pass geklammert wird. Auf beiden Karten stehen nochmals alle wichtigen Angaben zur Person, dem Reisepass, der Visumnummer, der Einladungsnummer und eine verschlüsselte Nummer zum Reiseziel. Diese Karten werden bei der Einreise bzw. Ausreise von den Grenzbeamten entfernt und in den Computer eingegeben. Ebenfalls wird bei der Einreise der Reisepass gescannt und die Daten mit den Daten der Botschaft bzw. des Außenministeriums verglichen, wenn der Computer oder die Verbindungen dorthin nicht mal wieder streiken. Selbiges passiert auch bei der Ausreise. Nur wird hier noch zusätzlich darauf geachtet, dass man einen Einreisestempel im Pass bzw. auf dem Visum hat.

Laut russischem Gesetz muss man sich spätestens **drei Arbeitstage nach Ankunft** bei den örtlichen Behörden **registrieren** lassen. Diesen Service übernehmen viele Hotels gegen Gebühr, ansonsten kann man sich auch selber zur entsprechenden Behörde begeben. Einige Hotels bieten diesen Service günstig oder kostenfrei an, wenn man bei ihnen die Übernachtung bucht. Welches der Hotels die Genehmigung besitzt, die Registrierung für Touristen übernehmen zu dürfen, muss man vor Ort ausloten, da sich das kurzfristig immer wieder ändern kann. Wenn man sich allerdings nie länger als drei Arbeitstage am Stück an einem Ort aufhält, ›kann‹ man sich nicht registrieren lassen. Diese Registrierungspflicht ist also eine sehr weiche Bestimmung und ich bin schon sehr häufig auch ohne eine Registrierung in Russland herumgereist und ohne Schwierigkeiten ausgereist. Die Registrierung wird nicht im Pass eingestempelt, sondern steht auf einem separaten kleinen Formzettel, den man bis zur Ausreise aufheben soll.

Regelungen für Kamtschatka

Kamtschatka ist das östliche Grenzgebiet Russlands. Hier können auch etwas modifizierte Regelungen zur Einreise und Registrierung gelten. Die Regelungen können auch stark schwanken und man weiß eigentlich nie so hundertprozentig, wie es in dem einen oder anderen Jahr gehandhabt wird.

Daher ist die Registrierung über ein Hotel oder die Behörden (OVIR, ОВИР) in Petropavlovsk oder Elizovo in jedem Fall zu empfehlen! Wer sich bei einem Aufenthalt in Moskau oder einer anderen russischen Stadt schon eine Registrierung geben lassen hat, benötigt für Kamtschatka eine weitere.

In **Petropavlovsk** hat diese Behörde ihren Sitz in der ulica Solnyčnaja (улица Солнычная), wo die Passregistrierung eine Bearbeitungsgebühr von etwa drei Euro kostet. Allerdings muss man sich dort auch auf längere Wartezeiten einrichten und sollte gut genug Russisch beherrschen, um das Formular ausfüllen zu können. Nach neuesten Informationen hat auch das Postamt ein Registrierungsformular (nur auf Kyrillisch) und kann diese Bearbeitung übernehmen. Einfacher ist es, dies durch ein Hotel erledigen zu lassen. In Hotels kostet

Ausflug in die Avača-Bucht

diese Registrierung etwa 20 Euro, bei einer Übernachtung in diesem Hotel ist der Preis signifikant niedriger (etwa 7 Euro). Da man während der Stunden, die der Pass bei der Registrierungsbehörde liegt oder von der Hotelverwaltung benötigt wird, ohne einen Ausweis herum läuft, ist es sinnvoll, eine gute **Farbkopie des Reisepasses** einzustecken.

Sperrgebiete

Zum freien Reisen sei noch gesagt, dass es auf Kamtschatka einige militärische Sperrgebiete gibt, in deren Nähe man nicht kommen darf. Wenn dies aus Versehen geschieht und man sich als unwissenden Touristen ausgibt, passiert in der Regel nichts, außer dass man einen Befehl zum Umkehren bekommt oder eventuell per Fahrzeug wieder an den Rand des Sperrgebietes gefahren wird. Es sollte natürlich in der Nähe eines solchen Gebietes nicht offensichtlich mit der Kamera hantiert werden. Ebenso sollte man die Nähe der Kasernen meiden, weil die Soldaten unter Langeweile und Frust leiden und daher auf die Idee kommen könnten, Touristen anzuhalten und um Wertgegenstände zu erleichtern. Des weiteren gilt: Niemals in der Nähe von Kasernen zelten, niemals Soldaten ansprechen und niemals beim Trampen bei Soldaten mitfahren. Ich möchte hier nur zur Vorsicht mahnen und keine Vorurteile gegenüber den armen Burschen aufbauen, die fern der Heimat und Familie und unter menschenverachtenden Bedingungen ihren Wehrdienst absolvieren müssen.

In der Nähe von **Paratunka** am südlichen Rand der Avača-Bucht befindet sich der Militärhafen Vilyučinsk, wo wichtige Einheiten der Pazifikflotte liegen. Dorthin sollte man sich beim Wandern ebenfalls nicht zufällig verlaufen. Einschränkungen gibt es auch für die Stadt **Ust'-Bol'šereck** und die **Kommandeurinseln**. Ob ein Gebiet oder eine Siedlung für Touristen frei zugänglich ist, erfragt man am besten vor Ort, denn die Situation ändert sich permanent. So ist die Stadt Ključi im Norden Kamtschatkas im August 2004 für Ausländer geöffnet worden. Damit ist eine wichtige Verbindungsstraße nach Norden für Touristen frei. Allerdings ist in der Stadt Ključi auch eine große Militärbasis für Langstreckenbomber, in deren Nähe man als Tourist auch nicht kommen sollte.

Genehmigungen für Naturschutzgebiete

Für den Besuch einiger Naturschutzgebiete beziehungsweise Totalreservate wird eine Genehmigung benötigt.
Für die **Reservate** (Zapovednik) Korjakskij, Kronockij, Južno-Kamčatskij und die Kommandeurinseln bekommt man sie im **Zapovednik-Büro**, 684010 Kamčatskaja Oblast', Elizovo, ul. Rjabikova 48, Tel. +7-(8)-41531/73905, kronki pressa@gmail.com, zapoved@mail.kamchatka.ru, www.wild-russia.org und www.kronoki.ru. Im Büro gibt es auch Englisch sprechende Personen, die bei der Verständigung helfen können.

Für die **Naturparks** Nalyčevo, Južno-Kamčatskij, Bystrinskij und Kljutschevskoj bekommt Genehmigungen im **Naturpark-Büro**, 684000 Kamčatskaja Oblast', Elizovo, ul. Savojko 33, Tel. +7-(8)41531-72400 oder -73941. park@mail.kamchatka.ru, http://vulkanikamchatki.ru.

■ **Genehmigung für einen Zapovednik-Aufenthalt**

Wer nicht mit einer Reisegruppe unterwegs ist und somit nicht vom Behördengang verschont bleibt, braucht ein paar Tipps für die erfolgreiche Erteilung einer Genehmigung für einen Zapovednik-Aufenthalt. Vor allem braucht man ein seriöses Auftreten und sollte klar darstellen können, was man im Reservat machen möchte (vorgesehene Wanderroute, wie viele Tage etc). Außerdem bekommt man einen **Inspektor** (Parkranger) zur Seite gestellt, weil ohne diesen ein freier Aufenthalt in den Reservaten nicht erlaubt wird. Dies wird allerdings bei den Kommandeurinseln etwas lockerer gehandhabt, weil der Wanderer die Insel nur über die einzige Siedlung wieder verlassen kann.

Für einen Aufenthalt oder eine Wanderung in den Reservaten Korjakskij, Kronockij und Južno-Kamčatskij muss man daher den genauen Tag angeben können, an dem man im Park ankommt (per Helikopter) oder an dem man die Parkgrenze erreicht (wenn man in den Park hinein wandert). Im letzten Fall bestimmt die Parkverwaltung den Treffpunkt. Wer mit dem Helikopter einfliegt und aus dem Park herauswandert, bekommt einen Inspektor bis zur Parkgrenze. Die Inspektoren draußen in den Reservatshütten stehen in der Regel einmal am Abend über Funk mit der Verwaltung in Verbindung und erfahren so alle nötigen Formalitäten. Der mit einem

Hütte im Nalyčevo-Naturpark

Gewehr bewaffnete Inspektor ist verpflichtet, auf die Wanderer aufzupassen, und auf Bären oder andere Naturgefahren hinzuweisen, den Weg zu finden und die Belange des Naturschutzes zu wahren. Nur wenige der Inspektoren können einige Brocken Englisch, so dass man sich besser in der russischen Sprache unterhalten können sollte.

Die Inspektoren für die Zapovedniks kosten ungefähr 2000 Rubel pro angefangenem Tag. Bezahlt werden diese bei der Parkverwaltung zusammen mit der Genehmigung, die pro Tag und Person bei etwa 1200 Rubel liegt. Die Gebühren sind stark von den Leistungen und dem touristischen Programm abhängig. Alle **Gebühren müssen in Rubel gezahlt werden**, da es staatlichen Stellen untersagt ist, Devisen anzunehmen. Wissenschaftliche Exkursionsgruppen zahlen günstigere Preise für die Genehmigung, und einem fließend Russisch sprechenden Mitglied der Gruppe kann als Reiseleiter die Parkgebühr zusätzlich vergünstigt angeboten werden.

■ **Genehmigung für die Naturparks**

Die Genehmigungen für die Naturparks bekommt man sehr viel einfacher und

[96] Genehmigungen für Naturschutzgebiete

unbürokratischer. Bei der oben erwähnten Adresse der Naturpark-Verwaltung in Elizovo gibt es ebenfalls Englisch sprechendes Personal. Der Naturpark Južno-Kamčatskij kostet momentan nichts. Die Naturparks Bystrinskj und Kljutschevskoj kosten für einen Ausländer 300 Rubel (einmalig), der Nalyčevo-Naturpark kostet 500 Rubel pro Person. In der Parkverwaltung kann man auch gleich verschiedene weitere Serviceleistungen mit buchen und bezahlen, beispielsweise einen Inspektor, der eine geführte Tour mit einem unternimmt, oder die Unterkunft in einer der Parkhütten (siehe dazu Nalyčevo-Naturpark → S. 144).

Reiseanbieter und ihre Programme

Dieser Abschnitt soll den noch unentschlossenen oder neugierigen Besuchern Kamtschatkas bei ihrer Suche nach attraktiven Reiseprogrammen, Aktivitäten oder Regionen helfen, besonders aber auch bei der Suche nach den entsprechenden Reiseanbietern. Im deutschsprachigen Raum gibt es eine Reihe von Agenturen, die teilweise schon seit vielen Jahren Reisen auf Kamtschatka anbieten. Die Auswahl der angebotenen Zielregionen und Programme ist sehr groß, und es gibt ebenso große Unterschiede in der Organisation und Durchführung der Reise. In der Regel wird aber ein deutscher oder österreichischer Reiseanbieter kaum ohne die Hilfe einer russischen Reiseagentur oder eines Agentur-Partners vor Ort auskommen. Denn für die erfolgreiche Durchführung einer organisierten Reise werden nicht nur Ortskenntnisse oder Fähigkeiten zur Gruppenführung benötigt, sondern auch das Wissen um den Transport von einem Ort zum nächsten, die Dolmetschertätigkeiten, die Erledigung von Behördenangelegenheiten oder die Buchung von Quartieren, geländegängigen Fahrzeugen oder Helikopterflügen.

Im folgenden sind einige der deutschen, österreichischen und Schweizer Reiseveranstalter und deren Reiseangebote auf Kamtschatka aufgelistet. Hierbei können sich von Saison zu Saison auch Abweichungen ergeben. Neue Touren oder Aktivitäten mögen dazu kommen und alte unrentabel gewordene Programme wieder aus deren Angeboten herausfallen. Daher muss jeder sorgfältig recherchieren und das nötige Informationsmaterial anfordern.

■ Anbieter in Deutschland

Baikal-Express Sibirienreisen, Unterholz 3, 79235 Vogtsburg, Tel. 07662/949294, www.baikal-express.de. Spezialisiert auf Reisen im Russischen Fernen Osten – nicht nur Kamtschatka. Hat Kamtschatka momentan mit einer 14-tägigen Tour im Programm.

Baikaltours, Ostkirchstraße 65, 47574 Goch, Tel. 02823/419748, www.baikaltours.de. Wander- und Trekkingtouren.

Baldes Studien- und Wanderreisen, Königstr. 68, 53115 Bonn, Tel. 0228/9212880, www.baldes.de. Aufwändige, helikopterlastige und recht teure Kamtschatkareisen im Programm.

Beringia Land in Deutschland, Lisa Strecker, Fabrikstr.17, 79183 Kollnau, Tel. 0151/14442651, www.kamchatkatravel.net, kamtschatka@ya.ru. Tochterunternehmen der Agentur ›Kamchatka Grand Tour‹ (www.tokamchatka.ru/en). Lisa hat sehr viele Erfahrungen über das Reisen auf Kamtschatka. Sie schreibt in

Gletschersee in einem der Gorelyj-Krater

diesem Buch über ihre Teilnahme an der Beringia 2011 (→ S. 182).

Biss-Reisen, Fichtestraße 30, 10967 Berlin, Tel. 030/69568767, www.bissreisen.de. Der seit vielen Jahren auf Kamtschatka tätige Anbieter hat seinen Schwerpunkt bei naturkundlichen Wanderungen und verzichtet auf Helikopterflüge. Die beiden Reiseleiter des Büros sind Oliver Schmidt, der in diesem Buch auch zu Wort kommt, und der Buchautor selbst.

DAKS – Deutsche Alpin- und Kletterschule, Buchweizenweg 21, 51427 Bergisch Gladbach, Tel. 02204/63781, www.berge-reisen.de. Bietet dreiwöchige Wander- und Bergtouren an.

Diamir Erlebnisreisen, Berthold-Haupt-Str. 2, 01257 Dresden, Tel. 0351/31-2077, www.diamir.de. Bietet 21-tägige Rundreise zwischen Nord und Süd-Kamtschatka an.

Erlebnisreisen-weltweit, Gabriele Sigl Reisevermittlung, Dorfstr. 19, 87616 Marktoberdorf, Tel. 08342/919338, info@gabrielesigl.de, www.erlebnisreisen-weltweit.de. Bietet 19-tägiges Wandern im Süden Kamtschatkas an.

Elbrus-Reisen, Tel. 0331/2805354, www.elbrus-reisen.de. Bietet im Winter 14-tägige Skitouren und dreiwöchige Trekkingtouren im Sommer an.

Stefan Flechtner, Tel. +49/(0)177/483-4402, russland_zentralasien@yahoo.de. Der erfahrene Reiseleiter bietet naturkundliche Individual- und Gruppenreisen nach Sibirien und Kamtschatka an.

GO EAST Reisen GmbH, Bahrenfelder Chaussee 53, 22761 Hamburg, Tel. 040/8969090, www.go-east.de. Schwerpunkt der nur 8-tägigen Touren sind die Vulkane.

Ikarus Tours, Am Kaltenborn 49–51, 61462 Königstein, Tel. 06174/29020, www.ikarus.com. Schiffsreise in der Beringsee zwischen Alaska und Kamtschatka sowie eine 18-tägige Reise von Moskau bis nach Kamtschatka.

Knop Reisen GmbH, Hollerlander Weg 77, 28355 Bremen, Tel. 0421-9885033, www.knop-reisen.de. Bietet schon ab Ende Juni eine 14-tägige Reise an.

Kompass Tours, Friedrichstr. 185–190, 10117 Berlin, Tel. 030/20391950, www.kompasstours.com. Rühmt sich selbst für eine Komfort-Reise, bei der Kurilensee, Mutnovskij, Tal der Geysire und Uzon-Caldera mit dem Helikopter besucht werden. Entsprechend teuer ist das Angebot.

Nostalgiereisen Reisebüro Frank Eilts, Donaustr. 17, 26506 Norden, Tel. 04931/936010, www.nostalgiereisen.de. Hat eine 20-tägige Rundreise mit Schlauchbootfahrt und auch eine kombinierte Sibirien-Kamtschatkareise im Programm.

Ventus Reisen GmbH, Krefelder Str. 8, 10555 Berlin, Tel. 030/3910033-2, -3, www.ventus.com, Gruppen und Individualreisen. Bietet 8-tägige Vulkantour in der Region Avačinskij und Mutnovskij an.

Wigwam Tours, Lerchenweg 2, 87448 Waltenhofen, Tel. 08379/92060, www.wigwam-tours.de. Leichte und schwere, bis zu dreiwöchige Natur- und Expeditionsreisen mit erhöhten technischen und konditionellen Anforderungen. Seit zwölf Jahren auf Kamtschatka tätig.

Reiseagentur ›Die Zugvögel‹, Brechenmacherstr. 6, 88250 Weingarten, Tel. 0751/5576525, www.abenteuerurlaub-online.de. Bietet eine 20-tägige Trekkingtour auf Kamtschatka an.

■ In Österreich

Kamtschatka – Land der Vulkane, Mag. Lisa Veverka, Josef-Kollmann-Gasse 22, A-2380 Perchtoldsdorf, Tel. +43-(0) 699/19703009, lisa@kamchatka.cc, www.kamchatka.cc. Reichhaltiges Programm mit vielen Naturwanderungen und Vulkanbesteigungen.

■ **In der Schweiz**
Kira Reisen, Badstrasse 31, 5400 Baden, Tel. 056/2001900, www.kirareisen.ch. Bieten eine 8-tägige hochpreisige Heli-Skiing-Tour an.

■ **In Russland**
Einen umfassenden Überblick über die russischen Reiseagenturen und privaten örtlichen Veranstalter auf Kamtschatka zu geben, ist fast unmöglich. Dazu sind es nicht nur zu viele, sondern die rasante Zunahme an lokalen Reiseunternehmern macht eine vollständige Liste nach kürzester Zeit obsolet. Daher ist es sinnvoll, sich ans Internet zu halten, wo solch eine Liste relativ aktuell bleibt. Die wohl beste Liste mit lokalen Reiseagenturen wird vom Kamtschatka-Tourismusverband unterhalten: ›Kamtschatka Explorer‹ mit vielen Informationen zu Kamtschatka und einem umfassenden Überblick über alle Reiseagenturen vor Ort. Bequemer geht es nicht: http://kamchatkatourism.com/advertisers.htm.

■ **In weiteren Ländern**
Explore Kamchatka Ecotourism, P.O. Box 2378, Homer 99603, Alaska, USA, explorekam@gmail.com, www.explorekamchatka.com. Naturkundliche Exkursionen und Wildnisreisen, Touren zur Bärenbeobachtung, Angeltouren. Die Chefin des Unternehmens ist Martha Madsen, die in Elizovo lebt und eine gute Adresse für Individualtouristen ist: ul. Bolšakova, 684007 Elizovo, Tel. +7-(8)904/2807840 oder +7-(8)41531/26601.
Sokol Tours, Boston/MA, USA, www.sokoltours.com. Organisiert von individuellen Touren für Einzelpersonen bis zu Gruppenreisen ein vielfältiges Programm auf Kamtschatka und im russischen Fernen Osten.
Ultimate Rivers, LLC, Box 670534, Chugiak 99567, Alaska, USA, www.ultimaterivers.com. Organisiert vor allem Angel-Reisen auf Kamtschatka.

Individuelles Reisen

Wer als Individualreisender zum ersten Mal nach Kamtschatka kommt, braucht nicht hilflos an der Straße stehen bleiben. Dieses Kapitel soll sich möglichst intensiv mit den Problemen und Reisezielen der Individualtouristen auseinandersetzen. Es werden die attraktiven Reiseziele und Wanderrouten auf Kamtschatka dargestellt und Hilfen bei der Frage des Transportmittels zu den gewünschten Zielen gegeben.

Anreise

Die Anreise über den Landweg wird trotz der historischen Vorbilder im 18. und 19. Jahrhundert hier schon deshalb nicht weiter dargestellt, weil wohl kaum einer diese Route einschlagen wird. Die Tatsache, dass es keine Piste oder ähnliches vom Festland kommend über den Korjakischen Okrug auf die Halbinsel Kamtschatka gibt, soll nicht heißen, dass es total unmöglich ist. Nur würde das den Rahmen dieses Reiseführers sprengen.

■ **Mit dem Schiff**
Im Gegensatz dazu ist Kamtschatka mit dem Schiff leichter erreichbar, auch wenn diese Anreiseart relativ unüblich ist. Viele große Schifffahrtslinien und Kreuzfahrtagenturen bieten Kamtschat-

ka manchmal in ihren Programmen mit an (beispielsweise http://heritage-expeditions.com, www.seereisenportal.de oder www.seereisenservice.de). Oft liegt das Schiff in der malerischen Avača-Bucht vor Anker und lässt den Reisenden einige Tage für einen Landgang Zeit. Wer von Europa aus mit dem Schiff anreisen möchte, wird einige Monate investieren müssen. Die Möglichkeit über Südost-Asien, das in einem regen Schiffverkehr mit Europa steht, über Japan nach Petropavlovsk zu kommen erfordert viele Recherchen bei Schifffahrtslinien und darauf spezialisierte Reiseagenturen (www.frachtschiffreisen-pfeiffer.de). Einige Handelsschiffe, die wegen zunehmender Computersteuerungen von immer weniger Matrosen geführt werden, haben freie Kabinenkapazitäten für die Mitnahme von Touristen umgebaut.

Besonders erlebnisreich muss eine Schifffahrt über die Nordost-Passage entlang der sibirischen Nordmeerküste nach Kamtschatka sein (www.ikarus.com). Die rapide abnehmenden Eismassen des Nordpolarmeeres machen diese Schiffsroute auch immer weniger problematisch und daher finanziell attraktiver für die Reedereien.

Kreuzfahrtschiff im Hafen von Petropavlovsk

■ Mit dem Flugzeug

Die häufigste und üblichste Anreise nach Kamtschatka erfolgt jedoch mit dem Flugzeug. Wer von Europa aus anreist, wird meistens über die beiden russische Drehkreuze in Moskau, Šeremetjevo (SVO) und Domededovo (DME) geleitet.

In **Moskau-Šeremetjevo** kommt man von Europa aus meistens am neuen, 2010 eröffneten Terminal D an, und muss sein gesamtes Gepäck vom Förderband holen, um anschließend mit seinem Gepäck nach Petropavlovsk (PKC) einzuchecken (Terminal D oder E). Nur sehr selten wird das Gepäck von Europa nach Kamtschatka auch direkt durchgecheckt. Die Distanzen innerhalb der weiträumigen Terminals D und E sind nicht unerheblich. Für das Abholen und Aufgeben des Gepäcks und das Umsteigen sollte man mindestens zwei Stunden einplanen, auch wenn die Fluggesellschaft Aeroflot meint, 90 Minuten gingen auch noch. Häufig sind die Flieger aus Deutschland nicht pünktlich.

Wer in **Domodedovo** ankommt, muss ebenfalls sein gesamtes Gepäck abholen und wieder einchecken. Hier kann es passieren, dass man den Terminal wechseln muss. Dafür stehen aber Servicebusse zur Verfügung.

Wer den **Flughafen innerhalb Moskaus wechseln muss**, braucht mindestens drei bis vier Stunden Zeitpuffer, da die öffentlichen Busse oder die Taxis ständig im Alltagsstau auf den großen Moskauer Ringstraßen stehen. Beide Flughäfen sind auf der Schiene auch mit einem neuen Aeroexpress mit der Innenstadt verbunden. Von Šeremetjevo aus fährt man 35 Minuten bis zum Beloruskaja Voksal (Bahnhof), wo man in die Metro (dunkelgrüne Linie) umsteigt und dann bis zum Pavelezkaja-Bahnhof kommt. Dort besteigt man dann den zweiten

Auf dem Flugfeld bei Elizovo

Aeroexpress in Richtung Domodedovo (40 Minuten). Jede Fahrt kostet 320 Rubel (1. Klasse 550 Rubel).

Sehr viel günstiger ist allerdings der Airport-Bus zur nächsten Metrostation: Von Šeremetjevo aus nimmt man die Buslinien 851c, 851, 48 oder 200m zur Metrostation Rečnoj Voksal oder die Nummern 817 oder 49m nach Planernaya. Von Domodedovo aus gibt es einen Airport-Bus, der zur Metrostation Domodedovskaja fährt. Den Metroplan Moskaus lädt man sich aus dem Internet.

Von **Moskau nach Petropavlovsk** gibt es eine neunstündige direkte Verbindung mit Aėroflot (ab Šeremetjevo) oder Transaėro (Domodedovo). Man kann jedoch auch über die sibirischen Städte Irkutsk, Chabarovsk und Vladivostok reisen, beispielsweise mit Vladivostok Airline, S7 oder Pulkovo. Einige dieser Flüge werden über den Flugplatz Domodedovo abgewickelt. Der Direktflug von Moskau nach Petropavlovsk kostet bei Aėroflot und bei Transaėro im Sommer zwischen 800 und etwa 1300 Euro in der Economic-Class, je nach saisonalem Angebot und je nachdem, wie früh man gebucht hat. Im Winter kann der Flugpreis auf der gleichen Strecke auch unter 500 Euro liegen. Häufig ist dieser Preis günstiger, wenn man auch mit Aėroflot oder Transaėro nach Moskau gekommen ist. Aėroflot fliegt Kamtschatka fast täglich mit Iljuschin IL96 oder Airbus 330 an. Die russische Fluggesellschaft Transaėro fliegt ab Domodedovo mit Boing 777-200 nach Kamtschatka.

Günstige Flüge von Moskau nach Kamtschatka bietet Vladivostok Air auch im Sommer für etwa 600 Euro an. Dabei muss in Chabarovsk umgestiegen werden. Vladivostok Air ist momentan auch bestrebt, die Fluglinie von Kamtschatka nach Alaska wieder aufleben zu lassen. Bleibt zu hoffen, dass die russischen Behörden dabei kein zu großes Hindernis darstellen.

Unterwegs auf Kamtschatka

Bedeutend für die Wahl des Transportmittels auf Kamtschatka ist vor allem der zur Verfügung stehende Zeitraum bis zur Abreise. Wer auf eigene Faust die Straßen und Pisten unsicher machen möchte, wird vergeblich nach einer Autovermietung suchen. Das schließt jedoch nicht aus, sich von einem Bekannten das Auto auszuleihen.

[102] Unterwegs auf Kamtschatka

Ohne geländegängige Fahrzeuge ...

■ Reisen mit dem Bus

Das gut ausgebaute öffentliche Bussystem ist billig, zuverlässig und fast immer pünktlich, auch wenn die Busse manchmal recht arge Klapperkisten sind – häufig ausrangierte Linienbusse aus Südkorea. Die Fahrtziele und Liniennummern sind an den Frontscheiben der Busse ausgewiesen. Wer am internationalen Flugplatz in der Nähe von Elizovo ankommt, kann den öffentlichen Bus sogleich nutzen, um nach Petropavlovsk oder in die Innenstadt von Elizovo zu gelangen. Nach Petropavlovsk sind es vom Flugplatz etwa 25 Kilometer (etwa 30 Rubel bis zum Busbahnhof KM 10, 40 Rubel bis zum KP-Halt im Zentrum). Vom dortigen Busbahnhof aus (genannt Autostancia, oder ›KM10‹) gehen stündlich **Busse nach Süden zu den Ortschaften Nikolaevka, Paratunka und Termal'nyj**. Der Preis beträgt etwa 30 Rubel. Für einen großen Rucksack oder sonstiges voluminöses Gepäck zahlt man eventuell zwanzig Rubel Aufpreis. Angesichts der Länge der Strecke ist der Fahrpreis auch bei einer Berechnung des Gepäcks für einen Europäer undiskutabel, und man sollte sich hüten, hier auch noch zu feilschen. Gleiches gilt auch für die anderen Busverbindungen. Von **Petropavlovsk nach Elizovo und zurück** fahren alle 15 bis 30 Minuten Busse (Linie 104), je nach Anzahl der schon eingestiegenen Passagiere. Der Preis beträgt auch 30 Rubel, die Fahrzeit 30 bis 45 Minuten. Alternativ dazu gibt es kleine **Expressminibusse (Marschrutka)**, die schneller fahren und 40 bis 60 Rubel kosten (haben auch die Nummer 104).

Busse von der Stadt **nach Usť-Bol'šereck, Mil'kovo, Èsso und Usť-Kamčatsk** im Norden des Gebietes gehen ein- bis zweimal pro Tag. Die Fahrt nach Mil'kovo kostet etwa 800 Rubel, die Fahrt nach Èsso etwa 1250 Rubel.

Busfahren **innerhalb von Petropavlovsk** kostet generell 16 Rubel, egal wie weit man mitfährt. Bezahlt wird in der Regel beim Aussteigen. Wer längere Zeit in Petropavlovsk bleibt und das Bussystem dort nutzt, wird schnell herausfinden, wohin welche Linie fährt. Am besten kauft man sich im Buchladen einen Stadtplan mit den eingezeichneten Buslinien (Туристская Схема, Turistskaja Schema).

■ Unterwegs per Anhalter

Die russische Bevölkerung Kamtschatkas ist in der Regel sehr freundlich gegenüber Touristen und hilft gerne aus Notsituationen. Wer mit seinem großen Wanderrucksack aus der Wildnis kommt oder dort hin möchte und am Straßenrand steht, der findet sicherlich bald eine Mitfahrgelegenheit. Je geringer die Verkehrsdichte, desto eher die Wahrscheinlichkeit, dass man mitgenommen wird. Häufig sind es dann die Lkw-Fahrer, die einen mitnehmen. In den dichter besiedelten Gebieten sollte man dagegen auf die billigen Busse ausweichen. Wer bei Russen im Pkw oder Lkw mitfährt, muss auch stets damit rechnen, dass der Fahrer alkoholisiert ist oder zu wenig Fahrpraxis hat. Ein weiteres Problem im Straßenverkehr sind die vielen japanischen Autos mit dem Lenkrad auf der rechten Seite, die oft in desolatem Zustand aber mit hoher Geschwindigkeit auf den Straßen und Pisten Kamtschatkas, wo Rechtsverkehr gilt, gefahren werden. Folgenschwere Verkehrsunfälle gehören leider zum Straßenbild, besonders zwischen den beiden größten Städten Petropavlovsk und Elizovo.

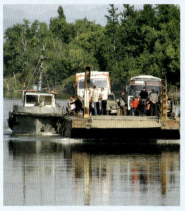

Fähre über den Kamčatka-Fluss

■ Reisen mit dem Fahrrad

Wer absolut unabhängig sein und sein eigenes Fahrzeug mitbringen möchte, der muss aufs Fahrrad umsteigen. Der radfahrende Tourist mag zwar äußerst ungewöhnlich auf Einheimische wirken, es ist aber mit die billigste und schönste Art des Reisens auch auf Kamtschatka. Erforderlich sind ein robustes Reiserad, eine gute Ausrüstung und genügend eigene Erfahrungen von anderen Fahrradreisen auf Pisten.

Die Reise mit dem Fahrrad erlaubt ein weitestgehend zeit- und wetterunabhängiges Reisen – selbst in die abseits gelegenen Ortschaften und Regionen. Das Fahrrad ist auch in Kombination mit Wandertouren ideal für wenig erschlossene Gebiete, man sollte nur einen vor Bären und Menschen sicheren Abstellplatz für das Fahrrad finden. Außerhalb der Hauptverbindungspiste von Süd nach Nord gibt es so gut wie keine Ausschilderung der zahlreichen Pisten. Eine gute Landkarte ist somit notwendig, dies gilt auch für Wandertouren.

Der eindeutige Nachteil einer Radtour auf Kamtschatka ist, dass man mehr Zeit für seinen Aufenthalt investieren muss

... kommt man nicht weit

und es aus Ermangelung an Straßen kaum Möglichkeiten für Rundtouren gibt. Zudem sollte nicht unerwähnt bleiben, dass das Verkehrsaufkommen im Großraum Petropavlovsk und auch auf der Hauptverbindungsstraße nach Norden in den letzten Jahren zugenommen hat, und man daher auf diesen Strecken einiges an Lkw-Verkehr zu erwarten hat. Genügend Radtourenerfahrungen und eine gute körperliche Konstitution sollte man mitbringen. Wer mehr Information und Bilder über das Abenteuer einer Fahrradtour auf Kamtschatka sucht, findet unter www.mountainbike-expedition-team.de einen Erfahrungsbericht und einige logistische Tipps.

Mit dem Fahrrad ist man unabhängig

■ Unterwegs mit lokalen Veranstaltern

Wer sich nicht um all diese organisatorischen Probleme der Weiterreise auf Kamtschatka kümmern möchte, begibt sich in die Hände eines lokalen Reiseveranstalters (tour operator). Eine Vielzahl an solchen Reiseagenturen sind in den letzten Jahren entstanden und bieten ein weit gefächertes Programm für ausländische Touristen an. Vor Ort wird die Reisegruppe in der Regel in umgebauten Lkws der Marke Kamaz oder Ural transportiert. Das sind dreiachsige robuste Allrad-Fahrzeuge mit einer speziellen Personenkabine auf der Ladefläche. Der Reisekomfort lässt zwar etwas zu wünschen übrig, aber meistens gibt es keine Alternative. Ein Kamaz kostet samt Fahrer etwa 14000 bis 15000 Rubel pro Tag. Günstiger sind die kleineren unimog-ähnlichen Fahrzeuge Gaz66, die etwa 8000 Rubel pro Tag kosten. Benzinkosten werden separat berechnet.

■ Unterwegs mit dem Helikopter oder dem Kleinflugzeug

Fast jeder Punkt auf Kamtschatka kann mit dem Helikopter erreicht werden. Das gilt insbesondere für die Naturschutzgebiete, die weit abseits der bestehenden Pisten liegen. Dorthin gelangt man dann nur zu Fuß oder mit dem Helikopter. Jedoch ist dieses Verkehrsmittel auch das teuerste.

Für Gruppen **bis zu fünf Personen** ohne sperriges Gepäck sind die Helikopter des Typs **MI-2** zu empfehlen. Ihr Ladevolumen entspricht etwa dem eines VW-Kleinbusses. Der MI-2 kostet etwa 55000 Rubel pro Stunde. Für **größere Gruppen** muss man auf den **MI-8** zurückgreifen. Der kostet etwa 109 000 Rubel

Ein MI-8-Hubschrauber

pro Stunde (Preise Sommer 2011). Das Ladevolumen des MI-8 ist selbst bei der Mitnahme von größeren Kisten und Faltbooten auf alle Fälle ausreichend. Der MI-8 kann von hinten bequem beladen werden. Die Preise schwanken oft, je nach Flugziel, Verhandlungsgeschick und Dollarkurs. Je größer die Gruppe ist, desto günstiger wird es für den einzelnen. Die natürliche Konkurrenz der verschiedenen Helikoptergesellschaften Kamtschatkas wurde 2003 staatlich bereinigt – seitdem gibt es nur noch die Reiseagentur Bel-Kam-Tour, in deren Auftrag die ursprünglich selbständigen kleineren Gesellschaften fliegen. Damit ist auch der preisliche Verhandlungsspielraum stark eingeschränkt.

Wer es sich leisten kann und will, sei noch auf den privaten Anbieter Gena hingewiesen. Der Besitzer (spricht etwas Englisch) fliegt einen Robinson-Helikopter und eine Cesna 172 (jeweils mit drei Gästeplätzen). Der Helikopter kostet 23 000 Rubel pro Stunde. Tel. +7 (8) 962/2801056, gena.k67@mail.ru.

Der üblicherweise eingesetzte Helikopter ist der MI-8, das unermüdliche und relativ zuverlässige Arbeitspferd in allen entlegenen Gebieten Russlands. Er ist für etwa 25 Passagiere samt Gepäck ausgelegt. Bei abgeschraubten Sitzen können auch größere Frachten transportiert werden, die durch eine große Heckklappe eingeladen werden. Auf diese Weise wird auch das Baumaterial und wichtige Versorgungsgüter für die Hütten der Parkinspektoren transportiert oder im Winter mehrere Hundeschlittengespanne.

Der Flug nach Süd-Kamtschatka zum Kurilensee dauert etwa 75 Minuten und zum Tal der Geysire beziehungsweise zur Uzon-Caldera 60 Minuten. Angeboten werden Helikopter-Rundflüge zu aktiven Vulkanen, interessanten Naturlandschaften oder zu den Rentierherden der Evenen und Korjaken. Geflogen wird oft nach Sicht, auch wenn die Piloten seit einigen Jahren GPS-Geräte zur Verfügung haben. Das heißt, dass die Piloten bei unsicherem Wetterbericht mit dem Abflug warten. Manchmal kann das bis gegen 14 Uhr dauern, oder der Flug wird abgesagt. Der Reisende muss daher stets mit einer Verschiebung des Fluges auf den nächsten Tag rechnen. Es ist am einfachsten, die Helikopterflüge von einer örtlichen Reiseagentur organisieren zu lassen.

Die kleinen **Flugzeuge**, in der Regel der äußerst zuverlässige und robuste Doppeldecker Antonov AN 2 sowie die zweipropelligen Maschinen L-410, besitzen eine größere Reichweite und Reisegeschwindigkeit als die Helikopter, weswegen sie manchmal für die weiter entfernten Ziele eingesetzt werden: die Kommandeurinseln, Ust'-Kamčatsk oder Palana, die Hauptstadt der korjakischen Region. Die regionalen Ziele werden in der Regel von der Gesellschaft Kamčatskie Avialinii (Kamchatka Airlines) angeflogen, die momentan mehrere Helikopter vom Typ MI-8 (Transport- und Passagierversionen) und einige Flugzeuge des Typs L-410 in ihrer Flotte haben. Die Telefonnummer ist +7-(8)909/839-2222; +7-(8)909/8381111; akkal@mail.iks.ru, www.belkamtour.ru. Der Direktor heißt Aleksandr Andreevič und spricht etwas Englisch.

■ **Mit dem Boot, Kanu, Kajak**

Kamtschatka hat eine bemerkenswert hohe Anzahl an befahrbaren Flüssen, die allen Ansprüchen von ungeübten bis erfahrenen Kanu- und Kajakfahrern genügen – im Kapitel übers Angeln und Bootfahren (→ S. 126) steht mehr dazu. Das üblicherweise mit dieser Reiseart verbundene Problem des Hin- und Abtransportes der Ausrüstung und der Boote organisiert man am besten mit Hilfe eines örtlichen Reiseunternehmers. Einige dieser Agenturen bieten auch organisierte Flusstouren an oder vermitteln zumindest an einen Bootsverleiher weiter. Ein aufblasbarer Katamaran für Flussfahrten kostet in Petropavlovsk ungefähr 500 Euro. Für eine eigene Flussfahrt, ohne einen einheimischen Reisebegleiter, gelten natürlich die gleichen Regeln wie für einen Wildniswanderer: Gute Ausrüstung und eine große Erfahrung sind unbedingt mitzubringen. Der Vorteil einer Bootstour besteht auch darin, dass man näher an den Lachsen und Bären ist und so sicherlich zu ganz ungewöhnlichen Abenteuern kommt.

■ **Zu Fuß unterwegs**

Mit den eigenen Beinen ist eine Reise innerhalb Kamtschatkas grundsätzlich überall dort zu empfehlen, wo es mit den öffentlichen Bussen oder anderen Fahrzeugen nicht mehr weiter geht. Für Wanderungen abseits der Pisten und in der teilweise undurchdringlichen Wildnis muss man allerdings gut ausgerüstet sein und sollte nicht alleine unterwegs sein. Auf ausgeschilderte oder zufällig entstandene Wanderpfade trifft man in nur sehr wenigen Gebieten, so zum Beispiel im Nalyčevo-Naturpark. In der Regel ist man gezwungen, querfeldein zu gehen. Die Tourismusindustrie Kamtschatkas sieht das natürlich sehr ungern, weil an solchen Individualisten nichts zu verdienen ist. Daher darf man sich als wildniserfahrener Wanderer nicht von Hochglanzprospekten einschüchtern lassen, die diese Art des Wanderns für zu gefährlich erachten. Wer sich unsicher ist, ob er tatsächlich in einer pfadlosen Wildnis zurechtkommt, der sollte besser bei einer der örtlichen Reiseagenturen nach einem russischen Begleiter fragen. Einige Reiseunternehmen in Petropavlovsk bieten auch Wildniswanderungen in Gruppen von zehn Personen an.

Hier sei auch noch auf die Tipps zur Ausrüstung (→ S. 108) sowie auf das richtige Verhalten gegenüber Bären (→ S. 122) hingewiesen. Eine Wildniswanderung in einem der vielen Naturparks oder Naturreservate gehört zum interessantesten und schönsten Naturgenuss, der auf Kamtschatka möglich ist. In Kombination mit einer An- oder Abreise mit öffentlichen Verkehrsmitteln ist es auch eine sehr kostengünstige Tour. Da man alles Notwendige für den Wildnisaufenthalt auf dem Rücken tragen muss, sollte die Ausrüstung und der Proviant stark auf das Wesentlichste konzentriert sein. Bei der Qualität und Quantität des Proviants kann man allerdings nicht zu viel einsparen, denn man soll ja noch bei Kräften bleiben.

Hat man sein notwendiges Gepäck erfolgreich im Rucksack untergebracht und die richtige Bekleidung für die Wildnis dabei, dann können einen zielstrebigen Wanderer weder der Stlanik, das manchmal undurchdringliche Gebüsch, noch die vielen Moskitos aufhalten. Die Gefahren beim Wandern durch die Wildnis Kamtschatkas sind nicht größer als beispielsweise in Skandinavien abseits der Wanderpfade. Neben der Problematik der Navigation bei schlechter Sicht und der Gefahr, sich bei einem Sturz zu verletzen, sind höchstens die Bären zu erwähnen. Wenn man hier aber bestimmte Regeln beachtet, sollte es zu keinen gefährlichen Begegnungen mit diesen Tieren kommen.

Wer sich nicht ohne die Kontaktmöglichkeit zur Außenwelt tage- oder wochenlang in die Wildnis traut, kann ein **Satellitentelefon ausleihen**. In Petropavlovsk verleiht die Firma ›Morsvjas'sputnik‹, (Морсвязьспутник), Igor A. Zelen-

Zu Fuß kommt man fast überall hin

kov, pr. Karla Marksa 35, 683006 Petropavlovsk, Tel. +7/(8)4152/46 9411) solche Telefone. Inzwischen interessiert es am Zoll aber auch niemanden mehr, wenn man ein eigenes Satellitentelefon mit nach Russland bringt. Das Thuraya-System deckt Kamtschatka nicht ab, weshalb auf Globalstar, Inmarsat oder Iridium zurückgegriffen werden muss. Die Preise für das Ausleihen, die Versicherung und die Gebühren erfragt man bei Bedarf – die Preise schwanken sehr stark.

Landkarten und Navigation

In der Tundra schafft man als durchtrainierter Wanderer mit schwerem Rucksack bis zu 20 Kilometer pro Tag, in den flussnahen Hochstauden sicherlich nicht über zehn Kilometer, und arbeitet man sich durch Erlen- oder Kieferngebüsch (Stlanik), so muss man damit rechnen, nur 500 Meter pro Stunde voranzukommen.

Ein wichtiger Punkt in der Wildnis ist die Navigation. Zum einen kann das Erlen- und Kieferngebüsch oder die Hochstauden die Orientierung erheblich beeinträchtigen, zum anderen erschwert häufig ganztägig Nebel die Sicht auf wichtige Landmarken. Bei gutem Wetter ist die Orientierung mit Landkarte und Kompass noch jederzeit möglich, bei schlechter Sicht ist die Benutzung eines **GPS-Empfängers** (Global Positioning System) zu empfehlen. Zur Feststellung der aktuellen Position auf der Wanderkarte, oder um entscheiden zu können, in welche Richtung es weiter geht, ist dieses Hilfsgerät für die Navigation kaum mehr wegzudenken. Der Markt bietet inzwischen eine Vielzahl an kleinen Geräten speziell für Trekkingtouren zu Preisen zwischen 100 und 400 Euro an. Jedoch ersetzt ein GPS-Gerät nicht das Mitführen einer guten topographischen Karte!

Die ideale **Landkarte** für eine Wildniswanderung auf Kamtschatka gibt es leider noch nicht. Das müsste eine sein, die sowohl die Topographie als auch die wichtigsten Landschaftselemente, wie Stlanik-Flächen, Sümpfe oder Wälder deutlich zeigt. Es gibt jedoch gute russische **Generalstabskarten im Maßstab 1:200 000**, die im Vierfarbendruck Topographie, Wald-, Gebüsch und Offenlandflächen sowie sehr korrekt die Fluss-

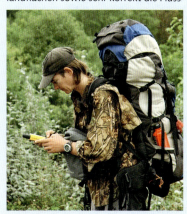
Ein GPS-Gerät ist hilfreich, ersetzt aber keine gute Karte

läufe zeigen. Diese Karten sind sehr detailgenau, auch wenn in diesem Maßstab die Gebüschzonen Kamtschatkas nie so dargestellt werden können, dass man anhand der Karten die Lücken durch diesen Stlanik finden würde. Die kaum zu findenden topographischen Karten im Maßstab 1:100 000 sind im Grunde nur eine Vergrößerung der Generalstabskarten und zeigen kaum mehr Details. In den Buchläden Petropavlovsks gibt es für jeweils etwa 500 Rubel die 200 000er Karten des südlichen und mittleren Teils Kamtschatkas als Dreifarbendruck in je einem A4-Heft (›Atlas‹, ›Атлас‹). Für eine Wildniswanderung ist es empfehlenswert, die benötigten Kartenausschnitte einzulaminieren, da Wind und Wetter dem Papier stark zusetzen können.

Eine gute und aktuelle **Übersichtskarte über den Oblast' Kamčatskij** gibt es für ungefähr 300 Rubel in den örtlichen Buchläden zu kaufen (Kartographischer Verlag, Moskau 2008). Diese Karte hat einen Maßstab von 1:1 000 000. Auf der Karte sind auch drei Detailkarten im Maßstab 1:200 000 enthalten: die Avača-Bucht mit Petropavlovsk, Elizovo, Paratunka und dem Vulkan Avačinskij, die Region um die Vulkane Tolbačik und Ključevskoj sowie das Gebiet um den Vulkan Šiveluč. Im Gegensatz zu den oben erwähnten russischen Karten kann man die World Aeronautical Charts (Maßstab 1:1 000 000 oder 1:500 000) getrost zu Hause lassen. Die dienen höchstens noch für einen groben Überblick über die Halbinsel im Vorfeld der Reise.

Ausrüstung für die Wildnis

Je besser die Ausrüstung ist, desto mehr kann man sich auf die Schönheit der Landschaft konzentrieren. Dieser Grundsatz steht über der gesamten Planung einer Wildnistour, egal in welcher Region unseres Planeten. Kritiker des modernen Ausrüstungswahns argumentieren, dass ja vor einigen Jahrhunderten die vielen erfolgreichen Pioniere, Forscher und Abenteurer ebenfalls ohne die modernen Hilfsmittel durch Wüsten und Urwälder gereist sind. Man sollte jedoch bedenken, dass die damalige Ausrüstung den Reisenden zumeist ständig Sorgen bereitete, selten großen Komfort bot, oder oft genug auch Gefahren bzw. Krankheiten verursachte. Oftmals musste ein Tross an Helfern das voluminöse Gepäck schleppen. Wer damals durch menschenleere Wildnis zog, war bereit, körperlich weit mehr wegzustecken, als man es in der Regel heute im Zeitalter von atmungsaktiven Membranen und GPS-Empfängern wäre.

Ein anderes Thema ist die Anpassung der Bekleidung und Ausrüstung an die örtlichen Gepflogenheiten. Die einheimische Bevölkerung hat über Generationen hinweg die besten ihnen zur Verfügung stehenden Ausrüstungsgegenstände entwickelt und ständig im Alltag getestet. Vieles mag im Blickwinkel eines westlichen Touristen merkwürdig naiv oder unbrauchbar sein, entpuppt sich vor Ort aber als sinnvoll und sehr angenehm. So habe ich immer wieder russische Wildniswanderer oder Waldarbeiter gesehen, die anstatt der Lederstiefel Gummistiefel trugen, die einen faltbaren hüfthohen Schaft haben. Interessanterweise werden in den Gummistiefeln nicht immer Socken getragen, sondern ein etwa ein Meter langer und 20 Zentimeter breiter Stofflappen, der sehr sorgfältig um den Fuß gewickelt wird. Die Stofflappen haben den deutlichen Vorteil gegenüber den Socken, dass sie an der Wäscheleine schneller trocknen und dass man tagsüber die feuchten Partien nach oben wickeln kann. Die Gummistiefel haben den Vorteil, dass die vielen Bäche und Flüsse kaum mehr ein Hindernis darstellen und die Hosen in der oft feuchten Vegetation beim Wandern trocken bleiben.

Wer also möglichst sorgenfrei die Natur Kamtschatkas genießen möchte und noch nicht so viele eigene Erfahrungen besitzt, dem seien die folgenden Tipps und notwendigen Ausrüstungsgegenstände als ein Leitfaden bei der Auswahl und dem Einkauf nahegelegt. Das eine oder andere Fachgeschäft mag vielleicht nicht alle der erwähnten Artikel führen, aber nach einer guten Beratung beim Fachhändler ergeben sich meistens auch Alternativen. Da die Entwicklung neuer Materialien und Verarbeitungen im lukrativen Outdoor-Sektor ständig für positive Überraschungen sorgen, stellen die folgenden Tipps auch nur den eigenen Erfahrungsstand von 2011 dar.

Qualität hat auch hier ihren Preis. Ein Fleecepulli oder eine Regenjacke vom Discounter wird im extremen Wildniseinsatz nicht die funktionalen Eigenschaften haben wie ähnliches Material eines Markenherstellers aus dem Fachhandel. Bei schönem Wetter ist das alles kein Problem. Anders sieht es aus an Tagen, an denen der Regen quer kommt, die sommerlichen Temperaturen sich dem Nullpunkt nähern oder der Sturm ein normales Gehen unmöglich macht. Diese Situationen sind gerade auf Kamtschatka jederzeit möglich und müssen daher in der Ausrüstung ihre Berücksichtigung finden.

Bekleidung

Hier geht es nicht nur darum, optimal für eine Wanderung durch die Wildnis und für jede Wetterlage ausgerüstet zu sein, sondern auch möglichst wenig Gewicht und Volumen auf seinem Rücken schleppen zu müssen. Zusätzlich gilt bei der Bekleidung in der Wildnis das wichtige **Zwiebelschalenprinzip**: je mehr einzelne Schichten, desto besser kann kombiniert werden und sich an viele Situationen angepasst werden.

Kamtschatka ist im Sommer eine sehr mückenreiche Region. Es ist daher zu empfehlen, **helle Kleidung** anzuziehen, da Mücken und andere blutsaugende Insekten von dunklen Farben wie Schwarz oder Dunkelblau angezogen werden. Die folgenden Empfehlungen stellen nur Entscheidungshilfen dar. Es gibt eine Fülle alternativer Produkte im gut sortierten Outdoor-Fachhandel.

■ Trocken bleiben: die Unterwäsche

Es gibt eine Reihe von Textilien, die direkt auf der Haut getragen dafür sorgen, dass man möglichst trocken und damit auch warm bleibt. Je höher die Schweißproduktion, desto eher wird auch ein Hightech-Textil an seine Weitertransportkapazität kommen. Der Vorteil die-

Zeltlager am Galimarki-See

ser Materialien ist, dass sie nur zu einem ganz geringen Anteil des Eigengewichts Feuchtigkeit aufnehmen können – den Rest geben sie nach außen ab oder trocknen an der Wäscheleine sehr schnell. Baumwolle schafft das zwar auch, aber erst nach mehreren Stunden. Das beste Material für die Unterwäsche ist 100-prozentiges **Polypropylen** (etwa von Helley Hansen) oder **Merinowolle** (Icebreaker). Einige Hersteller bieten Mischgewebe aus Polypropylen und Baumwolle sowie Polypropylen und Wolle (Firma Craft) an. Meine Empfehlung für die Packliste: eine lange Unterhose, ein langes und ein kurzes Unterhemd, eines davon am besten mit Rollkragen. Man kann aus hygienischen Gründen zwei normale Baumwoll-Unterhosen mitnehmen, es gibt aber auch angenehm zu tragende kurze Unterhosen aus Polypropylen oder PolarTec-Material.

Besonders zu empfehlen sind kurz- oder langärmlige **Netz-Shirts** von Craft oder Odlo, da diese sehr schnell trocknen. Diese Hemden habe ich bei allen Radtouren, Radrennen und Wildniswanderungen der letzten Jahre direkt auf der Haut getragen. Trotz der Feuchtigkeit in diesem Hemd beim mehrstündigen Tragen des Rucksacks wird man nicht kalt auf der Haut. Nach Absetzten des Rucksacks ist es schon nach 15 Minuten wieder trocken. Selbiges Material gibt es auch bei Unterhosen. Anzumerken ist auch, dass selbst nach sechs Wochen permanenten Tragens diese Hemden nur unwesentlich nach Schweiß riechen. Eine einfache Kaltwasserreinigung im Fluss reicht schon aus. Von den meisten Herstellern gibt es verschiedene Kategorien an Funktional-Unterwäsche. Mit zunehmender Stoffdicke verringert sich die Verdunstungsleistung, dafür erhält man eine zusätzliche Wärmeisolation. Die Unterwäsche der oben genannten Hersteller ist wegen der guten Verarbeitung auch langlebig, so dass man über viele Jahre seine Freude am Komfort hat.

■ **Warm bleiben: die Fleece- und Wollschicht**

Über die oben erwähnte Unterwäsche muss nun eine Schicht, die sowohl in der Lage ist, den Dampf weiterzuleiten, als auch angenehm warm hält. Hier ist Wolle gegenüber PolarTec (Fleece) im Nachteil, weil Wolle größere Anteile des Eigengewichts an Feuchtigkeit aufnehmen

Wandergruppe im Bystrinskij-Naturpark

kann. Je mehr Schichten man trägt, desto flexibler ist man bei den verschiedenen Situationen (Rucksack und Schwitzen, Nieselregen, Wind, Kälte). Ich empfehle daher einen **100er Fleecepulli**. Da es in Kamtschatka zur Reisezeit von Juni bis September tagsüber nicht viel kälter als plus 5 °C wird, braucht man darüber keine weitere Schicht zur Wärmeisolation. Für die Pausen oder abends nach der Wanderung, wenn es kühl wird oder die feuchte Bekleidung trocknet, will man sich etwas Warmes und Behagliches anziehen. Hierfür ist ein dicker Wollpullover zwar geeignet, Fleece hat aber ein besseres Verhältnis von Volumen, Gewicht und Isolation. Ich empfehle dafür daher einen **300er Fleecepulli**. Über die Unterhose zieht man entweder eine **100er Fleecehose**, eine **Polyamidhose** oder eine **Nylon-Mischgewebe-Hose** an (das robusteste Gewebe für Hosen ist das G-1000 von Fjällräven). Meine Empfehlung für die Packliste: die Polyamidhose ›Crinkle Crag Pants‹ von Jack Wolfskin oder die Grönland-Jeans von Fjällräven, weil diese sehr robust sind, ein gutes Preis-Leistungs-Verhältnis besitzen und nach etwa 20 Minuten sehr schnell am Körper wieder getrocknet sind. Es gibt aber auch ähnliche Polyamidhosen von Patagonia oder TheNorthFace. Eine helle Hose mag vielleicht ungeeignet für die Wildnis erscheinen, aber dafür versammeln sich auf ihr weniger Stechmücken. Das G-1000 Gewebe von Fjällräven ist übrigens mückendurchstichsicher.

■ **Gegen Wind und Regen: die Außenschicht**

Da die Temperaturen in der üblichen Reisezeit von Juni bis September in der Regel nicht unter 5 °C liegen, hat man für eine Wildniswanderung auf Kamtschatka zwei Möglichkeiten, sich vor

Auch dafür sollte man gerüstet sein

Wind und Regen zu schützen: zum einen eine nur dünne, aber sehr leichte Windjacke – mit dem Risiko, nass zu werden und eventuell etwas zu frieren, wenn man sich nicht bewegt. So spart man aber Gewicht, zieht am Abend seine Ersatzklamotten an und hängt die nassen Sachen zum Trocknen auf. Das kann man mit sehr dünnen und leichten Nylon-Textilien erreichen. Die zweite Möglichkeit wäre ein Vollschutz gegen Regen mit Regenjacke und Regenhose. Beides ist schwer und teuer. Das Wichtigste bei beiden Philosophien ist, tagsüber während des Wanderns möglichst warm zu bleiben, egal ob durchnässt oder trocken. Daher ist auf den Windschutz an Oberkörper, Kopf und Beinen und eventuell an den Händen besonders hoher Wert zu legen.

Der Vorteil von **GoreTex-Klamotten** ist neben dem Windschutz der offensichtliche Regenschutz. Das gilt aber nur eingeschränkt, denn bei Temperaturen zwischen 0 und 10 °C ist das Wasserdampfgefälle zwischen Innen und Außen so niedrig, dass nur sehr wenig Feuchtigkeit nach außen transportiert werden kann. Nach mehrstündigen Regenereignissen ist durch das Hineinzie-

[112] Bekleidung

Pferdetrekking

hen von Wasser über die offenen Ärmel, die Kapuze und Hosenbeine auch in den unterliegenden Schichten alles nass. Nach mehrstündigen Wanderungen, auch bei trockenem Wetter, bleibt am Rücken, wo der Rucksack aufliegt, genug Feuchtigkeit innerhalb der Jacke und durchnässt einen auch so. GoreTex-Jacken und -hosen haben neben dem hohen Preis auch noch einen weiteren Nachteil: nach etwa zehn Jahren, abhängig von der Benutzungsintensität, ist die Gore-Membran brüchig und undicht geworden. Die Jacke verliert ihre Funktionalität. Einige Hersteller (beispielsweise Patagonia) arbeiten mit völlig anderen Prinzipien für die ›Atmungsaktivität‹ und umgehen so einige der genannten Nachteile.

Eine Sonderempfehlung für den Nieselregen auf Kamtschatka bekommt der **klassische Regenschirm**: vorne unter den Brustgut des Rucksacks geklemmt hat man beide Hände frei. Funktioniert um so besser, je stärker der Bauch gegen den Gurt drückt. Für Regen bei starkem Wind und bei Wanderungen im Stlanik, in den Hochstauden oder im Birkenwald sollte man trotzdem noch eine Regenjacke dabeihaben.

Eine zweite Sonderempfehlung bekommt der **klassische Regen-Poncho**. Zwei Modelle gibt es: solche, die nicht den Rucksack mit abdecken und unter denen man schnell nass geschwitzt ist, weil der Rucksack das freie Volumen unter der Folie stark einengt und solche Modelle, die über den kompletten Rucksack reichen, dann aber oft eine zweite Person als Anziehhilfe benötigen. Unter diesen Modellen hat man sehr viel ventilierten Luftraum, was den eigenen Schweiß gut wegtransportiert.

Meine Empfehlung für die Packliste: **winddichte Hose** mit halblangem Bein-Reißverschluss (Einschlupfmöglichkeit mit Schuhen) sowie **Gamaschen**, sonst läuft das Regenwasser von außen in die Schuhe). Letztere sind auch beim Durchlaufen von nassem Gras oder Hochstauden, sowie bei der Durchquerung von Büschen (Stlanik) empfehlenswert. Darüber der große Poncho, der auch den Rucksack trocken hält. Für windige, aber trockene Tage, an denen der Poncho nicht nötig ist, packt man sich noch eine **leichte Windjacke** mit ein.

■ Zusätzliches: Füße, Finger und Kopf

Direkt auf die Füße kommen natürlich auch nur dünne **Polypropylen-Untersocken**. Von denen braucht man für vier Wochen zwei Paar. Beim Tragen von dünnen Untersocken und beim Wildniswandern sowieso, ist es wichtig seine Fußnägel stets sehr kurz zu halten. Über die Polypropylensocken kommen dicke **Wollmischsocken** oder reine Wollsocken, am besten aus gewalkter Schurwolle oder Merinowolle. Von denen sollte man auch ein zweites Paar dabeihaben – zum Wechseln nach der Wanderung. Wer wasserdichte Socken (GoreTex, SealSkinz) hat, sollte sie mitnehmen. Zu empfehlen ist hier die neuste Innovation auf diesem Sektor: Seal-Skinz-Merino verspricht immer trockene Füße durch eine neuartige Kombination von Materialien, die zum einen warm halten (Merinowolle innen) und zum anderen wasserdicht bleiben (neoprenartiges Gewebe außen). Die wasserdichten Socken halten den Fuß trocken, wenn der Schuh innen nass ist.

Die **Wanderstiefel** sollten gut eingelaufen sein! Auf GoreTex-Stiefel sollten alle verzichten, die noch vor einem Kauf stehen. Eine GoreTex-Membran unter einer fast nicht wasserdurchlässigen Lederschicht ist schlicht Schwachsinn. Gute Lederstiefel mit möglichst wenig Nähten, am besten ›Zwiegenähte‹, sind das Beste zum Wildniswandern. Ein Paar **Sandalen** sind für die Flussdurchquerungen und für das Sitzen am Zeltplatz empfehlenswert. Wie schon erwähnt, eignen sich die hüfthoch **auffaltbaren Gummistiefel** der Russen sehr gut für Wildniswanderungen in Sibirien und auf Kamtschatka. Man spart sich die lästigen Pausen zum Schuhwechsel vor Flussdurchquerungen. Allerdings müssen die Füße samt Sockensystemen sehr gut in den Stiefeln sitzen und dürfen auch am Hang nicht rutschen. Sonst läuft man sich sehr schnell schmerzhafte Blasen. Diese hüfthohen Gummistiefel kosten in Petropavlovsk etwa 1500 Rubel.

Ich empfehle auch lange **Fingerhandschuhe** für Kamtschatka, da es wegen des Windes manchmal unangenehm kalt werden kann, besonders in der Nähe von Schneefeldern und in größeren Höhen. Darüber hinaus sollte man die Auskühlung des Körpers über die Handflächen auch bei Regenwetter nicht unterschätzen. Am besten sind Handschuhe aus schnell trocknendem Fleece oder dünnem Polypropylen. Da man selten bei regnerischem und kaltem Wetter filigrane Arbeiten verrichten muss, empfehle ich sogar wind- und wasserdichte Fäustlinge, da diese noch besser die Hände warm halten. Mit Windstopper-Handschuhen (von der Firma Gore) habe ich bisher nur schlechte Erfahrungen gemacht.

Auf dem Kopf trägt man am besten eine **Schirmmütze** oder einen **Hut mit Krempe**, da diese gegen zu viel Sonne, gegen Nieselregen und beim Befestigen eines Mückenschutzes hilft. Bei starkem Regen ist eine solche Mütze unter dem Poncho oder der Regenjacke praktisch, weil die Kapuze nicht ins Gesicht hängt. Ich empfehle für kalte und windige Tage auch immer eine **Sturmhaube** aus Polypropylen oder Fleece. Eine Sturmhaube habe ich auch nachts auf, weil ich mit meinen fettigen Haaren (was ja in der Wildnis normal ist) nicht meinen guten Schlafsack eindrecken möchte. Sehr wichtig ist außerdem eine **UV-absorbierende Sonnenbrille**, besonders in der Nähe der Schneefelder und in großen Höhen.

Großer Hanggletscher am Tolbačik

Übernachten

Wie schon eingangs erwähnt, geht es darum, Ausrüstung mit einem guten Verhältnis von Gewicht und Volumen dabei zu haben sowie an die Situation vor Ort auf Kamtschatka angepasst zu sein.

Ein Zelt sollte immer dabei sein, auch wenn die Option auf eine Hüttenübernachtung besteht. Die Hütten könnten besetzt sein, oder laute Schnarcher machen die Nacht zum Alptraum. Außerdem haben die Hütten auf Kamtschatka nicht den Komfort der Berghütten in den Alpen. Viele Hütten sind baufällig (dreckig, undichtes Dach etc.), und die ›Betten‹ sind oftmals Bretter ohne eine Matratze.

■ Zelte

Wer mit einem Ein-Personen-Zelt unterwegs ist, spart vielleicht ein Kilogramm Gewicht, muss dafür aber seinen Rucksack vor dem Zelt liegen lassen oder ihn bei anderen Teilnehmern unterstellen. Ein Zwei-Personen-Zelt ist diesbezüglich das Sinnvollste, da die meisten Zwei-Personen-Zelte noch genügend Abstellflächen für Rucksäcke besitzen, und man sollte eine Wildniswanderung auf Kamtschatka schließlich nicht alleine bestreiten.

Ein gutes **Zwei-Personen-Zelt** wiegt knapp über drei Kilogramm, die modernsten Zelte wiegen sogar unter drei Kilogramm. Der Wind kann sich auf Kamtschatka jederzeit zum Orkan auswachsen. Daher sollte die äußere Zelthaut aus reißfestem silikonisiertem Rippstopp-Nylon bestehen. Ein geodätisches Zelt oder ein Kuppelzelt besitzt bei wechselnden Windrichtungen Vorteile gegenüber dem Tunnelzelt. Das Tunnelzelt ist windstabiler, wenn der Wind nicht von der Seite kommt. Wichtig ist auch eine gute Durchlüftung des Zwischenraums von Innen- und Außenzelt. Ein **gutes Mückennetz am Innenzelt** ist für Kamtschatka obligatorisch.

Die **Reißverschlüsse** der Zelte leiden stark unter dem feinen Aschestaub und klemmen häufig, reißen an falschen stellen auf oder fallen komplett aus. Die regelmäßige Pflege der Reisverschlüsse mit Silikonfett oder Schuhfett ist sehr wichtig.

■ Rucksack

Der Rucksack für die Wildnis muss perfekt an den jeweiligen Rücken angepasst sein. Die Rückenlänge und die Tragkraft entscheiden letztlich darüber, wie viel Rucksackvolumen man sich selber zutrauen kann. Eventuell muss man seine Ausrüstung zusammenstellen und damit in den Ausrüstungsladen zum Probepacken gehen. Für eine einwöchige Wildniswanderung sollte aber schon mit mindestens 65 Litern Rucksackvolumen gerechnet werden. Wer an der Ausrüstung spart, riskiert Komforteinbußen oder Probleme bei Schlechtwettersituationen. Gewicht und Volumen kann man außer bei der Ausrüstung noch beim mitzuführenden Proviant einsparen.

Die richtige Ausrüstung ist erfolgsentscheidend bei einer Wildnistour

Ich habe noch keine Regenüberhülle für Rucksäcke gesehen, die ihren Namen auch verdient – es sein denn, ein über den Rucksack reichender Poncho. Insofern bitte darauf achten, dass die Nähte des Rucksacks durch Nahtdichter regendicht gemacht werden. Kein Rucksack besitzt ab Werk abgedichtete Nähte. Das muss alles sorgfältig selbst nachgedichtet werden! Wichtige und empfindliche Dinge wie Proviant, Bekleidung, Papiere oder Kamera immer zusätzlich noch in stabile Tüten oder Beutel verpacken.

■ Schlafsack und Isomatte

Ein Schlafsack sollte wegen der Feuchtigkeit, die in Kamtschatka herrschen kann, keine Daunenfüllung besitzen. Der Komfortbereich –5 °C bis 0 °C ist für den Sommer in Kamtschatka ausreichend. Eine Füllung mit Kunstfasern ist hier besser, auch wenn diese Schlafsäcke ein größeres Packvolumen und ein leicht höheres Gewicht bei gleicher Isolationswirkung besitzen.

Die Isomatte kann aufblasbar sein, muss aber nicht. Bei Luftmatratzen sollte man jedoch das Flickzeug nicht vergessen. Immerhin gibt es wenig dornige Gewächse auf Kamtschatka. Wer seine Isomatte außen an den Rucksack hängt, kann diese in einem stabilen Nylonsack vor Regen und Ästen schützen. Eine einfache Plastik-Mülltüte hat spätestens beim Durchwandern der Gebüschzone einen massiven Nachteil: nach kurzer Zeit hängt die Folie in Fetzen herunter.

Sonstige Ausrüstung

Jeder Wildniswanderer sollte einen eigenen Kompass, ein Taschenmesser, eine Taschen- oder Stirnlampe und sein Waschzeug mitbringen. Wichtig ist sowohl bei Regenwetter als auch bei staubigen Aschefeldern ausreichend Schuhfett. Man sollte an ein Nähzeug-Set, an Zeltflickzeug für Zelt und Isomatte sowie ein kleines Grundset an diversen Schnallen, Gurtbändern und Rebschnüren denken. Als Alternative zu teuren und sperrigen Teleskop-Wanderstöcken kann man sich Stecken aus Steinbirke oder Weide schnitzen. Das obligatorische **Bären-Glöckchen**, das man sich an den Rucksack hängt, darf natürlich nicht fehlen! Eine Trillerpfeife an einer Schnur um den Hals hilft ebenfalls beim Lärmmachen in den Hochstauden und bei der Kommunikation innerhalb versprengter Gruppen.

Auf der Ausrüstungsliste sollten auch diverse dichtverschließbare Tüten stehen (Zipplock), in denen man seine Papiere vor der Feuchtigkeit schützt, zum Beispiel Pass, Bargeld, Schreibpapier und Stifte. Für Regentage oder sonstige Pausen ist es zweckmäßig, ein Lesebuch, Würfelbecher oder Spielkarten dabei zu haben. Kleinigkeiten, wie Feuerzeug, Streichhölzer, Kerzen und Klopapier kann man in allen größeren Geschäften Kamtschatkas kaufen.

■ Fotoausrüstung

Die Fotoausrüstung sollte bei schlechtem Wetter staub- und regendicht verpackt sein. Wer selbst bei regnerischem Wetter einen schnellen Zugriff auf die Kamera haben möchte, schnallt sich eine regendichte Kameratasche (etwa von Ortlieb) am Bauch an die Rucksackgurte und hat so beim Wandern auch in schwierigem Gelände beide Hände frei. Wer mit einer Digitalkamera fotografiert, sollte bedenken, dass die Leistung von Lithium-Ionen-Batterien in den kühlen Nächten sehr stark abfällt und diese am darauffolgenden Tag keine hohen Spannungen mehr bringen. Die Batterien sollte man daher abends aus dem Apparat holen und mit in den Schlafsack nehmen. Die vollen Ersatz-Akkus, die

Die Fotoausrüstung sollte gut gegen Wettereinflüsse geschützt werden

nicht in Benutzung sind, behalten ihre Kapazität bei der Kälte. Die müssen nicht unbedingt mit in den Schlafsack.

■ **Mückenschutz**

Nicht vernachlässigen möchte ich die oft nötigen und wichtigen Mückenschutzmittel. ›Autan Sensitive‹ hat eigentlich immer recht gut funktioniert, zumindest gegen die Stechmücken (Culex) und die beißenden Fliegen, nicht allerdings gegen die winzigen Gnitzen. Gute Dienste hat bisher auch das Mittel ›Anti-Brumm forte‹ geleistet. Auf Kamtschatka gibt es das Mittel ›Deta‹. Die rote Flasche dieser Marke enthält man das wirksamere Mittel. Allerdings weiß ich nicht, mit welchen Chemie-Cocktails die russische Anti-Mücken-Industrie arbeitet. Ich beobachte nur, dass einige Mittel in der Lage sind, Plastik aufzulösen (beinhalten das Mittel Diphenyl-Phtalat).

Ein nicht zu unterschätzendes Abwehrmittel ist roher Knoblauch. Dieser beinhaltet hohe Konzentrationen an Vitamin B, das größtenteils in der Haut eingelagert wird. Dadurch ›duftet‹ die menschliche Haut recht ungenießbar für Stechmücken und hält sie gut fern. Nach spätestens zwei Wochen Mückenbelästigung hat sich jeder so dran gewöhnt, dass die Körperreaktionen auf einen Stich minimal sind, außer bei Personen, die darauf allergisch reagieren.

Die Wildnisküche

Die Küche ist wohl die elementarste Sache. Trotz der offensichtlich idealen Möglichkeit, überall ein **Lagerfeuer** schüren zu können, gibt es auf Kamtschatka auch Einschränkungen: In den Reservaten und Naturparks ist offenes Feuer nur bedingt erlaubt, in Gebieten mit knochentrockener Tundravegetation ist offenes Feuer problematisch, und in den Lärchen-Fichten-Wäldern Zentralkamtschatkas ist ein offenes Feuer im Sommer fahrlässig. Neben dem Problem, bei Dauerregen nur sehr schlecht ein Feuer entzünden zu können, hat man eine unnötige zeitliche Verzögerung zwischen Wanderstopp und Nahrungsaufnahme, weil erst Holz gesammelt und gehackt werden muss und eine kochfähige Glut entstehen muss.

Beim **Benzin- oder Kerosinbrenner** kann man sofort mit dem Kochen beginnen und hat nach 30 Minuten eine fertige

Mahlzeit. Für je vier Personen rechne ich mit einem Benzinkocher und drei ineinander passenden Töpfen. Gasbrenner kommen aus zwei Gründen für eine längere Kamtschatkawanderung nicht in Frage: die mangelnde Verfügbarkeit von Kartuschen außerhalb Petropavlovsk und das Packvolumen – auch leere Kartuschen sind nicht klein und sollten nicht in der Wildnis entsorgt werden. Außerdem ist das russische System der Gaskartuschen nicht jenes, das die Europäer/Amerikaner an ihren Kochern benutzen. Man muss also erst eine Weile in den Outdoorläden in der Stadt nach den richtigen Kartuschen mit den Schraubventilen suchen.

Die Empfehlungen für die Packliste beschränken sich auf solche Brenner, die Benzin und Kerosin verarbeiten können: Firma MSR (USA): Modell XGK EX, Dragonfly oder neuere Modelle; Firma Primus (Schweden): Modelle VarioFuel, OmniFuel, Multifuel, EthaPower oder neuere. Gereinigtes Benzin ist auf Kamtschatka kaum zu bekommen. Ein Tipp bezüglich sehr guten Kerosins: wer sich mit dem MI-8 Helikopter in der Wildnis absetzen lässt, nimmt eine leere Treibstoffflasche mit und lässt diese nach der Landung vom Piloten am Ablassventil der Außentanks auffüllen. Dieses Helikopter-Kerosin hat bisher noch nie Probleme mit verstopften Düsen oder Ruß verursacht.

Die **Menge an Kerosin** errechnet sich nach der Dauer der Kochprozedur. Der sparsamste Brenner ist der Primus EthaPower mit einem Verbrauch von 120 bis 130 Milliliter pro Stunde. Daraus errechnet sich dann auch die Größe der benötigten Benzinflasche(n). Für heißes Wasser zum Frühstück, etwa für Müsli und Tee, und das abendliche Kochen, zum Beispiel Nudeln mit Soße, Suppe und Tee, rechne ich etwa 50 Minuten täglicher Brennzeit. Für eine Wildniswanderung sollte man dringend und zwingend seinen Kocher und den Umgang mit ihm schon kennen. Wer dieses missachtet, handelt fahrlässig für sich und seine Wanderkollegen.

Je größer der Topf, desto weniger Abwärme geht an der Seite verloren. Ich habe fast immer drei Edelstahltöpfe dabei: einen 3-Liter-Topf für die Nudeln etc., einen 1,5-Liter-Topf für die Soße oder zum Eis- und Schneeschmelzen sowie einen 1-Liter-Topf für den Tee. Wenn es einen Nachtisch geben soll, wird einer der geleerten Kochtöpfe gleich wieder verwendet. Für das Kochen von Pudding auf einem Lagerfeuer oder Benzinbrenner braucht man eine gewisse Erfahrung und einen guten Quirl, damit er nicht anbrennt. Für das Kochen von Rauschbeerenkompott oder das Einweichen von Obst für die Nachspeise benutze ich den kleinen Topf.

Topfgriff, Topflappen, Teesieb, Essbesteck, Becher und Napf – falls nicht aus dem Kochtopf gegessen werden soll – nicht vergessen. Die üblichen Küchenutensilien wie Quirl, Holzlöffel, Pfannenheber, Abwaschschwamm und Stahlschrubber sollten ebenfalls nicht fehlen.

Sibirische Fischsuppe über dem Lagerfeuer

Der richtige Proviant

»Wer genug zu futtern hat, streitet sich nicht!« Dieser Grundsatz gilt fast immer, wenn man zu mehreren in der Wildnis oder in extremen Klimazonen unterwegs ist. Die Polarliteratur über die Expeditionen der vergangenen Jahrhunderte ist voll von Unternehmungen, die an mangelhaftem Proviant für die Teilnehmer scheiterten. Je extremer die physischen und psychischen Belastungen bei einer Wildniswanderung, desto stärker kreist der gesamte Tagesablauf rund ums Essen. Der Kochtopf und Essnapf wird zum mentalen Mittelpunkt. Je länger ein Wildnisaufenthalt mit den üblichen kulinarischen Entbehrungen – frisches Obst und Gemüse, frische Milchprodukte, frisches Brot etc. – dauert, je länger die körperlichen Anstrengungen über Tage und Wochen reichen, desto stärker der Appetit und die Gier auf alles Essbare. Der eine fängt an, sich nach Süßigkeiten zu sehnen, der andere freut sich mehr auf ein großes Stück Speck.

Allen gemeinsam ist die Tatsache, dass der Stoffumsatz des Körpers durch die permanenten Belastungen allmählich steigt und dass die Psyche das Leeren des vollen Essnapfes als beruhigende Ersatzhandlung für die innere Spannung braucht. Bei der unten berechneten täglichen Menge des Proviants sollte man sich also nicht wundern, wenn man in den ersten Tagen nicht so viel schafft. Außerdem ist das nur eine Empfehlung für diejenigen, die noch nicht so viel Erfahrungen von eigenen Wildnistouren haben. Die aufgeführten Mengen beziehen sich auf den durchschnittlichen Verbrauch bei einer zweiwöchigen Wanderung. Wenn der Körper zum Durchlauferhitzer wird, muss man sich und seinen Proviantvorrat ständig kontrollieren!

■ Meine Empfehlungen für einen normalen arbeitsreichen Tag in der Wildnis:

▶ Zum Frühstück

Müsli, bestehend aus Weizenschrot, Weizengries, gekochtem oder eingeweichtem Buchweizen, Haferflocken, Cornflakes, eingeweichtem Trockenobst, Nüssen, Vollmilchpulver und etwas Zucker. Alternativ dazu einen süßen Milchreis oder Hirsebrei. Dazu Grüner Tee oder Kräutertee, optional mit Zucker.

▶ In der großen Mittagspause

Gesalzenes Röstbrot (Suchariki), Käse, Salami, Speck, Trockenobst, Kekse, Schokolade, Nüsse.

▶ Zwischendurch

Energieriegel oder Trinkfrühstück ›Starter‹ (der Firma UltraSports), Schokolade, Marzipan, Vitamintabletten, Fruchtleder.

▶ Zum Abendessen

Nudeln, Reis oder Kartoffelbrei. Dazu eine Gemüse-Sahnesoße aus eingeweichtem Trockengemüse mit Milchpulver angedickt, mit Gewürzen, Kräutern und Knoblauch. Pilze, wenn man unter-

Frisch gefangener Lachs

Gartengemüse, Beerenobst und Waldpilze kann man in fast jedem Dorf kaufen

wegs gesammelt hat. Salz, Sonnenblumenöl und Brühwürfel sind für das Kochwasser. Hin und wieder gibt es einen (Trink-)Pudding mit eingeweichtem Trockenobst oder frischem Rauschbeerenkompott. Tee mit Zucker.

▶ **Was man aus Deutschland schon mitbringen sollte**: getrocknete Gemüsemischungen und getrocknetes Obst (etwas davon gibt es auch auf dem Markt in Petropavlovsk), Puddingpulver (der zum Kochen), Trockeneipulver, Ultrasports Energieriegel und Starter.

▶ **Was man in Petropavlovsk ohne Probleme auf dem Bauernmarkt oder im Supermarkt bekommt**: verschiedene Nüsse aus Zentralasien, Haferflocken, Weizenschrot, Buchweizenschrot, Weizengries, Hirse, Milchreis, Vollmilchpulver, Zucker, Schokolade, Kekse, Brote, Mehl, Käse, Salami, Speck, Suchariki (gesalzene getrocknete Brotstückchen), Nudeln, Reis, Kartoffelbreipulver, Brühwürfel, Knoblauchgranulat, Salz, Sonnenblumenöl, Trockenhefe, diverse Teesorten, Gewürze. Es gibt auch Instant-Soßenpulver in mehr oder weniger großer Auswahl von bekannten europäischen Firmen.

■ **Mengen**

Pro Person und pro Tag rechnet man mit 30 Gramm Milchpulver zum Müsli, 10 Gramm für die Soße am Abend und 50 Gramm für diverse Nachspeisen. Dazu werden pro Person und Tag benötigt: 70 Gramm Haferflocken, 70 Gramm Schrot und 70 Gramm Gries (Gries kann auch durch mehr Schrot ersetzt werden). Beim Trockenobst rechnet man mit 250 Gramm pro Person und Woche (fürs Müsli und für tagsüber). Zucker gibt es pro Person einen Esslöffel voll ins Müsli. Für süßen Tee sollte man mit 50 Gramm pro Person und Woche auskommen. Das Suchariki ist lecker und wird wegen des Salzgehaltes gegessen, hat aber leider ein recht großes Volumen.

Für jede Mittagspause muss man mit drei dicken Scheiben Brot pro Person rechnen. Das einheimische Weißbrot hält nicht länger als vier Tage. Wer die Möglichkeit und die Übung besitzt, im Holzkohlefeuer ein frisches Brot backen zu können, sollte die aufgelistete Trockenhefe und Mehl dabeihaben. Zwei Kilogramm Mehl und vier Tütchen Trockenhefe reichen zum Backen von vier Broten.

Der Käse und die Salami sollten wegen der mangelnden Haltbarkeit nach etwa einer Woche aufgebraucht sein. Schokolade gibt es nur zu besonderen Anlässen und ist äußerst wichtig, wenn die Wandergruppe in der Gemeinschaftsrunde sitzt. Nüsse braucht man in der Regel 300 Gramm pro Person und Woche. Energieriegel gibt es zwei pro Person und pro Tag.

Für das Abendessen werden pro Person zwischen 150 und 200 Gramm Nudeln, zwischen 100 und 150 Gramm Reis oder etwa 100 Gramm Kartoffelbreipulver gerechnet. In den ersten Tagen mag das einigen zu viel sein. Jedoch wird man schon am vierten anstrengenden Wandertag merken, dass der Körper nach mehr verlangen wird. Für Trockengemüse werden 25 Gramm pro Tag und Person gerechnet. Das Salz (80 Gramm pro Person und Woche), die Brühwürfel und der Liter Öl (etwa 20 Milliliter pro Mahlzeit) verbrauchen sich eher langsam.

Es möge trotz der jahrelangen Erfahrungen, die in diesen wenigen Zeilen stecken, jeder seinen eigenen Plan zusammenstellen und schon zu Hause probieren, ob die Menge und Zusammensetzung passt. Ich kann selbstverständlich keine Gewähr dafür geben, dass diese Erfahrungen für jeden Ernährungstyp und jede Art der körperlichen Tätigkeit gelten. Es sollen hier für weniger erfahrene Nachahmer lediglich Anhaltswerte gegeben werden.

Aus gruppendynamischen Gründen kann man etwas einbringen, was sich jahrzehntelang auf der berühmten Lappland-Exkursion der Uni Tübingen bewährt hat: das ›Große Ü‹ (steht für Überraschung). Jede teilnehmende Person wird gebeten, ein ›Ü‹ für die anderen der Gruppe im Rucksack bereitzuhalten, um damit bei einer der Mittagspausen oder

Frische Pfifferlinge

an Zelt-Abenden die Stimmung mit der Überraschung zu heben, besonders an Regentagen. Zum Vorschein kamen Honiggummibären, Honigmarzipan, eine 1-Personen-Theateraufführung, Vollnussschokolade, frische Orangen und vieles andere teilweise Unglaubliche. Da sich bei mehrtägigen Wildniswanderungen der Tagesablauf mental fast nur noch ums Essen dreht, ist ein essbares ›Ü‹ ein garantierter Erfolg. Besonders, wenn es etwas Typisches aus der Heimatregion ist.

Die Reiseapotheke

Abgesehen von den persönlichen Medikamenten, die man stets in ausreichender Menge mit sich führen sollte, gibt es hier einige Tipps für die mögliche Zusammensetzung einer umfassenden Wanderapotheke. Wer darin keine sprachliche Barriere sieht, kann viele der nötigen Medikamente auch in Petropavlovsk erhalten. Die folgenden Tipps zu Medikamenten und deren Anwendungen sind mit erfahrenen Ärzten abgesprochen. Prinzipiell sollte in Ermangelung eines Arztes beispielsweise Antibiotikum nur als Versuch einer Selbstmedikation angewendet werden. Selbstverständlich muss dann ärztlicher Rat so schnell wie möglich eingeholt werden. Meine Empfehlung für die Wildnis: an alle Medikamente den jeweiligen Beipackzettel heften und ohne die Schachteln in wasserdichten PE-Behälter oder in Zipplock-Tüten verstauen.

Folgende Medikamente sollte eine Reiseapotheke beinhalten:

- schwaches Antibiotikum (Hals, Mandeln, Wundrose, Blutvergiftung): Megacillin
- mittleres Antibiotikum (eitrige Bronchitis, Blasenentzündung): Amoxypen
- sehr starkes Antibiotikum (Lungenentzündung): Globocef
- einfaches und billiges Antibiotikum (Blasenentzündung): Cotrim
- starkes Antibiotikum (schwere Infekte an Atemwegen und Lunge): Rulid
- sehr starkes Antibiotikum (Bauch, Weichteile, Haut, verschleppte Keime): Tarvid 200
- Entzündungen aller Art: Traumanase Forte
- starkes Schmerzmittel (etwas dazu essen): Rantudil Retard
- starkes Schmerzmittel: Tramadolor, kombinierbar zu obigem
- Schmerzen aller Art, entzündungshemmend: Ibuhexal 600 oder Aspirin 500
- allergische Reaktionen (Allergie gegen einen Mückenstich): Terfenadin 60
- Durchfall: Lopedium oder Imodium (lähmt den Darm, Schadstoffe werden aber dann nicht ausgeschieden) oder Kohletabletten
- Desinfektion: Betaisodona (Salbe) und Alkohol Ethanol absolut p.a. (Fläschchen)
- Bindehautentzündung, Augentropfen (nicht für Eiter im Auge!): Yxin
- Erkältung: Aspirin 500
- Halstabletten: Dolo Dobendan, vorbeugend: Fishermens Friends
- Mückenstiche, Sonnenbrand: Soventol Hydrocortison (Salbe)
- Wund- und Heilsalbe (nicht auf blutende, infizierte Wunden): Bepanthen-Roche (Salbe)
- Unterstützung von Wundheilprozessen: ein kleines Fläschchen Propolis (hilft gegen vieles)
- Unterstützung von Wundheilprozessen: Ringelblumen-Salbe
- Muskel-, Sehnen- und Gelenkschmerzen, Erfrierungen: Finalgon (Salbe)
- zum Aufheizen von verspannten Muskeln: Thermo-Rheumon (Salbe)
- Prellungen, Gelenkschmerzen, Verspannungen: Doc-Salbe

Zusätzlich sollte man folgendes dabeihaben:

Blasenpflaster (Compeed), zwei sterile Verbandspäckchen, Baumwoll-Mullbinden (120er und 80er), 80er Verbandsmull, kurze und lange Pflaster, digitales Fieberthermometer, Klammerpflaster (s&b), kleines scharfes Skalpell und spitze Pinzette (beispielsweise für Spreißel), Wattestäbchen, Tütchen mit Watte, Nagelschere.

Für die medizinisch Erfahrenen oder auch für große Gruppen empfehle ich noch folgende Ausrüstung: 4 x Carbostesin 0,5 % (Lokalanästhetikum zur Injektion), 2 x 5ml-Einwegspritzen (steril) und 8 Nadeln 0,90 x 38mm (20 G x 11/2Ü), Nähnadeln für große Wunden mit Faden DSM 18, 1,5er (4/0) und DS30, 2er (3/0), Sezierbesteck, zwei Paar sterile Laborhandschuhe. Darüber hinaus ein Zahnreparaturset, bestehend aus einem kleinen Spiegel, dem Werkzeug zum Zahnlücken auskratzen, einem kleinen Zahnspatel und zwei kleine Tuben mit Zweikomponenten-Zahnzement.

Verhalten gegenüber Bären

In Kamtschatka lebt die weltweit größte Braunbärpopulation. Darüber hinaus gehören die Kamtschatka-Bären zusammen mit den Kodiak-Braunbären zu den größten Exemplaren ihrer Art. Die Wahrscheinlichkeit einer Begegnung mit Bären steigt mit zunehmender Beliebtheit von Wildniswanderungen und ist auch von der Jahreszeit, dem Landschaftstyp und dem Zufall abhängig.

Um auf eine solche Begegnung gut vorbereitet zu sein, sind im folgenden einige wichtige Regeln aufgestellt. Angelehnt sind diese Tipps an das Buch ›Living in Harmony with Bears‹ von Derek Stonorov, veröffentlicht von der National Audubon Society und der Alaska Natural History and Recreation Association. Allgemein sei gesagt, dass ein Bär neugierig, intelligent, kräftig, schnell und gefährlich sein kann. Daher sollte man sich vor einer Begegnung über seine eigene Reaktion im klaren sein. Während der Begegnung mit einem Bären ist für ein langes Nachdenken nämlich oft keine Zeit.

Vorsichtig sein

Bären möchten nicht überrascht werden. Bei Wanderungen in den Hochstauden oder anderer dichter Vegetation sieht man den Bären eventuell erst, wenn er vor einem steht. Daher ist es wichtig, **seine Anwesenheit anzukündigen**, indem man sich in der Gruppe laut unterhält, eine Bärenglocke am Rucksack pendeln lässt oder hin und wieder laut in die Hände klatscht. Merkt der Bär rechtzeitig, dass sich Menschen nähern, vermeidet er den Kontakt und verschwindet. Zur Vorsicht gehört auch, dass man möglichst nicht alleine geht. Menschengruppen werden von Bären seltener angegriffen als Einzelpersonen – nicht nur wegen des Lärms. Innerhalb der Gruppe sollte man daher auch abhängig von der Vegetation und der Übersicht dicht zusammenbleiben.

Eindeutiges Verhalten

Einige Bären Kamtschatkas hatten bereits Begegnungen mit Menschen. Das, was die Bären aus der ersten Begegnung gelernt haben, beeinflusst ihre Reaktionen bei der nächsten Begegnung. Wenn der Bär keine negativen Erfahrungen machte und keine Bedrohung erlebte, muss man sich selber auch nicht bedrohlich verhalten. Wer zum Beispiel an einen Bären zielstrebig nahe herangeht, verhält sich aus Sicht des Bären bedrohlich und löst eventuell eine aggressive Reaktion aus. Nähert man sich einem Bären, der in der eigenen Marschrichtung ist, und der Bär weicht nicht von selber aus, so sollte man zunächst stehen bleiben und sich deutlich bemerkbar machen, indem man beispielsweise laut ruft. Will der Bär immer noch nicht weggehen, so sollte man sich vorsichtig zurückziehen und den Bären umgehen. Dabei immer beobachten, wie das Tier reagiert.

Bärenkontakt

Ein bereits an Menschen gewöhnter Bär mag eventuell neugierig sein und nähert sich. Wenn er am mitgeführten Wanderproviant interessiert ist, hat das die Ursache, dass er schon einmal von einem anderen Wanderer etwas zu fressen bekommen hat oder etwas gefunden hat. Es kann natürlich auch so sein, dass man auf einem Pfad steht, den der Bär öfters nimmt, und er deswegen keine Lust hat, dem Wanderer auszuweichen. Bären können auch dickköpfig sein. Eine weitere Möglichkeit, wieso sich ein Bär nähert, mag darin liegen, dass eine Bärin

die menschliche Anwesenheit als Bedrohung für ihre Jungen empfindet.
In den seltensten Fällen sieht der Bär den Menschen als Beute. Zumindest auf Kamtschatka ist ein derartiges Verhalten von Bären noch nicht bekannt geworden. Es ist äußerst wichtig, den Bären und seine Reaktionen und Signale zu beobachten. Der Augenkontakt mit einem Bären beeinflusst seine Reaktion nicht.
Die wichtigste Regel ist, **ruhig zu bleiben**. Der Bär nimmt zunächst nur neugierig die Situation wahr. Wenn der Wanderer nervös und hektisch wird, könnte der Bär auch in Panik geraten. Nervöses Verhalten des Menschen kann auch dazu führen, dass ein Bär von seinem defensiven Verhalten in einen offensiven Angriff wechselt.
Wichtig ist auch, sich **gegenüber dem Bären als Mensch zu identifizieren**. Wenn ein Bär gestresst und aggressiv wirkt, sollte man mit ruhiger Stimme zu ihm sprechen. Wenn Bären drohen, können sie recht nahe kommen, auch um die Situation genau zu erfassen. Wenn man sich in solchen Situationen aufrechtstehend gegenüberstellt, sich korrekt identifiziert und dem Bären Platz

Gipsabdruck einer riesigen Bärentatze

für einen Rückzug einräumt, so wird dieser in den allermeisten Fällen die richtige Entscheidung treffen und sich zurückziehen. Im Normalfall sollte man den Bären auch **nicht mit etwas bewerfen**! Bären vermeiden auch untereinander direkten Kontakt, indem sie bestimmte Distanzen wahren.
Wenn der Bär nicht auf einen zukommt, dann sollte man sich langsam zurückziehen. Bloß **nicht schnell gehen oder rennen**, denn der Bär ist sowieso schneller. Wenn das Zurückziehen bewirkt, dass der Bär näher kommt, sollte man aufrecht stehenbleiben und abwarten. Dabei sich wieder als Mensch deutlich zu erkennen geben. Wenn ein Bär sich dennoch nicht zurückzieht und immer näher kommt, so fühlt er sich entweder bedroht oder er ist an etwas interessiert, das man bei sich trägt. In solchen Situationen sollte man den Bären anschreien, mit der Trillerpfeife Lärm machen, aufrecht stehen bleiben und mit den Armen winken. Eine Gruppe sollte sich Schulter an Schulter aufstellen, um auf diese Weise Größe zu zeigen.
Als ein defensives Mittel gegen Bären wird auf Kamtschatka häufig eine Art

Bären suchen im Zweifelsfall das Weite

Signalfeuer verwendet. Das ist eine Apparatur, die man bequem am Gürtel oder Rucksack tragen kann und die durch das Auslösen einer Feder eine feuerwerksähnliche Wirkung verursacht. Mit diesem extrem hellen Sprühfeuer kann man einen Bären schon kräftig einschüchtern. Eine Signal- und Gaspistole hat ebenso eine starke einschüchternde Wirkung. Diese hat den Vorteil, dass mehrere Schüsse abgegeben werden können.

Angriff eines Bären

Wenn ein Bär mit dem Kopf nach unten und mit offenem Mund auf einen zurennt, dann ist das eine defensive Reaktion auf eine empfundene Bedrohung. Es ist ein Zeichen dafür, dass der Bär sich bedroht fühlt und man sich am falschen Ort aufhält. Die Angriffe passieren plötzlich, man hat keine Zeit zu reagieren, aber in den allermeisten Fällen handelt es sich um Drohgebärden, es kommt selten zu einem tatsächlichen körperlichen Angriff. Voraussetzung dafür ist jedoch ein korrektes und besonnenes Verhalten des Menschen.

Nur dann, und wirklich nur dann, wenn ein Bär wirklich körperlich angreift, soll man sich mit dem Bauch auf den Boden legen und Hals und Gesicht schützen. Man sollte versuchen diese Position auch dann wieder einzunehmen, wenn der Bär einen mit seinen Pfoten umdreht. In den meisten Fällen ist auch dieses Verhalten des Bären defensives Verhalten und er wird von einem ablassen, sobald er merkt, dass die Bedrohung nicht mehr gegeben ist. Wenn der Bär von einem ablässt, in der eingerollten Position verbleiben, bis man meint, dass der Bär das Gebiet verlassen hat. Unvorsichtige Bewegungen oder Geräusche können einen weiteren Angriff provozieren.

Gefährliche Angriffe von Bären auf Menschen sind in Kamtschatka selten und meist auf deutlich falsches Verhalten des Menschen zurückzuführen, auch wenn der Leidtragende oft nicht derjenige ist, der das falsche Verhalten dem Bären gegenüber zu verantworten hat. Gleichwohl gibt es auch alle Jahre mal wieder Verletzte und sogar Tote. Mit Wanderern gab es noch nie ernsthafte Probleme. Eher schon mit Waldarbeitern, Beerensammlern, Jägern oder neuerdings mit Städtern beim Picknick.

Lagerplatz und Lebensmittel

Bei der Auswahl von Zeltplätzen ist darauf zu achten, stark von Bären frequentierte Plätze – erkennbar an Spuren und Fischkadavern – möglichst zu meiden. Im Camp ist auf größte Sauberkeit zu achten. Das Wichtigste überhaupt im Verhalten gegenüber Bären ist es, sie nicht an menschliche Lebensmittel zu gewöhnen. Dies beugt vielen Konflikten zwischen Bären und Menschen vor. Bären sind Gewohnheitstiere und suchen immer wieder an den gleichen Stellen nach Futter. Einmal an menschliche Lebensmittel gewöhnt, werden sie immer wieder versuchen, diese zu bekommen. Diese Bären werden in der Regel erschossen, da von ihnen eine potentielle Gefahr für den Menschen ausgeht. Jemand, der es zulässt, dass Bären an unangemessen gelagerte Lebensmittel oder an Müll gelangen, setzt nachfolgende Personen und den Bären einem Risiko aus. ›Ein gefütterter Bär ist ein toter Bär!‹

Daher **niemals Lebensmittel herumliegen lassen**. Bevor man das Camp oder den Lagerplatz verlässt, sollte nichts zurückbleiben, was für Bären von Interesse sein könnte. Selbst Essensreste aus Töpfen sollten verbrannt werden oder direkt im Fluss entsorgt werden. Konservendosen sollte man ausbrennen. Selbst

Verhalten gegenüber Bären

eine in der abendlichen Dämmerung aus dem Essnapf gefallene Nudel sollte man (wenigstens am nächsten Morgen) suchen und entsorgen.

Man sollte Bären sehen können, wenn sie sich dem Camp nähern. Erfahrene Wildniswanderer kochen früh am Abend, so dass sie auf jeden Fall sehen können, ob Bären durch die Essensdüfte angelockt werden. Einige Wanderer kochen während der Tagesetappe, um so zu verhindern, dass Essensgeruch an ihrem Zeltplatz haftet. Es ist auch hilfreich, den Kochplatz 300 Meter vom Schlafplatz entfernt zu halten. Lebensmittel, Zahnpasta und Kosmetika sollten **nicht im Zelt gelagert werden**, sondern außerhalb vom Lager entfernt verstaut werden.

Man sollte **beim Angeln** stets darauf achten, dass Bären weit genug entfernt sind. Bären könnten dank ihrer Beobachtungsgabe auf die Idee kommen, den herausgeholten Fisch dem Angler streitig zu machen. **Auf keinen Fall Fischabfälle am Ufer liegen lassen**, sondern im tiefen und schnell fließenden Wasser entsorgen. Intelligente Bären würden sonst sofort einen Angler mit leicht zu bekommener Fischbeute assoziieren. Wenn ein Bär versucht, den Fisch an der Angel zu erwischen, den Fisch sofort losschneiden.

Zum Thema Lagerplatz und Bären gehört auch die momentane **Situation in Malki**. Auf dem dortigen Campingplatz an den warmen Pools tummeln sich am Wochenende Hunderte Städter, um eine Dauerparty zu feiern. Besonders seit Malki auf der neuen Asphaltstraße mit normalen Pkws erreichbar ist, sammeln sich hier von Freitag nachmittag bis Montag früh besonders diejenigen, die offensichtlich nur Alkohol, laute Musik und hirnloses Verhalten als Vergnügen kennen. Niemand scheint nach den Wochenend-Exzessen gründlich aufzuräumen, so dass die Bären sich schnell an die Situation gewöhnen. Jedes Jahr müssen mehrere Bären in Malki erschossen werden, weil sie ihre natürliche Distanz zu den Menschen verloren haben und beispielsweise nachts Zelte zerstören. Ich gehe mit meinen Touristengruppen kaum mehr auf diesen einst so schönen Campingplatz.

Hat man eine problematische Begegnung oder einen Konflikt mit einem Bären oder zeigt ein Bär ein auffällig neugieriges oder gar aufdringliches Verhalten, so sollte man das melden: **Agency for Wildlife Protection**, Tel. +7/(8)4152/238397, +7/(8)914/780-1931, +7/(8)914/7835897 oder an EMERCOM +7/(8)4152/412222. Die allgemeine Notfallnummer ist 02/020.

Dieser Bär macht sich an einer Feuerstelle zu schaffen

Angel- und Bootstouren auf Kamtschatka

Von Clemens Ratschan

Diese Zusammenfassung stellt die Erfahrungen unserer vierköpfigen Gruppe auf einem selbstorganisierten Boots-Trip in Kamtschatka im August 2004 dar und bietet Tipps für alle jene, die ebenfalls eine derartige Reise selbständig planen oder auch durch einen Reiseanbieter buchen wollen. Besonders reizvoll an einem ›Float trip‹, wie wir ihn durchgeführt haben, sind die Kombinationsmöglichkeiten von Angeln, sportlichem Anreiz beim Boot- bzw. Wildwasserfahren und einmaligen Gelegenheiten zur Naturbeobachtung und -fotografie.

Anreise

Die meisten Wildnisflüsse sind nur mit dem Helikopter erreichbar. So ist eine Flugzeit von knapp einer Stunde einzuplanen, um von Elizovo aus die Oberläufe der Flüsse Opala, Pymta oder Županova zu erreichen (der Leerflug des Helikopters retour ist natürlich ebenfalls zu bezahlen). Für kleinere Gruppen bis zu fünf Personen und ohne sperriges Gepäck, ist der Helikopter des Typs MI-2 zu empfehlen, dessen Ladevolumen etwa einem Kleinbus entspricht, der für 55 000 Rubel pro Stunde gechartert werden kann. Für größere Gruppen muss auf den MI-8 zurückgegriffen werden, er kostet etwa 109 000 Rubel pro Stunde, und das Ladevolumen ist für Individualtouristen auf alle Fälle ausreichend.

Alternativ kann man einige Gewässer auch mit Geländefahrzeugen erreichen. Voraussetzung dafür sind einerseits eine hohe Leidensfähigkeit der Gruppe, um eine halsbrecherische Fahrt über viele Stunden durchzustehen, und andererseits günstige Bedingungen nach der Schneeschmelze, die meist erst ab August herrschen. Die Russen sind wahre Meister im Umbau von Fahrzeugen in geländegängige Vehikel. Für eine eintägige Fahrt ins Gelände sind etwa 300 bis 500 Dollar einzuplanen.

Ein Kirschlachs

Vorkommende Fischarten

In Kamtschatka kann eine einmalige Vielfalt an Fischarten aus der Familie der Lachsartigen (Salmoniden) gefangen werden. Einerseits handelt es sich dabei um sechs Arten von Lachsen im engeren Sinn, die nach der ein oder mehrere Jahre dauernden Phase raschen Wachstums im Meer ins Süßwasser zurückwandern, hier ablaichen (anadrome Lebensweise) und dann sterben. Andererseits gibt es auch Forellen, Saiblinge und Äschen, die teils anadrome, teils residente (Zeit ihres Lebens im Süßwasser lebende) Lebensformen aufweisen und in der Regel mehrmals in ihrem Leben laichen. In der nachfolgenden Tabelle wird der jeweilige Migrationtyp mit a (anadrom) und r (resident) angegeben.

■ Angelfischereilich interessante Fischarten in Kamtschatka

deutsch	englisch	russisch	wissenschaftlicher Name	Migrationstyp
Buckellachs	pink salmon	горбуша (gorbuša)	oncorhynchus gorbuscha	a
Hundslachs, Keta	dog salmon	кета (keta)	o. keta	a
Silberlachs	coho, silver salmon	кижуч (kižuč)	o. kisutch	a
Kirschlachs	cherry salmon	сима (sima)	o. masu	a
Blaurückenlachs	sockeye, red salmon	нерка (nerka)	o. nerka	a
Königslachs	chinook, king salmon	чавыча (čavyča)	o. tschavytscha	a
Regenbogenforelle-	rainbow trout	микижа (mikiža)	O. (=parasalmo) mykiss	r
Stahlkopf-Forelle	steelhead trout		O. (=parasalmo) mykiss	a
Sibirischer Saibling	white spotted char	кундша (kundša)	salvelinus leucomaenis	a (r)
Pazifischer Saibling	dolly varden	мальма, голец (mal'ma, golez)	salvelinus malma	a (r)
Arktische Äsche	arctic grayling	сибирский хариус (sibirskij charius)	thymallus arcticus	r
Hecht	pike	щука (šuka)	esox lucius	r

Sämtliche Pazifische Lachsarten sind sowohl an der Ost- als auch an der Westküste Kamtschatkas verbreitetet, mit Ausnahme des Kirschlachses, der auf den mittleren Teil der Westküste beschränkt vorkommt. Die anadrome Variante der Regenbogenforelle, die Steelhead-Forelle, ist auf einige Flüsse um den 56. bis 58. Breitengrad an der Westküste beschränkt und weist hier das einzige Vorkommen in ganz Russland auf.

In der nächsten Tabelle sind die Hauptmigrationszeiten aller Lachsarten aufgeführt. Diese Zeiten sind nur als ungefähre Richtwerte zu verstehen und sowohl von Jahr zu Jahr als vor allem auch zwischen den Flüssen um einige Wochen gestreut. Die Pazifischen Saiblinge wandern in großen Mengen zur gleichen Zeit wie die Buckellachse in die Flüsse und fressen massenhaft beim Laichakt der Lachse abtreibende Eier.

Die Anreise am Beginn der Migrationszeit einer Lachsart hat denn Vorteil, dass die Fische dann – frisch vom Meer kommend – in Topkondition sind und sowohl angelfischereilich als auch kulinarisch am meisten bieten. Allerdings birgt dieses das Risiko, zu früh dran zu sein und den Aufstieg der Art zu verpassen. Allerdings sind praktisch den gesamten Sommer und Herbst über angelfischereilich attraktive Fischarten in den Flüssen anzutreffen, besonders bei einem ›Float trip‹, bei dem man einen Fluss vom Oberlauf bis zur Mündung befährt.

■ Hauptmigrationzeiten der Lachsarten auf Kamtschatka

Fischart	Juni	Juli	August	September	Oktober	typisches Gewicht
Königslachs	****	**				7-15 kg
Rotlachs		**	**			2-4 kg
Kirschlachs	**	**				1-3 kg
Buckellachs		**	****			1-2 kg
Hundslachs		***	***			3-5 kg
Silberlachs			**	****	**	3-4 kg
Steelhead				**	****	5-8 kg

Angellizenz

Angellizenzen können bei der **Fischereibehörde Ribvod** (Kamtschatribvod) erworben werden, ul. Korolova 58, Petropavlovsk. Die Kosten der Angellizenz werden nach Anzahl der zu fangen erwünschten Fische gerechnet. 2011 kostete etwa der Nerka (Blaurückenlachs) oder der Keta (Hundslachs) um die 300 Rubel, der Tschavitscha (Königslachs) etwa 500 Rubel. Ohne die offizielle Angellizenz darf man nur ›Catch & Release‹ betreiben, also fangen und anschließend wieder freilassen. Eine völlig praxisfremde Bedingung in einer Region mit einerseits nach wie vor großen Lachsbeständen und andererseits einer ausufernden Schattenwirtschaft durch Fischwilderei. In der Praxis gibt es keine Probleme, wenn man in der Wildnis Fische für den täglichen Bedarf entnimmt. Große Mengen an Lachsfilets mit nach Hause zu nehmen, wie es in Amerika praktiziert wird, sollte man in Kamtschatka aber auf alle Fälle unterlassen oder vorher eine Genehmigung dafür besorgen.

Flüsse

Die Auswahl der Flüsse wird sich in der Praxis stark am verfügbaren Budget orientieren, weil der Transport ans Gewässer einer der größten finanziellen Posten einer derartigen Reise sein wird. Einige wenige Flüsse sind am Ober- und Unterlauf durch Straßen oder Pisten erschlossen, es handelt sich dabei um den größten Fluss der Halbinsel, den **Kamčatka-Fluss**, sowie die ebenfalls recht großen Flüsse **Bystraja** und **Plotnikova**. Auf diesen Flüssen müssen aufgrund der verhältnismäßig guten Erreichbarkeit Abstriche gemacht werden: So ist die Begegnung mit gewerblich durchgeführten Touren recht wahrscheinlich, und die Probleme durch Fischwilderei sind größer als an abgeschiedeneren Gewässern, so dass der Fischbestand teils massiv vom unbeeinflussten Zustand abweichen kann.

Im **Nahbereich von Petropavlovsk**, also innerhalb etwa einer Flugstunde, sind an der Westküste die Flüsse Pymta, Opala, Savan und Golygina als hervorragende Fischgewässer in herrlicher Landschaft bekannt, an der Ostküste der Fluss Županova.

An der **Westküste** gibt es eine unüberschaubare Vielzahl von Flüssen, die in zwei oder mehr Flugstunden von Petropavlovsk erreichbar sind, die bekanntesten davon sind Kolpakova, Krutogorova, Iča, Utcholok oder Tigil'. Hier gibt es für Abenteurer noch eine Menge Neuland zu entdecken! Eine Möglichkeit, vom Unterlauf dieser Flüsse wieder in die Zivilisation zu gelangen, wäre das Ausbooten bei der Piste entlang der Westküste und Rücktransport mit einem Allrad-Lkw. Diese Piste ist allerdings nicht zu jeder Jahreszeit befahrbar. Genaueres sollte man vor Ort bei der Fischereibehörde oder einer der Naturparkverwaltungen erfragen.

Die Hauptflüsse 0 125 250 km

Legende

1. Kamčatka-Fluss (Камчатка)
2. Županova (Жупанова)
3. Golygina (Голыгина)
4. Savan (Саван)
5. Opala (Опала)
6. Plotnikova (Плотникова)
7. Bystraja (Быстрая)
8. Pymta (Пымта)
9. Kolpakova (Колпакова)
10. Krutogorova (Крутогорова)
11. Iča (Ича)
12. Utcholok (Утхолок)
13. Tigil' (Тигиль)

Ausrüstung

Für Wildnistrips kommt nur hochwertige Ausrüstung in Frage, die den wechselnden Wetterverhältnissen und der starken Nutzung trotzen kann. Zusätzlich zu der im vorigen Kapitel aufgelisteten Ausrüstung sind ein Grillrost sowie ein an einem improvisierten Dreibein aufhängbarer Kochtopf praktisch, der die Zubereitung von Fisch, Kartoffeln etc. auf dem offenen Feuer ermöglicht. Reinbenzin für die Kocher ist unserer Erfahrung nach nicht erhältlich. Je nach Kochertyp muss auf Normalbenzin von der Tankstelle zurückgegriffen werden. Sämtliche Ausrüstung ist wasserdicht zu verpacken, wobei sich robuste **Packsäcke mit Rollverschluss** anbieten. Für Proviant und Kochgeräte sind wasserdichte **Kunststoff-Container** optimal, die durch die Geruchsdichtheit auch einen gewissen Schutz gegen Bären darstellen. Diese Container können im Camp auch sehr praktisch als Sitzgelegenheit zweckentfremdet werden. Eine **Plane** (Tarp) von einigen Quadratmetern hat sich gut zur Improvisation eines wind- bzw. regengeschützten Koch- und Aufenthaltslagers bewährt und kann an Bord als Spritzdecke verwendet werden, die mit Gummizügen über die Container und Säcke gezogen wird.

Trinkwasser kann prinzipiell bedenkenlos aus den Flüssen Kamtschatkas entnommen werden, wenn sich keine Siedlung im Oberlauf befindet. Die Trinkwasserqualität ist allerdings nach den Lachsmigrationen durch Fischkadaver eingeschränkt, so dass dann die Verwendung von Trinkwasserfiltern stark anzuraten ist.

Die Mitnahme eines **GPS-Empfängers** empfiehlt sich sehr, etwa um einen vereinbarten Treffpunkt für die Abholung durch den Helikopter nicht zu verpassen. Die Orientierung in den oft in mehrere Arme verzweigten Flüssen kann sich schwierig gestalten. So bemerkt man etwa Zubringer kaum, weil sie sich nicht von Nebenarmen unterscheiden.

Pazifische Saiblinge

Das Beschaffen von Proviant kann in den recht gut sortierten Supermärkten in Petropavlovsk oder Elizovo erfolgen. Frisches Gemüse, Obst, Knoblauch, Zwiebeln oder Kartoffeln bekommt man auch oft am Straßenrand von den vielen Kleingärtnern, die sich ein paar Rubel dazuverdienen müssen. Die Speisekarte auf dem Fluss wird wohl vorwiegend aus köstlichem, frisch gefangenem Fisch mit Reis oder Kartoffeln bestehen. Das Braten von Speck und anderen **stark duftenden Nahrungsmitteln** ist aufgrund der hohen **Bärendichte** nicht zu empfehlen!

Boote

Die meisten Flüsse im Nahbereich von Petropavlovsk (Opala, Bystraja) zeichnen sich durch Stromschnellen bis Wildwasserkategorie III aus. Dementsprechend bieten sich hochwertige Gummiboote mit ausreichender Packkapazität für längere Wildnistrips an, die im Flugzeug nach Kamtschatka transportiert werden können, etwa die Boote Grabner

Angel- und Bootstouren auf Kamtschatka

Outside oder Adventure (www.grabner-sports.at). Alternativ können vor allem bei Gewässern mit geringerem Gefälle Faltboote sehr gut geeignet sein, die allerdings empfindlicher gegenüber mechanischen Einflüssen sind.

Aufgrund der Mehrkosten für Übergepäck bei den Flügen kann auch die organisatorisch schwierigere Möglichkeit in Betracht gezogen werden, über Reiseveranstalter in Petropavlovsk Boote zu leihen – wobei die Qualität der zur Verfügung stehenden Boote dabei unter Umständen nicht den Erwartungen entsprechen kann. Auf Kamtschatka bekommt man auch nur Rafting-Boote, aber keine Kanus (Aufpumpbare oder Faltkanus). Die muss man sich dann selber mitbringen. In Moskau gibt es Bootsgeschäfte oder -verleiher, die Boote (Kanus) zum Flugplatz bringen und nach der Tour am Flugplatz in Moskau auch wieder abholen. Mit dem Transport zum Airport in Moskau und der Leihgebühr kostet ein aufpumpbarer offener Kanadier (Kanu) der Marke Raftmaster ›Scout‹ (für zwei Personen) oder ›Tango 45‹ (für drei Personen) etwa 30 000 Rubel. Bei der Abholung muss man etwas Zeit einplanen, da die Firma mit einem Kompressor zum Flugplatz kommen wird und das Boot vor der Rücknahme auf Löcher überprüfen wird. Das wegen der Boote verursachte Übergepäck von Moskau nach Kamtschatka muss dabei mit in die Kalkulation genommen werden. Die Firma in Moskau ist über deren Internetseite (nur russisch) erreichbar und hat sehr viele unterschiedliche Bootstypen im Angebot: www.bluedrop.ru.

Die größte Gefahr für die Ausrüstung und das Wohl der Besatzung geht nicht von den Stromschnellen aus, sondern von Totholz bzw. ins Wasser hängenden Bäumen. Beim Fahren in unübersichtlichen Wasserstrecken gilt es, immer aufmerksam zu bleiben, einen ausreichenden Abstand vom Ufer zu halten und verdächtige Abschnitte zuerst vom Ufer aus zu erkunden.

Die Mitnahme von guten Luftpumpen sowie Flickzeug und ausreichend großen Flicken, um auch große Risse kleben zu können, ist unbedingt notwendig, genauso wie das Tragen von Schwimmwesten selbstverständlich sein sollte!

Hochwertige Schlauchboote sind bei den rauen Bedingungen schon notwendig

Ein erfolgreicher Tag

Fischereigeräte und Köder

Die meisten Flüsse auf Kamtschatka sind glasklar und wie prädestiniert für die **Fliegenfischerei**. Für die Zielarten Regenbogenforelle, Saiblinge und Buckellachs sind Fliegenruten der Klasse 6 bis 7 optimal, für Rot-, Silber- und Hundslachs Klasse 8 bis 9, und für den Königslachs 9 bis 10. Die Rollen sollten über ein hochwertiges Bremssystem verfügen, sämtliche vorkommende Arten sind im Drill überaus starke Kämpfer! Die meisten Flüsse – Ausnahmen sind Bystraja und der Kamčatka-Fluss – haben einen stark verzweigten Lauf und besitzen oft recht geringe Wassertiefen. Darum findet man bei der Verwendung von leicht beschwerten Ködern mit Schwimm- oder ›Sink Tip‹-Schnüren das Auslangen.

Sämtliche Köder für die Fischerei auf Pazifiklachse in Alaska/British Columbia sind auch für Kamtschatka geeignet. Besonderes Augenmerk bei der Fischerei auf Forellen und Saiblinge ist auf die überragende Bedeutung der Lachse als Nahrungsquelle zu legen. Imitationen der Lebensstadien Ei, Larve, Jungfisch und verrottendes Lachsfleisch sind zur richtigen Zeit eingesetzt ein Trumpf. Die Regenbogenforellen Kamtschatkas zeigen einen auffällig ausgeprägten Jagdtrieb, weshalb rasch gezogene Streamer besonders gut funktionieren. Weitere unentbehrliche Muster sind: Iliamna Pinkie/Glo Bug in verschiedenen Farbvariationen, Egg Sucking Leech in weiß und purpur sowie Flesh Flies (Bunny Flies oder helle Wooly Bugger). Auch das Angeln mit schwimmenden Rehhaarmäusen ist einen Versuch wert!

Auf den großen Flüssen Bystraja und Kamtschatka sowie bei eingetrübtem Wasser ist die **Spinnfischerei** besser geeignet als die Fliegenfischerei. Mittelschweres Gerät sowie Spinner in verschiedenen Farben sollten auch bei Anfängern schnell zum Erfolg führen, wie auch das Fischen mit Lachseiern und Schwimmern.

Bei der Verwendung der bequemen atmungsaktiven Wathosen, die sehr gut den ganzen Tag auch beim Bootfahren getragen werden können, ist gut isolierende und den Schweiß transportierende Unterwäsche unverzichtbar. Die **Wassertemperatur** übersteigt auch im Sommer kaum 10 °C!

Reisezeit und Reisedauer

Die beste Zeit für einen Float trip in Kamtschatka ist abhängig von den gewünschten Zielfischarten sowie den anzutreffenden Wasserständen. Float trips sind prinzipiell von Anfang Juni bis Ende September sinnvoll. Jedes zweite Jahr kommt es in den meisten Flüssen zu einem Massenauftreten von Buckellachsen, diese sogenannten **Buckellachsjahre** liegen in der Regel in geraden Jahren. In der Migrationzeit im August sind viele Flüsse flächendeckend bis in die Oberläufe derart von Buckellachsen überfüllt, dass ein sinnvolles Angeln nur schwer möglich ist. Ein Ausweichen auf ungerade Jahre oder die Zeit vor (auf

Königslachs im Juni/Juli) oder nach dem Aufstieg (Silberlachs im September) ist anzuraten! Das Angeln auf Regenbogenforellen ist angeblich in der Zeit zwischen den Hauptwanderzeiten am erfolgversprechendsten. Im Juni und Juli führen viele Flüsse einen erhöhten Wasserstand aufgrund der Schneeschmelze in den Hochlagen der Gebirge, was sich auf den Fahrspaß positiv, auf den Angelerfolg aber auch negativ auswirken kann.

Täglich kann je nach Gefälle und Wasserführung etwa mit einer zurückgelegten Strecke von 10 bis 20 Kilometern gerechnet werden. Auf jeden Fahrtag ist am besten ein Tag zum Fischen, Wandern etc. einzuplanen sowie zusätzlich ein bis zwei Reservetage als Sicherheit bei Schwierigkeiten. Es ist bequem und hat sich gut bewährt, einen Tag zu fahren, Lager aufzubauen und dann einen Tag zu bleiben, um am nächsten Tag wieder aufzubrechen.

In diesem Zusammenhang ist zu berücksichtigen, dass viele Flüsse an der Westküste im Unterlauf über ein **extrem geringes Gefälle** verfügen, so dass ein Weiterkommen hier besonders mit Raftingbooten nur mühsam und zeitraubend möglich ist. In derartigen Gewässern ist ein ›Take-Out‹ im Mittellauf zu überlegen.

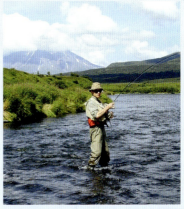
Beim Angeln

Kosten

Die Kosten für die Durchführung einer erfolgreichen und mehrtägigen Bootstour auf Kamtschatka hängen in erster Linie von der Erreichbarkeit und der Art des Transportmittels ab. Desweiteren ist auch die Gruppengröße entscheidend, da sich dann die Transportkosten auf mehrere Schultern verteilen.

Bei gutem Organisationstalent (beispielsweise frühzeitige Buchung der Flüge) und geringen Ansprüchen (beispielsweise kostensparender Transport mit Geländefahrzeugen oder auch der Verzicht auf einen lokalen Führer) kann man mit einer Vierer-Gruppe für einen dreiwöchigen Trip deutlich unter 2500 Euro pro Person bleiben – und das inklusive Hin- und Rückflug aus Mitteleuropa. Das ist im weltweiten Vergleich für eine Reise in dieser Größenordnung und in einer derartigen Wildnis überaus günstig. Entsprechende Reisen von professionellen Reiseagenturen sind oft weit mehr als doppelt so teuer!

Auch er kommt vom Fischen

Die interessantesten Reiseziele auf Kamtschatka
sind die vielen Naturparks und Naturreservate
mit ihren unterschiedlichen Landschaftsbildern,
den Vulkanen und geothermalen Aktivitäten
sowie einer phantastischen Tier- und Pflanzenwelt.

Reiseziele

Petropavlovsk-Kamčatskij

Die größte Stadt auf Kamtschatka ist für die meisten Touristen der Ausgangspunkt für eine Tour in die Wildnis. Ein aktueller Tourismusprospekt beschreibt die Situation der Stadt für die Touristen wie folgt: »Nachdem festgestellt wurde, dass die meisten Touristen wegen der Natur nach Kamtschatka kommen, werden die Hotels, Restaurants, Läden und andere Serviceeinrichtungen mehr und mehr an die internationalen Standards angepasst. Die lokale Bevölkerung ist generell freundlich eingestellt und man ist stolz auf seine eigene Hilfsbereitschaft. Es ist die Gastfreundschaft und offene Herzlichkeit der Bewohner Kamtschatkas, die sogar die Berge und Vulkane schrumpfen lässt.«

Natürlich findet man inzwischen Internetcafés und westlich aufgemachte Supermärkte in der Stadt, aber dieser Text steht weitestgehend im krassen Kontrast zu den Erfahrungen einiger Kamtschatka-Individualtouristen. Wer in der Stadt einkaufen geht, findet alles Notwendige für die Wildnis wie Ausrüstung, Proviant und Landkarten, muss aber auch damit rechnen, dass er es nicht auf Anhieb im ersten Laden findet. Dieses Kapitel soll Sie bei der Suche ein wenig unterstützen, auch wenn nicht jeder Laden und Artikel, der gesucht wird, beschrieben werden kann.

Geschichte der Stadt

Im September 1739 wurden während der Zweiten Kamtschatka-Expedition zwölf Handwerker und Soldaten von Bering beauftragt, während der Überwinterung 1740/41 Hütten für die Offiziere zu bauen. Als Bering und Čirikov mit den beiden Schiffen ›St. Peter‹ und ›St. Paul‹ Ende September 1740 an der kleinen Bucht am Nordrand der großen Avača-Bucht ankamen, wurde der kleine Naturhafen ›Petripauls-Hafen‹ und die große Bucht ›Petropavlovsk-Bucht‹ genannt. So entstand auch der Name für die kleine Ansiedlung an Hütten und Zelten. Nachdem die Expedition im September 1743 offiziell für beendet erklärt worden war, verließ man diese Bucht wieder. Die übriggebliebenen Hütten wurden verbrannt oder zerfielen im Laufe der Zeit. Erst im Jahr 1778 beauftragte der neue Kommandeur Kamtschatkas, Baracken für 32 Soldaten und zwei Offiziere zu bauen. Zweimal besuchte 1779 der Seeoffizier Charles Clark, der die Leitung von James Cooks letzter Weltumsegelung nach dessen Tod auf Hawaii übernommen hatte, die junge Siedlung Petropavlovsk. Bei seinem letzten Besuch starb er und wurde in der Nähe des Hafens in der heutigen Altstadt beerdigt.

Wegen des günstigen Naturhafens wurde Petropavlovsk während weiterer Expeditionen zur Erforschung des nördlichen Pazifiks und der Küste Nordamerikas ein wichtiger Versorgungsstützpunkt und gewann rasch an Einwohnern. Im Jahr 1787 notierte der französische Forschungsreisende Jean-François de Galaup de La Pérouse mehr als 100 Einwohner. Er war auch der erste schriftlich verbürgte Besteiger des 2741 Meter hohen Vulkans Avačinskij. Zu Beginn des 19. Jahrhunderts schwankte die Bevölkerungszahl von Petropavlovsk alljährlich zwischen etwa 180 im Sommer und 300 bis 400 im Winter, da die Siedlung im Winter viele Robben- und Waljäger aufnahm. Im Jahr 1829 wurden in einem Report an den Zarenhof 609 Personen erwähnt. Es gab nur Hütten aus Pappel- und Weidenholz mit Ästen und Rindenstücken als Dachabdeckung. Es existierte schon eine kleine Schule mit Bibliothek,

◀ Karte S. 137

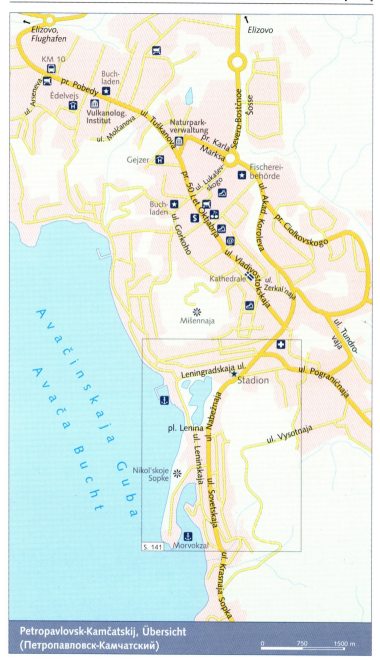

Petropavlovsk-Kamčatskij, Übersicht (Петропавловск-Камчатский)

ein Seminarraum und ein kleiner Laden. Zwei Baracken beherbergten die kleine Gruppe Soldaten. Die Anzahl der Hütten wuchs jedoch rasch weiter, da immer häufiger Überwinterungsgäste kamen. Im Jahr 1850 wurde der Ostrog Ochotsk geschlossen, da Petropavlovsk zum neuen Versorgungsstützpunkt für die Ost-Expeditionen geworden war. Etwa 1000 Soldaten wurden dadurch von Ochotsk nach Petropavlovsk verlegt. Im Jahr 1852 notierte der deutsche Forscher Carl von Ditmar in sein Tagebuch, dass Petropavlovsk eine kleine hölzerne Stadt mit 116 Hütten und Häusern sei. Im Jahr darauf wurden in Petropavlovsk 899 Männer und 511 Frauen gezählt.

Zwölf Jahre später, 1865, bemerkte der amerikanische Abenteurer George Kennan schockiert, dass Petropavlovsk wegen der heruntergekommenen Baracken nicht als zivilisierte Siedlung bezeichnet werden könne. Er beschrieb die Gebäude als unästhetisch, das Wegenetz in der Siedlung als chaotisch und bemängelte jegliche Abwesenheit von Kultur und Annehmlichkeiten. Bis 1870 sank die Einwohnerzahl auch wieder auf 427, worauf viele Hütten verfielen. Als 1897 der Generalleutnant der Priamurskij-Region, M. Dukchovskij Petropavlovsk besuchte, schrieb er in sein Notizbuch: »Mit tiefem Bedauern schaue ich auf ein Bild aus Ruinen und verlassenen Hütten, aus denen Petropavlovsk heute besteht.« Im Jahr 1900 hatte die Siedlung 383 Bewohner. Zwanzig Jahre später schrieb der berühmte Sibirienforscher Vladimir K. Arsen'ev (1872–1930): »Petropavlovsk hat das Aussehen eines Dorfes und erinnert mich an eines vom Klondike. Alle Häuser sind aus Holz. Einige davon sind vor langer Zeit aus Schiffsplanken gebaut worden. Neben den Häusern sind kleine Gärten. Es gibt eine Haupt- und eine Nebenstraße. Vom Hügel kommen Bäche mit schnell fließendem klarem Wasser.«

Nach der Machtübernahme der Sowjets war die erste Amtshandlung des neuen Gouverneurs die Benennung der Straßen und Wege nach dem Vorbild der anderen russischen Städte: Leninskaja, Partizanskaja, Sovetskaja etc. Außerdem wurde etwas mehr Ordnung in das Durcheinander der Siedlung gebracht und die ersten Steinhäuser gebaut. 1924 wurde die Stadt Petropavlovsk-Kamčatskij als Hauptsitz des Gouverneurs der Halbinsel bestimmt.

▲ *Der Hafen von Petropavlovsk, im Hintergrund der Vulkan Korjakskij*

Nach den Wirren des Ersten und Zweiten Weltkrieges wurde die Halbinsel Kamtschatka zur geschlossenen militärischen Sperrzone erklärt. Viele Arbeiter aus dem russischen Kernland wurden durch die hohen Löhne und andere Vergünstigungen nach Kamtschatka gelockt, blieben aber immer nur für wenige Monate oder Jahre. So blieb die Einwohnerzahl zwar auf einem hohen Niveau, aber es bildete sich nur eine geringe Verbundenheit mit der Region aus. Die Architektur aus dieser Zeit ist dementsprechend kalt und funktional: mehrgeschossige Betonschachteln mit hässlichen Außenfassaden, die wahrscheinlich beim nächsten schweren Erdbeben zusammenbrechen werden.

Im Jahr 1990 hatte die Stadt ungefähr 300000 Bewohner. Seit dem Zusammenbruch der Sowjetunion sinkt diese Zahl wieder. Zum 1. Januar 2001 betrug die Einwohnerzahl noch 256000, im Jahr 2003 waren es nur noch 200000, mit weiter sinkender Tendenz. Momentan verlassen jährlich etwa 5000 Einwohner für immer die Halbinsel.

Viele der heutigen Stadtbewohner legen eigene kleine Gärten um die Häuser oder außerhalb der Stadt an und können sich so gut mit Gemüse und einigen Früchten selbst versorgen. Auf den Märkten der Stadt und entlang der Straßen sieht man viele Kleinbauern und Gärtner, die ihre Produkte verkaufen. Die Umgebung von Petropavlovsk bis nach Elizovo und Nikolajevka ist wegen des günstigen Klimas und der tiefgründigen Böden (Sedimente des Flusses Avača und Niedermoorböden) stark landwirtschaftlich geprägt und versorgt die Stadtbevölkerung mit allen wichtigen Grundnahrungsmitteln: Gemüse, Beeren, Getreide, Milchprodukte. Durch das Fehlen von größeren Industriekomplexen, bis auf die kleine Schiffswerft und die Fischverarbeitungs-

Plattenbauten in einem Wohngebiet

fabrik im Hafen, entwickelt sich bei der Bevölkerung ein gewisser Stolz auf die intakte Natur und das saubere Wasser gleich hinter der Stadtgrenze – eine ideale Voraussetzung für den zunehmenden Öko-Tourismus der kommenden Jahre. Nur das Müllproblem hat die Bevölkerung noch nicht im Griff – wie fast überall in Russland.

Petropavlovsk ist auch der Sitz zahlreicher wissenschaftlicher Organisationen und Institute, so das Institut für Vulkanologie und Seismologie, das international einen guten Ruf bei der Erforschung der Feuerberge und der Vorhersage von Ausbrüchen bzw. Erdbeben genießt. Bekannt ist auch das Institut für Ökologie der Russischen Akademie der Wissenschaft und die Forschungseinrichtung für Fischerei und Ozeanographie. Beide Institute sind über die russischen Grenzen hinaus bekannt für ihre Forschungsdisziplinen.

Leider hat der Straßenverkehr in der Stadt und zwischen Petropavlovsk und Elizovo in den letzten Jahren so stark zugenommen, dass der Verkehrsinfarkt absehbar ist – trotz des gut organisierten Bussystems. Die Straßen sind neben den starken Abnutzungserscheinungen zusätzlich von tiefen Schlaglöchern und Frostschäden gezeichnet. Ausbesserungsarbeiten sind die Regel, kommen aber nicht hinterher. Viele Importautos aus Japan haben das Lenkrad auf der rechten Seite, was das Überholen im Rechtsverkehr zu einem weiteren Risiko macht.

Bei einem Besuch in Petropavlovsk im August 2010 sprach Staatspräsident Putin von der ›dreckigsten Stadt ganz Russlands‹ und rügte die Behörden und den Gouverneur heftig für die schlampige Stadtentwicklung und das Verschwinden staatlicher Gelder für die Infrastruktur Kamtschatkas. Diese Abmahnung fiel so harsch aus, dass zu hoffen bleibt, es könnte sich in der nächsten Zukunft etwas zum Besseren ändern.

Im September 2010 wurde die neue Kathedrale der Stadt eingeweiht.

Ein Rundgang

Das äußere Erscheinungsbild der Stadt Petropavlovsk ändert sich seit einigen Jahren auch hinsichtlich der bunten überdimensionalen Werbeplakate auf Plätzen, an Häuserfassaden und den Dächern. Ob dadurch graue Plattenbauen verschönert werden, bleibt offen.

Ein Rundgang in der ›historischen‹ Altstadt offenbart, dass nur wenige der alten Holzhäuser die Erneuerung der Stadt nach der Machtübernahme der Sowjets überlebten. Dafür gibt es um so mehr Denkmäler und Monumente.

Man kommt üblicherweise von Norden her in die Altstadt und wird zuerst von der 1978 aufgestellten überdimensionalen **Leninstatue** begrüßt – sofern sie nicht wie in vielen anderen Städten auch hier eines Tages noch fällt. Die Leninstraße (ul. Leninskaja) geht man nun beim Theater etwa 50 Meter nach Süden und kommt zu einer **kleinen Grünanlage** mit Kanonen und einer frisch renovierten Kapelle, im Andenken der englischen und französischen Seeleute und der russischen Verteidiger, die im Verlauf des Krimkrieges (1853 - 1856) beim Angriff eines englisch-französischen Geschwaders auf die Stadt im August 1854 gefallen sind.

Entlang einer kleinen Nebenstraße zur Leninskaja findet man noch einige renovierungsbedürftige **Holzhäuser** und am Ende dieser Straße, am Svoboda-Platz (pl. Svobody, wieder an der ul. Leninskaja), das **Kurilen-Denkmal**. Dieses wurde 1946 zu Ehren des Sieges über Japan errichtet, als die Kurileninseln, die 1905 an Japan verloren gingen, wieder ins Russische Reich zurückkamen. Hier steht auch eine kleine neu errichtete **Kapelle** im Blockhausstil.

Bei den alten Holzhäusern steigt man nun Richtung Westen die Treppen hoch (weiter rechts führt auch ein Fahrweg hoch) und gelangt auf die kleine Halbinsel zwischen dem Hafen und der Avača-Bucht. Oben auf dem Bergrücken angekommen hat man eine wunderbare Aussicht auf die Avača-Bucht mit dem Vulkan Viljučinskij im Hintergrund. Hier findet man auch drei weitere Denkmäler für die Verteidiger gegen den erwähnten englisch-französischen Angriff. Die auf die Bucht gerichteten Kanonen waren damals bei der Verteidigung der Stadt im Einsatz. Auf dem Kiesstrand kann man wieder zurück zum Lenin-Platz vorlaufen. Neben dem Svoboda-Platz entsteht gerade ein großes Hochhaus mit vergoldeten Glasfassaden, das überhaupt nicht in dieses Stadtgebiet passt. Hier entstehen teure Appartements für Russen, die gleich unterhalb im kleinen Hafen ihre Jachten stehen haben wollen. An der Leninskaja bei dem neuen Hochhaus gibt es den am besten sortierten **Souvenirladen** der Stadt, den ›Ethno-Salon Schaman‹ (Этно салон Шаман, 10 bis 19 Uhr, So 10 bis 17 Uhr).

Petropavlovsk-Kamčatskij [141]

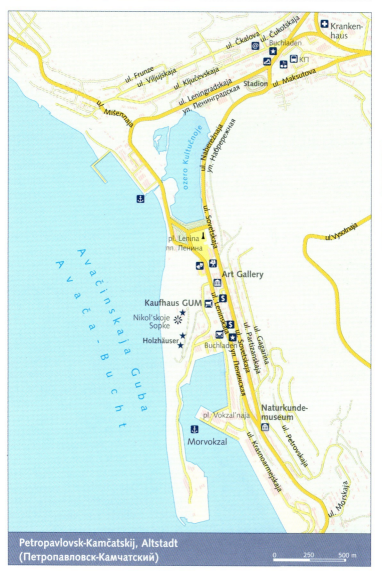

Petropavlovsk-Kamčatskij, Altstadt
(Петропавловск-Камчатский)

Im weiteren Verlauf der Leninskaja stehen die **Denkmäler für Vitus Bering** und **Jean-François de Galaup de La Pérouse** sowie das **Grab von Charles Clark**. Dort, wo die Leninskaja und die parallel oberhalb verlaufende Sovjetskaja zusammenkommen, ist auch das **Kamtschatka-Naturkundemuseum** zu finden. Das Museum kostet für Ausländer 200 Rubel Eintritt. Fotografieren

Das Naturkundemuseum

kostet 150 Rubel. Hier gibt es in mehreren Zimmern auf zwei Stockwerken einen guten Überblick über die Geografie, Geologie, Flora, Fauna und indigene Bevölkerung sowie einen ausführlichen Blick auf die russische Erforschungs- und Besiedlungsgeschichte.

Die Altstadt ist über zahlreiche Buslinien gut zu erreichen. Ein guter Stadtplan (Turistskaja Schema/Туристская схема) mit den eingezeichneten Buslinien ist in jeder Buchhandlung (Knižnyj Magazin/Книжный Магазин) für 10 Rubel erhältlich.

Zwei der Drei Brüder in der Avača-Bucht

Avača-Bucht

Die Avača-Bucht war vor der Linienflug-Ära das Tor nach Kamtschatka. Die geschützte Bucht veranlasste die ersten Forschungsreisenden im 18. und 19. Jahrhundert, hier zu ankern, Trinkwasser zu holen oder Reparaturen für die Weiterfahrt durchzuführen. Im Süden der ungefähr 17 000 Hektar großen Avača-Bucht gibt es einen weiteren natürlichen Hafen, die Krašeninnikov-Bucht, die als Militärbasis für einen Teil der russischen Pazifikflotte genutzt wird. Für Touristen und andere Zivilisten ist dieser Teil der Avača-Bucht und die dortige Ortschaft Viljučinsk tabu.

Wer bei schönem Sonnenwetter einige besondere Bilder machen möchte, sollte eine **Bootsfahrt** in der Bucht bei einem örtlichen Reiseunternehmer buchen. Die oft schneebedeckten Vulkane Korjakskij und Avačinskij im Hintergrund und die an die Berghänge gebaute Stadt Petropavlovsk sind mit entsprechender Brennweite ein einmaliges Fotomotiv. Die angebotenen Bootstouren führen bei gutem Wetter auch aus der Bucht hinaus auf den Pazifik zu den Felsnadeln ›Tri Brata‹ (Drei Brüder) und zur Vogelinsel Staričkov, deren grasige Hänge von den Bruthöhlen der Taporke (pazifischer Papageitaucher, Gelbschopflund) durchlöchert sind. Nebenan sind einige steile Klippen, die von lärmenden Vogelkolonien aus Meerscharben, Dreizehenmöwen, Seeschwalben, Lummen, Alke, Gelbschopflunde und vielen anderen Arten besetzt sind.

Eine Bootsfahrt auf der Avača-Bucht eignet sich für Reisegruppen auch immer, um einzelne Tage im Programm auszufüllen, besonders dann, wenn durch schlechtes Wetter die Weiterfahrt zu den Vulkanen oder ein geplanter Helikopter-Flug verhindert wird. Anbieter von Bootstouren → S. 268.

Malki

Diese kleine Siedlung liegt etwa 120 Straßenkilometer westlich von Petropavlovsk. Inzwischen hat der Fortschritt der Asphaltierungen auf der Straße nach Norden, die in den nächsten Jahren bis nach Mil'kovo verlängert werden soll, auch Malki erreicht (2011 bis zum km 150). Malki liegt malerisch inmitten der dichten Steinbirkenwälder auf dem Hochufer des Flusses Bystraja, der aus Norden kommt und weiter westlich bei Ust'-Bol'šereck ins Ochotskische Meer fließt. Der Fluss eignet sich hervorragend zum **Wildwasser-Rafting** und **Kajak/Kanufahren**. Die in Malki zu Wasser gelassenen Boote können bequem an der Flussmündung bei Ust'-Bol'šereck wieder eingeholt werden, was die Situation für lokale Reiseanbieter sehr attraktiv macht.

Malki ist vor allem wegen seiner **mineralhaltigen Quellen** über die Grenzen Kamtschatkas hinaus bekannt. Dieses aus 610 Meter Tiefe kommende Quellwasser ist von köstlichem und erfrischendem Geschmack und wird in großen PE-Flaschen (Malkinskoje/Малкинское) landesweit angeboten. Die Siedlung und die bekannte Mineralquelle liegen westlich der Straße nach Norden. Der beliebte Campingplatz mit den Thermalwasserpools liegt östlich der Straße am Ende einer etwa einen Kilometer langen Piste. Der **Campingplatz** ist bei den Petropavlovskern auch als Ausflugsort beliebt. Aufgrund der guten Straßenanbindung sind an Wochenenden und Feiertagen viele Stadtbewohner auf dem hiesigen Campingplatz und verbringen die freie Zeit mit Grillen, Saufen, Lärmen und Entspannen in den warmen Tümpeln und an unzähligen Lagerfeuern. Der Campingplatz kostet für Autos eine Gebühr (150 Rubel, Lkws 700 Rubel), Wanderer müssen noch nichts bezahlen, wenn sie diesen Platz nutzen wollen. Die Warmwassertümpel sind bis zu einem halben Meter tief und besitzen unterschiedlich warme oder heiße Temperaturen. Die Infrastruktur des Campingplatzes ist mehr als dürftig. Die Müllcontainer werden nicht immer genutzt, die einzige Trinkwasserentnahmestelle muss man suchen, und die Toiletten sind in einem Zustand zwischen eklig und unbenutzbar. Entsprechend sieht die Gebüschzone um den Campingplatz aus. Die Lärmbelästigung am Wochenende durch die vielen voll aufgedrehten Autoradios oder extra zum Feiern mitgebrachten Musikanlagen tut ein übriges, um den Naturfreund zu verjagen. Da lohnt es sich, das Fahrzeug vor der Schranke zu parken, sich an den warmen Quellen zu erfrischen und anschließend weiterzufahren beziehungsweise auf der gegenüberliegenden Seite der Hauptstraße, etwa 500 Meter südlich des Abzweigs zum Campingplatz einer Piste nach Westen für etwa einen Kilometer zu folgen und dort am Ufer der Bystraja auf einer schönen Wiese zu zelten.

Etikett für Mineralwasser aus Malki

Nalyčevo-Naturpark

Der nördlich von Petropavlovsk und Elizovo gelegene Nalyčevo-Naturpark wurde unter aktiver Mithilfe der Umweltschutzorganisation WWF am 8. August 1995 eingerichtet, und umfasst 30932 Hektar. Seit dem 6. Dezember 1996 ist der Park auch auf der UNESCO-World-Heritage-Liste verzeichnet. Der Nalyčevo-Park ist nach dem gleichnamigen Fluss benannt, der in dem weiten Tal zwischen den beiden Vulkankomplexen Korjakskij/Avačinskij im Süden und Županovskij/Dzendzur im Norden zum Pazifik fließt. Dieser Fluss ist ein ideales **Angelgewässer**, auf dem man auch phantastische **Rafting- und Kajaktouren** durchführen kann.

Bis 1952 existierte sogar ein Dorf der Itenmenen in der Nähe der Nalyčevo-Mündung am Pazifik. Es wurde aber durch einen Tsunami, eine Flutwelle nach einem unterseeischen Erdbeben, zerstört und anschließend nicht mehr aufgebaut.

Die Region des Nalyčevo-Parks zeichnet sich aus durch einen reichhaltigen und komplexen geologischen Aufbau und eine interessante vulkanische und geothermale Erdgeschichte. Einige der heißen Quellen und Mineralquellen liegen direkt entlang der Wanderwege und sind teilweise mit eingefassten Badestellen ausgebaut. Neben den vier genannten aktiven Vulkanen gibt es noch neun erloschene Feuerberge innerhalb des Parks. Sie bilden so eine allgegenwärtige Kulisse für die Tundralandschaft und die Steinbirkenwälder. Die relativ geschützte

Der Korjakskij

Lage der Tundra und der Wälder in dem breiten Tal zwischen den hohen Bergmassiven bedingt eine Vielzahl an **Mikrohabitaten** und Lebensräumen für zahlreiche Tier- und Pflanzenarten, darunter seltene Orchideen oder Singvögel. Die Pflanzenwelt ist typisch für den Bereich von Ost-Kamtschatka, mit ozeanischen Einflüssen im Unterlauf des Nalyčevo und mit arktisch-alpinen Einflüssen auf den Tundraflächen. 14 der Pflanzenarten des Parks sind als selten eingestuft, und vier von diesen stehen auf der Roten Liste der gefährdeten Arten.

Aufgrund der einmaligen Natur, der Artenvielfalt und des internationalen Schutzstatus hat sich der WWF seit der Parkgründung für die Entwicklung eines nachhaltigen und naturverträglichen Öko-Tourismus engagiert. Es entstand in Zusammenarbeit mit der Parkverwaltung ein **Besucherzentrum**, mehrere kleine **Holzhütten für Wandere**r und ein **Naturmuseum**. Tausende von Besucher genießen die unberührte Natur und die gute Infrastruktur zum Wandern, Erholen und Naturerleben.

Anreise und Organisation

Das **Büro der Parkverwaltung** (Nalyčevo Nature Park Office, park@mail.kamchatka.ru) liegt in Elizovo in der ul. Zavojko 33. Dort bezahlt man auch seine **Gebühren**: 500 Rubel pro Person (Russen zahlen 300 Rubel). Für die Übernachtung in einer kleinen Holzhütte im Park zahlt man zwischen 300 und 700 Rubel pro Tag, je nach Komfort. In Nalyčevo gibt es eine Küchenhütte (400 Rubel pro Stunde) und eine Banja (2000 Rubel für 1,5 Stunden). Feuerholz kostet 250 Rubel pro großer Stapel (leider feuchtes, frisches Birkenholz). Wanderer, die ohne Genehmigung im Park unterwegs sind, werden von den Inspektoren zur Kasse gebeten, zahlen aber das gleiche. Es gibt auch **vom Inspektor geführte Touren** im Park, die 2000 Rubel pro Tag kosten.

Angesichts der für russische Verhältnisse beispiellos guten touristischen Infrastruktur und der vielen Aufgaben, die die Parkverwaltung auch bei der Umweltbildung von Schülern leistet, sind 500 Rubel Eintritt nicht zuviel verlangt.

Mineralische Ablagerungen an einer Quelle

Im Vergleich zu anderen internationalen Naturparks, wo die Wegestruktur und die Lagerplätze in einem weitaus besseren Zustand unterhalten und gepflegt werden, sind die 500 Rubel allerdings eine Frechheit. Im Internet findet man den Park unter www.park.kamchatka.ru, die meisten Informationen gibt es auch auf Englisch.

Erreichbar ist der Park sowohl zu Fuß von Petropavlovsk und Elizovo aus als auch mit einem Taxi bis zum Eingang an der **Parkgrenze bei Pinačevo**. Wer zur Parkgrenze im Sattel zwischen den beiden Vulkanen Korjakskij und Avačinskij möchte, benötigt einen Geländewagen als Taxi. Mit einem Helikopter erreicht man das im Park liegende Hauptquartier ›Nalyčevo‹ in 15 bis 20 Minuten.

Der Park bietet neben dem eingerichteten **Wegenetz zum Wandern** einige weitere **Aktivitäten**: Wanderungen auf dem Nalyčevo-Fluss mit Kanu, Kajak oder Schlauchboot sowie im Winter Skifahren, Skiwandern und Hundeschlittentouren. Pferdetouren sind im Park nicht gestattet, so die letzten Informationen. Wieso, konnte mir nicht beantwortet werden, wahrscheinlich wegen der für Pferde benötigten Vegetationsflächen zum Fressen. Die Wanderwege sind von Juni bis Oktober offen. Die beste Zeit für **Skitouren** ist der März und April.

Wer die beiden aktiven Vulkane **Karymskij** (seit 1996 stark aktiv) und **Malyi Semljačik**, mit einem türkisfarbenen Schwefelsäuresee im Krater, vier Tagesmärsche nördlich des Parks erreichen will, wird ebenfalls durch den Park wandern, weil er auf dem guten Wegenetz schnell vorankommt. Eine Wanderung zu diesen Vulkanen setzt jedoch voraus, dass man für etwa drei Wochen Proviant tragen kann, wenn man sich nicht am Ziel von einem Helikopter abholen lassen will.

Im Eingangsbereich zum Park (von Pinačevo aus kommend) oder am Fuß des Avačinskij stehen **Parkranger** (Inspektoren) für logistische Hilfe und Routentipps bereit. Hier werden auch die **Genehmigungen** für das Betreten des Parks kontrolliert oder man bezahlt an Ort und Stelle für den dort ausgestellten Schein. Man kann aber auch erst bezahlen, wenn man in Nalyčevo beim Hauptquartier angekommen ist.

Die acht über den Park verteilten **Hüttenkomplexe**, in denen häufig während der Hauptwandersaison jeweils ein Inspektor wohnt, sind von einfachem Komfort und eher für den Notfall oder bei sehr schlechtem Wetter nützlich. Man sollte sein Zelt mitbringen, das man neben den Hütten aufbauen kann. Nur im Hauptquartier Nalyčevo werden die Zeltübernachter etwa zwei Kilometer weg vom Hüttenkomplex und damit von den heißen Quellen geschickt. Aus mir unverständlichen Gründen wird damit die Situation provoziert, dass die Bären an die Zelte gehen, während die Wanderer sich in den warmen Quellen erholen. Entlang der Wanderwege gibt es außerdem noch zahlreiche weitere eingerichtete oder wild entstandene **Feuerplätze** mit Zeltmöglichkeiten.

Eine gute **Karte des Naturparks** gibt es in der Parkverwaltung in Elizovo und im Hauptquartier im Park. Diese zeigt die wichtigen Wanderrouten, die Hütten, Campingplätze oder heißen Quellen. Es gibt auch einen Flyer mit einer sehr guten Karte mit einer Beschreibung und GPS-Koordinaten für die Strecke von Nalyčevo zum Basislager am Avačinskij. Allerdings entzieht es sich meiner Erkenntnis und Recherche, auf welche Art und Weise die Kilometerangaben auf den Parkschildern, den Streckenpfosten oder in den Flyern (unterschiedlich!) gemessen wurden. Daher an dieser Stelle die per GPS (Garmin 62s, WSG85, 2011) gemessenen **Streckenenlängen** in Kilometern: Parkeingang bei Pinačevo bis zum ersten Unterstellplatz (Pavillon): 11,2; Parkeingang bis erste Hütte (Semenowskij): 17,7; Semenowskij bis zu einer alten Hütte mit Pavillon: 4; Semenowskij bis zum Pass (Pereval): 8; Semenowskij bis nach Nalyčevo: 21; gesamte Strecke: 38 Kilometer.

Wanderer an den Fumarolen im Gipfelbereich des Avačinskij

Južno-Kamčatskij-Naturpark und Mutnovskij-Gebiet

Der 486 000 Hektar große Južno-Kamčatskij-Park (Südkamtschatka-Naturpark) ist die Heimat einer kleinen Population von wilden Rentieren, den seltenen Schneeschafen, kleinen Säugern wie Murmeltier und Zobel sowie vielen Bären. Besonders in der Nähe der zahlreichen Flüsse und in den Hochstauden erfordert die hohe Bärendichte auch bei erfahrenen Wanderern gewisse Vorsichtsmaßnahmen. An der Ostküste leben Seeotter, Robben und Wale, einschließlich Blauwal, Grauwal, Buckelwal und Orka. Saisonabhängig gibt es bis zu 170 Vogelarten im Park, darunter auch etwa 20 Brutpaare des Stellerschen Seeadlers und riesige Seevogelkolonien an der Steilküste. Zum Naturpark gibt es eine gute Landkarte von der Parkverwaltung in Elizovo (Adresse siehe voheriges Kapitel zum Nalyčevo). Der Park kostet momentan noch keine Gebühr und ist auch nicht anmeldepflichtig.

Pisten zum Mutnovskij und Gorelyj

Der Südkamtschatka-Naturpark befindet sich entlang der südöstlichen Flanke Kamtschatkas südlich von Petropavlovsk. Das Betreten des Naturparks kostet offiziell keinen Eintritt. An der Nordspitze des Parks liegt der weithin sichtbare **Vulkan Viljučinskij** (2173 m). Der aktive **Vulkan Gorelyj** (1829 m) ist westlich des Parks. Der **Vulkan Mutnovskij** (2322 m) liegt wieder innerhalb des Schutzgebietes.

Besonders die beiden letztgenannten Vulkane sind interessante Ziele für Wandertouristen. Darüber hinaus liegen im Park die aktiven Vulkane Asača, Chodutka, Ksudač, Želtovskij und Il'inskij, der die südwestlichste Spitze des Parks darstellt.

Der Park ist auch deshalb attraktiv für Touristen, da er über eine **Piste** leicht erreichbar ist, selbst per Anhalter. Die Piste biegt von der Asphaltstraße bei der Ortschaft Termal'nyj an der Bushaltestelle nach Westen ab und führt dann durch das Tal des Karymšina-Flusses sowie das Tal der Paratunka gerade nach Süden über einen Pass hoch auf die Tundra zwischen den Vulkanen Viljučinskij und Mutnovskij. Das am Mutnovskij betriebene **Geothermalkraftwerk** bedingt einen regen Verkehr an Versorgungsfahrzeugen. Außerdem fahren viele Städter am Wochenende in diese Richtung. Mit etwas Glück findet man einen hilfsbereiten Fahrer und ist in drei bis vier Stunden vom Ende der aus Petropavlovsk kommenden Buslinie (bei Termal'nyj) bei den Vulkanen. Die Piste ist in einem sehr schlechten Zustand, weshalb Pkws nur langsam fahren können.

Etwa einen Kilometer nach der Passhöhe, unten in der Senke, zweigt eine Lehmpiste nach Osten ab. Hier geht es zu **warmen Quellen** (Viljučinskije/Вилючинские) im nächsten Tal, bei einer Basis eines Ski-Clubs aus der Stadt. Der Abzweig liegt bei 52°N39,4' und 158°E 09,3' und der Zeltplatz bei den Quellen bei 52°N39,2 und 158°E13,2.

Etwa fünf Kilometer nach der Passhöhe auf dem Viljučinskij-Bergrücken zweigt eine Schotterpiste nach Südwesten ab. Diese Piste führt westlich um den Vulkan Gorelyj herum nach Süden zu einer Goldmine in der Nähe des Flusses Asača. Folgt man der **Hauptpiste** weiter hoch in die immer steiniger werdende Tundra, so zweigt eine weitere Fahrspur (oft noch im Schnee) etwa drei Kilometer nach der ›Gorelyj-Piste‹, kurz vor der einzigen scharfen Ostkurve nach Süden

Južno-Kamčatskij-Naturpark und Mutnovskij-Gebiet [149]

ab (158°07'26''E, 52°35'45''N). Diese Fahrspur führt zum Westhang des Mutnovskij. Bleibt man auf der Hauptpiste gelangt man zum **Geothermalkraftwerk**. Fährt man vor dem Kraftwerk links und bleibt auf der Piste nach Osten, so gelangt man über einem Bergrücken und zu einem Thermalfeld mit vielen kleinen **Springquellen** (Mini-Geysiren) und **Heißwasserpools** (Ėojnovskie/Эойновские).

Južno-Kamčatskij-Naturpark
(природний парк Южно-Камчатский)

Der Viljučinskij

Ob diese Piste noch bis zur Pazifikküste führt, konnte ich noch nicht ausfindig machen. Vom Kraftwerk aus kann man auch noch in ein nördlich abfließendes Tal wandern, wo es ebenfalls heiße Quellen gibt: Piratojeskije, Verchne Širovskije und Širovskije.

Die erwähnte **Fahrspur am Westhang des Mutnovskij** führt anfangs durch eine große Ebene aus schwarzen Lavabrocken und feinem grauen Sand in der alten Caldera des Gorelyj, bevor sie durch grüne Tundrawiesen zum **Krater** ansteigt. In der Nähe des niedrigen Sattels, hinüber auf die Ostseite des Mutnovskij und zum Kraftwerk, steht eine **neue Berghütte** mit grünem Metalldach (manchmal etwas von anderen Hügeln bedeckt). Die Hütte ist im Sommer häufig besetzt, sodass man fragen kann, ob man dort nächtigen kann. Neben der großen Hütte steht auch noch eine niedrige blechverkleidete und grün angestrichene Hütte. Diese ist immer offen und bietet nur zwei Liegeflächen und einen Tisch. Im Notfall bekommt man hier vielleicht vier Personen unter. Zumindest kann man hier sein Zelt aufbauen und dann mit einem Tagesrucksack weiter laufen. Zum Mutnovskij sind es aber noch einige Kilometer und etwa zwei bis drei Wanderstunden. Eine alte, immer offene und geräumigere Hütte als die erwähnte Notfallhütte liegt westlich unterhalb des Wasserfalls Opasnyj (Овраг Опасный).

■ **Wanderung zum Mutnovskij-Krater**
Die Hütten kann man als sehr gute Basislager für eine etwa sechs- bis achtstündige Wanderung zur **Očobjaščij-Schlucht**, dem gewaltigen **Opasnyj-Wasserfall** (90 Meter) und zu den **Fumarolenfeldern** am Rand des Mutnovskij-Gletschers im Krater des Vulkans nutzen.

Der Weg ist gut ausgetreten und deutlich sichtbar. Er führt geradewegs vom Rand der Schlucht in die Kraterkerbe auf etwa 1400 Meter Höhe. Bei den Schwefelquellen und laut zischenden Fumarolen sollte man sich nicht direkt in den **Schwefelwasserstoffwolken** aufhalten, denn dieses Gas ist äußerst giftig und verätzt die Lungenbläschen und reizt die Schleimhäute der Augen. Außerdem wird die Oberflächenvergütung der Kameralinsen angegriffen. Besonders ät-

Južno-Kamčatskij-Naturpark und Mutnovskij-Gebiet

zend sind diese Gase bei Nebel oder feinem Sprühregen. Man sollte zudem im Bereich der Fumarolen möglichst die ausgetretenen Wege nicht verlassen, da der Untergrund brüchig sein kann.

Leider macht der Mutnovskij seinem Namen nur all zu oft alle Ehre. Wörtlich übersetzt heißt er ›der Trübe‹. Den Berg bei wolkenlosem Wetter zu genießen, gehört eher zu den seltenen Ereignissen. Die Wolkenmassen des nahen Pazifiks drücken zwischen den hohen Bergen von Süden herein und werden frontal auf diesen 2322 Meter hohen Berg gedrückt. **Nebel**, **heftiger Regen** und **orkanartige Stürme** sind zu keiner Jahreszeit eine Seltenheit.

Im Krater gibt es noch die Option, hinter den Fumarolenfeldern zum **zweiten und dritten Krater** zu gehen. Hinter dem Fumarolenfeld mit den kochenden Schlammlöchern steigt man am Fuß des rechten Berghangs weiter nach Süden (sollte gut ausgetreten sein) und erreicht den eisgefüllten zweiten Kater. Der dritte Krater ist derjenige, der mit seinen großen Wolken aus den zahlreichen Fumarolen schon von weitem zu erahnen ist. Hier kann man aber nur bis zum Kraterrand gehen und hineinschauen.

Am Opasnyj-Wasserfall

Das Seil, das dort für das Hochziehen auf den letzten drei Metern zum Kraterrand fixiert ist, ist schon sehr alt und nicht unbedingt vertrauenswürdig.

■ Besteigung des Gorelyj

Der Nachbarberg des Mutnovskij, der 1829 Meter hohe Gorelyj, ist nicht unbedingt öfters frei von Wolken dafür aber weniger schwer zu besteigen. Die Berghänge sind relativ flach, nur die letzten paar Meter können etwas steil werden. Von der erwähnten Berghütte aus kann sich die Tour für **sieben Stunden** hinziehen. Geschickter ist es, das Lager dann an den Fuß des Vulkans zu verlegen. Einige Bäche kommen von den Schneefeldern herunter, sodass man keine Not hat, einen geeigneten Lagerplatz zu suchen. Einfacher ist es natürlich, sich mit dem Fahrzeug bis zum Fuß des Berges fahren zu lassen. Dazu benutzt man die schon erwähnte **Gorelyj-Piste** und folgt in der großen Sandebene

Fahrspur durch die Tundra am Viljučinskij

in der alten **Gorelyj-Caldera** den vielen Autospuren. Vom Fuß des Gorelyj braucht man etwa zwei Stunden für den Aufstieg zu den beiden Kratern und auf den Gipfel. Zurück ist man in weniger als einer Stunde, da der Anstieg kurz und im oberen Bereich steil ist. Im Gipfelbereich wehen häufig starke Winde, die den feinen Staub aufwirbeln und die Schwefeldämpfe herumwirbeln.

Im östlichen Krater des Vulkans liegt ein großer See, auf dem bis in den August Eisschollen schwimmen. Tief im westlichen Krater liegt ein türkisblauer **See aus Schwefelsäure**. Direkt am Ufer dieses Schwefelsees gibt es neben einigen Fumarolen auch ein Loch, aus dem seit Juli 2010 heißer Dampf unter donnerndem Lärm herausgeschossen kommt. Mit Glück oder in der Dämmerung/ nachts kann man in diesem Loch die rotglühenden Steine erkennen. Weht der Wind ungünstig, kann diese Dampfwolke auch direkt über den Kraterrand in Richtung Wanderweg blassen. Dann ist der Aufstieg nicht zu empfehlen. Die Experten vor Ort meinten 2010, dass diese Aktivitäten des Gorelyi ein Zeichen für einen noch zu erwartenden stärkeren Ausbruch seien. Im Sommer 2011 hatte sich diese Aktivität jedoch wieder etwas beruhigt. Leider ist momentan der türkisblaue Schwefelsäuresee nur noch eine kleine Pfütze.

Piste in den Süden zu den Flüssen Asača und Mutnaja

Der Großteil des Južno-Kamčatskij-Parks erstreckt sich in einer vom Menschen fast unberührten Wildnis. Eine Wanderung, aber auch Mountainbiketouren nach Süden zu den Flüssen Mutnaja und Asača wird durch die erwähnte westliche **Gorelyj-Piste** stark erleichtert. Man könnte sich über diese Piste auch zum Wildwasserfahren an die beiden Flüsse bringen lassen. Die Piste ist allerdings bei regnerischem Wetter und während der Schneeschmelze im Juni und oft noch im Juli ein schlammiges Abenteuer für Reifen und Bergstiefel.

Für Wanderer, die von einer der erwähnten Mutnovskij-Hütten dorthin wollen, empfiehlt es sich, über die Tundra südlich vom Gorelyj in Richtung der kleinen bewachsenen Vulkankegel und des Vulkans Želtaja zu laufen. Dort stößt man dann wieder auf die Piste und folgt dieser talabwärts durch den Erlengebüschgürtel (Stlanik) zur Mutnaja. Die Piste schlängelt sich über mehrere kleinere Hügel bis zu einer kleinen Wellblechsiedlung bei einer **Goldmine** (157°58'96''E, 52°15'72''N). Wenn man geradeaus durch diese Ansammlung von Schuppen und Maschinen weiterläuft und bei der letzten Hütte der Piste scharf nach Westen den Hang hoch folgt, kommt man nach ungefähr fünf Kilometern an den Fluss Asača, der für seinen Fischreichtum bekannt ist. Wegen der Goldmine liegt das gesamte Gebiet der Mutnaja bis zu deren Mündung in den Pazifik nicht im Naturpark – dieser ist somit zweigeteilt.

▲ *Basaltfelsen am Gipfel des Viljučinskij*

Trekkingtour zu den Vulkanen Chodutka und Ksudač

Entlang des Westufers der Asača gibt es einen mehr oder weniger deutlichen Pfad weiter nach Süden. Der Pfad verzweigt sich oft, wird häufig undeutlich und führt den Wanderer in die Irre. Aber mit einer guten Karte und geübtem Umgang mit Kompass und GPS-Empfänger erreicht man nach **drei bis fünf Tagen** (ab den Mutnovskij-Hütten) die **heißen Quellen** am Vulkan Chodutka (157°39'42''E, 52°06'47''N), wo auch ein Holzhaus am Ufer des 40 °C warmen Tümpels steht, und nach weiteren **vier bis fünf Tagen** die riesige **Caldera der Ksudač**. In dieser Caldera liegen zwei **Kraterseen**, an deren flachen schwarzen Sandufern man im warmen Wasser baden kann (warmer Aschestrand am südlichen See: 157°31'53''E, 51°48'02''N). Von der Piste am Mutnovskij bis zur Ksudač sind es somit elf bis zwölf Wandertage. Die Vulkane Chodukta und Ksudač werden im Rahmen von Helikopter-Tagesausflügen von vielen örtlichen Reiseagenturen angeflogen, so dass man es arrangieren könnte, sich am Anfang oder Ende der Wanderung dort absetzen oder ausfliegen zu lassen.

Wildnistrekkingtour zum Kurilensee

Von der Ksudač aus sind es weitere sechs bis sieben anstrengende Tagesmärsche mit vielen Mühen im Erlen-Stlanik, Umwegen in weglosem Gelände, wilden Flussdurchquerungen und unzähligen Moskito-Schwärmen bis zum Kurilensee im Južno-Kamčatskij-Reservat im tiefen Süden der Halbinsel. Für eine Wanderung vom Mutnovskij zum Kurilensee sollte man sich jedoch **nicht ohne Wildniserfahrung** und **keinesfalls alleine** aufmachen. Man wird ab der Mine mit großer Wahrscheinlichkeit keine weiteren Menschen treffen und ist vollkommen auf sich alleine gestellt. Pfade wird man nur noch sehr selten finden und schnell wieder verlieren, Proviant muss für die gesamte Tour mitgenommen werden. Unendlich erscheinende Tundralandschaften, unberührte Birkenwälder, dichtes Erlengebüsch und tiefe Kerbtäler prägen den Naturpark und entlohnen für die Strapazen.

Als eine biogeographische Besonderheit des Parks findet man nördlich der Ksudač eine **Bimssteinlandschaft** mit einer sehr ungewöhnlichen Vegetation: flächendeckender Flechtenbewuchs mit wenigen einzelnen Birken und kreisrunden Ericaceen-Polstern. Der Bimsauswurf des letzten Ausbruchs der Ksudač vor 1400 Jahren hatte das Gebiet eingeebnet und das trockene Substrat hat ein üppiges Pflanzenwachstum bisher nicht zugelassen. Dafür findet man im Sommer und Herbst viele Rotkappen und Birkenpilze sowie süße Rauschbeeren (Vaccinium uliginosum) und blaue Heckenkirschen (Lonicera caerulea).

Wer im Južno-Kamčatskij-Naturpark wandert und als Ziel das Južno-Kam-

Fumarolen am Mutnovskij

čatskij-Reservat hat, muss berücksichtigen, dass dieses letztgenannte Gebiet nicht kostenfrei zugänglich ist. Die **Gebühren** liegen bei etwa 2000 bis 4000 Rubel pro Tag. Der Inspektor des Reservats wohnt in der Hütte ›Tinro‹ südlich des Ausflusses der Ozernaja, wo auch eine Forschungsstation steht und ein kleiner Holzsteg über den Fluss führt. Die Station wird von einem Elektrozaun gegen die vielen Bären umgeben. Biegt man vom Holzsteg direkt nach Westen ab, so ist man nach wenigen Kilometern wieder außerhalb des Reservats und der Gebührenpflicht.

Auf halber Strecke zur an der Westküste gelegenen **Ortschaft Ozernovskij** stößt man auf eine breite Piste, die von einer südlicher gelegenen landwirtschaftlichen Versuchsfarm und einer kleinen Siedlung kommt. Ab hier kann man sich wieder per Anhalter mitnehmen lassen. In Ozernovskij angekommen, muss man noch mit einigen Tagen des Wartens rechnen, bis sich die Möglichkeit eröffnet, in einem der Helikopter oder geländegängigem Fahrzeuge zurück nach Elizovo zu kommen. Einige Reiseagenturen haben diese Strecke zum Kurilensee auf ihrem Programm. Vielleicht kann man dann auf der Rückfahrt in einem der Ural- oder Kamas-Fahrzeuge mitgenommen werden. Die nötigen Lebensmittel bekommt man in einem kleinen Laden im Dorf. In der Ortschaft gibt es auch eine lachsverarbeitende Fabrik.

Wegen des Wartens auf eine Mitfahrgelegenheit kann es sinnvoller sein, die erwähnte Wanderstrecke von Ozernovskij zum Mutnovskij zu gehen. An der Mutnovskij-Piste kommt man eher wieder weg.

▲ *Unterwegs im Krater des Mutnovskij*

Južno-Kamčatskij-Naturreservat

Das komplette Gebiet (225 000 Hektar) des südlichen Kamtschatka, bis zum Lopatka-Kap, ist schon sehr lange ein Reservat (Zakaznik). Es wurde bereits 1882 vom Zaren eingerichtet, damit die wertvollen Zobelbestände und die Population der Seeotter nicht zu stark dezimiert wurden. Zusammen mit dem Južno-Kamčatskij-Naturpark (486 000 Hektar) sind auf diese Weise im Süden der Halbinsel 711 000 Hektar unter Schutz gestellt. Die wohl schönste und bekannteste Attraktivität der Wildnis dieses Reservats ist der schon im vorherigen Abschnitt erwähnte bis zu 306 Meter tiefe **Kurilensee**. Dieser füllt einen vor etwa 8400 Jahren eingebrochenen Krater aus und ist mit 74 Hektar Fläche der zweitgrößte See der Kamtschatka-Halbinsel. In seiner Mitte ragt ein Felsenkegel aus dem Wasser: der Basaltschlot des ehemaligen Vulkans. Auf diesem lebt eine Möwenkolonie, deren Geschrei man schon vom entfernten Seeufer hört.

Der See ist für seinen **Reichtum an Lachsen** weit bekannt. Im klaren und kalten Flachwasser laichen mehrere Arten, darunter der Nerka, Gorbuša, Kizuč und der

[156] Južno-Kamčatskij-Naturreservat

Ein Kamtschatka-Murmeltier

Čavyča. Alle Lachsarten besitzen spezifische Laichzeiten, so dass von März bis September Lachswanderungen am Ausfluss der Ozernaja beobachtet werden können. Die meisten Lachse kommen im August und September. Bis zu fünf Millionen Fische können in manchen Jahren in den See ziehen. Hier ist auch der Fernsehfilm ›Der Lachszähler von Kamtschatka‹ entstanden. Davon profitieren nicht nur die Bären, die sich hier ihren Winterspeck anfressen, sondern auch die Stellerschen Seeadler. Ein Großteil der Population (bis zu 700 Individuen) dieser größten Adlerart der Erde verbringt hier den Winter. Weitere Nutznießer des Fischreichtums sind Steinadler, Weißschwanzadler, mehrere Falkenarten, Füchse, Flussotter, Mink und letztendlich auch der Mensch.

In den Park kommt man **per Helikopter von Elizovo aus** in einem etwas mehr als 70 Minuten dauernden Flug. Gelandet wird in der Regel im Südwesten des Sees auf einer kleinen Landzunge, auf der auch ein großes Holzhaus für Touristen, die **Grassy Point Lodge**, und zwei Inspektorhütten stehen. Von dort wird man per Boot für mehrere Stunden über den See gefahren. Man hat die Möglichkeit zu einer nahen Aussichtsplattform an einer Flussmündung zu gehen, von wo aus gefahrlos Bären beim Fischen beobachtet werden können. Der Helikopter fliegt in der Regel nach vier bis fünf Stunden wieder zurück – je nach Wetterlage.

Wer länger im Park bleiben will, sollte sich von einem der Inspektoren mit dem **Motorboot zur Parkhütte im Nordwesten des Sees** fahren lassen, um dort die aufsteigenden Lachse in der Ozernaja beobachten zu können. Dort bekommt man die Bären sehr nah vor die Kamera.

Wer **vom Kurilensee zum Mutnovskij wandern** will, kommt ohne die **Genehmigung** der Parkbehörde in Elizovo nicht weit. Der Inspektor kontrolliert alle Papiere und schreibt dann einen Leistungsnachweis. Eigentlich ist er verpflichtet, den Wanderer bis zur Parkgrenze zu führen, aber da ein erfahrener Wanderer darauf auch verzichten kann, ist es viel praktischer, sich von ihm mit dem Boot zum Ausgangspunkt der Wanderung ans Nordufer fahren zu lassen. So spart man sich einige Kilometer Erlengebüsch um den See herum.

Der Name des Kurilensees stammt übrigens von den ehemaligen Ureinwohnern dieser Region, den Ainu. Demnach heißt ›Kuri‹ in deren Sprache ›Die Menschen, die aus dem Nichts kamen‹. Die Ainu wurden von den anderen Ethnien ›Kuril‹ genannt. Im Bereich der Südspitze Kamtschatkas wurden nicht nur Töpferwaren der Ainu gefunden, sondern auch Schmuck, Angelzubehör und sogar japanische Bronzemünzen.

Die **Gebühren** betragen 2500 Rubel pro Tag. Das **Büro der Zapovednik-Verwaltung** befindet sich in Elizovo: 684010 Kamčatskaja Oblast', Elizovo, ul. Rjabikova 48. Tel. +7/(8)/41531/73905, kronokipressa@gmail.com, zapoved@mail.kamchatka.ru, www.wild-russia.org und www.kronoki.ru.

Kronockij-Naturreservat

Dieses Schutzgebiet, das auf einigen Karten auch als Biosphärenreservat bezeichnet wird, ist das Juwel unter den Schutzgebieten Kamtschatkas. Die Fläche des schon 1882 eingerichteten Reservats erstreckt sich heute auf etwa 1 007 100 Hektar. Ergänzt wird diese Fläche von einer Dreiseemeilen-Zone entlang der ungefähr 280 Kilometer langen Küste. In dem Park gibt es aktive und erloschene Vulkane, Fumarolen, Geysire und andere geothermale Aktivitäten, hohe Berge mit Gletschern und kristallklare Seen, lachsreiche Flüsse, bunte Tundrawiesen, dichte Birkenwälder sowie lange schwarze Sandstrände, steile Klippen und vorgelagerte Vogelinseln.

Der Park besitzt die höchste russische Naturschutzkategorie eines ›Federal'nyj Zapovednik‹, eine Art Nationalpark oder Totalreservat. Diesen Schutzstatus haben im Verwaltungsgebiet Kamtschatka nur noch die Kommandeurinseln. Dieser spezielle Status verdeutlicht die hohe Wertigkeit der dortigen Wildnis für ganz Russland. In diesem Schutzgebiet gibt es auch einige Regionen, in denen sich Touristen aufhalten dürfen – vorausgesetzt, sie besitzen eine Genehmigung dafür. Diese **Genehmigung** wird im Büro der Zapovednik-Verwaltung in Elizovo erteilt (→ S. 156), die Gebühren sind dieselben wie fürs Süd-Kamtschatka Naturreservat (Gebühren siehe Ab-

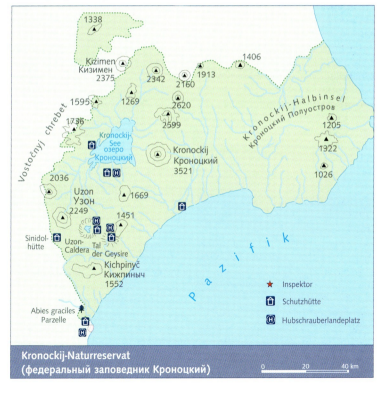

schnitt vorher). Adresse siehe vorheriger Abschnitt zum Južno-Kamčatskij-Naturreservat. Der momentane Direktor des Zapovedniks ist Špilenok Tichon Igorevič (Шпиленок Тихон Игоревич). Wer im Kronockij-Park wandern möchte und die Genehmigung dazu erhalten hat, bekommt einen Inspektor zur Seite gestellt, Gruppen über zehn Personen benötigen zwei Inspektoren.

Die allermeisten Besucher kommen nach einem einstündigen Helikopterflug in den Park. Es gibt allerdings auch die Möglichkeit, in den Park hineinzuwandern, dies erfordert aber einige Überredungskunst bei der Reservats-Leitung in Elizovo, weil man einen zu starken Besucherverkehr verhindern will. Außerdem wird man kaum den genauen Ankunftstag an der Parkgrenze und am Treffpunkt mit dem Inspektor voraussagen können, wenn man etwa zehn Tage von Elizovo oder Mil'kovo aus unterwegs ist.

Laut Naturschutzgesetz ist Tourismus in den Totalreservaten nur **im Rahmen von wissenschaftlichen Exkursionen** erlaubt. Der Massentourismus soll außen vor bleiben. Die Zahl der Helikopterflüge in den Park lässt sich besser kontrollieren, und die Touristen bleiben dann in der Regel auch nicht über Nacht. Das **Campieren und Zelten ist im Park verboten**. Im Park gibt es einige teilweise recht baufällige Hütten, die aber für eine Übernachtung genügen. Die beiden von Touristen besuchten Gebiete innerhalb des Kronockij-Reservats sind die Uzon-Caldera und das Tal der Geysire.

Uzon-Caldera

Vor etwa 40000 Jahren entstand die neun mal zwölf Kilometer große Uzon-Caldera durch mehrere gewaltige Explosionen und den Zusammenbruch eines Vulkans, dessen Reste heute Uzon genannt werden. Eine Caldera, der Name kommt aus dem Spanischen und bedeutet Kessel, entsteht, wenn die Flanken eines Vulkans brüchig sind und der Schlot verstopft ist, so dass der Druck der unterirdischen Gase seitlich explosionsartig entweicht, die Flanken des Vulkans davonbläst und der obere Kegel des Vulkans (teilweise) in die Tiefe sinkt. Aus dieser Zeit sind eine heiße Geologie und folglich viele heiße Mineralwasserquellen, schwefelsäurehaltige Quellen, Fumarolen und heiße Schlammquellen übriggeblieben.

Durch die etwa 150 Quadratkilometer große Uzon-Caldera führt der Inspektor auf sicheren Pfaden und Holzstegen, da die empfindliche Vegetation nicht zertreten werden soll, an einigen Stellen aber auch die Erdkruste gefährlich dünn ist. Kochendes Wasser führt zu schweren Verbrennungen, bei kochender Schwefelsäure kostet es den ganzen Fuß. Die Farben der Natur sind schöner, als es sich ein Maler ausdenken könnte: weiße Hänge mit Kaolinit-Ton, grüne und blühende Wiesen, farbenprächtige Zwergsträucher, das Laub der Steinbirken und die unterschiedlichen Blautöne

▲ *In der Uzon-Caldera*

der mineralhaltigen Gewässer. Durch das geschützte Mikroklima in diesem Krater gedeihen nicht nur viele Pflanzenarten besonders gut, sondern es existiert auch eine besonders hohe Dichte an Bären. Durch das Überangebot an Rauschbeeren und Lachsen im Herbst gibt es weniger Revierstreitigkeiten, so dass in der Caldera oft über zehn Bären leben.

Tal der Geysire

Das Tal der Geysire (Dolina Gejzerov/ Долина Гейзеров) erreicht man nach einer sechsstündigen Wanderung von der Uzon-Caldera aus oder mit dem Helikopter in einem etwa einstündigen Flug von Elizovo. Wanderungen vom Tal der Geysire zur Uzon-Caldera oder anders herum werden auch von einigen Reiseagenturen angeboten. Abgeholt wird man dann wieder über den Luftweg. Üblich sind auch beide Reiseziele in einer gebuchten Helikopter-Tour von Elizovo aus. Ob dann zuerst die Uzon-Caldera oder das Tal der Geysire angeflogen wird, bleibt dem Wetter oder den Tourorganisatoren überlassen. Dann ist allerdings nicht so viel Zeit für das gemütliche Herumwandern in beiden Zielen. Für Ausländer und Festlandrussen betrug der Preis für einen Tagesausflug ins Tal der Geysire 2011 etwa 27 000 Rubel, für Bewohner Kamtschatkas kostete es etwa 18 000 Rubel.

Das Tal der Geysire ist erst 1941 von der Wissenschaftlerin Tatjana Ustinova (1913–2009, ihre Urne ist im Tal beigesetzt worden) entdeckt worden, sieben Jahre nachdem der Zapovednik eingerichtet wurde! Wie weit die Ureinwohner dieses Tal schon kannten, entzieht sich jeder Recherche. Benannt ist es nach den etwa 40 Geysiren (anderen Quellen zu Folge 90), die hier in mehr oder weniger regelmäßigen Abständen ausbrechen.

Die meisten dieser Geysire liegen am **Südosthang** des etwa sechs Kilometer langen Tals. Von oben sickert permanent Grundwasser in die zerklüfteten Gesteinsschichten und sammelt sich in den tiefen Wasserblasen. Dort wird durch die Erdwärme das Wasser zum Kochen gebracht. Da der schmale und lange Entlüftungskanal eines Geysirs die entstehende Hitze und den Dampfdruck in der Wasserblase nicht schnell genug

Algen in einer Thermalquelle in der Uzon-Caldera

Im Tal der Geysire

nach oben ableiten kann, baut sich ein Überdruck auf. Ab einem bestimmten Überdruck wird das kochende Wasser explosionsartig nach oben geschossen. Der größte Geysir in diesem Tal, der **Velikan**, besitzt eine 30 Meter hohe Fontäne und eine 300 Meter hohe Dampfwolke.

Das mineralhaltige warme Wasser lässt an den Abhängen und auf den Sinterterrassen eine Vielzahl von verschiedenfarbigen Algen wachsen. Für abwechslungsreiche Fotomotive ist überall gesorgt. Besonders in der Nacht bietet das Tal mit seinen zischenden Geräuschen eine absolut urweltlich anmutende Kulisse. Ergänzt wird das Schauspiel der Urkräfte der Natur durch den Bergbach, der durch dieses Tal fließt und in dem sich kochendes und kaltes Wasser mischen.

Am Morgen des 3. Juni 2007 gab es in Folge eines leichten Erdbebens einen gewaltigen Erdrutsch im südlichen Teil des Tals, wodurch der gesamte untere Teil des Tals aufgestaut wurde. Infolgedessen wurden viele der heißen Quellen und Dampflöcher im oberen Tal überflutet. Alle Holzstege wurden durch das Wasser zerstört. Erst mit Hilfe der Armee und vieler Freiwilliger konnte ein Kanal für den Bach geschaffen werden, der den entstandenen Thermalsee wieder entwässerte. Im August 2007 konnten die ersten Touristen wieder ins Tal geflogen werden. Ein deutsches Kamerateam filmte diesen Erdrutsch zufällig, als sie sich für Dreharbeiten zur Serie ›Wildes Russland‹ dort aufhielten. Der Erdrutsch ›verpasste‹ nur um wenige Meter die Holzhütte, das Kamerateam und einen geparkten Helikopter. Inzwischen ist es spannend zu beobachten, wie die Vegetation die neuen Rohböden besiedelt.

Die Inspektoren des Tals bieten ausführliche Führungen zu allen wichtigen Geysiren an. Der Besucher muss auf den Holzstegen bleiben, damit die empfindliche Pflanzenwelt oder die Geothermalfelder nicht zertreten werden. Die **Pflanzenvielfalt** des Tals, besonders in der Nähe der von unten geheizten Böden, ist selbst für Kamtschatka etwas sehr besonderes: thermophile Vegetation in einer subarktischen Region. Im Frühjahr wird es in diesem Tal auch früher grün, als in anderen Regionen. Die frisch aus dem Winterschlaf erwachten Bären und viele andere Tiere kommen dann hierher, um nach der langen Fastenzeit wieder Nahrung zu suchen.

Bystrinskij-Naturpark

Dieser Naturpark im Nordwesten des Verwaltungsgebietes Kamtschatka ist mit 1 333 000 Hektar das weitaus größte Schutzgebiet der gesamten Halbinsel und einer der größeren terrestrischen Naturparks auf unserem Planeten. Der Park beinhaltet einige der interessantesten Gebirge, Birkenwälder und Tundralandschaften Kamtschatkas. Die beiden im Park liegenden Siedlungen Anavgaj (etwa 600 Einwohner) und Èsso (etwa 2000 Einwohner) werden häufig von Touristen besucht, da hier die Traditionen der Volksgruppen der Evenen, Itenmenen und Korjaken gepflegt und gelebt werden. Im Park verstreut leben etwa 400 Indigene. Bei ihren traditionellen Gesängen, Tänzen oder unterhaltsamen Aufführungen dreht sich alles um die wilden Tiere, die reichen Naturschätze, das Leben in der Tundra und die Rentierherden. Das Alltagsleben ist während der 70 Jahre Sowjetunion zwangsweise an das der Russen angepasst worden. Inzwischen versuchen die Volksgruppen wieder verstärkt, die eigenen kulturellen Wurzeln und Werte zu finden und die alten Traditionen aufleben zu lassen.

Der Park ist die Heimat des seltenen Kamtschatka-Schneeschafes und der mächtigen Kamtschatka-Elche, außerdem finden sich Biber, Bären, Zobel, Füchse, Minks, Wölfe, wilde und domestizierte Rentiere sowie eine Vielzahl von Vogelarten. Viele fischreiche Gewässer bilden die Nahrungsgrundlage für die Tierwelt und die einheimischen Menschen. Der Reichtum an Naturgütern wird ergänzt durch das wertvolle Holz

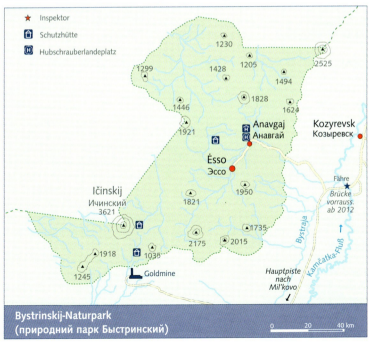

Bystrinskij-Naturpark
(природний парк Быстринский)

der Kamtschatka-Lärchen (Larix dahurica). Die Nadelwälder (Lärchen-Fichtenwälder) der Region, speziell im niederschlagsarmen und geschützten Tal Zentralkamtschatkas, gibt es sonst nirgendwo auf der Halbinsel. Der höchste Berg des Naturparks ist der 3621 Meter hohe Ičinskij, der einzige als aktiv registrierte Vulkan des Westlichen Gebirges, auch wenn er momentan nur eine kleine Fumarole besitzt.

Im Park sind einige Wander- und Inspektorhütten (Kardon) sowie Unterstände verteilt, die man im Notfall oder bei schlechtem Wetter aufsuchen kann. Der Naturpark besitzt eine Vielzahl an Wanderpfaden und Jägersteige, die seit vielen Jahrzehnten von regionalen Jägern und Rentier-Züchtern benutzt werden. Der Rucksack-Wanderer wird phantastische Landschaften erleben und ein Paradies für Tier- und Pflanzenfotografie vorfinden. Die besten Informationen zum Park bekommt man in der Parkverwaltung in Èsso (Adresse siehe unten).

Èsso

Von Petropavlovsk aus fährt man mit einem Pkw etwa acht Stunden bis zur Siedlung Anavgaj oder nach Èsso. Der öffentliche Bus fährt – von Petropavlovsk über Mil'kovo kommend – bis Èsso (etwa zehn Stunden, 1250 Rubel). Von Mil'kovo sind es 153 Kilometer bis zum Abzweig nach Westen und dann noch mal 69 Kilometer bis zur Siedlung. Demnach sind es von Petropavlovsk bis Èsso etwa 530 Kilometer. In Èsso gibt es kleine und einfache Hotels, private Gästehäuser (Gostinica, ab 600 Rubel/Person/Tag), sowie mehrere lokale Reiseagenturen, die Reittouren (etwa 2000 Rubel/Tag/Pferd) oder Wildwasser-Rafting auf der Bystraja (etwa 1500 Rubel/Tag/Person) oder dem Oberlauf der Kamtschatka anbieten.

Das Gelände des Volkskundemuseums in Èsso

In Èsso befindet sich ein sehenswertes **Volkskunde-Museum** (Tel. +7/(8)/415-42/21103), das unter anderem viele traditionelle Gebrauchsgegenstände der Evenen und Korjaken zeigt. Das Museum ist fast schon eine Pflicht, wenn man in Èsso ist. Montags und Dienstags ist zwar geschlossen, wenn man in einer Gruppe anreist, kann man aber an den beiden Tagen auch den Chef Aleksandr Ivanovitsch anrufen (Tel. +7/(8)/914/6236756. Vielleicht wird dann trotzdem geöffnet. Der Eintritt kostet 170 Rubel, eine Führung 270 Rubel.

In Èsso gibt es noch etwas anderes Attraktives für Touristen und müde Wanderer: ein großes **Freibad**, das mit heißem Thermalwasser befüllt wird; der Eintritt ist frei. Die Gemeindeverwaltung hat es auch endlich geschafft, die Umkleidekabine zu renovieren und den Platz um das Becken mit neuen Brettern auszulegen. Funktionierende sanitäre Anlagen fehlen allerdings noch. Ganz Èsso wird übrigens mit heißem Thermalwasser beheizt, inklusive der vielen Treibhäuser, in denen neben Tomaten, Gurken, Auberginen und Paprika auch noch vieles andere wächst.

Jedes Jahr Anfang März findet seit 1990 von Ėsso aus eines der schwersten Hundeschlittenrennen der Welt, das **Beringia-Rennen** statt (→ S. 182). Es führt seit einigen Jahren über 950 Kilometer von Ėsso nach Ossora im ehemaligen korjakischen Kreis. In dieser Zeit ist Ėsso überfüllt mit Schlittenteams, begeisterten Anhängern, Kamerateams und unzähligen Schaulustigen. Vor dem Start gibt es ein regelrechtes Volksfest. Ein kleines **Museum zur Beringia** gibt es direkt hinter dem Gebäude der Parkverwaltung (Schlüssel dort organisieren). Weitere wichtige Feste der Evenen und Korjaken sind das Neujahrsfest zur Sommersonnenwende, das Fischerfest am zweiten Sonntag im August und Erntedank Anfang September.

In Ėsso findet man auch kleine **Werkstätten für lokale Schnitzkunst** (Speckstein, Holz, Knochen, Geweih von Elch und Rentier, Elfenbein von Mammut oder Walross) und indigenes Kunsthandwerk (beispielsweise Amulette oder Trommeln). Erwähnt seien hier: Alexan-

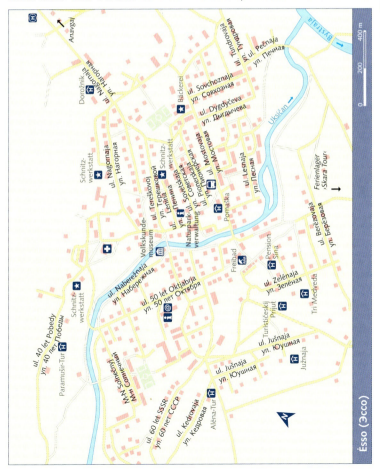

[164] Bystrinskij-Naturpark

der Daniluk (am hinteren Ende der ul. Lenina), Andrej Adukanov (ul. 40 Let Povedij 7), Marina Voronovna (in der Siedlung oberhalb des Freibads) und Oleg Kotschetkov (Werkstatt Уткар/Flicken, neben dem Kindergarten, Tel. +7/(8)/902/4632605.

Wer eine Aufführung der indigenen **Tanzgruppe Nulgur** (Нулгур, Nomaden) sehen möchte, fragt bei der Chefin des Ensembles Galina Jurievna Fedotova nach (Tel. +7/(8)/41542/21411 oder +7/(8)/909/8396331). Eine Aufführung kostet pro Zuschauer (Touristen) etwa 1000 Rubel und dauert etwa eine Stunde. Mit Glück gibt es auch öffentliche Aufführungen, oder mehrere Reiseagenturen schließen sich zusammen und können so das Programm ausweiten.

In der **Bibliothek** in Èsso gibt es die Möglichkeit, einen Fotokopierer und einen Internetanschluss zu nutzen: 50 Let Oktjasva 11, 684350 Èsso, essolib@mail.ru. Einen moderneren, aber etwas teureren Service bietet der Kopier-Laden direkt rechts von der Parkverwaltung in der ul. Lenina an.

■ Nationalparkverwaltung

Seit 1. Januar 2010 sind die vier Parkverwaltungen für den Nalyčevo-Naturpark, den Južno-Kamčatskij-Naturpark, den Bystrinskij-Naturpark und den Ključevskoj-Naturpark in einer Verwaltung unter dem Namen ›Vulkane Kamtschatkas‹ zusammengefasst worden. Die einzelnen Naturparks nennen sich jetzt ›Naturpark-Cluster‹. Der momentane Direktor aller Parks ist Valerij Viktorovič Komarov. Der Direktor des Bystrinskij-Naturparks ist Igor Anatolevitsch Kokorin, der auch Stellvertreter von Komarov ist und auch für den Ključevskoj-Naturpark zuständig ist.

Das **Hauptquartier des Naturpark-Clusters Bystrinskij** befindet sich in der ul. Lenina 8, essopark@yandex.ru. Im Hauptquartier gibt es ein sehr schönes **Naturmuseum** über alle Aspekte des Parks, der Flora und Fauna, der Rentiernomaden im Park, sowie des richtigen Verhaltens für Wanderer. Hier gibt es auch Landkarten vom Park sowie die Möglichkeit, einen erfahrenen Führer für eine Wildniswanderung zu organisieren. Hier muss man auch seinen Aufenthalt im Naturpark anmelden, falls man es nicht schon im Hauptquartier in Elizovo getan hat (auch wenn es für diesen Park momentan noch keine Gebühr kostet). Außerdem engagiert sich seit einigen Jahren die deutsche Manfred-Hermsen-Stiftung in der Parkverwaltung, weshalb jedes Jahr einige deutsch- und russischsprachige Volontäre hier arbeiten.

■ Reit- und Wandertouren

Reittouren oder Wanderungen mit Packpferden im Park werden in Èsso von Mascha Klimova angeboten. Tel. +7/(8)/914-0242396 oder +7/(8)/914-7898967, nomademk@gmail.com). Die Preise liegen bei 4000 Rubel pro Tag für ein Reitpferd und 2000 Rubel pro Tag für ein Packpferd. Mascha spricht sehr gut deutsch und englisch, kennt sich gut im Park aus und besitzt alle Lizenzen von der Parkverwaltung.

Bei der Organisation von Touren (Rafting, Reiten, Wandern) im Park hilft auch Aleksandr Ivachnenko (Tel. +7/(8)/902/4622735, skara_tour@mail.iks.ru oder skara-hunt-tour@mail.ru). Außerdem gibt es noch Evgeny (Shenja) mit guten Erfahrungen bei Pferdetouren im Park (Tel. +7/(8)/902/4638150 oder +7/(8)/909-8303651, nur russisch).

Itenmene in Èsso

Die Manfred-Hermsen-Stiftung auf Kamtschatka

Von Judith Kiss (2011)

Seit 2004 unterstützt die Manfred-Hermsen-Stiftung (MHS) den Naturpark Bystrinskij. Im Rahmen der Unterstützung des Naturpark-Clusters Bystrinskij kaufte die MHS ein parktaugliches Allradfahrzeug, das damals noch das einzige Fahrzeug im riesigen Naturpark war, unterstützte den Naturpark bei der Konzeption eines Informationszentrums, half bei der Gründung eines ökologischen Kinder- und Jugendclubs und finanzierte Umweltbildungsprogramme für einheimische Kinder und Jugendliche mit.

Das im Jahre 2006 begonnene Freiwilligenprogramm stellt momentan den Kern des Stiftungsengagements in der Region dar. Anfangs als ein Experiment auf die Initiative einer jungen Deutschen hin gestartet, etablierte und entwickelte sich der Einsatz von Freiwilligen im Naturpark Bystrinskij als ein sehr positives und erfolgreiches Programm.

Seitdem nahmen junge Menschen aus Deutschland, Österreich, der Schweiz, Luxemburg, Russland und Weißrussland am Freiwilligenprogramm teil. Die deutschsprachigen Freiwilligen leisten ihren Einsatz im Rahmen des ›Europäischen Freiwilligendienstes‹, das heißt mit finanzieller Unterstützung durch das EU-Programm ›Jugend in Aktion‹. Die russischsprachigen Freiwilligen hingegen werden vollständig von der Manfred-Hermsen-Stiftung finanziert. Mit dem Freiwilligenprogramm möchte die Stiftung interessierten jungen Menschen die Möglichkeit eröffnen, in einer fremden, zugleich wunderschönen und rauen Gegend ihre Erfahrungen mit Natur, Naturschutz und einem Leben in der russischen Provinz zu machen. Für den Naturpark und ihre Bewohner bilden die Freiwilligen eine willkommene Bereicherung an Ideen, Ansichten und Erfahrungen.

Die Freiwilligen arbeiten in der Feldforschung, an wissenschaftlichen Untersuchungen, an der Gestaltung und Betreuung des Besucherzentrums, mit Kindern und Jugendlichen, an der Bereitstellung fremdsprachlicher Informationen, an der Gestaltung von Informationsmaterial (Karten, Routenbeschreibungen, Plakate, Erlebnispfade, etc.) und helfen bei Baumaßnahmen im Naturpark.

Die Manfred-Hermsen-Stiftung für Umwelt- und Naturschutz wurde im Jahre 2001 durch ihren Namensgeber gegründet. Sie hält Anteile an der Hermsen-Holding GmbH und hat ihren Sitz in Bremen. Die Stiftung verfolgt ausschließlich gemeinnützige Zwecke und setzt sich weltweit für den Umwelt- und Naturschutz ein. Ziel und Zweck der Stiftung ist es, durch Eigenmaßnahmen oder finanzielle Förderung wertvolle Naturgebiete und bedrohte Arten im nationalen und internationalen Bereich zu schützen. Das Engagement der Stiftung gilt Projekten in Europa, Lateinamerika und Asien. Die Schwerpunkte der Manfred-Hermsen-Stiftung sind: Umweltbildung, Fließgewässer, Moore und Klima, nachhaltige Landwirtschaft und Agrodiversität. Die Manfred-Hermsen-Stiftung kooperiert mit regionalen, nationalen und internationalen Naturschutz- und Entwicklungsorganisationen sowie mit staatlichen Behörden. Hierzu gehören unter anderem die Michael-Succow-Stiftung, EuroNatur, der World Wide Fund For Nature (WWF), der Bund für Umwelt und Naturschutz Deutschland (BUND), Rettet den Regenwald e.V. sowie eine Reihe von lokalen Naturschutzorganisationen in den jeweiligen Projektregionen. Darüber hinaus ist die Stiftung bestrebt, mit Wirtschaftsunternehmen, anderen Stiftungen und Organisationen gemeinsam Naturschutzprojekte zu realisieren.

Informationen: Manfred-Hermsen-Stiftung, Goebenstr. 1, 28209 Bremen, Tel. 0421/3466227, www.m-h-s.org.

Ključevskoj-Naturpark

Ausgangspunkt für einen Besuch dieses im Nordosten gelegenen und seit einigen Jahren auch zum UNESCO-Biosphärenreservat ›Die Vulkane Kamtschatkas‹ gehörenden Naturparks sind die Ortschaften Kozyrevsk und Ključi. Beide Ortschaften sind mit dem Bus von Petropavlovsk (im Jahr 2011 bis Kozyrevsk für etwa 1250 Rubel) innerhalb eines Tages erreichbar. In beiden Ortschaften gibt es kleine Hotels, private Gästehäuser und Lebensmittelläden. Ključi war bis 2004 eine für Ausländer geschlossene Stadt, ist aber heute frei zugänglich (die große Militärbasis dort sollte man trotzdem weiträumig meiden). Die touristischen Attraktivitäten des Naturparks sind eindeutig die alles überragenden Vulkane, von denen es hier 13 gibt. Von diesen sind vier momentan aktiv. Darüber hinaus gibt es etwa 400 ältere und jüngere Aschekegel (Шлаковых Конусов). Diese zu besteigen, an ihren Flanken auf endlosen Asche- und Lavaflächen zu wandern oder

auf bunten Tundrawiesen die Pflanzenwelt zu bewundern, gehört zu den Glanzlichtern eines Kamtschatka-Besuches. Der Besuch des Naturparks Ključevskoj kostet 300 Rubel Gebühr, die man entweder in Elizovo oder in Èsso in der Naturpark-Verwaltung oder direkt bei einem der Inspektoren bezahlt. Es gibt auch eine brauchbare und für Individualtouristen empfehlenswerte Wanderkarte zum gesamten Naturpark, der 376 000 Hektar groß ist.

Kozyrevsk

Die Siedlung Kozyrevsk liegt auf dem Hochufer einer malerischen Flussschleife des Kamčatka-Flusses. Wer mit dem Bus kommt, wird eventuell an der Hauptstraße am Wartehäuschen rausgelassen und muss noch 500 Meter bis zum Ort laufen.

Die Bewohner leben von der Forstwirtschaft in den umliegenden Lärchenwäldern, von der Holzverarbeitung, vom Fischfang und der kommunalen Verwaltung. Der Ort besitzt drei Lebensmittelläden, eine Schule, eine Bibliothek, einen Fußballplatz, ein eigenes Kraftwerk für die Stromversorgung, ein großes Gemeinschaftshaus, einen Flugplatz für Helikopter und Kleinflugzeuge und alles andere, was zur Versorgung notwendig ist.

Kozyrevsk ist angeblich die älteste permanent bewohnte Siedlung der Halbinsel. Die Häuser sind zum größten Teil aus Holz und mit den typischen sibirischen Holzschnitzarbeiten und Verzierungen an den Fenstern und Türen versehen. In der Zeit der Schneeschmelze verwandelt sich allerdings die Ortsstraße in eine einzige Schlammfläche, da die Asche und der feine Staub, aus dem der Untergrund der Fahrbahnen und Wege besteht, in Verbindung mit Wasser keine Festigkeit für Fahrzeuge und Gummistiefel bietet.

Die Dorfjugend von Kozyrevsk ist dafür bekannt, manchmal aus Langeweile die Individualtouristen, die am Hochufer über dem Fluss zelten, in der Nacht zu ärgern. Daher ist es ratsam, sich einen Zeltplatz etwas außerhalb zu suchen.

Es gibt auch Herbergen im Dorf, z.B. die ›Gostinica Maria‹. Außerdem kann man Nicolai und seine Frau fragen. Sie bieten Zimmer für etwa 400 Rubel pro Person an. Nicolai ist auch Fahrer eines geländegängigen Transporters, falls man noch ein Fahrzeug hoch zum Tolbačik oder zu einem der anderen Vulkane sucht (ul. Komsomoljskaja 66, Tel. +7/(8)/961/9649973 oder 962/5316).

Kozyrevsk eignet sich gut als Ausgangspunkt für Touren zum Tolbačik-Massiv und zum Massiv der Ploskaja Dal'naja. Langstrecken-Wanderer können das Dorf auch für Touren zum Ključevskoj und den anderen hohen Vulkanen im Zentrum des Parks nutzen.

Der vergletscherte Gipfel des Ostryj Tolbačik

Die beiden höchsten Vulkane Kamtschatkas: Ključevskoj (li.) und Kamen (re.)

Zum Tolbačik

Von Kozyrevsk aus sind es 16 Kilometer zurück in Richtung Fähre (periprava, oder wahrscheinlich ab 2012 zurück zur neu errichteten Brücke über den Kamčatka-Fluss), um auf die Piste zum Tolbačik zu kommen. Von der Fähre/Brücke aus sind es sechs Kilometer nach Norden. Der Abzweig nach Osten zur Piste ist durch einen dicken Holzpfosten markiert, man muss also wissen, wonach man sucht. Eventuell erkennt man die Piste auch an den vielen Lkw-Reifenspuren, da einige organisierte Gruppentouren mit Kamaz- oder Ural-Lkws zum Tolbačik führen. Die nächsten 18 Kilometer sind unangenehm staubig und kraftzehrend für diejenigen, die aus eigener Kraft unterwegs sind. Bei Regen kann dieser Staub ziemlich klebrig werden.

An einem etwa 500 Meter breiten Schotterflussbett angekommen, hat man das Schlimmste der Wegstrecke geschafft, wenn man erfolgreich auf der anderen Seite ist. Hier kann man nicht nur gut zelten, sondern auf dieser Schotterfläche gibt es auch weniger Stechmücken und genug Feuerholz. Wasser sollte es ganzjährig in diesem Fluss geben, da dieses von den Gletschern und Schneefeldern der Bergriesen kommt. Allerdings ist ab Mittag der Fluss graubraun vom mitgeführten Sediment. Dann muss man das Sediment im Topf etwas absetzen lassen, bis das Wasser wieder klar ist. Das Schotterbett und die einzelnen Flussarme sind im Sommer nicht weiter schwierig zu durchqueren, im Frühjahr zur Schneeschmelze oder nach mehrtägigen Regenfällen kann es allerdings sehr problematisch werden. Vom weiten Schotterfeld aus hat man bei guter Sicht fünf Vulkane vor sich im Norden und Nordosten: Ploskaja Dal'njaja, Ključevskoj, Kamen, Bezymjannyj und Ostryj Tolbačik.

Nach diesem Fluss gibt es für sechs Kilometer eine feste Piste durch den Birkenwald. Ein kleiner Bach unterquert in einem Rohr die Piste und bietet eventuell noch einmal die Möglichkeit, Wasser zu schöpfen. Für Wanderer wird es bis zum Gletscherbach am Tolbačik, also mehr als eine Tagesetappe lang, kein weiteres Wasser geben! Die Piste führt nach weiteren neun Kilometern links in den Wald und wird zunehmend schlammig. Teilweise haben sogar die großen Lkws hier ihre Probleme. Einige der Spuren führen zu früheren Pistenabschnitten, die wegen der Unpassierbarkeit aufgegeben wurden. Am besten hält man sich immer an die jüngsten Reifenspuren. Bis zur oberen Waldgrenze bei etwa 950 Meter Meereshöhe sind es von dem schlammigen Abschnitt noch etwa 19 Kilometer. An der Waldgrenze wird die Pistenoberfläche aufgrund der jungen Asche sehr weich. Ein Vorankommen kostet doppelte Mühen. Dafür ist der Untergrund trocken.

Die meisten organisierten Reisegruppen werden in der Regel in die Nähe der jungen Aschekegel gefahren. Dort stehen drei etwas heruntergekommene **Berghütten des Seismologischen Instituts**, Leningradskaja, die als Ausgangspunkt für Wanderungen und Gipfeltouren dient. Neuerdings wird dieser Hüttenkomplex (Basa) auch **Tolbačinskaja** (Толбачинская) genannt. Die von weitem sichtbaren Aschekegel und die endlos erscheinenden Ascheflächen stammen vom letzten Ausbruch von 1975 bis 1976. Das gesamte Erlen- und Kieferngebüsch, der angrenzende Wald sowie große Flächen der Tundra wurden damals von einer dicken und giftigen Ascheschicht bedeckt. Nur allmählich erodieren Regen und Wind das feinkörnige Material ab, und die ursprünglichen Flächen treten zu Tage. Überall sind abgestorbene Baum- oder Gebüschreste zu finden. Die alpine Flora erobert sich nach über 35 Jahren nur sehr zaghaft die Gebiete zurück. Besonders beeindruckend dabei ist der Farbkontrast einiger Blütenpflanzen zur schwarzen Asche im Juni und Anfang Juli.

Der Vorteil eines Lagerplatzes an der Leningradskaja/Tolbačinskaja ist die Nähe zum Aufstiegspfad zum Tolbačik-Krater und zu den jungen Asche-Kratern sowie die Infrastruktur eines Dachs und Windschutzes bei schlechtem Wetter. Der Nachteil ist die Wasserversorgung, die nur über ein kleines Rinnsal gewährleistet wird.

Ein weiterer schöner Lagerplatz liegt am Ende einer Piste, die auf halber Strecke zwischen Waldrand und Leningradskaja nach links abzweigt. Bei der nächsten Abzweigung muss man dann aber nach rechts fahren, sonst kommt man wieder runter in den Wald zu einer Inspektor- und Vulkanologenhütte. Der Lagerplatz heißt **Vodopadnaja** (Водопадная). Hier steht ein großer Unterstand mit Tisch und Sitzbänken, auch zwei Klohäuschen und eine Feuerstelle sind vorhanden, es gibt reichlich Zeltplätze in der blütenreichen Tundra und eine große Süßwasserquelle.

▲ *Der Tolbačik-Krater*

Besteigung des Tolbačik-Kraters

Wer auf eigene Faust zum Tolbačik-Krater unterwegs ist, muss die Piste bis zur Leningradskaja (ab Waldgrenze etwa 1,5 Stunden Wanderung) nicht zwingend benutzen, sobald er auf dem weiten Aschefeld angekommen ist, auch wenn diese zur Orientierung hilfreich sind. Wenn man der Hauptpiste nicht folgen will, bleibt man nach der Waldgrenze für etwa einen Kilometer auf der Piste und hält dann nach Nordnordost (25°) auf den Hauptgipfel (als Fernziel) und die schwarzen Lavazungen (Nahziel) zu, die von einem rotschimmernden Aschekegel in der Nähe des Kraters herunterkommen. Wer sein Basislager für die Besteigung wegen des Trinkwassers beim Lagerplatz Vodopadnaja aufbauen möchte, hat eine sehr lange Tagesetappe bis zum Kraterrand und zurück. Ich empfehle, dem Gletscherfluss noch weiter talaufwärts zu folgen, wobei die Tundrawiesen erheblich angenehmer zu laufen sind als die schroffen Lavazungen. Man sollte sein Lager so weit wie möglich oberhalb der Tundrawiesen aufschlagen, damit der Tag zum Kraterrand nicht zu heftig wird. Da nun Wasser nur als braunes Schmelzwasser vorhanden ist, muss man am Lagerplatz Zeit zum Absedimentieren einplanen.

Je weiter man dem Oberlauf des Gletscherflusses folgt, desto stärker muss man seinen Kurs auf den rostroten Aschekegel ausrichten, auf dessen Gipfel ein Trigonometrischer Punkt eingerichtet ist (Dreibein-Gestell). Auf der hinteren (oberen) Seite des Aschekegels trifft man auf den ausgetretenen Wanderpfad, der von der Leningradskaja zum Gipfel führt. Ab hier ist der weitere Weg klar: Einfach den Spuren folgen. Es geht am östlichen Rand der schuttbedeckten Gletscherhügel vorbei (kleine Bäche mit Trinkwasser sind vorhanden) und in einer scharfen Ostkurve auf eine große ebene Sandfläche. Am östlichen Rand dieser Sandfläche führt der Pfad auf der Hangkante weiter nach oben, bis man den Kraterrand auf 2860 Meter Höhe erreicht hat.

Der **Krater** besitzt einen Durchmesser von 700 Metern und eine Tiefe von 300 Metern. Die Kraterwände sind steil und die gegenüberliegenden Schnee- und Eiskanten überhängend. Ständig gibt es massiven Steinschlag von den bröseligen Schutthängen hinunter in den Krater. Auf einigen Karten ist im Krater ein See eingezeichnet. Der ist im Zuge der Aktivitäten der Spalteneruption 1975 verschwunden. Geht man von erreichten Kraterrand weiter östlich zur höchsten Stelle des Kraters hoch (kleine, einfache Kletterstelle für zehn Meter), so bekommt man neben der hoffentlich wolkenlosen grandiosen Fernsicht noch ein weiteres Highlight zu Gesicht: die Gipfel der beiden Vulkane Ključevskoj (etwa 4700 Meter) und Kamen (4579 Meter). Interessant dabei ist, das der Kamen so vor dem Ključevskoj steht, dass beide gleichgroß erscheinen. Man muss schon genau hinsehen, um die beiden Gipfel unterscheiden zu können. Außerdem kann man bei guter Sicht rechts unterhalb des Kamen den permanent aktiven Besimjannij mit seiner Aschewolke erkennen.

Der **Hauptgipfel des Tolbačik**, der 3672 Meter hohe Ostryj Tolbačik, ist wegen der steilen Eisflanken nur mit alpiner Ausrüstung zu besteigen. Die einfachste Route führt ebenfalls zuerst auf den Kraterrand und dann im weiten Bogen auf dem nördlichen Eisfeld bis zur Nordflanke der Gipfelpyramide. Hierfür sollte man sein letztes Lager auf der ebenen Sandfläche aufbauen, da es dort Wasser gibt.

Der Tote Wald und das Aschefeld des Tolbačik

Durch die großen Spalteneruptionen von 1975 und 1976 sind zahlreiche neue Aschekegel in der weiten Tundralandschaft südlich und südöstlich des Hauptkraters entstanden. Vom Hauptkrater des Tolbačik kann man bei passender Sicht sehr schön den räumlichen Verlauf der Spalteneruption erkennen, da alle Aschekegel auf zwei Linien aufgereiht sind. Die gesamte Landschaft ist auf viele hundert Quadratkilometer vom Ascheregen zugedeckt worden. Dort, wo die Erlen-Kiefern-Gebüschzone und der Lärchenwald nicht wegen der Hitze und der glühenden Lava verbrannten, sind die Bäume durch die Asche und giftigen Gase erstickt worden. Da Lärchenholz in trockenem Zustand sehr haltbar ist, steht ein Großteil dieses Waldes heute noch als toter Gerippewald (Mertvij les, Мертвый лес) im südlichen Bereich der neuen Aschekegel aufrecht und bildet so eine Landschaftsszene, wie aus einem Fantasy-Film.

Im Toten Wald

Allerdings versucht auch hier die Vegetation das verlorene Gebiet wieder zurückzuerobern. Am Anfang wachsen nur Moose und Flechten auf der Asche. Allmählich kommen dann kleine Polsterpflanzen (gelber Mohn, Steinbrech, Steinnelken, und viele andere) sowie die ersten Gräser dazu, besonders Calamagrostis purpurea. Nach und nach wurzeln dann Zwergweiden, Weidenröschen (fire weed), Johannesbeersträucher, Erlen- und Weidenbüsche, Vogelbeeren und Himbeeren. Die hier reifenden Johannes- und Himbeeren Ende August gehören zu den schmackhaftesten Früchten Kamtschatkas! Im nächsten Sukzessionsschritt kommen dann die ersten Zwergkiefern, Lärchen und Birken zurück. In einigen Jahren wird das Gebüsch und der junge Wald die gespenstisch anmutenden Baumgerippe völlig überwachsen haben und die Winterstürme die Skelette umgeworfen haben. Dann entsteht hier wieder ein neuer Wald, die Landschaft des Toten Walds gehört dann der Vergangenheit an – bis sich die Tolbačik-Spalten das nächste Mal öffnen.

Eine Wanderung von der Leningradskaja oder vom Lager Vodopadnaja zum Toten Wald (oder auch zurück) eröffnet eindrucksvoll die herbe Schönheit einer solchen Vulkanlandschaft und die langsame Zurückeroberung der Tundra durch die Vegetation. Besonders der Aufstieg auf einen der höheren Aschekegel sei hier zu empfehlen, um zu erkennen, dass es sich tatsächlich um eine Spalteneruption gehandelt hat: fast alle Aschekegel sind auf zwei klaren Linien in der Landschaft verteilt. Auf dem Weg zum Toten Wald gibt es noch einen weiteren Lagerplatz mit Unterstand, Tisch und Sitzbänken, zwei Klohäuschen und Feuerstelle. Allerdings gibt es hier kein Wasser. Von diesem Platz aus lohnt sich der 300 Meter lange Aufstieg auf die beiden nebeneinander stehenden Aschekegel. Beide sind im Gipfelbereich knapp unter der Oberfläche noch kochend heiß!

Zum Ključevskoj

Eine Bergtour zum oder um den höchsten aktiven Vulkan Eurasiens, den Ključevskoj (Ključevskaja sopka), erfordert einiges an Erfahrungen und die richtige Ausrüstung. Eine solche Wanderung startet man am besten in Ključi, das zehn Autostunden von Petropavlovsk entfernt nördlich des Naturparks liegt. Denkbar wäre aber auch eine Überquerung oder östliche Umrundung des Tolbačik (wird von einigen Reiseveranstaltern auch angeboten) und eine anschließende Umrundung des Ključevskoj, um in Ključi anzukommen oder umgekehrt. Diese Wanderung wird etwa eine Woche in Anspruch nehmen, abhängig auch vom launischen Wetter, das durch den nahen Pazifik beeinflusst wird, und von den jahreszeitlichen Schneemengen. Der August und September sind die geeignetsten Monate für eine solche Wanderung. Im Winter würde diese Strecke auf Skiern sicherlich auch viel Freude bereiten. Belohnt wird man für die Strapazen der vielen Kilometer und zu bewältigenden Bergflanken mit einer grandiosen, vom Menschen unberührten Natur, mit dem Anblick aktiver Vulkane und großer Gletscher sowie mit blütenreichen Tundrawiesen.

Der Ključevskoj ist seit einigen Jahren aktiv und stößt regelmäßig kleinere und größere Aschewolken und glühende Lavabrocken aus. Daher ist eine Besteigung des höchsten aktiven Vulkans der Nordhalbkugel momentan auch nicht möglich. Die Höhe dieses Vulkans schwankt so stark, dass einen genaue Angabe selbiger nicht möglich ist (zwischen 4650 und 4800 Meter). Einige der Reiseagenturen in Petropavlovsk aber auch lokale Wanderführer in Ključi können bei der Vorbereitung oder Durchführung einer solchen Bergtour sicherlich helfen. Auf der Karte der Parkverwaltung sind auch die möglichen Marschrouten und die geeignetsten Zeltplätze sowie die verstreuten Hütten (meist Hütten der Vulkanologen) eingezeichnet.

■ Wandervorschlag

Hier ein Wandertipp (mit Dank an Karel Vyborny, CZ): von der Leningradskaja in Richtung Nordosten zum **Unterstand Tolub** (Топуб) und über den gleichnamigen Pass (Pereval) Tolub (55°N47,6' und 160°E29,5' auf 1291 Meter Höhe) zwischen dem Tolbačik und dem Bol'šaja Udina. Sehr bald hat sich die schwarze Aschewüste in eine blütenreiche Tundralandschaft umgewandelt. Es gibt manchmal kleine Bäche und Flüsse, die aber alle leicht zu queren sind. Bis kurz vor dem **Asche-Krater Jupiter** (55°N54' und 160°E30,7' auf 1516 Metern) dauert es etwa eineinhalb

Auf 3080 Meter Höhe am Ploskij Tolbačik

Neues Leben sprießt aus der Lava

Wandertage, kein Hochleistungstempo vorausgesetzt.

Von dort aus wäre es bei gutem Wetter eine Tagestour auf den **Oval'naja Zimina** (Овальная Зимина, 3080 Meter, ab 2000 Meter Eis). Der **Asche-Krater Mars** (55°N52,5' und 160°E32' auf 1528 Metern) lockt auch wegen des kleinen Sees, der etwa ein Kilometer davon entfernt ist. Bei den folgenden Kilometern (nächste Tagesetappe) kommt man am **Bezymjannyj** (Безымянный) vorbei. Es gibt südlich dieses niedrigen, aber ständig aktiven Vulkans eine kleine Hütte. Der Vulkan ist ein expolsiver Typ – besser nicht zu nah rangehen!

Auf dem weiteren weg nach Westen gibt es links der Route eine **heiße Quelle**, Kan'on (Каньон) genannt. Nicht ganz einfach kann sich die Querung des Flusses Studenaja (Студенная, 55°N56,6' und 160°E26,5 auf 1332 Metern) entwickeln, je nach dem, welches Wetter in den letzten Tagen herrschte. Dieser Gletscherfluss kommt vom Gletscher Bogdanoviča (Ледник Богдановича) – man sollte ihn also besser am Morgen überqueren. Sobald man den Fluss gequert hat, trifft man auf die Route, die westlich des Bogdanoviča zu den großen Vulkanen Kamen, Ključevskoj und Uškovskij führt. Wer also die große Runde wandern will, biegt hier nach Nordnordost ab.

Der Beginn des Waldweges, der wieder hinunter nach Kozyrevsk führt, liegt bei 55°N57,6 und 160°E14,7 auf 1041 Metern). Dort steht auch eine Hütte (Kopyto Stolik, Копыто Столик). Spätestens jetzt merkt man, dass man die Stechmücken in der vulkanischen Landschaft nicht vermisst hat. Von der Hütte sollte man es bequem in einer Wanderetappe bis hinunter ins Dorf schaffen.

Naturreservat der Kommandeurinseln

Der südöstliche Teil der Beringinsel, die Insel Mednyi und das umgebene Meer besitzen den höchsten russischen Schutzstatus eines Federal'nyj Zapovednik. Das Schutzgebiet besitzt neben zwölf Säugetierarten eine Vielzahl von Brutvogelarten. Die Beringinsel ist trotz einiger Klippen eher flach, Mednyi (die Kupferinsel) ist schroff und steil. Besonders die Steilküsten sind attraktive Beobachtungsplätze für Ornithologen. Das Innere der Insel ist fast überall mit Tundra bedeckt, bestehend aus Zwergsträucher oder nicht verholzender, krautiger Vegetation. Bisher wurden etwa 432 Pflanzenarten (nach Močalova und Jakubov, 2004: Flora Komandorskich ostrovov) auf den Inseln gefunden. Als zoologische Besonderheiten gelten der Stellersche Seelöwe, Seebären, der Westpazifische Seeotter, Polarfüchse, die hier ganzjährig ein dunkles Fell tragen, eine kleine Population von Rentieren und eine ganze Reihe von Seevogelarten: Dreizehenmöwe, Gelbschopflund, Meerscharbe, Klippenmöwe. Seit 2002 sind die Kommandeurinseln UNESCO-Biosphärenreservat.

Organisation des Aufenthalts

Der Schutzstatus macht für den touristischen Besuch der Inselgruppe (außerhalb der Siedlungen im Nordwesten der Beringinsel) die **Genehmigung der Parkverwaltung** nötig. Allerdings wird momentan keine Gebühr für den Besuch des Zapovednik-Gebietes verlangt. Die Adresse der Zapovednik-Verwaltung (Zentral'naja Usad'ba) vor Ort ist: ul. Beringa 18, 684500 Nikol'skoje, Aleutskij Rajon, Kamčatskij Krai, Russia. Tel. +7/(8)/41547/22-225, bering_zap @mail.ru. Die Adresse des Büros in Petropavlovsk ist: Predstavitel'stvo V.G. Petropavlovsk-Kamčatskom, prospekt Pobedy 27-1, Gebäude 8, 683006 Petropavlovsk-Kamčatskij, Kamčatskij Krai, Russia. Tel. +7/(8)/41522/98590, gpz_komandorskiy@mail.iks.ru. Der Direktor des Zapovedniks ist Strel'nikov Andrej Leonidovnč (Стрельников Андрей Леонидович).

Neben der Genehmigung für das Reservat benötigt der touristische Besucher auch eine **Genehmigung von der Grenzbehörde** beziehungsweise des Geheim-

Kommandeur-Inseln

dienstes FSB, da die Inseln militärisches Grenzgebiet sind. Das Büro des FSM in der Stadt, wo man Genehmigungen für die Grenzgebiete bekommt: Načal'nik Služby V.G. Petropavlovsk-Kamčatskij, Izenko Sergej Vasil'evnč, Ispolnitel' Ljubov' Petrovna Alekseeva T., Tel. +7/(8)/41524/39633. Für diese Genehmigung (Propusk) gibt es momentan noch einen anderen Beschaffungsweg: direkt auf der Insel beim FSB. Welche Methode gerade bei den Behörden durchgeführt wird, ist vor Ort herauszufinden. Bisher war es üblich, dass diese Genehmigung mit viel Bürokratie und Wartezeit (etwa 2 bis 3 Wochen) verbunden war. Daher wendet man sich bezüglich eines Besuchs der Kommandeurinseln am besten an eine **Reiseagentur in Petropavlovsk** oder eine der angeführten Adressen. Mir wurden aber auch Berichte von Besuchern der Inseln bekannt, wonach für den Kauf des Flugtickets kein Propusk vorgezeigt werden musste, dafür aber umgehend nach der Landung auf Bering der Gang zur örtlichen Grenzbehörde nötig war.

Will man auf den Inseln innerhalb des Zapovedniks Wanderungen oder Exkursionen unternehmen, benötigt man auch einen **Inspektor oder einen lizenzierten Naturführer**, der die Tour begleitet. Auch das kann man von der Reiseagentur organisieren lassen. Man findet aber auch vor Ort die nötigen Personen.

Anreise

Wenn man die nötige Bürokratie hinter sich gebracht hat, kann man sich um einen der wenigen Plätze im Flieger nach Nikol'skoe bemühen. Flugtage sind im Sommer Montag und Freitag. Aktuell wird die Insel mit einer Zwei-Propeller-Maschine des Typs L-410 angeflogen. Die Tickets kann man jedoch erst am jeweiligen Abflugtag erwerben. Bedingt durch das launische Wetter in der Region fallen die Flüge häufig aus. Eventuell muss man eine Woche Wartezeit mit einplanen. Die Höhe des Freigepäcks beträgt zehn Kilogramm. Zusätzliches Gewicht kostet in der Regel ein Prozent des Ticketpreises, also momentan 290 Rubel pro Kilogramm. Der einfache (!) Flug kostet etwa 28 500 Rubel (Juni 2011). Der Flug dauert etwa drei bis vier Stunden, eine kurze Zwischenlandung in Ust'-Kamčatsk zum Auftanken inbegriffen. Im dortigen Flughafengebäude ist ein kleiner Imbiss möglich. In Nikol'skoe trifft man nach dem Verlassen des Flugzeuges einen Kontrolleur der Genehmigungspapiere und seinen Betreuer oder Gastgeber. Manchmal ist man gezwungen, selber zum FSB vor Ort zu gehen.

■ Schiffsreisen

Einige Reiseagenturen in Petropavlovsk bieten Schiffsreisen zu den Kommandeurinseln an. Die Fahrt dauert etwa zehn Stunden. Handelsschiffe, die von Petropavlovsk nach Nikol'skoe fahren, nehmen nur bedingt Touristen mit. In die Gegenrichtung kann die Mitfahrt für Touristen allerdings wahrscheinlicher

Knabenkraut (Dactylorhiza aristata) auf der Beringinsel

sein, wenn wegen schlechten Wetters der Flugverkehr von und zur Insel eingestellt ist. Einige Schiffe fahren von Petropavlovsk über Ust'-Kamčatsk nach Nikol'skoe und zurück.

■ **Reisezeit**
Die beste Reisezeit ist Mitte Juli bis Mitte September, für Ornithologen und Botaniker natürlich schon ab Mai. Das Wetter ist sehr wechselhaft, es herrscht subarktisches Klima. Die Winter sind mild und die Sommer kühl. Die Temperaturen überschreiten auch im Sommer selten 10 °C, es kann jedoch aber auch mal über 20 °C werden. Das feuchte Meeresklima überzieht die Insel. Der häufige Nebel löst sich meist erst gegen Mittag auf. Es vergeht kaum ein Tag, an dem kein Wind weht, und Sturm ist jederzeit möglich.

Die einzige Siedlung auf der Beringinsel: Nikol'skoe

■ **Aktivitäten vor Ort**
Für geplante Naturexkursionen, Schneemobil-, Hundeschlitten- oder Schlauchboottouren ist der beste Ansprechpartner **Sergej Leonidovnč Pasenyuk** (s.pasenyuk@mail.ru oder vitus.bel@mail.ru, Tel. +7/(8)/41547/22147, mobil +7/(8)/961/9601665). Man kann seine Fragen an ihn auch auf Englisch stellen. Sein Sohn Dima hat sogar Englisch studiert und ist der Organisator des Beringia-Hundeschlittenrennens. Er kann ebenfalls Fragen beantworten oder an seinen Vater weiterleiten (support@beringia.ru, Tel. (mobil) +7/(8)/962/2821343). Sergej ist ein über die Grenzen Kamtschatkas bekannter Segler, Abenteurer und Künstler, der schon viel von der Welt gesehen hat. Er kennt sich mit der Beringinsel bestens aus. Er hat eindrucksvolle Grafiken, Gemälde und Fotos von der Insel geschaffen. Sergej ist so etwas wie das Gesicht der Insel. Dima hat ein Buch mit seinem Vater über die Inseln herausgebracht. Für jede Art von Organisation und bei Fragen zur Übernachtung in Nikol'skoe oder in einer der Jagdhütten entlang der Küste (gehören fast alle ihm) sowie den damit verbundenen Kosten hilft er weiter. Er kann auch bei der Beschaffung der unterschiedlichen Genehmigungen für die Inseln helfen.

Eine zweite sehr zuverlässige Person für die Organisation eines Inselaufenthaltes ist **Nikolaj (›Kolja‹) Nikolaevič Pavlov**. Er hat seinen Sitz im Büro des Komandorskij State Nature Biosphere Reserve in Petropavlovsk (→ S. 175). Er ist auch über E-Mail (englisch) erreichbar: komand_zapoved@rambler.ru oder nikpavlov2002@rambler.ru. Die Webpage des Parks ist http://www.komandorsky.ru.

Nikol'skoe

Die einzige dauerhaft bewohnte Siedlung liegt auf der Beringinsel. Die etwa 700 Einwohner leben größtenteils vom Fischfang, einige sind in der kommunalen Selbstverwaltung beschäftigt. Die frühere Pelztierjagd auf der Insel ist wegen des Schutzstatus seit 2002 verbo-

Der Stellerbogen, ein Naturdenkmal auf der Beringinsel

ten. Fellrobben werden aber weiterhin erschlagen. Diese Abschlachtung wird nur ausgelassen, wenn der Fellpreis nicht rentabel ist. Die Liegeplätze dieser Tiere liegen außerhalb des Naturschutzgebiets. Viele Menschen sind heute arbeits- und perspektivlos. Der Tourismus ist nicht so weit entwickelt, dass in dieser Branche viele eine Beschäftigung finden könnten. Zu bieten hat die Beringinsel jedoch genug.

Für naturkundliche Exkursionen oder geführte Trekkingtouren auf der Insel kann man auch lokale Spezialisten buchen, die nicht nur die Flora und Fauna erklären können, sondern auch die besten Wanderpfade und Rastplätze kennen. Zwei seien hier erwähnt: Sergej Zagrebelny (er ist wissenschaftlicher Beauftragter des Reservates, bering_afox@mail.kamchatka.ru) und Natalia Fomina (Spezialistin für Ökologie des Reservates, natsfomina@mail.ru, Tel. +7/(8)/41547/22225).

Neben den Naturschönheiten ist das kleine, aber sehr gepflegte **Aleuten-Museum** in Nikol'skoe lohnenswert. Im blau gestrichenen Gebäude des Museums (leicht zu finden, neben dem Fußballplatz) wird auch der Schiffbruch Vitus Berings im November 1741 dargestellt. Das Denkmal für Bering und sein ehemaliges Grab liegen 100 Meter unterhalb des Museums an der Küste. Während der Überwinterung unternahm der deutsche Naturforscher Georg Wilhelm Steller, der Bering auf seiner Fahrt nach Nordamerika begleitet hatte, Exkursionen auf der Insel. Dabei entdeckte er auch die Stellersche Seekuh, von der hier ein Skelett ausgestellt ist. Außerdem gibt es Interessantes zur Ethnologie der Aleuten und zur Geschichte von Russisch-Alaska. Natalja Tatarenkova (Nata_island@mail.ru) macht mit dem Besucher auch in englischer Sprache Führungen durch die Ausstellung. Die Direktorin des Museums ist Valentina Suschkova (Tel. +7/(8)/41547/22231).

In Nikol'skoe gibt es kleine Lebensmittelgeschäfte (Magazin, Produkti), die man eigentlich leicht findet. In der Siedlung gibt es auch eine Bäckerei. In den kleinen privaten Gewächshäusern wird Gemüse gezogen, das man auch zum Kauf angeboten bekommt.

Auf der Beringinsel gibt es keine Hotels oder Gasthäuser, stattdessen werden leerstehende oder gerade freie Wohnungen (Besitzer im Urlaub) mit einfacher Ausstattung zur Verfügung gestellt. Die private Unterkunft kostet etwa 1000 Rubel pro Person und Tag. Sergej Pasenyuk hat einige Holzkabinen für Besucher aufgestellt – nicht mit Fünf-Sterne-Prädikat, aber völlig akzeptabel. Will man sich weit außerhalb von Nikol'skoe auf der Insel bewegen und unabhängiger sein, so empfiehlt sich sowieso die Mitnahme eines eigenen Zeltes.

Naturreservat Korjakskji

Dieses im hohen Norden Kamtschatkas und weit abseits jeder größeren Siedlung gelegene Reservat ist ebenfalls ein Federal'nyj Zapovednik, besitzt also den höchsten Schutzstatus. Das Schutzgebiet besitzt eine Fläche von 1 003 218 Hektar, von denen 83 000 Hektar Meeresgewässer der Beringsee sind. Das Reservat ist zweigeteilt: ein Teil liegt an der Südspitze der Govena-Halbinsel mit dem Gebirgszug Pylginskij Chrebet (andere Quellen schreiben Malinovskij). Hier sind die kleinen Gebirgsflüsse, die in tiefen Schluchten dem Meer zustreben und die vielen kleinen Buchten etwas Besonderes. In den Buchten leben zahlreiche Meeressäuger wie Walross, Ohrrobbe, Ringelrobbe, Bartrobben und andere Robbenarten. In den küstennahen Gewässern schwimmen Orcas und manchmal auch andere Walarten wie der seltene Pazifische Grauwal. An den Steilküsten der Halbinsel gibt es 30 Vogelkolonien von vielen verschiedenen Seevogelarten.

Der zweite Teil, nordwestlich der Küste in der Parapolskij-Tiefebene gelegen, zeichnet sich durch seine fischreichen Flüsse aus. Besonders die vielen Laichgewässer der Lachse und die dadurch bedingt hohe Bärendichte sind etwas für Kamtschatka Besonderes. Sogar aus Tschuchotka kommen die Bären zur Wandersaison der Lachse hierher. Das Gebiet ist eine typische Feuchtland-Tundra mit Tausenden von stehenden Gewässern und Milliarden von Mücken. Dieses Feuchtgebiet gehört seit 1971 zum internationalen Schutzstatus des RAMSAR-Abkommens. Neben den vielen Lachsen und Bären gibt es hier Fuchs, Polarfuchs, Wolf, Vielfraß, Ziesel, Fischotter, Mink, Murmeltier, Elche, Korjakskij-Schneeschaf, Arktisches Erdhörnchen und Schneehase. Die hohe Vogeldichte zur Brutsaison ist ebenfalls etwas Außergewöhnliches. Hier brütet der Kanadakranich, Singschwäne, Tausende von Enten unterschiedlicher Arten, sogar der Stellersche Seeadler, der Weißschwanz-Seeadler, der Steinadler und der Gerfalke nisten hier.

Bei Fragen zu diesem Reservat kann man sich entweder an das **Zapovednik-Büro in Elizovo** oder an folgende Adresse wenden: Kamtschatskij Kraj, Oljutorskij Rajon, 688800 Tiličiki, ul. Naberežnaja 8 (Олюторский район, село Типичики, ул. Набережная, д. 8), Tel: +7/(8)/415/4452074 und +7/(8) 415/4452338. koryak1@rambler.ru. Der momentane Direktor ist Martynov Vadim Gennad'evič (Мартынов Вадим Геннадьевич).

Fischer in Nord-Kamtschatka

Jede Kamtschatka-Reise ist einzigartig und abenteuerlich. Diese Reiseberichte geben einen lebendigen Eiinblick in die Viefalt möglicher Erlebnisse.

Reisereportagen

Die Beringia

Von Lisa Strecker, 2011

Im Winter fährt man mit ihnen zur Jagd und zum Fischen, holt Holz und Wasser, im Sommer schützen sie vor Bären: Hunde sind Teil des Lebens und der Kultur der Menschen im Norden. Und bei einem Ereignis im Jahr fiebert ganz Kamtschatka an dem eigens dafür eingerichteten Feiertag mit, dann, wenn sich ausgewählte Teams in Esso zum Start für das längste traditionelle Hundeschlittenrennen der Welt versammeln.

Es ist nicht einfach, das Hundeschlittenrennen ›Beringia‹ auf wenigen Seiten zusammenzufassen – denn es ist viel mehr als ein Rennen, es ist ein Lifestyle, eine Expedition, eine Mission, es ist der Norden Kamtschatkas, mit seinen Menschen – und seinen Hunden.

Zwei bis drei Wochen lang begeben sich unterschiedlichste Menschen und viele, viele Hunde auf eine Expedition. Jeder hat das Ereignis auf seine Weise vorbereitet: Der eine hat sich Urlaub angespart, der andere ein Schneemobil, das Organisationskomitee hat schlaflose Nächte hinter sich, und die Musher haben das ganze Jahr hindurch ihre Hunde gepflegt, gefüttert und trainiert.

So treffen die unterschiedlichsten Menschen aufeinander, werden für eine Zeit lang die ›Beringicy -– Beringianer‹, auf die man in den Siedlungen des Nordens so sehnlichst wartet. Überall wo die Musher mit ihren Hunden eintreffen, werden sie freudig begrüßt, es gibt Geschenke, Kuchen und Umarmungen, Glückwünsche und immer ein Konzert mit Tanzdarbietung. Dazu muss man die Lage der Gastgeber kennen: Sie leben in Siedlungen, die teilweise keinen Anschluss an das Straßennetz haben, Flugverbindungen sind rar und kosten viel, Lebensmittel sind ebenfalls teuer. Daher leben viele von Fischfang, Jagd und dem, was sie anbauen oder sammeln. Die Winter sind lang, kalt sowieso, und es fehlt nicht nur an bunten Farben. Die wirtschaftliche Lage ist schlecht, die gesundheitliche Versorgung katastrophal, fast genauso verhält es sich mit der Schulausbildung und daher mit

Die Hunde sind Teil des Lebens der Menschen auf Kamtschatka

den Zukunftsaussichten. Dazu gesellen sich die üblichen Begleiterscheinungen wie Alkoholismus etc. Davon besonders betroffen ist die indigene Bevölkerung, und es gibt wenig, worauf diese Menschen stolz sein könnten. Deshalb lieben sie die ›Beringicy‹, dafür, dass sie der Welt zeigen, dass viele der besten Musher aus ihrer Mitte stammen, ihre Leute sind. Und nicht zu Unrecht sagte Alexander Pechen', der Begründer und langjährige Organisator der Beringia, mir einmal: »Das ist nicht einfach nur ein Hundeschlittenrennen, das ist ein traditionelles Rennen, die Beringia macht Helden«.

Und dank dieses außergewöhnlichen Rennens gibt es in Kamtschatka wieder junge Menschen, die diesen Vorbildern nacheifern wollen, die wieder Hunde halten, trainieren, die Mühe auf sich nehmen und den Sommer über Fisch fangen und so zubereiten, dass sie das ganze Jahr hindurch ihre Tiere damit füttern können. Sie tauschen Hunde und züchten, setzen sich mit den Alten zusammen und befragen sie nach ihrem Wissen. Und sicher träumen diese Nachwuchsmusher auch davon, bei der Beringia irgendwann mal selber den ersten Preis, wie 2011 ein Schneemobil, abzuräumen. Nebenbei ist die Beringia zugleich ein humanitäres Projekt – es werden Schulbücher und Medikamente, Kleidung und Spielzeuge mit in die abgelegenen Siedlungen gebracht.

Die Beringia gibt es seit 1990, und seit einigen Jahren führt die Route von Èsso in Zentralkamtschatka über die Siedlungen an der Westküste, über Palana, weiter über einen Pass an die Ostküste nach Ossora. Diese Strecke beträgt meist 950 Kilometer, in diesem Jahr (2011) waren es aufgrund des Schneemangels 1100 Kilometer. 1991 ging das Rennen weiter über 2044 Kilometer nach Tschuchotka und gewann damit einen Eintrag ins Guinness-Buch der Rekorde als das längste Hundeschlittenrennen der Welt.

Die Beringia 2011

Im Frühjahr 2011 ist es endlich soweit, ein lange gehegter Traum von mir ist dabei, in Erfüllung zu gehen – ›meine‹ Hunde und ich stehen am Start in Èsso. Nein, aufgeregt bin ich nicht, nur froh, dass es endlich losgeht. Stürze in den verschiedensten Varianten habe ich absolviert, bin von Hunden gebissen worden, habe Schneestürme und Nachtfahrten hinter mir, mein Team zusammengestellt, wir haben uns kennengelernt, angefreundet, gemeinsam trainiert. Ich habe viel Zeit mit Füttern und dem Wegräumen von Dreck verbracht, meine Ausrüstung zusammengetragen, man hat mir meinen eigenen traditionellen Holzschlitten gebaut und 120 Schühchen für Hundepfoten genäht. Es liegen knappe zwei Monate Vorbereitung hinter mir.

Aber eigentlich begann es schon ein Jahr davor, auf der Eröffnungsfeier der Beringia 2010, die ich mit meiner Freundin Anfisa besuchte. Als große Fans der Beringia sind wir zu zweit nach Èsso gefahren, um wenigstens etwas von dem Geist der großen Unternehmung zu erhaschen. Allerdings konnte ich meine Enttäuschung nicht verbergen – als nach dem feierlichen Start der letzte Musher um die Ecke gebogen war, mussten wir feststellen, dass das Rennen erst richtig losgeht, wenn die Feierlichkeiten der Eröffnung schon vorbei sind. Als uns diese Erkenntnis klar wurde, reifte der Entschluss – das nächste Mal sind wir dabei!

Die Eröffnungsfeierlichkeiten der Beringia 2011

Wohlüberlegt weihten wir die ersten Personen ein, und entgegen meiner Befürchtung, man werde uns für verrückt halten, versprach man uns von allen Seiten Unterstützung – diese Versprechen wurden gehalten, und so konnte unser Vorhaben gelingen. Von Anfang an war die ›Arbeitsteilung‹ klar – Anfisa hatte die ersten drei Hunde für mein Gespann (auch wenn die Hunde bis dahin nicht wussten, dass sie Schlittenhunde waren), ich sollte als Musher starten, sie wollte im Begleitteam dabei sein. Zurück in der Stadt Petropavlovsk begannen wir umgehend, die Hunde einzufahren, das Abenteuer hatte begonnen!

Als ich im Januar 2011 mit Leinen und Zuggeschirren im Gepäck in Kamtschatka ankam, begann die Suche nach geeigneten Hunden. Außerdem hatte ich noch viel zu lernen. Glücklicherweise bekam ich die volle Unterstützung von Kollegen, Freunden und vom Organisationskomitee der Beringia. Nach und nach gesellten sich mehr Hunde in mein Team und die Touren wurden länger, ja, und irgendwann war es soweit!

Endlich der Startpfiff, Bremse lösen, und los geht es, ich bin stolz wie ein König auf ›meine‹ Hunde, die die Menschenmasse ganz lässig hinter sich lassen, in keine Seitengasse abbiegen und mir auch sonst keine Blamage einbringen. Die Leute finden es spannend mich zu sehen, immerhin bin ich erst die zweite Frau, die die Beringia dieser Länge mitfährt, und dann noch die erste Ausländerin. Man winkt mir zu und ruft Glückwünsche mit auf den Weg, als wir Èsso relativ schnell Richtung Anavgaj verlassen. Schon bald werde ich von den nach mir gestarteten Kollegen eingeholt, und ich kann mich entspannt hinter ihnen einreihen.

Vor mir trippeln zehn kleine Helden, eine gemischte Truppe, die mir Kollegen für das Rennen geliehen haben. Den Grundstock bilden Anfisas drei Huskies, sie sind jetzt eineinhalb Jahre alt, und die anderen sind kaum älter. Die Hunde, die man mir gab, waren entweder sehr jung oder hatten recht charakteristische Eigenschaften … also alles Hunde, die ihre Besitzer nicht bei sich ins Team stel-

Meine Freundin Anfisa und die Hunde

len wollten. Das sollte uns aber nicht weiter stören, und wir haben uns prächtig arrangiert. Einen ausgebildeten Leithund hatte ich nicht, aber dafür viele, die sich Mühe gaben, ein solcher zu werden.

Mein persönliches Ziel war nicht Ossora, sondern Tigil', das auf halber Strecke liegt. Als es aber dann zum Erstaunen aller besser lief als erwartet, war ich bis Palana dabei. Dort schied ich mit drei anderen Mushern aus. Der Grund dafür, dass bis dahin ein Drittel der Teams zurückblieb, war der Schneemangel und die daraus resultierende extrem schwierige Strecke. Ein Musher hatte nach dem zweiten Tag bereits aufgegeben, und man versicherte mir, dass es, obwohl wir keinen Schneesturm hatten, die schwerste Beringia seit Beginn des Rennens überhaupt war. Der Klimawandel hat den Norden Kamtschatkas voll getroffen: Nachdem es im Dezember 2010 statt üblicher –30 °C zwei Wochen lang geregnet hatte, die Flüsse aufgebrochen und die Bären aufgewacht waren, gab es teilweise gar keine Schneedecke mehr, und wir fuhren bzw. liefen über die blanke Tundra. Die Eiskanten und Steinchen waren eine extreme Belastung für die Hundepfoten, und irgendwann halfen auch die Schühchen nicht mehr. Als ich beim Pfotencheck in Palana feststellte, dass auch meine Hunde erste Anzeichen von wunden Pfoten zeigten, war klar, dass für uns die Beringia 2011 vorbei war.

Als wir dann mit den Hunden nach 710 Kilometern und 10 Tagen Rennen mit dem Hubschrauber wieder zurück nach Èsso flogen, lagen die Hunde dreier Teams friedlich in der Mitte zusammen kauert. Unter uns sah man hier und da unsere Schlittenspuren als feine, weiße Linie im Schnee, und ich ließ noch einmal meinen Rennalltag an mir vorbei ziehen…

Hunde füttern, Pfoten einfetten, Thermoskanne auffüllen, Frühstücken, schnell noch Zähne putzen, Schlafsack einpacken, Proviant für Hunde und mich selber ergattern, schnell den Schlitten bepacken, schon ist Zeit zum Einspannen, die Karabiner wieder eingefroren, Startplatz finden, Startnummer noch festbinden, Sonnenbrille runter und endlich, endlich geht es wieder weiter, raus aus der Siedlung, in die Winterlandschaft Nordkamtschatkas, immer weiter, weiter nach Norden. Die Hunde verfallen in ihren gewöhnlichen Trab, und wir werden einen weiteren Tag zusammen unterwegs sein, bis wir am Abend am nächsten Stützpunkt ankommen. Manchmal fährt man im Konvoi mit anderen Teams, manchmal ist man ganz alleine in der Weite der weißen Landschaft. Die Hunde folgen der Spur des Schneemobils und ihrer Kollegen, an kritischen Stellen gibt es Markierungen. Irgendwann abends kommt man an, in einer Siedlung oder an einer Hütte im Wald. Anfisa hat für die Hunde Futter vorbereitet und hilft mir beim Ausspannen. Wieder Pfoten fetten, selber essen, füttern, Tee trinken, die Gespräche kreisen um die Hunde und den vergangenen Tag, man lacht und scherzt, dann schnell den Schlafsack ausrollen, und schon verfällt man in tiefen Schlaf.

Die monotone Weite, das endlose Laufen zusammen mit den Hunden, alles vermischt sich zu einem Bild, das sich tief einprägt. Dieses Gefühl gehört sicher mit dazu, wenn Musher trotz aller Strapazen sagen, dass sie wieder mitfahren müssen, oder wie mir einer verriet: »Weißt du, die Beringia, das ist eine Leidenschaft, wie eine Sucht, es lässt dich nicht mehr los«. Ich verstehe jetzt, was er meinte.

Ich möchte an dieser Stelle ganz herzlich denen danken, die mir die Teilnahme ermöglicht und mich dazu ermutigt haben – an erster Stelle meiner Freundin Anfisa Brazaluk, die sich das ganze Jahr um die Hunde kümmert, dem Expeditionsklub Beringia sowie dem gesamten Beringia-Komitee, dem Musher Thomas Gut, der mich in Deutschland mit Geschirren und Tipps reich ausstattete, allen, die mir Hunde liehen und mir mit Rat und Tat beistanden, meinen Musher-Kollegen, die mir den Alltag mit Humor und Spaß bereicherten und nicht zuletzt ›meinen‹ Hunden, die mit mir das große Abenteuer Beringia bestanden und hoffentlich im kommenden Jahr mit mir bis Ossora fahren werden!

Informationen: www.beringia.ru

Der Winter 2011 war sehr schneearm – eine extreme Belastung für die Hundepfoten

Bei den Einsiedlern von Karaginskij

Von Lisa Strecker, 2003

Die Insel Karaginskij liegt in der Beringsee vor der Nordostküste der Halbinsel Kamtschatka und gehört zum Autonomen Korjakischen Bezirk. Die gesamte 193 600 Hektar große Insel ist ein gesamtrussisches Naturreservat (Federal'nyj Zakaznik). Auf dieser abgelegenen Insel haben momentan drei Menschen ihren Dauerwohnsitz: die Korjaken Natascha mit ihrem Mann Sascha und dessen Vater Djed Ljoscha – Väterchen Ljoscha. Außer ihnen gibt es noch eine etwa sechsköpfige Militärbesatzung auf dem südlich gelegenen russischen Stützpunkt. Die eigentlichen Einwohner der von den Wellen der Beringsee und des Litke-Stroms umspülten Insel sind zahlreiche Meeresvögel und -säuger: Robben, Walrösser, Seehunde sowie einige Rentiere und wenige Bären. Die Stärke der Rentierherde schätzt Väterchen Ljoscha auf 217 Tiere. Sie ist ein Relikt aus den Zeiten der stark subventionierten sowjetischen Besiedelung der arktischen Gebiete des ehemaligen Imperiums. ›Früher, als es die Sovchose hier noch gab, da grasten um die 2500 Rene in drei großen Einheiten auf der Insel.‹ In den Wintern der achtziger Jahre fror der Litke-Strom zu und es wanderten Vielfraße, Luchse und Bären auf die Insel. Letztere seien sogar schon schwimmend zwischen Kamtschatka und der Insel angetroffen worden. ›Den Vielfraß haben wir gleich ausgerottet, der frisst die jungen Rentiere‹. Einem der Bären droht bald ein ähnliches Schicksal, er randaliert, bricht in leerstehende Hütten ein und zerbrach Fischern im Herbst zwei Kaviarfässer. Die an gestrandete Wale erinnernden Schiffsrümpfe vermodern auf dem Uferstreifen vor sich hin, wenn sie nicht vorher als willkommene Quelle für Brennstoff demontiert werden. Für die spätere Schiffsgeneration aus Metall gilt dasselbe in rostrot. An den Orten ehemaliger Siedelungen finden sich Unmengen von Alteisen, die sich in meiner Fantasie zu wundersamen Maschinen und Mobilen zusammensetzen. Die Ruinen der 1967 geräumten Siedlung verleibt sich die Natur während des kurzen, aber heftigen Sommerrausches mit jedem Jahr ein Stückchen weiter ein.

›Damals‹, so Ljoscha, herrschte auch ein reger Kontakt mit dem Festland, die Versorgung war gesichert und sogar Kühe durften den Sommer auf der Insel grasen. Man ist eben mal kurz ›nach Kamtschatka‹ geflogen oder gefahren. Heute verkehren nur noch kleine, motorbetriebene ›Nussschalen‹, die wenig Vertrauen erwecken und aufgrund der mittlerweile regierenden realen Preise kaum bezahlbar sind. Sascha verlor seine beiden jüngeren Brüder ans Meer, Natascha ihren Vater sowie drei ihrer Brüder. Infolge des Kummers verstarb auch die Mutter.

Das Häuschen der drei Inselbewohner liegt an einem Hangfuß, der weiter im Landesinneren in die Hauptgebirgskette der Insel übergeht, die sich bis 920 Meter hoch erhebt. Vom Strand trennen es lediglich ein kleiner Fluss und ein schmaler Grasstreifen, auf dem die Schlittenhunde den Sommer über angebunden werden. Nur einem von ihnen kommt die ehrenvolle Aufgabe zu, das in dem Schneefeld hinter dem Haus vergrabene Rentierfleisch vor Räubern jeglicher Art zu schützen. Der Fluss liefert das Wasser zum Trinken und zum Abkühlen nach der Banja, die sich wenige Meter flussaufwärts befindet. Hier wird allwöchentlich eingeheizt, geschwitzt und gewaschen. Sascha wirft täglich

Zum Trocknen aufgehängte Fische in einer Jurte

sein Netz im Meer aus. Der gefangene Fisch, zumeist Lachs, wird mit zwei geschickten Handgriffen filetiert und zum Trocknen für den Winter unter ein offenes Dach gehängt. Neben dem Rentierfleisch und dem aus dem Eisloch im Fluss gefangenen Fisch dient ihnen dieser Trockenfisch (Jukola) als Ernährungsgrundlage im Winter. In diesem Frühjahr kam die erste Lebensmittelversorgung vom Festland, als der Litke-Strom wieder auftaute und die Eisschollen kleiner wurden.

Während Ljoscha und sein Sohn auf der Insel geboren wurden und fast ihr ganzes bisheriges Leben dort verbracht haben, siedelte Natascha erst zwei Jahre vor unserem Treffen über. Wie es dazu kam, dass sie diesen einsamen Ort dem Festland vorzieht, wird sie im folgenden selber erzählen. Sie erzählt allgemein sehr gerne – besonders dann, wenn jemand da ist, mit dem man sich unterhalten kann: »Du bist die erste Frau, die ich seit letzten Herbst gesehen habe.« Das war im Juni 2003. Erst nach einer Woche meines Besuchs bat ich sie um ein ›zielgerichtetes‹ Gespräch. Sie willigte sofort ein und auch an die Präsenz des kleinen Mikrophons am Boden gewöhnte sie sich schnell. Wir saßen in der Tür, die von Husten und Schnupfen geplagte zierliche Natascha labte sich genüsslich an den mitgebrachten Zigaretten, Djed Ljoscha kochte hinterm Haus eine Suppe aus Rentierbeinen, Sascha flickte das Netz, und die ewige Abendsonne des Nordsommers schien uns ins Gesicht. Eigene Anmerkungen sind in Klammern gesetzt.

»Früher gab es eine Kolchose (in Karaga auf dem Festland), da hab' ich gearbeitet, ich war 17 Jahre alt. 1988 begann ich zu arbeiten, die haben den Lohn wenigstens immer regelmäßig ausgezahlt. Ich hab' Fisch abgewogen, und stand dabei die ganze Zeit im Wasser. Anfangs wird der Fisch gewaschen, dann geschnitten und gesalzen. Im September fängst du an, wäschst das Salz ab vom Fisch, gründlich, und reinigst ihn mit einem Netzfetzen, damit er sauber wird, dann wird er für die Fässer abgewogen. Danach haben sie die Fässer auf den Dampfer verlanden, für den Verkauf. So ging das bis in den Dezember. Danach hatten wir wieder Pause, bis Mitte Juni.

Einige hatten mehrere Berufe, in Karaga, aber auch wieder in derselben Kolchose. Dort haben sie Säcke für die Fischerboote vorbereitet, in die dann Sand kam (Diese Sandsäcke wurden als Gewichte unten an den Netzen befestigt). Die Säcke haben wir vorbereitet, auch dafür gab es Lohn. Dort habe ich im Winter gearbeitet. Und eigentlich, vor der da (Perestrojka) haben wir das ganze Jahr gearbeitet, aber danach ...

Der Fisch zieht die Flüsse hoch, und die Verarbeitung beginnt. Und jetzt gibt's gar nichts. Doch, ehrlich gesagt ist da schon noch was, aber seit Jahren geben sie kein Geld als Lohn, nur Lebensmittel. Aber siehst du, das bräuchten wir doch auch.

Ich hab' noch 1993 aufgehört dort zu arbeiten, weil es kein Gehalt gab. Aber davor, im Jahr 1992, da war ich in der Bauabteilung. Ich hab' neue Häuser angemalt, Tapete geklebt, geweißelt, also das alles, und 1993 hab' ich aufgehört. Meine Anteile hab' ich verkauft, der Kolchose. Das Geld für die Anteile, das haben sie dann sofort ausgezahlt. Mein Bruder war auch in der Kolchose. Seine Anteile hat er seinen Neffen und Nichten überschrieben. Jetzt können nur noch sie diese benutzen. Bald werden sie die Schule abschließen, dann können sie jederzeit in die Kolchose gehen und arbeiten. Sie werden sofort eingestellt, weil sie Anteile haben.

Vater ist noch im Jahr 1991 ertrunken, und da haben sie die Kolchoseanteile auf uns drei Kinder aufgeteilt. Die Anja hat bis heute ihre 17 Anteile. Sie hat aufgehört dort zu arbeiten, aber sie könnte jederzeit wieder beginnen, Vovka kann das nicht mehr. Der war früher Kinotechniker, das hat er gelernt, aber heute gibt es kein Kino mehr. Der Klub ist schon ganz verfallen, Filme werden nicht gezeigt, früher gab es jeden Tag um 16 Uhr Kinderfilme, um 19 Uhr für Ältere, also für Erwachsene Filme, um den Krieg ging es (›Großer Vaterländischer Krieg‹, 1941–1945) und die Weißgardisten oder noch irgendwas anderes Interessantes. Manchmal haben sie auch einen indischen Film gezeigt oder was sonst eben geliefert worden war. Um neun Uhr abends war die letzte Vorführung, oder um zehn, da lief dann die Wiederholung vom Vorabendprogramm. Für die Jugendlichen eben oder für die, die spät von der Arbeit kamen. Die Kinder haben 5 Kopeken gezahlt und die Erwachsenen 20 (ein Laib Brot kostete 24 Kopeken). Ich bin immer in die letzte Vorführung gegangen, da gab es dann mehr freie

Fischer im Korjakischen Bezirk

Plätze, und die Kinder unterhielten sich nicht. Da war es dann immer sofort still, und du hast in Ruhe deinen Film anschauen können. Um sieben Uhr, da schwätzen die Kinder und kichern, man versteht gar nicht über was. So haben wir früher Filme angesehen, wenigstens die Leute (die Gemeinschaft) trafen sich mal in Karaga, aber heute, nur die Jugend trifft sich in der Disco zum Tanzen. Das organisiert der Direktor des Klubs, der leitet die Disco, freitags und samstags, heute ist doch Samstag, da werden sie da drüben (Festland) wieder ihre Tanzerei haben.

Am Anfang zeigen sie immer die Chronik (meist alte Kriegsberichte), dann den Film. Früher, früher, so Anfang der 80er, haben sie einen Film gedreht, das war auf der Ersten Koschka (Sommersiedlung auf der Landzunge bei Karaga). Die ganzen alten Jukolniki dort (auf vier Stelzen stehender mit Gras oder Blech gedeckter Lagerraum, in dem der getrocknete Fisch sicher vor hungrigen Bären gelagert wird), dann haben sie aufgenommen, wie früher gefischt wurde. Es wurde ein Dokumentarfilm. In Karaga könnte man nachfragen, aber nein, der Kinotechniker ist ja weggezogen, den muss man sich anschauen, in echten Baidarkas (lederbespannte Kajaks) sind sie gefahren, wie früher. Und noch jung waren sie alle, heute sind sie Alte. Mein Vater war auch dabei.

Das war es dann, weiter hab' ich nirgendwo mehr gearbeitet. Nur jetzt erst, seit 2001 arbeite ich hier. ›Jagodnoe‹ hat die ehemals staatlichen Rentiere zu sich ins Unternehmen übernommen, Sascha und sein Vater kümmern sich um die Rene, und ich nähe für sie, den ganzen Winter, damit sie es warm haben. Mal sind es Handschuhe, mal Torbaza (traditionelle Fellstiefel: seitlich wird das Fell von Rentierbeinen verarbeitet, an die Sohle kommt Robbenleder). Wenn

Seltenes Walross an einem der Drei Brüder in der Avača-Bucht

wir schlachten, dann im Winter, schlachten muss man Ende Dezember oder im Januar, später geht es schon nicht mehr, weil die Rentiere zu mager werden. Im Herbst ist Brunftzeit.

Von 1992 bis 2001 hab' ich sehr schlecht gelebt, ich hab' nur getrunken, weiter hab' ich gar nichts gemacht. Gewohnt hab' ich in meinem eigenen Haus in Karaga mit meiner jüngeren Schwester und meinem Bruder Vovka zusammen, wir sind zu dritt als Eigentümer eingetragen, aber das Haus hängt an mir: Anna möchte es jetzt verkaufen, sie braucht Geld und jetzt kann sie nicht wie sie will, weil ich nicht unterschreibe.

Aber sie kann es auf keinen Fall verkaufen, weil ich meine Zustimmung nicht gebe. Es ist also recht sinnlos, was sie da vorhat. Drei Zimmer, das sind zwei Schlafzimmer und ein Wohnzimmer. Nur, dass sie den Strom abgeschaltet haben, weil nicht gezahlt wurde. Aber es ist nichts da, mit dem man zahlen könnte, Vovka ist Invalide, er bekommt eine Rente, die ist klein, Anna arbeitet nirgendwo, sie liegt im Krankenhaus für Tuberkulosekranke in Ossora (Nachbarort, etwa 17 Kilometer entfernt). Und siehst du, sie liegt dort schon das zweite Jahr, und ich bin schon das dritte Jahr hier auf der Insel.

Vovka lässt anschreiben in den Läden und später gibt er seine Rente dort ab, und manchmal reicht das nicht, also muss er wieder Schulden machen. Als ich ankam, stand er schon mit 2000 Rubel im Minus (1 Euro entspricht 40 Rubel, eine Monatsrente betrug zu dieser Zeit etwa 200 Rubel), jetzt hab' ich bei ihm, dem Ladenbesitzer, eine Bürgschaft dafür übernommen, dass er die Rente, sobald Vovka sie bekommt, erhält, um die Schulden zu begleichen. Trotzdem schreibt er wieder an, für Brot, Zucker, Tee, Nudeln und Grütze (Krupa), und wieder türmen sich Schulden um Schulden auf. Im vergangenen Jahr, als ich herüberkam, hatten wir Geld, weil Sascha ja den Sommer über gearbeitet hatte und ausbezahlt worden war. Ich beglich Vovkas Schulden, er wusste aber nichts davon. Da gingen wir zu ihm nach Hause ihn besuchen und ich sag ihm, im Laden ist alles bezahlt, vorbei, schuldest keinem mehr was. Da hat er sich so gefreut! Er hinkt. Als er klein war, in der sechsten Klasse, ist er ausgerutscht, nach der Banja haben sie gespielt, ihm hat es irgendwie das Bein verdreht. Er wurde in die Stadt gebracht, und dort haben sie ihm einen Nagel eingesetzt. Nach einem Jahr hätte er wiederkommen sollen, damit der Nagel herausgenommen wird. Die Großmutter hatte es vergessen, und Vovka traute sich nicht, die Eltern darauf anzusprechen, und deshalb hat er bis heute diesen Eisennagel im Körper. Ständig hat er Schmerzen damit, besonders vor schlechtem Wetter. Invalidenrente bekommt er. Für den Winter sucht er Arbeit, gibt sich Mühe, aber keiner nimmt ihn. Nicht mal im Heizraum (des örtlichen Heizkraftwerks) wollten sie ihn nehmen, zum Kohleschaufeln, alle denken, es ist zu schwer für ihn.

Ja, und wie ich dann hierher kam? Konstantin, der Chef von ›Jagodnoe‹, hat mich auf der Straße getroffen, ich war betrunken, und er sagt, ›komm Natascha, fahr mit uns auf die Insel‹, ›abgemacht‹ hab' ich geantwortet. Und als ich dann nüchtern war, bin ich trotzdem gefahren.«

Natascha ist im März 2005 an Tuberkulose gestorben und wurde nach alter korjakischer Tradition auf der Insel verbrannt.

Um den Vulkan Ključevskoj

Von Lutz Kirchner, 2001

7. August

Es war schon immer einer meiner Träume, zu diesem Berg zu kommen, und jetzt, im ersten Jahr des neuen Jahrtausends, soll dieser Traum wahr werden. Wir sind auf dem Wege nach Ključi, das Wetter ist schön, wodurch der Straßenstaub seine volle Wirkung entfalten kann. Jedes entgegenkommende Auto erzeugt eine Wolke, die gnadenlos ihren Weg ins Innere unseres Busses findet. Es herrscht nach unseren Maßstäben nicht viel Verkehr, aber dieser ist sauber gestaffelt: Die Fahrer versuchen dem Dreck des vorausfahrenden Fahrzeugs durch gehörigen Abstand zu entkommen, weshalb wir jedes Mal neu eingestaubt werden, wenn wir gerade aufatmen wollen.

Am Vortag sind wir von unserem Treffpunkt Moskau per Flugzeug auf Kamtschatka angekommen. Mit von der Partie sind Darek, Anja und Jarek aus Polen. In Petropavlovsk haben wir die Nacht im Hotel Geysir verbracht, eine billige Herberge mit atemberaubendem Blick über die Avača-Bucht. Das Haus macht seinem Namen alle Ehre, da es nur früh und abends heißes Wasser gibt.

Erstaunlicherweise bekommen wir ohne Probleme Tickets für den Bus nach Ključi am nächsten Tag, wo doch sonst in Russland freie Plätze in Verkehrsmitteln nicht ohne Komplikationen zu beschaffen sind. Aber es fahren diesmal gleich zwei Busse. Jeder Platz ist verkauft und besetzt. Um den Bus zu verlassen, muss man über das im Gang gestapelte Gepäck klettern, ein Vorgeschmack auf die Berge. Wir kommen mit einem mitreisenden Vulkanologen ins Gespräch, der seine Mißbilligung für den Tourismus kaum verbergen kann, es sind seine Vulkane. So bekommen wir auch nur Negatives zu hören: Der Ključevskoj biete mit seinen beinahe 5000 Metern nur noch dünne Luft, was eine Akklimatisierung erfordern würde, außerdem sei das Wetter der Hauptfeind. Auf dem Sattel zum Kamen' auf 3300 Meter hätte der Sturm schon Bleiakkus durch die Luft gewirbelt. Trinkwasser würden wir keines finden. Zuletzt der Tipp, nach der Ankunft in Ključi schnell unterzutauchen, weil die ›geschlossene Stadt‹ Militär beherbergt und eigentlich nicht ohne Erlaubnis betreten werden dürfe.

Auf der zehnstündigen Fahrt nach Ključi muss der Fluss Kamčatka überwunden werden, und weil es keine Brücke gibt, läuft der Verkehr über eine Fähre. Von hier aus sieht man bei gutem Wetter bereits schemenhaft die Vulkane. Auf dem Schiff steht ein alter Sessel, in dem der Schäferhund des Kapitäns residiert, ein misstrauisches Tier, das jeden Neuankömmling mit Gebell begrüßt.

Abends gegen 19 Uhr kommen wir an. Die ›geschlossene‹ Stadt Ključi ist wirklich geschlossen, am Dorfeingang, nein, Stadteingang, befindet sich ein bewachter Schlagbaum, der für den Bus erst hochgezogen werden muss. Kontrolliert werden wir Passagiere aber nicht, was den Zweck des Ganzen in Frage stellt.

Mitten in Ključi ausgesetzt, zeigt sich der Unterschied zwischen Theorie und Praxis, zwischen der heimatlichen Betrachtung einer Landkarte und der völligen Orientierungslosigkeit, in der wir uns nun befinden. Welcher Weg führt aus der Stadt hinaus, in unsere geplante Wanderrichtung? Am besten fragt man Ortskundige mit einem Fahrzeug, wie wär's mit den Leuten gegenüber um den

Aschefeld südlich des Tolbačik im Ključevskij-Naturpark

großen Lkw? Hierzu muss erwähnt werden, dass in Russland vieles militärische Formen hat, Laster sind armeegrün gestrichen, Leute tragen gern robuste Armeekleidung, besonders in Sibirien und zum Angeln. Man hätte Verdacht schöpfen können, aber wir merken zu spät, dass es sich bei dieser Gruppe um Polizei aus Ust'-Kamčatsk handelt. Aber statt einer Verhaftung werden wir freundschaftlich begrüßt, die Ordnungshüter sind leicht betrunken. Offerierte Zigaretten schlage ich als Nichtraucher aus, Wodka ebenfalls, nicht aber das Angebot, uns aus der Stadt zum Ausgangspunkt unserer Route zu fahren. Zumal sie sich ›auskennen‹ und unzweifelhaft den ›zwanzigsten Kilometer‹ als Ziel benennen. Zu unserem Unbehagen ist der Lkw-Aufbau speziell für den Gefangenentransport hergerichtet, und um das Maß voll zu machen, endet die Fahrt vor dem Eingang zur eigentlich geheimen Luftwaffenbasis. Die Polizei wendet sich noch an den verdutzten Wachposten mit der Bitte, uns doch im basiseigenen Hotel unterzubringen und verschwindet danach. Der Posten ist nüchtern, die Realität bemächtigt sich unser, aber Gott schickt einen die Basis verlassenden zivilen Lkw, dessen Fahrer nüchtern wie der Posten und hilfsbereit wie die Polizei ist. Obendrein kennt er sich wirklich aus.

Nach zwanzig Minuten Fahrt hält der Wagen gemäß unserer Bitte am erstbesten ›Wasser‹ nach Verlassen von Ključi. Sofern die braune Schlammbrühe die Bezeichnung Wasser überhaupt verdient, denn an eine Verwendung dieser Suspension ist nicht zu denken. Bevor wir darüber ins Grübeln geraten, rät uns der Fahrer, zum Wasserholen wenige hundert Meter zurück zum Kraftwerk zu gehen. Ein wertvoller Hinweis, wir erinnern uns der Worte des Vulkanologen im Bus über Wassermangel und bekommen Bedenken.

Während des Abendessens kommt der Fahrer noch einmal mit seinem Lkw, um uns den weiteren Weg zu beschreiben. Er zeichnet eine ausführliche Skizze und redet viel. Kritzelnd kommt er dem Papierrand schnell näher, was zu einem Staucheffekt im Maßstab führt. Ich habe hinterher nur seine anfangs erwähnten Worte im Ohr: ›Zuerst rechts halten.‹ Wir bedanken uns für seine Hilfsbereitschaft.

8. August

Am Morgen ist schönes Wetter, es wird ein heißer Tag. Die Wege führen durch einen lockeren Baumbestand mit knöcheltiefer, staubiger Vulkanasche. Die Skizze wird durch uns verschieden interpretiert, und trotz meines Widerstandes gehen wir zuerst den linken Weg und setzen eine halbe Stunde buchstäblich in den dunkelgrauen Sand, bevor wir unseren Irrtum einsehen. Diese halbe Stunde müssen wir auch wieder zurück.

Erst nach dieser ›Übung‹ beginnt der eigentliche Marsch, ein monotones Schlurfen im Sand, Vulkane sind ringsherum nicht zu sehen. Diese kommen erst rechter Hand in Sicht, als uns jemand mit seinem kleinen Traktor einen Kilometer mitnimmt, wobei dieser fast zusammenbricht. Irgendwann sollen wir nach rechts einbiegen, von wo aus der Weg dann sanft ansteigend über Asche und Geröll nach oben führt, 800 Meter Höhenunterschied bis zur Baumgrenze. Motorengeräusch kündigt einen

Blick zum Hauptgipfel des Tolbačik

Lkw an, schon reichlich mit Gesellschaft beladen. Trotzdem sammelt man uns auf, und weiter geht's zur vulkanologischen Station Podkovo. Glück muss man haben.

Ich sitze direkt am Ende der Ladefläche und lasse die Beine baumeln, für mehr ist kein Platz. Höllisch aufpassen heißt es wegen tiefhängender Äste, die wie Sensen von vorn auf mich zusausen, auch wenn der Ast über mich hinwegzufegen scheint, ist Obacht geboten, da der Lkw selbst unerwartet nach oben schnellen kann. Festhalten, um nicht heruntergeschleudert zu werden, es ist wie ein Rodeo. Aber am schlimmsten ist der Staub, der hinter dem Fahrzeug aufwirbelt und uns völlig eindeckt. Am Ende sehen wir aus, als hätte man uns an einem Seil hinterhergeschleift.

Die Station Podkovo liegt schon auf freier Fläche, ein Holzhaus in 900 Meter Höhe, Basis für Vulkanologen. Wir steigen ab und führen eine Grobreinigung durch, gehen aber nach einem herzlichen Dankeschön auch schnell weiter, um Abstand zur Zivilisation zu bekommen. Vor uns liegt der gewaltige Anblick eines der größten Vulkane der Erde, des Ključevskoj, wobei der rechts daneben gelegene Uškovskij kaum kleiner ist. In die Lücke zwischen den beiden Bergen führt unser Weg, zunächst leicht ansteigend und über Gras. Nach einiger Zeit machen wir an einem Bach mit bestem Wasser ›Mittag‹. Der Bach formt einen Wasserfall zur Dusche, unter der wir den Staub loswerden.

Am späten Nachmittag finden wir uns am Rande eines Lavastromes wieder. Ein Bach spendet Wasser, wir bauen die Zelte auf. Der Tag hat uns weiter vorangebracht als erhofft, und wir müssen uns an das schwere Gepäck erst gewöhnen. Der Abend, wenn auch etwas dunstig, zeigt einen wunderschönen Blick auf den von der untergehenden Sonne angestrahlten Kegel des Ključevskoj.

9. August

Vor dem Gletscher liegt der Lavastrom, daher bleibt uns nichts weiter übrig, als diesen zu queren. Das Terrain ist flach, aber das Laufen auf der erstarrten Lava ist ein Dauerklettern unter ständiger Gefahr, in die bizarren Gesteinsgebilde zu stolpern. Die Kanten sind scharf wie Glas, worunter besonders die Schuhe leiden, nicht die dicken Gummisohlen, sondern Leder und Nähte werden einer Belastungsprobe unterworfen. Wie lange kann man auf Lava gehen, bis die Schuhe aufgeben? Da wir keine Handschuhe anhaben, richtet sich die Aufmerksamkeit alsbald auf die Hände, die zarter als Schuhleder sind.

Irgendwann stehen wir auf dem Gletscher, noch nicht auf dem Erman-Gletscher, sondern dem kleineren Vlodavec: eine hügelige Wüste aus Dreck und Geröll. Wasser kommt nur noch als dünner Schlamm vor. Überhaupt muss man zweimal hinschauen und nachdenken, bevor man den Begriff ›Gletscher‹ mit der Umgebung assoziiert. Eis? Gibt es nicht, jedenfalls ist keines zu erkennen.

Nach ein paar kleinen Hügeln stehen wir vor einem ungefähr zehn Meter hohen Wall, aus dessen oberem Drittel ein kleiner Schmutzwasserbach hervorsprudelt. Um das Mundloch herum erkennen wir auf den zweiten Blick Eis. Darek, der uns etwas vorausgegangen ist, schwört, dass sich dieses Loch eben erst vor seinen Augen gebildet hat und der Bach vorher nicht da gewesen sei. Wir machen eine Pause.

Darek geht ohne Rucksack auf Aufklärung, klettert neben dem Bach bis zur Kante des Walls und entschwindet unseren Blicken. Minuten später löst sich unter Krachen ein schrankgroßer Steinblock aus seinem Platz direkt neben dem Bachbett und poltert auf unser Niveau. Der Gletscher lebt.

Wir haben bis jetzt eine gute Strecke zurückgelegt, was man vor allem an den Höhenmetern merkt. Jetzt, nach unserem Mittagessen auf einem kleinen Lavafeld, fühle ich mich schlapp. Das Wetter ist herrlich, die Gegend um uns herum sieht aus wie die Abraumhalde eines Bergwerkes. Wir laufen über die Dreckhaufen, versuchen es dazwischen, und müssen dann wieder drüber, um nicht von der Richtung abzukommen. Die schwindenden Kräfte zwingen uns bald, an einer flachen Stelle das Lager aufzuschlagen.

10. August

Nun können wir den Erman-Gletscher vor uns sehen. Wir stehen auf der Seitenmoräne und schauen auf einen breiten Strom aus sich übereinandertürmenden Eisblöcken, groß wie Einfamilienhäuser, die meine ursprüngliche Vorstellung vom Spaziergang über eine weiße Ebene lächerlich machen. Die einzige Chance ist es, im Bereich der Seitenmoräne zu bleiben, und wenn auch dieser Weg blockiert wird, es dann in den Flanken des Ključevskoj zu versuchen.

Gut, das ändert nichts an unseren Plänen, jedoch das Wetter ändert sich. Der Himmel, morgens noch ein intensives Blau, hat sich nun mit einem feinen Schleier bezogen. Auf einmal wird es kalt, sei es durch das abgeschwächte Sonnenlicht, die zunehmende Höhe, das fehlende Himmelsblau oder den plötzlich einsetzenden Wind. Es wird ungemütlich.

Wieder schwinden nachmittags unsere Kräfte. Wir wollen das Lager aufschlagen, aber wo? Rundherum ist kein geeigneter Platz für ein Zelt. Ein Schlammfluss schießt unter einer dicken Eisschicht hervor und fließt unter einer Art Seufzerbrücke aus schmutzigem Schnee hindurch, alles hübsch anzusehen, aber weit und breit keine Spur von einem geeigneten Lagerplatz. Wir gehen ein paar hundert Meter zurück und werden fündig, gerade genug für unsere beiden Zelte, inmitten von Dreckhaufen, zwischen denen es Pfützen mit klarem Wasser gibt. Klares Wasser! Das hatten wir schon abgeschrieben. Das Wetter hat sich wieder beruhigt, der Wind ist abgeflaut und die Sonne scheint. Der Abendhimmel ist wolkenlos. Hält sich das bis morgen? Auf dem Rückweg von einer der Wasserpfützen breche ich durch eine Dreckkruste in eine kleine Spalte. Von nun an schaue ich aufmerksam auf das vor mir liegende Gelände. Es ist nicht ungefährlich, Wasser fließt irgendwo hervor und verschwindet wieder, es gibt Risse und Löcher, sichtbare und unsichtbare.

Ich schieße ein paar Aufnahmen von Ključevskoj und Kamen', letzterer hat sich dank unseres Vorankommens hinter dem Ključevskoj hervorgeschoben. Darek hat keinen Appetit, fühlt sich unwohl und verschwindet im Zelt. Ich schiebe die Symptome auf die Besonderheiten der russischen Küche, was auch immer an unserer Ernährung spezifisch russisch sein soll, Jura dagegen gibt der Höhe die Schuld. Höhenkrankheit bei nur zweieinhalbtausend Metern? Darek war bisher der Lebendigste von uns allen, und nun soll er von der dünnen Luft niedergestreckt worden sein? Das mag ich nicht so recht glauben.

11. August

Der Morgen kommt mit einem feinen Nieselregen, zu Hause hätte man ihn ›erfrischend‹ genannt. Unser Tagesplan sieht vor, bis zum Passfuß zu laufen, womit das Tagespensum von vornherein begrenzt ist, ein psychologisches Bonbon, zumal es nicht mehr so weit sein kann. Darek fühlt sich nach wie vor miserabel und stolpert hinter uns her.

Eine breite Spalte blockiert den Weg, die erste dieser Art. Wir haben keine Seile für eine Spaltenbergung dabei, ganz zu schweigen vom Wissen für eine solche Notsituation. Spalten mögen eine der großen Gefahren eines Gletschers sein, der Teufel lauert aber im Banalen. Der Gruppe vorangehend, trete ich auf einen kleinen Dreckhaufen, nur ist hier unter dem Dreck blankes Eis. Ich rutsche mit beiden Füßen weg, und die Eiskante trifft mein Schienbein. So fühlt sich ein Beinbruch an, ist mein erster Gedanke, so könnte man sich leicht ein Bein brechen, der zweite. Ich überlasse vorläufig anderen das Vorangehen.

Gletscherbach am Ključevskoj

Mittags stehen wir vor dem Pass. Oder dort, wo nach unserer Definition ›vor dem Pass‹ ist. Ab und zu fällt etwas Regen. Wir laufen noch ein Stück auf der Suche nach einem guten Lagerplatz, aber diese Tätigkeit wird jäh vom Wetter unterbrochen. Es fängt urplötzlich an zu stürmen, ein garstiges Gemisch aus Böen und Regen, in dem wir so schnell wie es nur geht die Zelte aufstellen. Kochen ist illusorisch.

In der Nacht wütet das Unwetter weiter. Die Gedanken kreisen ständig um den Sitz der Zeltleinen, an Schlaf ist nicht zu denken, auch weil mir der Kopf schmerzt. Nicht einfach nur schmerzt, sondern mich nicht stilliegen lässt. Langsam grüble auch ich über die Auswirkungen der Höhe, Kopfschmerztabletten sind im Rucksack, irgendwo, ich habe keine Ahnung, wo genau, und der Rucksack steht draußen unter einer Plane in Sturm und Regen. Mit den Tabletten im Magen muss ich dann irgendwann eingeschlafen sein.

12. August

Es ist ruhig draußen. Der Himmel ist absolut klar und von einem tiefen Blau, die Berge mit gleißendem Neuschnee bedeckt. Das Lager steht schon auf halber Passhöhe, unten liegt der Gletscher im Nebel, und dahinter ragt die Wand des Uškovskij auf. Der Pass wird von Ključevskoj und Kamen' flankiert, über letzterem steht der Mond. Wo ist der Fotoapparat? Es ist verdammt kalt, nicht nur eben knapp unter Null, das Wasser im Kessel ist bis auf den Boden erstarrt, die Schuhe sind steigeisenfest gefroren und lassen die Füße vor Kälte absterben. Erst gibt ein Fotoapparat nach wenigen Aufnahmen auf, dann der andere. Nach dem Batteriewechsel versagen meine Hände.

Der Aufstieg auf den Sattel führt gemütlich über einen beinahe spaltenfreien, nicht sehr steilen ausgeaperten Gletscher. Weiter oben, fast schon auf dem Sattel, wird es komplizierter, denn hier liegt Schnee. Unter dem Schnee sammelt sich das Schmelzwasser, was man an einer bläulichen Farbgebung gut erkennen kann. Und da ist viel Blau im Schnee, es gibt nur den Weg mittendurch. Ganz oben zeichnet sich das Gerippe einer Hütte als festes Ziel ab, bis dahin heißt es kämpfen. Steckt man erst einmal bis zur Hüfte im Matsch, wird es unangenehm kalt. Das Gefühl der Kälte verlässt einen auch nicht, wenn man sich wieder herausgewühlt hat. Klitschnass stehen wir im eiskalten Wind, die Temperatur pendelt um den Nullpunkt. An den Resten der Hütte auf dem Sattel in 3300 Meter Höhe machen wir Rast. Die Kälte bewegt uns dazu, ein kleines Feuer aus herumliegenden Holzresten zu entfachen, das aber nicht so recht zünden will.

Nach unserer ursprünglichen Überlegung wollten wir von hier aus den Ključevskoj besteigen. Ein guter Zeltplatz ist hier im Matsch aber nicht vorhanden. Hinzu kommt das Wetter. Der Himmel über uns ist zwar makellos blau, aber überall herum lauern Wolken. Wir befinden uns über den Wolken, im Moment jedenfalls. Den endgültigen Ausschlag gibt Anja. Darek geht es wieder besser, aber Anja, morgens noch völlig gesund, geht es dafür umso schlechter. Dies bedeutet den Verzicht auf den Ključevskoj. Wir steigen auf der anderen Seite des Passes ab und tauchen in die Wolken ein. Innerhalb von fünf Minuten umgibt uns nasser Nebel, der sich über Nieselregen zu richtigem Regen entwickelt.

Auf dem Weg zum Pass

Ohne Sicht geht es abwärts. Wir schalten den sechsten Sinn ein, orientieren uns am Gradienten. Der Hang ist ziemlich steil, teils geht es über Firnfelder, dann wieder über Vulkandreck hinab. Es ist durch die Nässe furchtbar kalt. Immer wieder müssen wir auf Anja warten, an einen Lagerplatz ist schon wegen des Gefälles nicht zu denken. Schließlich schlagen und graben wir in der Not ein ebenes Stück an einer etwas weniger steilen Stelle aus dem Dreck, wobei mir der Eispickel zum ersten Mal wirkliche Dienste leistet, und stellen die Zelte auf.

13. August

Wir schlafen aus, es hat sowieso wenig Sinn, aus dem Zelt zu kriechen, denn draußen gibt es nichts zu sehen. Ringsum Nebel, aus dem ein leichter Nieselregen fällt. Nach dem Aufstehen setzt sich für mich die Tristesse fort, denn laut Mehrheitsbeschluss gibt es Milchreis. Mit Grießbrei mag ich mich noch anfreunden, immer genügend Zucker vorausgesetzt, aber Milchreis esse ich nur des Hungers wegen.

Endlich erbarmt sich das Wetter und gibt etwas Sicht auf den Bezymjannyj frei, ein rauchender Maulwurfshügel, oder ist es kein Rauch, sondern doch Nebel? Wie ich erst später erfahre, ist er während unserer Anfahrt ausgebrochen, ein kurzer explosiver Ausbruch, der eine Aschewolke mehrere Kilometer in die Luft blies. Nichts Besonderes, damit muss man jederzeit rechnen. Ein ständig wachsender Dom aus viskoser Lava liefert das Potential für kurze explosive Episoden in mehrmonatigen bis jährlichen Abständen. Eigentlich will ich mir das aus der Nähe betrachten, aber dies soll der einzige Moment sein, in dem sich der Vulkan unseren Blicken offenbart. Als Zugabe ist im Hintergrund die Oval'naja Zimina zu sehen, ein erloschener Vulkan von 3080 Metern, sofern man einen Vulkan hier als ›erloschen‹ bezeichnen kann. Dann schließt sich der Nebelvorhang, und es regnet weiter. Regen verübelt uns auch das Mittagessen; wir sind wegen Anja ohnehin nicht weit gekommen.

Am Abend hört wenigstens der Regen auf. Dafür sind im Gegenzug die Mücken wieder da, deren höhenbedingtes Verschwinden uns erst jetzt auffällt. Der Himmel ist noch stark bewölkt, und das Wetter gibt nur einen Umkreis von einigen Kilometern zur Besichtigung frei, aber wir haben einen relativ gemütlichen Übernachtungsplatz in einem ebenen Talkessel. Es finden sich schon wieder Pflanzen und nebenan fließt der obligatorische Schlammbach.

14. August

Wir laufen über ein imposantes Hochplateau aus Ascheablagerungen, die Sicht ist gut, aber nur unterhalb einer tiefliegenden Wolkendecke. Es geht ständig leicht bergab, das Gelände ist gut zu gehen, da weder störende Vegetation noch Geröll den Weg versperren.

Wir laufen auf Höhenrücken zwischen tiefen, durch Erosion eingeschnittenen Schluchten, die schwer zu queren sind. Die steilen Wände zeigen teilweise orgelpfeifenartige Muster, welche die Erosion in die lockeren vulkanischen Ablagerungen gefräst hat. Beim Gang durch das Gras bemerken wir Staubfahnen hinter unseren Füßen, was nach dem vorangegangenen Regen für uns ein Phänomen ist. Die Asche muss wohl vom Ausbruch des Bezymjannyj vor ein paar Tagen herrühren.

Am späten Nachmittag betreten wir eine ehemalige Bergspitze des Bezymjannyj, die 1956 als ›erloschener‹ Vulkan im Stile des Mount Saint Helens ins Tal geschleudert wurde. Es ist eine Ebene aus Steinen jeder Form und Größe,

Die Flanke des Kamen'

bis zu Zimmerausmaßen. Wie tief wird einst das nun zugeschüttete Tal an dieser Stelle gewesen sein? Irgendwo in dieser Steinwüste muss der Karte nach Wasser fließen. Also stapfen wir gradewegs drauflos, wir wissen nicht genau, wo wir uns befinden. Es ist nur ein seichter Einschnitt, den sich der Fluss seit dem Ausbruch geschaffen hat. Und es ist Wasser im Fluss, sogar unerwartet viel, leider führt es aber viel Schlamm mit sich. Wir suchen uns einen geeigneten Platz für die Nacht und hoffen auf besseres Wetter.

15. August

Ein schrecklicher Tag. Die ganze Nacht hat es bereits stark geregnet, und es hört früh nicht auf. Was sollen wir bei diesem Wetter machen? Weiterlaufen? Das haben wir oft bei schlechtem Wetter getan, schon um den Zeitplan zu retten. Aber hier will ich etwas von der Gegend sehen, fotografieren, und Zeit haben wir diesmal genug. Also warten wir ab, was sonst als besseres Wetter soll denn auf den Regen folgen?

16. August

Am Wetter hat sich nichts geändert, ringsum verwehrt Nebel den Blick auf die weitere Umgebung. Was tun? Was, wenn es erst in einer Woche wieder aufklart? Also gehen wir schweren Herzens doch weiter, immer den Fluss hinauf. Auf dem hindernisfreien Gelände und auch gerade wegen des schlechten Wetters kommen wir schnell voran. Schlechtes Wetter reduziert Pausen auf ein Minimum. Fotografieren? Lohnt sich kaum.

Die Mittagspause verbringen wir auf einer Hochfläche im Nebel, der Regen verstärkt sich, und es kühlt ab. Nachmittags erscheinen im Sand plötzlich mehr oder weniger deutliche Fußspuren, die uns sicher zum Pass führen. Wir erreichen eine ebene Sandfläche, eher einer Wüste ähnelnd, zumal ringsum nichts weiter zu sehen ist, und stehen plötzlich am Fuß des Bezymjannyj-Passes. Aus dem Stand geht es noch einmal auf nunmehr deutlichem Pfad steil nach oben und auf der anderen Seite ebenso steil wieder hinab zu einer ähnlich aussehenden Sandebene. Wir sind zwischen dem Bezymjannyj und der Zimina hindurchgelaufen, beide in unmittelbarer Nähe, ohne auch nur einen Hauch von ihnen gesehen zu haben.

Von nun an geht es nur noch bergab. Durch den Sand fließt mäandrierend ein Bach mit dem langen Namen Nižnij Razmyvočnyj. Die Felswände des auslaufenden Höhenrückens sind aus Basalt. Bis zum Abend legen wir noch eine gehörige Distanz zurück.

17. August

Es regnet weiter. Die ganze Nacht, den ganzen Tag. Wir hatten am Morgen vergeblich bis zehn Uhr auf ein Ende des Regens gewartet, und jetzt fange ich an zu frieren. Ich bin pitschnass, es ist verdammt kalt, und frischer Wind tut ein übriges. Für die Mittagspause suchen wir eine windgeschützte Stelle in einer Senke, die von Kiefernbüschen umrandet ist. Für einen Moment vergessen wir

Ein Gletschersee

das Wetter, als ein Bär erscheint. Mittelgroß, mit hellbraunem Fell gut gegen das Klima gerüstet, trottet er in für uns sicherer Entfernung dahin. Er sieht uns, macht aber keine Anstalten zur Flucht, was durchaus typisch ist. Wir kommen näher, und es gelingt mir immerhin, eine Aufnahme zu schießen, auf der das Tier deutlich als Bär zu erkennen ist.

Vor uns zeichnet sich eine Stufe ab. Irgendwo vor uns ist Schluss mit der Tundra, auch Schluss mit der leicht abfallenden Hochebene. In breiter Front bricht das Gelände steil zu einer tiefer gelegenen dicht mit Wald bewachsenen Landschaft ab. Nahe am Abgrund schießt der Fluss Studenaja in einer felsigen Rinne dahin, Ziel ist dem Geräusch nach ein naher Wasserfall. Eigentlich ist es nur eine Hälfte des Flusses, da dieser hier zwei Arme bildet. Die Abscheu vor dem steilen Abstieg und die vorgerückte Stunde, von der Kälte ganz zu schweigen, lässt uns hier direkt am Fluss das Lager aufschlagen, auf einem sehr guten Platz mit Wasser, Aussicht und Felsterrasse.

18. August

Der Wasserfall unweit unseres Lagerplatzes ist beeindruckend, zumindest von oben betrachtet, denn nach unten führt kein Weg – für uns eine Sackgasse. Das Wasser stürzt gut zwanzig Meter über die Schwelle einer uralten Basaltschicht. Wir sind zu einem weiten Umweg gezwungen und verschwinden in der mit Büschen und Bäumen dicht bewachsenen Landschaft. Noch zwei Tage folgen wir dem Lauf der Studenaja und finden, auch mit Hilfe einer entgegenkommenden tschechischen Wandergruppe, den Weg zur Siedlung Kozyrevsk, wo wir am zehnten Tag unserer Wanderung ankommen.

Im Bus nach Petropavlovsk gibt es leider keine Plätze mehr, weshalb wir per Anhalter und durch die Nacht fahren. Am Morgen erreichen wir erschöpft, aber glücklich über unsere doch gelungene Tour, das Hotel Geysir.

River and Ice

Von Sebastian Wilms, Wasilis von Rauch,
Andreas Lörcher, Axel Rothe, 2009

Abenteuer auf dem Kamtschatkafluss und am Vulkan Kamen

Es war der Silvesterabend 2008 in Finale Ligure, Italien. Bei glühendem Ofen saßen wir in Sebastians Bus und genossen unseren traditionellen Wintertrip. »Jungs«, unterbrach plötzlich Wasilis mit einer seiner berühmten Denkfalten auf der Stirn das gemütliche Schweigen, »unsere Kletterurlaube sind immer noch der Hammer, aber sollten wir uns nicht mal eine neue Herausforderung suchen? So 'ne richtige Expedition? Ich meine nicht Klettern in Finale, Frankreich oder Franken. Mal so richtig raus, wo nichts ist außer Wildnis. Mit Booten, Bären und fetten Rucksäcken? Kein Telefon, keine Kreditkarte, keine Kneipe und kein Supermarkt. Da hätt' ich Bock drauf, und dafür sind wir genau die richtige Truppe. Aber wo gibt es noch solche Orte?«

»Ich wüsste da was«, schmunzelte Andi geheimnisvoll, »in Kamtschatka, am ostasiatischen Extrem Russlands wartet genau so ein Projekt auf uns. Mitten durch diese wilde Halbinsel zieht sich der Kamtschatkafluss gut 700 Kilometer in nordöstlicher Richtung, wo er in die Beringsee mündet. Er fließt vorbei an majestätischen Vulkanen, die bis 4800 Meter Höhe erreichen. Einer von ihnen hat's mir besonders angetan: der Kamen. Ein Traum in Eis und Schnee, für mich der schönste Berg des Landes. Mit guten Booten kann man ihn ziemlich sicher erreichen.«

Kamtschatka? Das versprach in der Tat Abenteuer und klang beinahe unwirklich fern. In den nächsten Tagen ließ uns die Idee aber nicht mehr los: wilde Natur, Bären, Lachse, Moskitos, üppige Flora, Stille und Einsamkeit. Am Ende des Finale-Urlaubs stand fest: Wir würden diese Reise in den fernsten Osten Eurasiens antreten. Und von da erfüllte der Name des ausgesuchten Ziels unsere Gemüter immer wieder mit Vorfreude: der Kamen-Vulkan.

August 2009

Mit 4600 Metern Höhe ist der Kamen zwar »nur« der zweithöchste Vulkan Kamtschatkas, wird aber zu Recht als der technisch schwerste unter den hohen Bergen der Halbinsel bezeichnet. Er besticht durch seine anmutige weiße Silhouette, die von einem zackigen Gipfel abgeschlossen wird. Fast wie ein drohender Zeigefinger wirkt dieser vom Basislager aus gesehen. ›The Knife‹, wie der Gipfel etwas reißerisch genannt wird, flößt Respekt ein.

Der Gegensatz dazu ist sein Nachbar, der 4750 Meter hohe Klutschevskoj, der höchste aktive Vulkan Eurasiens. Von der Asche fast komplett schwarz, steht dieser Vulkan mit nahezu perfekt gleichmäßig ansteigenden Flanken im Nordosten des Kamen. Ein ›Schotterhaufen‹ wie ihn ein Bekannter nach der Begehung etwas spöttisch bezeichnete. Man kann ihn mit etwas Ausdauer seilfrei besteigen, ohne technische Schwierigkeiten meistern zu müssen. Allerdings ist der Klutschevskoj momentan recht aktiv, und außer Rauchfahnen und Aschewolken wirft er regelmäßig große Steinbrocken aus. Ein Helm ist nötig, reicht aber nur für die kleineren Geschosse aus. Bedingt durch den kontinuierlichen Ascheregen und die Untergrundheizung ist dieser Berg an seinen steilen Flanken und im Gipfelbereich größtenteils eisfrei.

Die zwei ungleichen Brüder bieten einen unglaublichen Anblick, dem wir seit zwei Wochen immer näher gekommen sind. Eng stehen sie nebeneinander – zwischen ihnen eine kleine Ebene auf 3270 Metern Höhe. Dort ist auch das Höhenlager für die Besteigung beider Gipfel. Jetzt sind wir endlich direkt auf dem Sattel zwischen den beiden Vulkanen angekommen, um den weiß glitzernden Kamen im Eis zu erklimmen.

Vor zwei Wochen hatten wir uns von unseren russischen Freunden an einem Zufluss der Kamtschatka mitten in der Wildnis aussetzen lassen. Sascha, ein einheimischer Bergführer, war von unserer Idee, sich dem Kamen in der Klutschevskaja-Gruppe mit Booten zu nähern und dann zu Fuß hochzulaufen, so begeistert, dass er kurzentschlossen die ersten zwei Tage mit uns fuhr. Im Moskitoschauer pumpten wir unsere zwei ›Outside‹-Boote auf, für die wir der Fluggesellschaft von Moskau nach Petropavlovsk schon jede Menge Übergepäckgebühr bezahlen mussten. Dazu das eilig ausgeliehene kleine Schlauchboot für Sascha. Unsere ersten beiden Tage auf dem Fluss gestalteten sich schwierig. Neben Dauerregen bekamen wir von den kamtschadalischen Flussgeistern auch eine Ganzkörper-Taufe verpasst: Beide Boote kenterten je einmal auf unerklärliche Weise.

Die Ankunft in Milkovo, wo wir auf den großen Kamtschatka-Fluss stießen, war wegen des komplett nassen Gepäcks eine echte Erlösung. Saschas Freund Jura hatte uns seine Datscha überlassen. In der kräftig eingeheizten Sauna schafften wir es, alle Ausrüstungsgegenstände über Nacht wieder trocken zu bekommen. Nach effektivem Feintuning an der Wasserfestigkeit unseres Gepäcks feierten wir am nächsten Tag noch ein herzliches Gelage am Ufer des Flusses – es gab frischen Lachs-Kaviar, Wodka und gutbürgerliche Reisekost. Dann verabschiedeten uns Sascha, Jura und unsere neuen Freunde aus der Region. Jetzt waren wir allein. Und wie von Geisterhand lief ab diesem Zeitpunkt alles immer besser.

Vorbereitung auf die Tour

Der Dauerregen hatte aufgehört, in der Mitte des eher trägen Flusses gab es praktisch keine Moskitos, und wir fingen an, es uns auf den Booten gemütlich zu machen. Mit vier im Wald geschlagenen Querstangen wurden die zwei Boote am vierten Tag verbunden und somit zum Katamaran umgerüstet, was in punkto Geräumigkeit eine wesentliche Verbesserung darstellte. Auf der so entstandenen Zwischenfläche wurde als erstes die Schiffskombüse installiert. Anfänglich gab es nur vorsichtig zubereiteten Espresso, es entwickelten sich aber rasch dekadente Kochzeremonien, deren Höhepunkt die von Wasilis zubereiteten Fritten aus frischen Kartoffeln waren. Mehr und mehr verbrachten wir die Tage komplett auf unserem »Katamaran«, so machten wir mehr Strecke und konnten die Idylle ganz ohne Moskitos genießen, gelegentliche Fotosessions am Ufer ausgenommen.

Zur Dämmerung steuerten wir Sand- und Kiesbänke für das Nachtlager an. Möglichst wenige Moskitos und Bären um sich zu haben, war das Hauptkriterium der Standortwahl, das hieß: wenig Bewuchs und freie Sicht auf die Umgebung. Moskitos und die allgegenwärtigen Bärenspuren ließen sich aber auch durch die sorgfältigste Platzwahl nicht vermeiden. Deshalb entfachten wir jeden Abend ein großes Feuer für die Nachtwache, die wir seit dem ersten nächtlichen Bärenbesuch am Abend des dritten Tages eingerichtet hatten. Am schönsten waren die Nachtlager auf Sandbänken an Gabelungen des vollkommen frei mäandrierenden Kamtschatka-Flusses. Frische Bärenspuren waren aber auch dort an der Tagesordnung.

Jeden Tag kamen wir den zwei Vulkanen näher. Im Morgendunst zeichnete sich die Rauchfahne des aktiven Klutschevskoj vor einer gleißend aufgehenden Sonne ab. Daneben der Kamen, das Ziel unserer Reise.

Nach insgesamt neun Tagen auf dem Fluss liefen wir in Kozyrevsk ein, braungebrannt und von selbst geangelten Fischen wie Keta-Lachs, Lachsforelle oder Äsche wohlgenährt. Ein wundervolles Kaff, wie wir alle fanden. Für den harten Winter sauber gestapeltes Brennholz vor romantischen kleinen Blockhäusern mit den typisch sibirischen handgeschnitzten Fensterrahmen, staubige Straßen, chaotische Wasser- und Stromleitungen, hier ein Charakterkopf auf einer klapp-

Ein selbstgebauter Katamaran

Schwer bepackt über Lavagestein

rigen Ural mit Beiwagen, dort eine alte Babuschka in ihrem Gemüsegarten. Ein schmutziger Miniatur-Hafen und auf fast jedem Grundstück riesige Geländetrucks ließen die Aussteigerträume in uns aufflackern…

Doch ans Aussteigen dachten wir nicht weiter – es galt, die Boote und das weitere Equipment, das wir nur für die Bootstour benötigt hatten, unterzustellen und Proviant für den Aufstieg zum Kamen zu organisieren. Ersteres war von Sascha schon im Vorfeld geklärt worden; für ein paar Rubel, die wir der Haushälterin bezahlten, konnten wir unsere Boote sicher in einem Hinterhof deponieren.

Am nächsten Morgen brachte uns ein geländegängiger Lkw zum Einstieg unserer Berg-Route, der Plotina-Hütte, die an der Grenze des Klutschevskoj-Nationalparks liegt. Diesen Transport hatten wir uns Dank Andis Russischkenntnissen kurzfristig in Kosyrevsk organisiert. Ab dann waren wir wieder unmotorisiert unterwegs, diesmal allerdings zu Fuß statt im Katamaran. Der erste Tag mit den gut 30 Kilo schweren Rucksäcken war erst einmal gewöhnungsbedürftig. Pickel, Seile, Steigeisen, Karabiner und Eisschrauben, Klamotten, Fotoausrüstung, Zelte, Schlafsäcke, Kochgeschirr und Proviant für zehn Tage hatten sich zu einer gehörigen Masse entwickelt. Das hatte nichts mehr mit dem entspannten Lotterleben auf dem Fluss zu tun.

Entsprechend dem ungewohnten Gewicht unserer Rucksäcke kamen wir nicht sonderlich weit. So wackelten wir erst einmal durch die kniehoch mit Gräsern bewachsene Ebene, keinem Pfad folgend, unserem jetzt schon deutlich sichtbaren Ziel entgegen. Am nächsten Tag ging es schon wesentlich zügiger voran, und wir erreichten den Fuß des Gletschers bzw. die Ausläufer seiner Schottermoränen und der Schlacke vergangener Eruptionen. Das stetige Auf und Ab über dieses lockere Gestein war unbequem und mühselig. Einmal mussten wir einen hüfttiefen, eiskalten und ziemlich reißenden Flusslauf durchqueren. Zum Glück fiel keiner hinein – Schultern und Gleichgewichtssinn hatten sich bereits an die Rucksäcke gewöhnt.

Zunehmend wurde das Gelände felsiger, an der Seitenmoräne des Gletschers arbeiteten wir uns langsam aber stetig weiter nach oben. Der dritte Tag wurde dann richtig ungemütlich. Nach vier Stunden Aufstieg mit den immer wieder mal aufkommenden Diskussionen über den Sinn und Unsinn von Abkürzungen querten wir den Gletscher erneut, unterhalb eines riesigen, etwa 80 Meter hohen Eisbruches.

Kurz danach fing es an zu schneien. Ungewöhnlich für diese Jahreszeit. Mit eisigem Wind und Sicht unter zehn Meter ließen wir uns vom GPS leiten – Sascha hatte es uns zusammen mit seinem Satellitentelefon zur Verfügung gestellt. Die anfänglich geplanten sechs Stunden Aufstieg zum unteren Base Camp waren längst vergangen, und das nicht enden wollende Laufen über kleine Schottermoränen brachte uns an den Rand unserer Kräfte. Im übelsten Schneesturm erreichten wir nach neun Stunden die erlösenden Spuren vergangener Expeditionen: ein paar klapprige Holzgerüste und Stofffetzen, dazu ein verrosteter Bollerofen. Letzterer wurde schnell zum Backen von Brotfladen eingerichtet. Das waren schon alle auffindbaren Überreste eines Camps, das immer mehr Bergsteiger auf dem Weg zu den hohen Gipfeln kurzerhand mit dem Hubschrauber überfliegen.

Noch in der Nacht klarte das Wetter auf, es wurde eiskalt, und am nächsten Tag begrüßte uns ein herrlicher blauer Himmel, wie er nur in den Bergen vorkommen kann. Wir bauten uns einen Windschutz und heizten den Ofen mit Restholz ein. Feuchtigkeit und Kälte wichen angenehmer Wärme. Was für ein Ambiente! Umgeben von den Vulkanen Uschkovski, Christovski, Klutschevskoj und Kamen genossen wir den wohlverdienten Ruhetag.

Der Aufstieg ins zweite Höhenlager war nun vergleichsweise einfach. Nach vier Stunden auf dem Gletscher zeichnete sich auf dem Sattel, von dem aus die beiden Vulkane Klutschevskoj und Kamen begangen werden, eine Hütte ab. Mit einem Ofen und drei Schlafplätzen war sie hier oben im Schnee wohl das absolute Paradies, allerdings nicht vom Herrgott, sondern von einheimischen Alpinisten errichtet. Feuerholz war dank der bereits erwähnten Hubschraubertransporte reichlich vorhanden. So genossen wir für den restlichen Tag das wohlige Hüttenleben, reparierten hier das Dach, stopften da eine undichte Stelle in der Wand und schliefen voller Vorfreude auf den kommenden Tag wohlig und warm ein.

Der Wecker klingelte um 5 Uhr. Es ging los. Aufstieg auf 4648 Meter durch Schnee und Eis. Keine Wolke am Himmel! Sternenklar! Um 5.30 Uhr liefen wir voll gerüstet das sanft ansteigende Schneefeld zum Kamen hinauf. Wir hatten uns für die etwas einfachere, aber dafür längere Route entschieden. Sie führt über große Schneefelder unter einem massiven Eisbruch hindurch zum Gipfel. Nach einer Stunde machten wir die erste Pause, die Sonne ging auf und offenbarte uns ein Eis- und Wolkenpanorama der Extraklasse. Über uns immer noch kein Wölkchen und unter uns die beeindruckende Vulkankette Kamtschatkas: Der »Ring of Fire«, der sich durch die ganze Halbinsel zieht. Und wir mittendrin, am Punkte seiner erhabensten Vollendung.

Da unsere Aufstiegsroute an der Nordostflanke des Kamen lag, war die Wetterentwicklung aus Südwesten für uns nicht einsehbar. Auf mehreren durch Gletscherspalten bedingten Umwegen kamen wir dem Eisbruch immer näher: Eine massive Eiswand mit tiefen Furchen und Spalten, die uns durch permanentes

Knacken und kleinere Eislawinen ganz schön Unbehagen bereitete. Dennoch kamen wir gut voran und näherten uns der Schlüsselstelle des Aufstiegs: fünf bis zehn Meter etwa 70 Grad steiles, blankes Eis. Axel wollte eine kleine Pause machen. Andi, der in diesem Moment vorne war meinte, »ja, gleich da oben, dieses kleine Stück noch.«

Seit einer halben Stunde war es bereits gut 50 Grad steil nach oben gegangen. In der Euphorie hatte unsere Konzentration dabei wohl etwas nachgelassen, jedenfalls glitt Andi plötzlich mit den Steigeisen ab. Auf dem blanken Eis rutschte er rasant abwärts. Nach fünf bis zehn Metern Fall riss er Wasilis, den zweiten in der Seilschaft, mit sich… Axel und Sebastian warfen sich

Blick auf das Ziel unserer Träume

sofort an den Hang und rammten Ihre Eispickel fest ins Eis. Abfangen mussten sie die beiden dann glücklicherweise nicht, denn Andi konnte seinen Fall selbst mit dem Eispickel bremsen. Kurz durchatmen, Schrauben setzen, Stand bauen, Schokoriegel einwerfen und weitergehen – das wäre schön gewesen. Doch da offenbarte sich hinter dem nordwestlichen Grat des Berges, über den wir jetzt blicken konnten, ein durchgängiges Grau in den oberen Himmelsschichten. Andis blutende Hände und dieses Grau im Himmel – beides sah nicht gut aus.

Es war abgemacht, dass wir den Berg nur bei guten Wetterverhältnissen besteigen werden. Daher begannen wir nach kurzer Diskussion mit dem Abstieg. Wir hatten ja noch ein paar Tage für einen zweiten Versuch kalkuliert. Als wir nach erneuter Querung des bedrohlichen Eisbruchs wieder unsere Biwakhütte erreicht hatten, setzte jedoch ein Schneesturm ein, der uns die nächsten Tage sämtliche Möglichkeiten auf einen weiteren Versuch verweh(r)te. Der Sturm beruhigte sich erst wieder, als wir die Vulkangeschwister mit leeren Proviantbeuteln langsam im Nebel hinter uns ließen.

Wir hatten zwar den Gipfel nicht erklommen, aber derart einzigartige Erfahrungen gemacht, dass unsere Stimmung nicht getrübt war. Ob am Kamen oder woanders: Es würde ohnehin nicht die letzte Reise dieser Art bleiben.

Über den Wolken

Auf hohen Vulkangipfeln und unbekannten Bärenpfaden – per Mountainbike zum Tolbačik

Von Waltraud Schulze und Andreas von Heßberg, 2002

Straßenlärm und Motorengestank

Wo zelten wir heute Abend? Eigentlich eine triviale Frage in einem Land, in dem außerhalb der Großstadt Petropavlovsk reichhaltig freie Natur zum Zelten zur Verfügung steht. Direkt neben der Asphaltstraße wollen wir unser Zelt nicht aufbauen, also suchen wir eine Seitenpiste. Wir sind am Abend unseres ersten Radeltages auf Kamtschatka todmüde und zu keinem weiteren Kilometer mehr fähig. Die vorhergehende Nacht war viel zu kurz, das Frühstück im Hotel in Petropavlovsk für Leistungssportler absolut ungeeignet, die ungewohnt hohe Luftfeuchtigkeit macht uns schwer zu schaffen. Darüber hinaus haben unsere Körper die elf Stunden Zeitunterschied zu Deutschland noch nicht vollständig überwunden. Gestern waren wir über Moskau nach Kamtschatka gekommen, hatten unsere Fahrräder am Flughafen wieder zusammengebaut und waren die 35 Kilometer in die hektische Metropole geradelt. Den weiteren Tag hatten wir genutzt, den mitgebrachten Proviant mit einheimischen Lebensmitteln zu ergänzen und verschiedene Erledigungen in der Stadt abzuhaken. Nach einer Hotelnacht auf durchgelegenen Matratzen genießen wir jetzt die Ruhe in der Natur.

Schnarchen Bären?

Unser Zeltplatz an einem kleinen Seitenweg, etwa 300 Meter abseits der Asphaltstraße, hat nur einen Nachteil: Wir finden in der näheren Umgebung frische Bärenspuren. Gerade erst in Kamtschatka angekommen, können wir die

Auf Bärenspuren unterwegs

Situation noch nicht realistisch einschätzen. Aber die Bedenken weichen der Müdigkeit. Die nächsten Tage werden zeigen, wie wir mit der höchsten Bärendichte der Erde umzugehen haben.

Die effektivste Waffe gegen sie ist Lärm, so heißt es. Das ist tagsüber kein Problem. Unsere Fahrräder machen genug Geräusche, so dass uns ein Bär rechzeitig wahrnehmen kann. Aber wie sieht die Situation nachts aus? Sollen wir absichtlich schnarchen? Oder lockt das die Bären erst recht an? Riecht nicht unser Abendessen verlockend für sie? Mögen sie Nudeln mit Gemüse-Sahne-Soße? Oder doch lieber den Pudding, den es als Nachspeise gibt? Im Herbst haben die Bären jedoch genügend Nahrung in der Natur, die sich nicht verteidigt: Rausch- und Krähenbeeren, Heckenkirschen, Pilze und vor allem Lachse in den klaren Flüssen.

Riesengreiskraut und Steinbirkenwald

Der nächste Morgen empfängt uns mit einem rosagefärbten Himmel, einigen hohen Wolken und einem phantastischen Blick auf die Bergriesen zu beiden Seiten des Tals, dem wir nach Norden folgen. Die Piste führt durch ein hügeliges Gebiet, und steigt mal sanft, mal in kurzen Rampen kontinuierlich an. Der Wind ist kühl und kommt aus Norden, bläst uns also von vorne ins Gesicht. Birkenwälder bis zum Horizont und dazu ein Licht und eine Vielfalt an Grüntönen, wie man sie aus nordischen Regionen kennt. Zwischen den alten und knorrigen Birken wächst ein oft drei Meter hoher und undurchdringlicher Wall aus Hochstauden: Greiskraut, Eisenhut, Mädesüß, Engelswurz, Adlerfarn und viele andere Pflanzen.

Wassermangel

Ich liege mehr als todmüde im Zelt und kämpfe mit dem körperlichen Zusammenbruch. Es ist 22 Uhr, die Sonne steht noch über dem Horizont am fast wolkenlosen Himmel, und alles könnte perfekter nicht sein. Wäre da nicht ein unerwartetes Problem aufgetreten: Wassermangel. Wir haben uns zu sehr auf die Landkarte verlassen, die wir aus Deutschland mitbrachten. Die Piste nördlich von Mil'kovo führte nicht, wie erwartet, durch das Tal des Kamčatka-Flusses, sondern auf einem Bergrücken entlang. Hier gibt es auf eine Länge von 90 Kilometern keinen Wasserlauf. Bereits mittags hatten wir den letzten Bach gequert. Danach quälten wir uns mit leeren Trinkflaschen weiter mit der Hoffnung, doch noch hinter der nächsten Kurve Wasser zu finden.

Dichte Lärchen-Fichtenwälder mit trockener Zwergstrauchvegetation am Boden prägen die Landschaft. Diese Wälder sind stark forstwirtschaftlich genutzt, besonders die geradwüchsigen Lärchen werden herausgeholt. Die Anwesenheit von Forstarbeitern hat uns aus unserer prekären Lage gerettet. Wir finden durch Zufall ein großes Holzlager mit einigen Arbeiterhütten. Einer der Arbeiter spricht sogar einige Wörter Englisch, und so kommt eine kleine Verständigung in Gang. Dankbar füllen wir unsere Wassersäcke auf und verschwinden wieder auf der Piste. Die Waldarbeiter werden wohl jetzt genug Gesprächsstoff für den Rest des Abends haben.

Kühe auf dem Fußballfeld

Den nächsten Abend verbringen wir fast mückenfrei – welch eine Wohltat. Möglich ist dieses kleine Wunder durch die ausgedehnten Aschefelder, durch die wir auf der Ostseite des Kamčatka-Flusses radeln. Nur langsam etabliert sich die Vegetation auf dieser 50 Jahre alten Asche wieder. Einige Pappeln und Lärchen zeigen einen verkrüppelten Wuchs, was darauf schließen lässt, dass diese Bäume den 1941er Ausbruch des Tolbačik überlebt haben. Die schwarzen Aschefelder heizen sich tagsüber stark auf und machen es den Mücken recht ungemütlich. Dafür ist die nächtliche Wärmeabstrahlung um so intensiver und fördert die Nebelbildung. Wir fahren in das kleine Dorf Kozyrevsk, eine der ältesten russischen Siedlungen Kamtschatkas. Wie schön ein sibirisches Dorf mit den verzierten Holzhäusern aussehen kann! Von Plattenbauten keine Spur. Auf dem Fußballfeld grasen mehrere Kühe, und für die Kinder ist die Straße noch Spielraum. Die Menschen leben von Forstwirtschaft und Fischerei, Industrie gibt es hier keine. Der Dorfladen ist gut bestückt, und die Leute sind sehr freundlich, winken uns zu und helfen uns bei der Beschaffung von Benzin für unseren Kocher, denn auch eine Tankstelle gibt es hier nicht.

Pistenstaub und Aschefelder

Früh am Morgen verlassen wir das Dorf Kozyrevsk und begeben uns in Richtung der Piste hoch zum Vulkan Tolbačik. Auf eine Ausschilderung kann man vergeblich hoffen. Nur die Einheimischen kennen sich hier aus. Niemand hat bisher mit vollbepackten Mountainbikes und einem Hänger versucht, zum Tolbačik hochzufahren. Entsprechend schütteln die Einheimischen ihre Köpfe, wohl meinend, dass dies unmöglich sei. Die ersten acht Kilometer auf der Piste scheinen diese Aussage bekräftigen zu wollen. Die Piste besteht aus einer Fahrspur, die sich durch eine staubfeine Schicht von zerriebener Asche durch-

In Kozyrevsk

schlängelt. Wir sinken beim Laufen bis zu zehn Zentimeter tief ein, ehe wir einen festen Boden zu spüren bekommen. Selbst mit den Breitreifen ist hier kein Land zu gewinnen. Wir müssen schieben. Die äußeren Bedingungen scheinen auch gegen unser Vorhaben gestimmt zu sein. Dichte Mückenschwärme zwingen uns wieder in unsere Moskitohemden, unter denen wir um so stärker schwitzen. Von der sicheren Seite des Netzes aus können wir feststellen, dass die Stechmücken Kamtschatkas nicht nur besonders groß und aggressiv sind, sondern auch geringelte Beine haben.

Ab dem ersten Fluss wird die Piste wieder fahrbar. Die Durchquerung der verschiedenen kleinen Flussarme ist mit den Mountainbikes kein Problem. Wir wissen jedoch von den Einheimischen, dass nach einem Starkregen hier kein Durchkommen mehr möglich ist. Das lässt uns für die Rückfahrt nur hoffen. Wir befüllen die Wasserflaschen, da dies unsere letzte Tankstelle für die nächsten Stunden sein wird. Nach einigen Kilometern soll noch mal ein kleiner Waldbach kommen, so die Information. Als wir ihn erreichen, müssen wir feststellen, dass dieser ausgetrocknet ist und nur noch aus einem Schlammloch besteht. Hier endet auch die Fahrzeugspur, der wir den ganzen Tag folgen. Oder haben wir sie schon vorher verloren? Wir radeln etwas zurück und entdecken eine Spur nach links ins Gebüsch, die sich sogar sehr gut radeln lässt. Nach sechs Kilometern treffen wir wieder auf die ursprüngliche Piste. Trinkbares Wasser finden wir jedoch nicht.

Verbrannter Wald

Die Piste hoch zum Tolbačik steigt nun kontinuierlich an. Einige Streckenabschnitte sind sogar als steil zu bezeichnen. Wir kommen nach einigen Stunden aus dem geschlossenen Lärchen-Pappel-Birkenwald und blicken uns erstaunt um. Alles sieht irgendwie nach Zerstörung aus. Lavabrocken liegen zerstreut in der Landschaft, die ehemals von einem Wald bedeckt wurde. Baumgerippe zeugen

Verbrannter Wald

vom schweren Ausbruch eines Nebenkraters im Jahr 1975/76. Damals verbrannte quadratkilometerweit die gesamte Vegetation und wurde von einer meterhohen Ascheschicht bedeckt. Nach 25 Jahren versucht nun der Wald wieder Fuß zu fassen. Die Natur findet immer einen Weg. Wir radeln durch eine Landschaft mit rosablühenden Weidenröschen, herbstlich gelben Lärchen und schwarzer Asche. Den anvisierten Gipfel des Tolbačik sehen wir oberhalb der Waldgrenze in seiner vollen Pracht, auch wenn er noch immer mindestens zehn Kilometer entfernt ist. Die Piste wird nicht nur zunehmend steiler, sondern windet sich ab der Waldgrenze ausschließlich durch die feine unbefestigte Asche. Hier gibt es keine Traktion mehr für unsere Reifen, und kilometerweit den Berg hochzuschieben, ist sinnlose Schufterei. Wir wollen nicht mit den Fahrrädern auf den Gipfel und brauchen ein gutes Versteck für die nicht benötigte Ausrüstung. Ab hier werden wir also zu Fuß weitergehen.

Durst, Müdigkeit und Muskelkrämpfe

Die Abendküche bleibt heute wegen Wassermangels kalt. Kekse, Trockenobst, Nüsse und dazu nur ein paar Schluck aus den fast leeren Trinkflaschen – mehr gibt es nicht. Der Körper verlangt nach mehr Flüssigkeit – der Verstand verbietet es. Die Gedanken und Träume kreisen um Wasser, kühle Getränke und frische klare Bergbäche, gemischt mit der Sorge, morgen kein Wasser zu finden. Um vier Uhr früh kriechen wir aus unseren Schlafsäcken und laufen im aufkommenden Morgengrau mit schwer bepackten Rucksäcken in die Richtung des Tolbačik. Jeder von uns hat noch genau einen halben Liter Wasser, und es sind noch einige Stunden bis zum Gletscherbach.

Wir laufen quer durch diese Aschewüste und fühlen uns so untrainiert wie am ersten Tag unserer Radtour. Nach etwas über vier Stunden erreichen wir den trüben Gletscherbach des Tolbačik. Wir haben Glück und finden in der Nähe eine klare Bergquelle.

Auf dem Kraterrand

Das Wetter ist ideal für einen Gipfelsturm: wolkenlos, klare frische Luft und fast kein Wind. Unseren Weg müssen wir selbst finden. Die ersten Streckenabschnitte bis zu den Moränenfeldern hatten wir schon am Vortag vom Zelt aus erspäht. Auf den Moränen wäre die Orientierung ohne Sichtkontakt zum Berg hoffnungslos. Wir finden schnell einen passenden Weg hinauf auf die erste Steilstufe oberhalb des Gletscherabbruchs. Die ersten Schneefelder passieren wir auf 1700 Metern Höhe. Ab 2000 Meter ist diese Schneeschicht geschlossen. Die Oberfläche ist verharscht, und an den steileren Abschnitten ist es gefährlich rutschig. Da wir keine Steigeisen haben, entscheiden wir uns für den einfachsten Weg nach oben. Das heißt aber auch, dass wir ›nur‹ den flachen Kraterrand des Tolbačik, den Ploskij Tolbačik, erreichen werden. Die Besteigung des 3700 Meter hohen Hauptgipfels, des Ostryj Tolbačik, ist für uns ohne alpine Kletterausrüstung zu riskant. Kurz vor Mittag stehen wir in 3050 Meter Höhe auf dem Kraterrand und genießen zwei unterschiedliche Panoramen: den Blick in den fast 600 Meter tiefen und

1,7 Kilometer großen Krater zur einen Seite und den 360°-Blick in die Umgebung des Bergmassives. Im Norden stehen schon die nächsten Vulkankegel: Der 4579 Meter hohe Kamen und der etwa 4700 Meter hohe Ključevskoj, der höchste aktive Vulkan ganz Eurasiens, und noch dazu einer der schönsten.

Vulkan-Downhill

Die Abfahrt von unserem Basislager entwickelt sich rasanter, als wir dachten. Mit Federgabeln und einem gefederten Anhänger macht das allerdings auch richtig Spaß. Nun, der Abfahrtsrausch wird schnell genug wieder in die Realität zurückgebremst. Der erste Bremsfaktor ist eine Flussdurchquerung. Der Wasserspiegel ist durch die erhöhte Eis- und Schneeschmelze während des sonnigen Wetters der letzten Tage angestiegen. Gegen hohe Wasserstände der Flüsse haben wir wasserdichte Packtaschen, gegen starke Strömungen hilft nur voller körperlicher Einsatz. Der zweite Bremsfaktor ist das Aschestaubgebiet, durch das wir uns bereits auf dem Hinweg kämpfen mussten. Nun haben wir etwas leichteres Gepäck und kennen die Distanz zur Hauptpiste – das hilft psychologisch ungemein. Die acht Kilometer Schiebearbeit absolvieren wir am frühen Morgen bei kühlen Temperaturen und wenig Mücken. Wir bemerken, dass auch die feine Vulkanasche durch den Morgentau etwas fester wird und wir an einigen Stellen sogar fahren können – so etwas kannten wir bisher nur aus Sandwüsten.

Ufo-Wolke am Tolbačik

Nicht alle Straßen sind so komfortabel

Herbstfarben und Regen

Der Fährmann am Kamčatka-Fluss schüttelt ungläubig den Kopf. Er will nicht glauben, dass wir mit den Fahrrädern oben am Tolbačik waren. Meine Handskizzen vom Bergmassiv überzeugen ihn schließlich. Wir radeln jeden Kilometer zurück, den wir letzte Woche nach Norden kamen. Jeder uns im Gedächtnis gebliebene Abschnitt oder Landschaftspunkt wird erwähnt. Bald kommt uns die Fahrt nach Süden wie ein rückwärtsgespulter Film vor. Dennoch entdecken wir immer wieder Neues und sehen die Berggipfel, die auf der Hinreise wolkenverhangen waren, bei besserem Wetter. Vor allem bemerken wir, dass es Herbst geworden ist: Ein Teil der Pracht ist jetzt verblüht, und die ersten Blätter der Birken sind gelb gefärbt.

Der Regen tropft auf die Zeltplane und lässt uns schon vor dem Aufstehen frustriert sein. Tiefhängende und graue Wolkenmassen jagen von Süden heran. Wir haben den Regen also auch noch von vorne. Die paar Kilometer bis nach Mil'kovo sind aber schnell geschafft. Der Stadtkern besteht größtenteils aus hässlichen Betonblöcken, wie sie der Sozialismus zwischen Ostdeutschland und Nordkorea hervorgebracht hat. Jedenfalls passend zum grauen Wetter ... Unsere Einkaufsliste ist lang. Der erste Laden hatte die Hälfte davon, der zweite Laden ein Viertel davon und der dritte Laden die restlichen Zutaten für unsere Radlerküche. Solange man überhaupt alles Nötige findet, darf man sich nicht beschweren. Auf Touristen mit Spezialwünschen ist man sowieso nicht eingerichtet. Ähnlich die Situation an der Tankstelle am südlichen Ortsrand. Nur einen Liter Benzin wollen wir haben? Das würde die Pumpe nicht machen können, heißt es. Aber man füllt unsere Benzinflaschen mit einem Eimer auf. Der bleigraue Himmel hängt tief über uns, und es hört nicht auf zu regnen. Der Wunsch nach einem heißen Essen und einem süßen Tee war schon lange nicht mehr so intensiv wie heute.

Flechten, Moos und Polsterpflanzen am Tolbačik-Aschefeld

Kulinarischer Ausklang

Die Asphaltstraßen in Kamtschatka werden mit der Zeit immer löchriger und trügerischer für Fahrradreifen. Bei einigen Löchern schaut man in Pfützen und kann somit die wahre Tiefe nicht abschätzen. Asphalt ist Mangelware, so scheint es. Je näher wir uns der Stadt Elizovo nähern, desto dichter wird der Straßenverkehr. Die Zivilisation hat uns wieder. Bären, Mücken und Wassermangel werden jetzt wieder durch die üblichen Alltagsprobleme ersetzt: Zeltplatzmangel, betrunkene Autofahrer, unfreundliche Menschen und Ladenschlusszeiten. Dafür werden wir durch sonniges Wetter und einen grandiosen Panoramablick auf die Vulkangipfel Avačinskij und Korjakskij belohnt. Die beiden Hausberge von Elizovo und Petropavlovsk, der 3458 Meter hohe Korjakskij und der 2741 Meter hohe Avačinskij waren vor drei Wochen wolkenverhangen und unseren Blicken verborgen. Im Süden sehen wir das schneebedeckte Vulkanmassiv des Mutnovskij.

An der Straße Richtung Paratunka gibt es kurz vor dem Dorf Nikolaevka an der Straße einen großen Bauernmarkt. Verkauft werden alle landwirtschaftlichen Produkte, die den Bauern und Hobbygärtnern ein kleines Zusatzeinkommen bescheren: verschiedene Sorten Waldfrüchte, Pilze, geräucherter Fisch, ein reichhaltiges Angebot an Gemüse und Obst aus den Hausgärten, frische Milch, Quark, Käse, Joghurt, Wurst, Schinken, verschiedenes Gebäck und warme Fertiggerichte. Wir haben zwar nur noch zwei Tage bis zum Ende unserer Radtour, aber das hindert uns nicht daran, die Packtaschen mit all diesen leckeren Spezialitäten zu befüllen. An einem Flussarm der Bystraja kurz vor Paratunka finden wir einen ruhigen Zeltplatz, und die Kochorgie kann beginnen. Es gibt Nudeln mit Tomaten-Gemüse-Sahne-Soße, Milchreis mit Waldfruchtkompott und süßen Tee. So lässt sich die Radtour gut beenden.

Wanderung zur Uzon-Caldera und zum Tal der Geysire

Von Ulrich Sukopp, August 2002

Petropavlovsk zeigt sich von der grauen Seite, Nieselregen, riesige Pfützen in den löchrigen Straßen, überall nur hässliche heruntergekommene Plattenbauten, stinkender Autoverkehr und Schaschlik mit billigem Ketchup. Der Jetlag der langen Anreise von Berlin in den Fernen Osten Russlands tut sein übriges. Fast jeder von uns ist hundemüde. Aber dennoch schaffen wir es, die notwendigen Dinge für unsere geplante Wildniswanderung zu organisieren. Wir, das sind Wilhelm, Reinhard, Michael, Christoph, Gesa, Waltraud, Andy und ich – acht Naturwissenschaftler, die sich die Perle Kamtschatkas, den Kronockij Zapovednik, erwandern wollen.

Die zweitägige Organisation im Vorfeld der Wanderung betrifft den Helikopterflug in Richtung Naturreservat, den Einkauf des Proviants für 14 Tage, die Genehmigung für den Zapovednik, den Parkranger (Inspektor) für die Uzon-Caldera und das Tal der Geysire sowie den Helikopterrückflug aus der Wildnis.

Das schönste Erlebnis haben wir dann aber nicht etwa beim Einkaufen der riesigen Menge an Proviant oder den Diskussionen mit der Parkverwaltung, sondern mit einer resoluten Schaffnerin im Stadtbus von Petropavlovsk, die für unsere monströsen Rucksäcke unbedingt separat abkassieren will. Unserem Abflug mit der Helikoptergesellschaft Chalaktirka, die in der Nähe des gleichnamigen Sees im Westen von Petropavlovsk ihren Sitz hat, stellen sich ebenfalls unvorhergesehene Probleme in den Weg, weil unser Taxifahrer nicht in der Lage ist, die entsprechenden Hinweisschilder zu lesen oder zu finden. Er setzt uns genau dort ab, wo wir am wenigsten hinzugelangen trachten: vor einer Kaserne des russischen Militärs. Schließlich kommen wir im Laufe des Abends dann doch

Die Tannenart Abies gracilis

Snacks auf dem Markt

noch zu unserer Fluggesellschaft und können gleich in der Nähe des Flugfeldes unter den am Abend zurückkommenden Maschinen unsere Zelte aufbauen. Fürs erste sind wir den durchgelegenen Matratzen des Hotels entflohen.

Die Helikopter fliegen auf Kamtschatka nach Sicht. Also warten die Piloten erst mal den Wetterbericht um zehn Uhr oder elf Uhr ab, bevor entschieden wird, was als nächstes geschehen soll. Wenn die Wolken es nicht zulassen, klebt man auch etwas länger am Boden. Wir verbringen die Zeit mit botanischen Exkursen in der Nähe einer Imbissbude, bei der es auch Bier der lokalen Brauerei gibt. Das letzte Bier für die nächsten zwei Wochen. Als schließlich die beiden MI-8 Turbinen aufheulen und wir vom Flugfeld in Richtung Norden abheben, ist es 13 Uhr.

Wir fliegen über herrliche Steinbirkenwälder, ausgedehnte Hänge mit Erlenbüschen, Moore, mäandrierende Flüsse und entlang des schwarzen Aschestrandes der Westküste. Nach etwas über einer Stunde suchen die Piloten am Flussdelta des Novyj Semljačik an der Südgrenze des Kronockij-Reservates einen baumfreien Flecken zum Landen.

Nach einer kurzen Prüfung der Festigkeit des Landesplatzes durch den herausspringenden Co-Piloten berührt der große orangefarbene Helikopter den Wiesenboden und entlässt seine acht Passagiere und deren Rucksäcke unter laufendem Rotor ins Freie. Wir zapfen noch vom Außentank zwei Liter Kerosin für unsere Kocher und sehen dann dem davonfliegenden Helikopter nach.

Nun sind wir für die nächsten elf Tage auf uns alleine gestellt. Erst am Rand der Uzon-Caldera werden wir auf den Inspektor stoßen, der uns weiter durch diese menschenleere Landschaft führen wird.

Der Grund für eine Landung an der Küste und noch außerhalb der Reservatsgrenze ist zum einen eine finanzielle Angelegenheit (jeder Tag im Park kostet separat), und zum anderen gibt es hier in der Nähe der Küste eine kleine Fläche der endemischen Tannenart Abies gracilis, die wir aufsuchen wollen.

Anfangs müssen wir uns aber noch an die schweren Rucksäcke gewöhnen und kommen trotz des relativ übersichtlichen Geländes im Steinbirkenwald nur schleppend voran. Der Waldboden ist bedeckt von Vogelbeerbüschen (Sorbus cf. sambucifolia) und Hochstauden (Filipendula kamtschatica, Senecio cannabifolius, Cirsium cf. kamtschaticum, Aconitum spec., Calamagrostis spec.), die oft genug weit über unsere Rucksäcke ragen und uns damit schnell im Dickicht verschwinden lassen.

Nach drei Wanderstunden erreichen wir die 16 Hektar kleine Tannen-Enklave. Die Tannen verjüngen sich auch gut, und es bleibt uns unklar, wieso das Vorkommen auf eine so kleinen Fläche beschränkt ist. Eine halbe Stunde gönnen wir uns für diese botanische Besonderheit, bevor wir unsere schweren Lasten wieder aufschultern und weitermarschieren.

Die Stechmücken und kleinen Gnitzen machen uns an unserem ersten Zeltplatz stark zu schaffen. Da nützt auch ein offenes Feuer mit viel Rauchentwicklung kaum etwas. Abends lese ich am Lagerfeuer unserer Wandergruppe einen Abschnitt aus Georg Stellers Bericht ›Beschreibung des Landes Kamtschatka‹ vor – aus gegebenem Anlass das Kapitel über die Tiere.

Nachts gab es Nebel über den Baumkronen, der am Morgen überall von den Bäumen herabtropft. Das gemütliche Frühstück stärkt uns für unsere heutige Wanderstrecke. Das Wetter ist perfekt, es wird tagsüber sogar 20 °C warm und es gibt fast den ganzen Tag einen strahlend blauen Himmel. Weniger angenehm sind die vielen zu durchquerenden Flüsse, die meist knietief sind und daher einen zeitintensiven Schuhwechsel nötig machen. Jedes Mal die Wanderstiefel aus- und die Sandalen anzuziehen kostet stets 15 Minuten. Acht solche Durchquerungen pro Tag summieren sich somit schon auf zwei Stunden. Wir folgen dem großen Fluss Novyj Semljačik weiter nach Westen, aber es wird immer schwieriger, einen angenehmen Weg durch den Birkenwald zu finden. Besonders die Vogelbeerbüsche erschweren das Vorankommen erheblich. Dafür gibt es immer wieder

Ein Hochstaudenfeld mit Senecio cannabifolius

Interessantes und für uns botanisch Neues zu sehen. Nach einem anstrengenden Tagesmarsch erreichen wir gegen 19 Uhr einen Zeltplatz direkt am südlichen Hochufer des Novyj Semljačik. Reinhard, Micha und ich gehen sofort im kalten Fluss baden, eher kurz eintauchen in die herrliche Strömung des eiskalten Flusses, bevor wir die vier Zelte aufbauen und das Lagerfeuer einrichten.

Um sieben Uhr sind alle aus ihren Schlafsäcken gekrochen. Zuerst wird das Feuer wieder angeschürt, dann gibt es Brei mit leckeren Früchten. Gegen halb neun Uhr brechen wir auf, es ist ideales Laufwetter, sonnig, aber nicht zu warm. Wir kommen gut voran, nach dem GPS in der Luftlinie etwa 6,5 Kilometer. Gelaufen ist das natürlich viel weiter, da es immer wieder Umwege gibt, wir den Pfad verlieren, uns irgendwo querfeldein durchschlagen. Wegen der schwierigen Wegbahnung geht es grundsätzlich im Gänsemarsch. Am Vormittag bekommen wir den ersten Bären zu Gesicht, von Andys Glöckchen aufgeschreckt, flieht er in 50 Meter Entfernung schnell ins Unterholz, nur kurz war sein Kopf in den Hochstauden zu sehen. Zwischen den Baumkronen sehen wir im Süden den Vulkan Malyj Semljačik (1563 Meter hoch), in dessen Krater es einen großen Säuresee gibt. Ein Aufstieg wird aber leider aus Zeitmangel entfallen müssen. Ursprünglich wollten wir am Bergfuß zelten und in einer Tagestour hochgehen. Aber wir sind mit dem Vorankommen im Wald gut beschäftigt und würden drei Tage unserer Wanderzeit für diesen Berg investieren müssen. Mittags kommen wir zum ersten Mal aus dem Wald und nutzen dieses flechtenreiche Tundrafeld gleich für einen Rastplatz.

Der Boden ist bewachsen mit Empetrum nigrum, Vaccinium uliginosum, Cassiope lycopodioides, Phyllodoce caerulea, Rubus arcticus und Antennaria cf. dioica. Das häufige Umziehen der Schuhe an den Flüssen nervt auch heute wieder. Da könnte man sich fast schon die hüfthohen Gummistiefel der Russen wünschen. Wir stoßen aber auch immer öfter auf trockengefallene Flüsse, die nur bei der Schneeschmelze oder seltenen Starkregenereignissen Wasser führen. Am Nachmittag zwingt uns unsere Wanderroute quer durch die ausgedehnten Auenwälder des Novyj Semljačik, die von vielen kleinen Flussarmen und Rinnen durchzogen sind. Hier einen angenehmen Weg zu finden, ist ziemlich schwierig. Wir werden jedoch von der botanischen Schönheit dieser Wälder entschädigt. Wir sehen Alnus hirsuta und Salix-Arten in der Baumschicht, darunter Hochstauden bis drei Meter Höhe, vor allem Filipendula kamtschatica mit riesigen Blättern, dann viel Senecio cannabifolius und als niedriges Kraut Circaea alpina. Im Bereich einer flachen Flussbiegung queren wir den Novyj Semljačik und marschieren direkt nach Osten in ein Seitental hinein, in dem auch ein schmaler Bach fließt. Die Zelte werden an einem leicht abschüssigen Hang aufgebaut, was einige nächtliche Probleme verursachen wird. Der Birkenwald ist sehr licht, und ein leichtes Lüftchen weht die meisten Mücken davon. Während sich drei Personen um die Kerosinkocher und das Abendessen kümmern, zündle ich an einem gesammelten Haufen Holz herum und versuche, ein großes Feuer in Gang zu bekommen. Nach Sonnenuntergang ist die Wärme des Feuers auch sehr angenehm, nicht nur zum Trocknen der Schuhe und Socken. Die Küchenzauberer verwöhnen uns heute mit Nudel-Gemüse-Eintopf, heißem Tee und einem Vanillepudding mit Ananas.

Der neue Tag beginnt mit einem Regenschauer, der aber glücklicherweise um neun Uhr beendet ist. Micha und ich beginnen wegen Halsschmerzen den Tag mit Aspirin und viel heißem Tee. Die Zelte werden nass eingepackt, und anschließend gehen wir weiter den Hang hinauf. Nach zwei Stunden durch den steilen Hang und wegen des nassen Grases auf rutschigem Waldboden erreichen wir das Plateau und die Bergtundra auf etwa 650 Meter Höhe. In der Zwischenzeit ist es wieder wolkenlos und warm geworden. Die Mittagspause in der stechenden Augustsonne verbringen wir mit gespanntem Blick in Richtung Vulkan Karymskij, der alle 10 bis 15 Minuten eine gigantische Rauch- und Aschefahne auswirft. Die Regelmäßigkeit dieser Ausbrüche ist sehr zuverlässig, was die Fotografen mit Teleobjektiven unter uns besonders erfreut.

In den weiten Tälern und Mulden der Gebirgstundra zwischen 500 und 700 Meter sehen wir eine Inversion der Vegetationsstufen: unten in den Mulden die Zwergsträucher und Flechten der Tundra, an den Hängen darüber Krummholz (Stlanik) mit Pinus pumila und Alnus kamtschatica, auf den oberen Hängen und Kämmen Steinbirkenwälder. Wir fotografieren viele Pflanzen der Tundra, kampieren lange in der Sonne und sammeln einen Topf Rauschbeeren, die mit Zucker vermischt und zermatscht einfach göttlich schmecken. Bei schönstem Wetter zieht die Karawane weiter. Nach den Tagen im Birkenwald tut der weite Horizont wirklich gut. Außerdem müssen wir in der Tundra nicht mehr im Gänsemarsch antreten, jeder kann sich seinen Weg selbst suchen. Mit größter Freude stelle ich fest, dass es hier oben fast keine Mücken mehr gibt.

Am Nachmittag ziehen leider dunkle Wolken auf, die uns mit einem nur 15-minütigen, aber äußerst heftigen Gewitterguss überraschen. Da wir uns nicht rechtzeitig umziehen, werden alle mehr oder weniger pitschnass. Ich kämpfe im peitschenden Wind mit meinem großen Poncho, der einfach nicht über Kopf und Rucksack will. Da es auch einige starke Blitze gibt, sind wir in dieser exponierten Lage mit den Metallstreben in unseren Rucksäcken ziemlich blöd dran. Was während des Wanderns nicht bis zum abendlichen Zeltplatz trocken ist, wird kurzerhand über zwei riesige Rentierschaufeln, die wir in der Tundra finden, gehängt und bis Sonnenuntergang im Wind getrocknet. In einer der Talkerben nahe unseres Zeltplatzes sehen wir von weitem gelbgrüne Blätter von Weidenbüschen. Dort muss es Wasser geben. Die tägliche Kochzeremonie kann beginnen. Heute gibt es für jeden eine große Portion Kartoffelbrei mit Gemüse.

In der Nacht gibt es Frost, was hoffentlich den Mücken weit und breit den Garaus macht. Bei schönstem Sonnenwetter marschieren wir am nächsten Tag weiter nach Norden und versuchen uns möglichst genau an unsere ausgesuchte Route zu halten. Mit Kompass, einer 200 000er Karte und einem GPS-Empfänger sollte das auch klappen. Richtig mühsam wird die Durchquerung der Zwergkiefern-Gebüschzonen aus Pinus pumila, durch die wir uns auf den Berghängen immer öfter kämpfen müssen. Alles wird durch das Harz eingeschmiert, ständig bleibt man mit dem Rucksack irgendwo hängen, die Füße verhaken sich im Astwirrwarr, und die zurückschnellenden Äste des Vordermanns tun ein übriges. Wir diskutieren auch mal wieder das Problem der inversen Vegetationsabfolge in den Tälern und auf den Bergkämmen und kommen zu dem Ergebnis, dass die Dauer der Schneebedeckung dafür bestimmend sein dürfte: Im Winter werden von star-

[222] Wanderung zur Uzon-Caldera und zum Tal der Geysire

Quelle mit kochendem Wasser in der Uzon-Caldera

ken Winden große Mengen Schnee in die Mulden geweht, die oberen Teile der Hänge und Kämme dagegen weitgehend leergefegt. So sind also die Mulden mit einer viele Meter Höhe erreichenden winterlichen Schneebedeckung im Prinzip gigantische Schneetälchen, die viele Kilometer Länge und einige hundert Meter Breite erreichen können, die kurze Aperzeit (Zeit, in der Schnee nach und nach schmilzt) bedingt die Ausbildung der Tundra. Christoph trifft etwas abseits von den anderen auf einen großen Braunbären. Nach kurzem Schauen entschwindet das Prachtexemplar geschwind im Busch. Am späten Nachmittag sind wir alle ausgepumpt und stöhnen unter den Rucksäcken, auch haben wir heute wegen des ewigen Auf und Ab geschätzte 600 Höhenmeter gemacht. Zur großen Freude tut sich vor uns an einem recht breiten, mit Weiden bestandenen Flussbett ein idealer Zeltplatz auf. Im Sand finden wir frische Bärenspuren.

Aber irgendwann ist jede Schönwetterperiode zu Ende. Der berüchtigte Kamtschatka-Nieselregen setzt während der Mittagsstunden ein, oft auch mit starkem Wind verbunden. Wir rüsten auf Regenklamotten um und frieren bei jedem kurzen Stopp erbärmlich. So treibt uns das Wetter schneller und weiter voran, als wir ursprünglich vorhatten. Über das Tundraplateau in etwa 900 Meter Höhe kommen wir über die Grenze zum Kronockij-Park. Die vereinzelten Stlanik-Gruppen können wir bequem umrunden und sparen uns so das mühsame Hindurchkämpfen, was mit Regenklamotten und bei nassen Nadeln ekelhaft wäre. An einem See scheuchen wir einen Braunbären auf. Er flieht im Galopp vor uns. An einem zweiten See können wir unser heutiges Tagesziel entdecken. Am gegenüberliegenden nördlichen Ufer steht die Hütte Sinidol, es gibt ein Plumpsklo mit großem Rentiergeweih über der Tür, einen markierten Hubschrauberlandeplatz und viele ebene Zeltflächen.

Die offene Hütte hat einen Vorraum, dessen Dach völlig undicht ist, und einen großen Innenraum, in dem das Dach bis auf eine Ecke zum Glück kein Wasser durchlässt. Es gibt zwei breite Pritschen und einen Ofen. Der Ofen besteht aller-

Wanderung zur Uzon-Caldera und zum Tal der Geysire [223]

Frische Bärenspuren in der Uzon-Caldera

dings aus acht Eisenplatten, die grob aneinandergeschweißt wurden. Da über den kleinen Rauchabzug Regenwasser den Innenraum des Ofens unter Wasser gesetzt hat, müssen wir den Kasten erst mal trocken bekommen, damit es in der Hütte warm werden kann. Allerdings merken wir auch, dass es ein Brennstoffproblem gibt: Holz ist rar in dieser Tundra. Eine ausführliche Suche bringt dann aber einige kaputte Bretter und Äste unter dem Hüttenvorraum zu Tage.

Die heutige Wanderetappe betrug sicherlich 18 oder mehr Kilometer, was einigen unter uns auch deutlich anzusehen ist. Alle freuen sich auf einen heißen Tee und das üppige Abendessen. Zwei Zelte mit vier Personen werden vor der Hütte aufgebaut, während Reinhard, Michael, Wilhelm und ich drinnen schlafen werden. Reinhards Erkältung macht sich inzwischen stark bemerkbar, Micha ist total durchgefroren und ebenfalls am Ende, mir schmerzt das rechte Knie höllisch. An den vielen rostigen Nägeln in der Hütte und im Vorraum hängen wir alle nassen Sachen zum Trocknen auf. Nach dem Abendessen gibt es von mir als Überraschung und zur Hebung der Stimmung der Gruppe die kleine Alu-Flasche mit Mirto, einem sardischen Likör, und noch ein paar Kapitel aus Stellers Reisebericht.

Der Morgen begrüßt uns mit einer Nebelsuppe über dem See und leichtem Nieselregen. Heute wird nicht gewandert, zumal wir ja hier auch auf den Inspektor des Reservats warten müssen. Der gesamte verbliebene Proviant wird aus allen Rucksäcken auf die Pritsche gestapelt und neu verteilt. Das ergibt für jeden noch knapp 2,5 Kilogramm. Glücklicherweise haben wir auch Würfel und Spielkarten dabei, so dass uns das Wetter draußen relativ egal ist. Warten ist angesagt. Wir wissen ja auch gar nicht, aus welcher Richtung der Inspektor kommt oder ob er eingeflogen wird.

Gegen Mittag klart es etwas auf, und der Nieselregen endet. Andy, Micha und Christoph suchen sich eine Beschäftigung und beginnen damit, das Dach über dem Hüttenvorraum mit herumliegender Dachpappe und rostigen Nägeln abzudichten. Der Hammer dazu muss erst mal selbst zusammengesetzt werden. Unter der Hütte wohnt eine zutrauliche Familie Ziesel, die ich einige Zeit beobachte. Gesa und Wilhelm suchen in den nahegelegenen Kiefernbüschen nach Totholz, und Waltraud sammelt einen Topf voll Rauschbeeren. Während das Dach richtig gut abgedichtet wird und im Vorraum inzwischen mehrere Meter Rebschnur zu einer passenden Wäscheleine gespannt sind, fängt Andy mit einem großen Hefeteig an. Am späten Abend wird der Bullerofen in der Hütte zum Glühen gebracht und frisches Brot gebacken. Die Umgebung der Hütte duftet nach Bäckerei.

Gegen 18 Uhr taucht urplötzlich unser Inspektor Volodja zu Fuß und mit kleinem Rucksack auf. Er kam von der 16 Kilometer entfernten Uzon-Caldera in sechs Stunden herübergewandert. Der sehr ruhige und sympathische Mann hat in Irkutsk Jagdwesen und Pelzverarbeitung an der Fachhochschule studiert und ist dann nach Kamtschatka gekommen, arbeitet von April bis Oktober im Kronockij-Reservat als Wildbeobachter und Inspektor und wird uns ab morgen weiterführen. Volodja gibt uns eine Dose Rindfleisch und ein großes Stück frischen Käse. Dazu das frische warme Brot – welch ein Genuss! Sogar das Wetter wird bis zur Dämmerung immer besser, und zum Sonnenuntergang wird die Tundra in ein perfektes Licht zum Fotografieren gesetzt.

Bei sonnigem trocknem Wanderwetter ziehen wir mit Volodja weiter in Richtung Uzon-Caldera. Am Vormittag treffen wir in einem kleinen Flusstal auf den Rest eines Bärenkadavers: Kopf, Teil des Thorax, Vordertatze. Volodja nimmt sogleich alle wichtigen biometrischen Daten auf. Der etwa vier Jahre alte männliche Bär wurde von einem großen ausgewachsenen Bären – Durchmesser der Tatze im Abdruck 18 Zentimeter, etwa 500 Kilogramm Gewicht – als Konkurrent getötet. Der Kadaver ist komplett mit Maden durchsetzt, in der Umgebung finden wir auch viele Abdrücke von Wölfen, die wohl den größten Teil des Kadavers gefressen haben. Nördlich unseres Weges ist ganz nah ein junger Vulkan namens

Heiße Schlammquelle im Tal der Geysire

Taunschitz zu sehen, der vor etwa 1000 Jahren entstanden ist. Vor ihm liegt ein beeindruckender Aschewall, es gibt auch Spuren von Gletschern, in Form von Grundmoränen und Seitenmoränen.

Bis zum Mittag nähern wir uns von Westen dem Kraterrand der Uzon-Caldera. Am Rand dieses Einbruchkraters in etwa 1000 Meter Höhe machen wir eine längere Pause und genießen den herrlichen Panoramablick. Der Abstieg am inneren Kraterrand über 400 Höhenmeter ist sehr steil und bereitet in der dichten Vegetation einige Probleme. Nur langsam kommen wir voran, machen viele Pausen, schauen überall in der zauberhaften Landschaft herum und finden immer wieder interessante Pflanzen, die uns bisher noch nicht begegnet sind. Am späten Nachmittag gelangen wir an die Seen mit ausgedehnten Mooren in ihrem Uferbereich. Hier muss sich selbst Volodja erst mal seinen Weg suchen, da er hier noch nicht so häufig war.

Die Herbstfärbung der Zwergsträucher und Birken in der Tundra ist in voller Pracht, die Rauschbeeren dunkelrot-violett, die Bärentraube knallrot, die Weidengebüsche hellgrün, das Krummholz der Kiefern dagegen dunkelgrün, die Steinbirken hellgrün mit allen Übergängen zu leuchtendgelb. Hinzu kommen die phantastischen Blautöne der Seen und des Himmels. Eine traumhaft schöne Farborgie. Ein großes Moorgebiet mit Triglochin palustre, Drosera rotundifolia und Unmengen an Oxycoccus palustris sowie ein breiter Fluss zwingen uns wieder zum Sandalenwechsel. Wilhelm geht stoisch weiter und lässt seine Stiefel vollaufen. Je näher wir den Fumarolen und heißen Quellen kommen, desto mehr macht sich das in der Luft in Form von Schwefelwasserstoff bemerkbar. Eine Ladung Touristen klettert gerade aus einem Helikopter und beginnt sogleich wie wild die Landschaft zu fotografieren. Die Holzhütte im östlichen Teil der Caldera dient als Unterkunft für die Parkinspektoren und die seltenen Übernachtungsgäste, die nicht nur für eine Stunde eingeflogen werden. Allerdings ist die in den 30er Jahren errichtete zweigeschossige Hütte mehr als baufällig. Die Innenräume sind äußerst ungastlich, und alles ist versifft. Es bedarf einer kurzen Aufräumaktion, bevor wir uns daran machen können, Teewasser und das Abendessen zu kochen. Volodja bringt aus seinem Vorrat noch Fleischkonserven und roten Lachskaviar. Als der Hubschrauber mit den anderen Touristen unter größtem Getöse entschwebt, geht es direkt zum kleinen Badesee, der an der Oberfläche etwa 34 °C warm, ganz unten aber etwa 80 °C heiß ist. Man sollte daher gar nicht erst versuchen, ans andere Ufer zu schwimmen, da das tödlich wäre. Im Uferbereich genießen wir die Farben des Sonnenuntergangs. Die müden Beine und der krumme Rücken werden in der Wärme angenehm aufgeheizt, und das Aussteigen in den recht frisch gewordenen Wind fällt schwer.

Nach einem späten Frühstück am nächsten Tag führt uns Volodja zu den verschiedenen Thermalquellen, Schlammtöpfen und Heißwasserbächen. In der Umgebung der geothermalen Felder finden wir dichte Rasen von Triglochin palustre, Eleocharis spec. und Juncus spec., die aber allesamt nicht als thermophil im eigentlichen Sinne gelten können, jedenfalls sterben Blätter und Wurzeln dieser drei Arten ab, wenn sie zu nah an das heiße Wasser kommen. In vorderster Front wachsen häufig dichte Polster von Laubmoosen, auf den warmen bis heißen Böden finden sich auch ausgedehnte Bereiche, die ausschließlich von terrestrischen Flechten besiedelt werden, da hier die Konkurrenz der Gefäßpflanzen entfällt. Nach meiner Einschätzung spielt bei den höheren Pflanzen eine gewisse Salztoleranz die entscheidende Rolle, denn fast überall auf dem Thermalfeld blühen verschiedenste Mineralien aus und formen buntgefärbte Krusten. Im heißen Wasser gibt es viele Algen wie Grünalgen und Kieselalgen sowie Cyanobakterien. Zum Mittag sitzen wir vor einem dampfenden See und lassen uns die Schwefelwasserstoffschwaden in die Nase wehen.

Beim Rückmarsch zur Hütte treffen wir wieder die Bärin mit ihren zwei Jungen, die wir schon früh von weitem erspäht hatten, jetzt aber nur knapp 50 Meter vor uns. Das ist wohl etwas zu nah, weswegen Volodja sein Gewehr schon mal in den Anschlag nimmt und uns anweist, ganz ruhig und langsam weiterzugehen. In der Uzon-Caldera sind die Bären schon recht stark an Menschen gewöhnt und rennen nicht gleich davon. Allerdings weiß man eben auch nicht, ob sie Lust verspüren, gefährlich zu werden. Volodja erzählt uns, dass die Bären hier neben dem obligatorischen Lachs insbesondere die Beeren von Vaccinium, Empetrum, Sorbus und Cornus fressen, auf dem Speiseplan stehen auch die extrem harzigen Zapfen von Pinus pumila, die als ganzes verschlungen werden, da die Kerne etwa 70 Prozent Fett enthalten. Abends werden Rauschbeeren für das Essen gesammelt, und drei Lachse, die uns einer der Inspektoren der Hütte geschenkt hat, werden von Christoph filetiert und roh in Salzlake eingelegt beziehungsweise am Spieß über Holzkohle gegrillt.

Unser letzter Wandertag ist angebrochen. Es geht zum Tal der Geysire, ein etwa 16 Kilometer langer Marsch liegt vor uns. Volodja bittet die Gruppe zusammenzubleiben, da es zur Zeit entlang unseres heutigen Weges sehr viele Bären gibt, die sich hier an das äußerst üppige Angebot an Rausch- und Krähenbeeren halten. Zum Tal der Geysire führt ein gut ausgetretener Pfad, so dass wir schnell und relativ mühelos vorankommen. Zunächst folgen wir dem großen Fluss Šumnaja, der die Caldera entwässert, kürzen dann über das Tal der Sestrënka, der ›kleinen Schwester‹, aber ab, erreichen einen Pass in 830 Meter Höhe und steigen dann teilweise sehr steil durch ein Seitental in das Tal der Geysire ab. Es bietet sich ein überwältigender Anblick: Bei strahlend blauem Himmel liegt vor uns ein sattgrünes Tal mit unzähligen Dampffontainen. Es gibt ausgedehnte silikatische Sinterterrassen, auf den Felsen überwiegen weiße und rotbraune Farben, dazwischen zeigen sich auch hellgrüne Überzüge aus Algen, alles wird umrahmt vom Dunkelgrün der Wälder und Gelbgrün der Wiesen, in den Hochlagen des Tales stehen über der Szenerie große Felder vulkanischen Gesteins in allen möglichen Grautönen, zwischen die sich noch das Weiß einiger Altschneefelder mischt. Eine einmalige Symphonie der Farben, die sich uns hier bietet. Im Tal angelangt, geht es auf Holzstegen weiter, die die Besucherströme aufnehmen und leiten sollen – wir sind ja nicht die einzigen Touristen hier. Etwas oberhalb liegen die beiden eher bescheidenen Hütten der Nationalparkverwaltung und eine sehr große Hütte, die von der Hubschraubergesellschaft ›Krečet‹ (Falke) als eine Art Hotel betrieben wird.

Am frühen Abend, alle Tagestouristen sind wieder davongeflogen, macht Volodja mit uns einen Rundgang zu den Geysiren und einigen Schlammtöpfen, erklärt die Namen der fauchenden Löcher, deren Besonderheiten und Ausbruchfrequenzen. Am großen Geysir Velikan, der etwa alle sechs Stunden für zwei Minuten ausbricht, warten wir auf das Geschehen. Pünktlich um 20 Uhr, wie es Volodja vorhergesagt hatte, schießt die Fontäne auf knapp 15 Meter Höhe, es rauschen 30 Kubikmeter kochendes Wasser den Hang hinab, und der feuchtwarme Nebel hüllt uns ein. Ein perfekter Abschluss des Tages.

Der letzte Tag beginnt wieder mit schönstem Wetter. Da der Helikopter erst gegen Mittag kommen wird, ist das einzige Geräusch im Tal jenes der zischenden Fontänen und Schlammquellen. Wir haben noch genügend Zeit, die Vegetation genauer in Augenschein zu nehmen, und zum Beispiel einmal in der Nähe der Störungszonen durch die thermalen Aktivitäten die verschiedenen Stadien der Pioniervegetation zu studieren. Da gibt es einen dichten Teppich einer kleinen annuellen Euphrasia-Art, ein späteres Sukzessionsstadium wird von einer ausdauernden Artemisia-Art gebildet, im Übergangsbereich zwischen diesen Flächen findet sich Ophioglossum thermale, eine etwa sieben Zentimeter kleine Farnart. Hier ist der noch warme Boden sehr stark mit verschiedenen Mineralien und Salzen angereichert, an die diese Pflanzen scheinbar gut angepasst sind.

Gegen Mittag kommt eine erste Gruppe Touristen eingeflogen. Mit dem Rückflug sollen wir mitgenommen werden. So bleibt uns nur noch der herzliche Abschied von Volodja und dieser grandiosen Landschaft. Es geht direkt nach Süden und teilweise über die Regionen, durch die wir in den letzten zwei Wochen gewandert sind. Die schon beschriebene inverse Vegetationsschichtung in der Tundra mit ihren Kiefernbüsche und Birken auf den Bergkämmen und Zwergsträuchern in den Tälern ist von oben besonders deutlich zu erkennen. Der Karymskij stößt zum Abschied eine große Aschewolke aus.

Blick über die Caldera mit dem Kronockij im Hintergrund

Zu Fuß vom Kurilensee zum Mutnovskij

Von Andreas von Heßberg und Waltraud Schulze, August und September 2004

Kampf dem Stlanik!

Die Stechmücken sitzen in großen Schwärmen auf der Haut und bringen uns fast zum Wahnsinn. Nach ihnen zu schlagen, nützt nichts, denn wir erwischen ja doch immer nur wenige. Aber die Stechmücken sind nicht das akute Problem, mit dem wir zu kämpfen haben, sondern der Stlanik, das Erlengebüsch, das sich rings um uns erstreckt. Da müssen wir durch – Meter für Meter! In einer Stunde qualvollen Kämpfens kommen wir 500 Meter voran. Einen Pfad gibt es nicht. Nach kurzer Zeit sind die Schienbeine aufgeschlagen, und im Gesicht finden sich kleine Striemen der zurückschnellenden Äste. Ein weiteres Problem sind unsere großen und schweren Rucksäcke. Für 24 Tage haben wir Proviant dabei. Für 24 Tage sind wir autark, dabei allerdings auch völlig auf uns alleine gestellt – ohne jede Möglichkeit, Kontakt zur Außenwelt aufnehmen zu können. Wir sind den ersten Tag unserer geplanten Wildniswanderung mit jeweils 35 Kilo Gewicht gestartet und beenden ihn nach zehn Stunden und gerade einmal sechs Kilometern. Trotz eines intensiven Trainingsprogramms im Vorfeld dieser Tour sind wir bei dem gegebenen Gelände und mit diesen Gewichten im Maximalbereich des physisch Machbaren.

Bären, Lachse und Schmetterlinge

Unseren Ausgangspunkt, den Kurilensee im Süden Kamtschatkas, erreichten wir mit dem Helikopter nach etwa 70 Minuten Flugzeit. Das Wetter beschert uns ein grandioses Panorama mit dem himmelblauen See, sattgrüner Ufervegetation und in der Ferne den Vulkanen Il'inskij und Koŝelëva. Entlang des Ufers sehen wir viele Bären, die nach Lachsen fischen. Im klaren ufernahen Seewasser erkennen wir riesige Schwärme des Blaurückenlachses (Nerka). Die rotgefärbten Männchen schimmern wie Edelsteine vor dem türkisfarbenen Hintergrund. Am Ufer blühen orangefarbene Lilien, kobaltblauer Eisenhut, weiße Astern und hellblauer Storchschnabel. Apollofalter und Schwalbenschwanz tanzen in der warmen Luft. Von Ferne hören wir das Geschrei der Möwen, deren Kolonie sich auf der Basaltnadel in der Mitte des Sees befindet. Der 74 Hektar große Kurilensee füllt eine mächtige Caldera aus, die vor Tausenden von Jahren beim Einbrechen der Flanken eines Vulkans entstand.

Gastfreundschaft

Das Gebiet des Kurilensees ist ein staatliches Naturreservat. Ein Besuch dort bedarf einer Genehmigung von Seiten der Verwaltung in Elizovo. Ausgestattet mit diesem Papier und dafür um viele Rubel erleichtert, bekommen wir zu Anfang unserer Wildniswanderung etwas Komfort geboten: Wir kochen auf einer Gasflamme, essen an einem Tisch und schlafen unter einem festen Dach. Letzteres

Es nutzt nichts, nach ihnen zu schlagen

behagt uns zwar am wenigsten, da wir lieber im Zelt nächtigen. Aber am Ufer des Kurilensees gibt es ganz besonders viele Bären, und auch der kleine Fotoausflug rund um die Hütte des Inspektors findet in dessen Begleitung und mit dem Gewehr über der Schulter statt. Am Abend gibt es Lachssuppe – wer hätte anderes erwartet? Am späten Abend erscheint noch eine 14-köpfige Wandergruppe, die auf der letzten Etappe am 20. Tag vom Mutnovskij zum Kurilensee hier eintrifft. Allerdings hatten diese russischen Wandergesellen ein großes Lebensmitteldepot auf halber Strecke absetzen lassen. Mit unseren Plänen konfrontiert, schütteln die meisten nur den Kopf. Zu zweit sei das viel zu riskant, und außerdem würden wir massiv Probleme bekommen, weil wir ja unterwegs kein Depot angelegt hätten. Für 21 Tage könne man ihrer Meinung nach keinen Proviant schleppen. Wenn die wüssten! Immerhin können wir noch einige nützliche Informationen über die Route einholen.

Neugierige Botaniker

Der freundliche Inspektor fährt uns mit seinem Boot noch an die Ausgangsstelle unserer Wanderung am Nordufer des Sees und verschwindet im morgendlichen Nebel, der über dem ruhigen Wasser liegt. Kurz danach tauchen wir hinein in die grüne Hölle namens Stlanik. Für uns geht es nicht nur um die sportliche Herausforderung, die etwa 200 Kilometer lange Strecke vom Kurilensee zum Vulkan Mutnovskij zurückzulegen, bevor der Proviant alle ist, sondern auch darum, die landschaftlichen Aspekte der subarktischen Tundra und die Vegetationsentwicklung an Vulkanen zu erleben. Wie schnell schafft es die subarktische Vegetation, eine durch Vulkanismus zerstörte Fläche zurückzuerobern? In welchen räumlichen und zeitlichen Mustern geschieht das und mit welchen Arten? Sicherlich kann man auf einer derartigen Wildniswanderung, bei der es in erster Linie darum geht, überhaupt anzukommen, nicht auch noch nebenbei wissenschaftliche Forschung betreiben. Aber die Landschaften Südkamtschatkas beherbergen einige sehr interessante Vegetationstypen und Landschaftsformen, die wir noch nicht kennen. Insofern ist unsere Wanderung auch stets etwas botanisch ausgerichtet.

Wo sind die Lücken?

Unser erstes Etappenziel ist die Caldera der Ksudač. Bis dahin kalkulieren wir mit sechs strammen Wandertagen. Dabei stellt die Orientierung immer wieder die größte Herausforderung an uns. Obwohl wir mit guten topografischen Karten, mit Kompass und einem GPS-Empfänger ausgestattet sind, ist die Sicht auf die Lücken im Stlanik oder die günstigsten Flusspassagen notwendig und verlangt uns manchen Umweg ab. Manchmal kommen wir uns vor wie in einem Labyrinth, in dem es gilt den besten Weg durch die hohe Vegetation zu finden. Leider herrscht in den ersten Tagen bis in die Mittagszeit dichter Nebel und bringt noch zusätzliche Navigationsprobleme. Morgendlicher Nebel bedeutet auch, dass das Zelt nass einpackt werden muss und wir die ersten Stunden keine schönen Motive für die Kamera haben. Aber wir sind nicht undankbar: Regen wäre schlimmer. So haben wir wenigstens am Nachmittag schönstes Sommerwetter und können von jeder Anhöhe weit auf die vor uns liegenden Gebiete blicken. Nur was sich aus der Ferne oft als leicht zu laufen darstellt, entpuppt sich vor Ort als Schufterei und Ärgernis.

Blühende Tundra

An den Hängen der Vulkane Il'inskij und Želtovskij gehen wir so weit hangaufwärts, dass die lästigen Erlen nur noch niedrige Sträucher sind und wir bequem durchkommen. Der Nachteil ist die permanente Schräglage am Hang, was bei den schweren Rucksäcken die Fußsehnen stark belastet. Zu querende Asche- und Schneefelder fordern höchste Vorsicht.

Ziegelrote und schwefelgelbe Hänge erwecken den Eindruck, als sei hier erst vor wenigen Stunden das Erdinnere ausgeschleudert worden. Auf den Tundrawiesen blühen unzählige blaue Iris, gelbe Astern, weißer Germer und viele andere

Am Kurilensee, im Hintergrund der Il'inskij

Farbtupfer. Am auffälligsten sind die rosaroten Kamtschatka-Azaleen, die als kleine Zwergsträucher oft flächendeckend wachsen. Geeignete Zeltplätze zu finden ist in einer Landschaft, die nur aus Hängen besteht, nicht immer einfach. Dort, wo es etwas flacher ist, wachsen Erlen oder Vogelbeere. Allerdings braucht unser Tunnelzelt nur eine schmale Auflagefläche, die sich zur Not auch mit den schweren Bergstiefeln schaffen lässt.

Irrwege

Wie angenehm ist es doch, im Birkenwald zu wandern! Die hüfthohen Gräser und kleinen Büsche sind zwar durch den stetigen Nieselregen der letzten Stunden tropfend nass, aber wir kommen wenigstens voran. Außerdem gibt es während des Regens nur wenige Stechmücken. Am Vormittag hatten wir zur Abwechslung statt Erlengebüsch die noch schimmere Variante, ein Dickicht aus Zwergkiefern. Darin kommt man noch weniger voran, weil sich die starren Äste der Kiefern nur sehr mühsam zur Seite drücken lassen. Die Hände sind danach voll Harz, und in jeder Ritze des Rucksacks und der Bekleidung hängen Kiefernnadeln. Im Birkenwald können wir nun einigermaßen gut navigieren und unsere auf der Karte ausgesuchte Marschrichtung einhalten. Dort, wo der Birkenwald endet und wieder in Erlengebüsch übergeht, weichen wir in die kleinen Bachtäler aus. Allerdings stehen wir talaufwärts vor der einen oder anderen Teilung der Talkerbe, die nicht auf der Landkarte verzeichnet ist, so dass wir ständig in nicht vorgesehene Richtungen gezwungen werden. Wir folgen dem dickeren Arm des Bachs und stehen nach zwei weiteren Stunden vor einer geschlossenen Wand aus Erlen. Die GPS-Peilung gibt zwar eine exakte Position an, aber auf der 1:200 000er Karte ist ein Millimeter schon 200 Meter und kann auf der anderen Seite der Stlanikwand sein. Hätten wir doch das andere Tälchen nehmen sollen? Sollen wir mehrere Kilometer zurückgehen? Die Richtung passt und wir haben keine Wahl, als gerade den Hang hochzugehen, um aus der Gebüschzone herauszukommen. Je weiter wir hoch steigen, desto übersichtlicher wird das Gelände, bis wir schließlich nach zwei Stunden schweißtreibender Arbeit in 600 Meter Höhe wieder im Freien stehen.

In der Ksudač

Vor uns steigt der Hang sanft hoch zum Sattel der Ksudač-Caldera. Asche- und Schneefelder bedecken die oberen Regionen des Berges. Die Vegetationsbedeckung ist lückig und niedrigwüchsig. Ein sturmartiger Fallwind bläst uns entgegen. Auf der Kraterkante in fast 1000 Metern Höhe wirft uns der Sturm fast um. Nur mit größten Mühen und dank unserer robusten Birkenstecken können wir uns halten und den Blick nach unten schweifen lassen. Unter einer im Sturm herangetriebenen tiefhängenden Wolkenschicht ist einer der zwei Kraterseen der Ksudač zu erkennen. Der Abstieg ist mühsam. Auf den steilen Schotterflächen ist es im Regen gefährlich rutschig. Obwohl wir im trockenen Bachbett zwischen großen Geröllmassen absteigen können, verhindern die Äste der beidseitig wachsenden Erlen ein rasches Vorankommen. Zu guter Letzt müssen wir noch

Abschied von der Ksudač im Nebel

einen Wasserfall umklettern. Nach sechs Wanderstunden, am sechsten Tag seit unserem Start am Kurilensee, erreichen wir das Ufer des Ozero Ključevskoe, den Kratersee in der Ksudač. Auf seinem schwarzen Aschestrand versuchen wir mit großen Lavabrocken und einigen umherliegenden Hölzern einen massiven Windschutz gegen den Sturm zu bauen. Das Zelt vibriert unter dem Druck der Sturmböen. Der Regen kommt waagerecht. Wir legen einen Ruhetag ein und bleiben im Zelt. Die Seeoberfläche ist stark aufgewühlt und vermiest uns ein erfrischendes Bad in dem warmen Kratersee. Leider sind wir nicht die einzigen, die diesen Ort aufsuchen. Im Ufergebüsch liegen Mülltüten, Reste von Grillparties, nicht benötigte Versorgungsgüter und mehrere undefinierbare Schrottteile. Die Reiseagenturen bieten Helikopterflüge in die Ksudač an, bringen es aber nicht fertig, ihren mitgebrachten Müll oder auch mal den der anderen wieder mitzunehmen, um diese einzigartige Landschaft sauber zu halten.

Subarktische Serengeti

Die Landschaft besitzt nur eine Farbe: grau. Der nebelverhangene Himmel geht fließend über in das Grau der Bodenbedeckung. Nördlich des Vulkans Ksudač laufen wir durch eine unendliche Bimssteinfläche, die von einer ungewöhnlichen Vegetation bedeckt ist: eine ausgedehnte Flechtenwüste liegt vor uns. Auf Bimsstein verschwindet jeder Regentropfen sofort im Untergrund. Für die meisten höheren Pflanzenarten ist es dort zu trocken. Vor etwa 1400 Jahren ebnete eine gewaltige Explosion des Vulkans Ksudač die Umgebung ein und ließ Täler, Bäche und Bäume verschwinden. Der ursprünglich hier gewachsene Birkenwald wird Jahrtausende brauchen, um sich solche vom Vulkanismus gestörten Flächen vollständig zurückzuerobern. Die Flechten besiedeln nach einer solchen Störung als erstes die Oberfläche, aber dann passiert erst mal für viele

Jahrhunderte nichts weiter, als dass sich durch Wind und Regen kleine Mengen an Bodensubstrat in den Mulden ansammeln. Einzelne Gräser, Zwergsträucher oder auch hin und wieder eine Birke keimen später darin, kommen aber mit ihren Wurzeln auf Dauer nicht bis zum Grundwasser und sterben wieder ab. Es bleibt ein ständiges Kommen und Gehen von einigen Pflanzenarten auf kleinen Parzellen. Das Landschaftsbild ähnelt eher dem einer Wüste oder einer Savanne als einer subarktischen Tundra.

Am seidenen Faden

Zwischen dem erloschenen Vulkan Želtaja und der 2089 Meter hohen Chodutka stoßen wir auf unsere erstes ernsthaftes Hindernis: den Fluss Chodutka, genauer gesagt, die von Süden kommende Linke Chodutka. Wir haben keine Umgehungsmöglichkeiten und müssen auf die andere Seite. Über eine Stunde suchen wir entlang des Ufers nach einer günstigen Stelle für die Passage. Die Strömung und Flusstiefe ist mit Rucksack und ohne Hilfsmittel nirgends zu schaffen. Aber wir haben vorgesorgt und 40 Meter Reepschnur dabei. Schwierig ist es nur, die Schnur erst mal auf die andere Uferseite zu bringen. Anschließend verpacken wir das Gepäck in einen wasserdichten Transportsack und hängen uns mit einem Brustgurt und zwei Karabinern in die über den Fluss gespannte Schnur ein.

Nach sieben Durchquerungen ist die gesamte Ausrüstung auf der anderen Seite, und unsere Füße sind weiß vor Kälte. Glücklicherweise ist es jedoch ein sonniger und warmer Tag, und der weitere Weg ist angenehm zu laufen. Die Landschaft ist von Birkenwäldern und Bimssteinlandschaften mosaikartig durchsetzt und bietet eine gute Orientierung und ein rasches Vorankommen. Nur Wasser ist hier mal wieder Mangelware.

Wir futtern uns leichter

Unsere täglichen Wanderetappen beginnen immer nach dem gleichen Rhythmus: Wecken im ersten Dämmerlicht um 7 Uhr 30, Zeltabbau kurz nach Sonnenaufgang und Start gegen 9 Uhr 30. Es gibt einen großen Topf warmes Müsli mit am Abend vorher eingeweichten Trockenfrüchten. An einigen Tagen können wir auch Rauschbeeren oder Heckenkirschen sammeln und diese als gezuckertes Kompott ins Müsli einrühren.

Die Tagesleistungen hängen vor allem vom Gelände ab. An einigen Tagen haben wir das Gefühl, dass uns kein Meter geschenkt wird, während wir an anderen Tagen zügig voran kommen. Durchschnittlich acht Stunden sind wir bis zum abendlichen Zeltplatz unterwegs. Die kleinen Pausen tagsüber werden vorwiegend vom Wetter bestimmt. Im Regen versuchen wir erst gar nicht, uns gemütlich auszubreiten. Da werden die Nüsse, Energieriegel, Schokolade, Trockenäpfel, Salami, das Marzipan oder der Energiedrink hineingeschlungen und schnell weitergelaufen, um nicht auszukühlen. Bei sonnigem Wetter gibt es auch mal eine ganze Stunde Pause, um sich die Vegetation genauer zu betrachten und um ausführlich zu fotografieren. Wir erleichtern unsere Rucksäcke jeden Tag jeweils um 800 Gramm Proviant und Brennstoff. Zusätzlich trainieren wir täglich unsere Rückenmuskulatur durch die Rucksacklast. So kommen wir nicht nur jeden Tag schneller und leichter voran, sondern müssen alle paar Tage die Inhalte der Rucksäcke neu packen. Im unwegsamen Gelände ist es wichtig, dass der Rucksack gut an den Rücken angepasst ist und das Gewicht richtig verteilt ist. Die leichten und voluminösen Stücke werden unten verpackt, während die schweren Sachen rückennah und eher oben verstaut werden sollten.

Nicht nur schönes Wetter

Die Regentropfen trommeln einen gleichmäßigen Rhythmus auf unsere Zeltplane. Wir haben nicht die geringste Lust, aus unseren warmen Schlafsäcken zu kriechen, das nasse Zelt einzupacken und durch den Regen weiter nach Norden zu gehen. Aber unser Zeitplan ist eng bemessen. Wir kennen das Terrain vor uns nicht und können nicht einschätzen, wie viele Tage wir noch unterwegs sein werden. Also gönnen wir uns keinen weiteren Ruhetag und ziehen widerwillig unsere Regenbekleidung an. Mit tief heruntergezogenen Kapuzen suchen wir unseren Weg durch Birkenwälder, über bunte Wiesen, zwischen Kiefernbüschen hindurch und über sumpfige Tundraflächen.

Drei Stunden später ist alles bis auf die Haut durchnässt. Inzwischen macht es uns auch nichts mehr aus, wenn die Stiefel vollgelaufen sind und schmatzende Geräusche abgeben. Bei den Flussdurchquerungen ziehen wir die Schuhe schon nicht mehr aus, sondern marschieren einfach durch das knietiefe Wasser. Die zwischenzeitlichen Pausen beschränken sich auf jeweils zehn Minuten. Die Kamera ist tief im Rucksack verpackt. Wir peilen mit dem Kompass, schauen auf die in Folie eingeschweißte Landkarte und laufen ohne viele Kommentare weiter. Am Abend hört es glücklicherweise auf zu regnen, so dass wir ein Lagerfeuer entfachen können und die Stiefel halbwegs wieder trocken bekommen. Die Bekleidung wird in den Wind gehängt und trocknet dank der guten Materialien in weniger als einer Stunde.

Ein Pfad in der Wildnis

Zwei Tagesetappen nördlich der Chodutka stoßen wir auf einen deutlichen Wanderpfad. Anhand von abgebrochenen Ästen in Kopfhöhe identifizieren wir diesen auch gleich als menschlichen Ursprungs. Bärenpfade sehen wir ja überall. Hin und wieder stoßen wir auch auf Lagerplätze mit Holzkohle. Wir haben einen Pfad gefunden, der nach Nordosten zu den Flüssen Asača und Mutnaja führt und dann bei einer einsamen Minensiedlung auf eine Piste stößt. Ganz deutlich wird uns nun bewusst, was so ein unscheinbarer Pfad bedeutet – wir müssen nicht mehr alle Konzentration darauf verwenden, unseren Weg zu suchen. Angesichts der Tatsache, dass wir jetzt viel schneller vorankommen, können wir auch besser die noch vor uns liegenden Tagesetappen einteilen. Allerdings müssen wir häufig auch nach dem Pfad suchen, weil er urplötzlich in der Tundravegetation

Schwefelablagerungen und Mineralausdünstungen im Mutnovskij-Krater

verschwindet und keine Spuren erkennbar sind. Zwischenzeitlich verlieren wir den Pfad für mehrere Stunden und kämpfen uns wieder durch Erlengebüsch. Ab dem Fluss Asača wird aus dem Pfad eine breite Spur, und wenig später erkennen wir Abdrücke von Kettenfahrzeugen und großen Lkw.

Planierraupen statt Birkenwald

Am 15. Tag unserer Wanderung erreichen wir die kleine Minensiedlung am Ende der Piste, die in den letzten Jahren vom Vulkan Gorelyj hierher gebaut wurde und uns schließlich wieder in die Zivilisation führen wird. Große Baumaschinen graben und schieben die Piste, setzen Betonkästen für die zahlreichen zu überquerenden Seitenbäche, Bäume fallen zu beiden Seiten, und überall hören wir Maschinengeräusche. Die Piste ist auch alles andere als angenehm zu laufen. Knöcheltiefer Schlamm und tiefe Rillen erschweren eher das Wandern. Aber nach einem Tagesmarsch erreichen wir am Fluss Mutnaja einen sehr schönen Zeltplatz und versuchen den Zivilisationsschock zu verdrängen. Die Piste hat trotz allem auch einen entscheidenden Vorteil für uns: Wir kommen relativ einfach hoch in die Gebirgstundra, wo wir die Piste wieder verlassen werden. So sparen wir uns mindestens zwei Tage für andere Aktivitäten: die Besteigung der vor uns liegenden Vulkane.

Orkan auf dem Gorelyj

Am 18. Tag unserer Wanderung, nach vielen anstrengenden Kilometern, Flussdurchquerungen und Mückenschwärmen, erreichen wir die Gebirgstundra südlich des 1820 Meter hohen Vulkans Gorelyj. Bei wolkenlosem Wetter leuchtet die Tundra in den Herbstfarben der Zwergsträucher und Kamtschatka-Azaleen. Steinpilze und Rauschbeeren laden zum Rasten und Sammeln ein. Überall hören wir laute Pfiffe der Murmeltiere. Wir suchen uns einen windgeschützten Zeltplatz an der südlichen Flanke des Gorelyj und beginnen sofort mit der Erkundung der

Hier sollte man keinesfalls reinfallen

Schwefelfumarole

Umgebung und der besten Aufstiegsmöglichkeiten. Wir haben noch sechs Tage, bis unser Proviant zu Ende ist, und werden diese Tage mit Bergsteigen und botanischen Erkundungen nutzen. Bei bestem und wolkenlosem Wetter marschieren wir frühmorgens die Flanke des Gorelyj hoch. Schnell bemerken wir, dass große Staubfahnen vom Gipfelbereich wegwehen. Offensichtlich liegt 1000 Meter über uns eine andere Luftschicht mit völlig anderen Luftbewegungen. Mit unseren stabilen Wanderstecken können wir uns auf dem Gipfel gerade noch aufrecht halten. Aber bei den heftigeren Orkanböen müssen wir uns sofort auf den Boden legen, um nicht in den 300 Meter unter uns liegenden Krater gefegt zu werden. Der freie Fall nach unten wäre an sich schon ungesund, aber im Krater befindet sich zudem ein türkisfarbener See aus kochender Schwefelsäure. Organische Substanzen würden dort innerhalb weniger Minuten aufgelöst werden. Wegen des Orkans ist eine gegenseitige Verständigung nur noch mit Schreien möglich. Das Panorama ist jedoch mit das beeindruckendste Landschaftsbild der ganzen Wanderung: Bei wolkenlosem blauen Himmel und phantastischer Fernsicht sind alle markanten Vulkane der weiteren Umgebung erkennbar. Der im Osten liegende Mutnovskij wird von kleinen Linsenwolken gekrönt, die wie Ufos aussehen.

Der Trübe wird ausgetrickst

Den Mutnovskij hatten wir zwei Jahre vorher schon einmal kennengelernt. Damals hat er es verhindert, dass wir ihm zu nahe kommen: Wir waren vier volle Tage wegen Dauerregen und Sturm im Zelt eingesperrt. Damals hatten wir dem ›Trüben‹, so die wörtliche Übersetzung des Namens, Rache geschworen. Dieses Mal haben wir uns heimlich aus Südwesten angeschlichen, unser Zelt hinter einem Erlengebüsch aufgebaut und sind gleich frühmorgens aufgebrochen. Schon nach wenigen Stunden trübt sich das Wetter ein. Vom phantastischen Bergwetter der letzten zwei Tage ist nichts mehr übrig. Aber wir sind schneller und erreichen das Innere des Vulkankraters, ohne dass es zu regnen beginnt.

Gletscherzungen, bizarre Eisblöcke, zischende Dampffontainen und kochende Schwefeltöpfe (Fumarolen) treffen hier zusammen und bilden mit den durch mineralische Ablagerungen eingefärbten Aschen und Steinen eine urzeitliche Landschaft, wie sie kontrastreicher nicht sein könnte. Genießen können wir die Landschaft aber nur kurz, da der Wind den giftigen Schwefelwasserstoff direkt in unsere Richtung weht. Vielleicht versucht der Mutnovskij auch diesmal nur uns wieder zurückzuschicken. Nach sieben Stunden Wanderung erreichen wir wieder unser Zelt und nutzen die Nachmittagsstunden zum Beerensammeln und Fotografieren. Hier oben in der Tundra sind relativ wenige Stechmücken unterwegs, was wir ausnutzen, um vor dem Zelt in der Abendsonne zu kochen und zu essen. Am Abend bessert sich das Wetter sogar wieder und lässt uns für den nächsten Tag weitere Bergwanderpläne schmieden.

Ein demoliertes Zelt zum Schluss

Nachts fängt es aber an zu regnen und hört für die nächsten vier Tage nicht mehr auf. Der Mutnovskij hat uns also entdeckt und uns doch noch einen ordentlichen Strich durch unsere weiteren Pläne gemacht. Am zweiten Tag im Zelt frischt der Wind zum Orkan auf und lässt uns abermals um unser Zelt bangen. Am dritten Tag des Unwetters verschieben wir unseren Zeltplatz um sechs Kilometer nach Norden und erreichen so die breite Piste, die vom Geothermalkraftwerk am Osthang des Mutnovskij hinunter ins Tal zur Teerstraße bei Paratunka führt. Es ist später Nachmittag, und die drei Fahrzeuge pro Stunde fahren entweder zum Kraftwerk oder sind bis zum Rand beladen. Die Außentemperaturen liegen knapp über den Nullpunkt, der Sturm weht uns ständig fast von der Piste, und unsere Kleidung ist durchnässt. Wir zittern und brauchen dringend einen Wind- und Regenschutz. So versuchen wir in einer Erdsenke das Zelt wieder aufzubauen. Aber der Orkan ist stärker und zerbricht einen Gestängebogen. In 30 Minuten Schufterei reparieren wir die gebrochene Stange, bauen einen ein Meter hohen und drei Meter breiten Steinwall an der Frontseite auf und können das Zelt vor weiteren Sturmschäden schützen. So werden wir vom Mutnovskij verabschiedet.

Der nächste Morgen bringt zwar keine wesentliche Wetterbesserung, aber das ist uns nun egal. Etwas über eine Stunde gehen wir auf der Piste nach Norden, vor allem um warm zu bleiben. Schließlich hält ein Pkw an, und die beiden Russen nehmen uns freundlicherweise mit ins Tal. Trotz der Enge auf dem Rücksitz und der überaus ruppigen Piste sind wir glücklich, die Wanderung in der uns gegebenen Zeit erfolgreich beendet zu haben.

Am 24. Tage seit unserem Start am Kurilensee erreichen wir wieder Petropavlovsk. Bis zur Abreise nach Europa bleiben uns noch vier Tage, für die wir uns einen einsamen Zeltplatz auf einer Flusskiesbank in der Nähe von Paratunka suchen. Vier Tage kochen, essen und ausruhen. Das Wetter dieser vier Tage ist wolkenlos und herbstlich warm. Hat der Mutnovskij gemerkt, dass wir wieder im Tal sind?

Bizarre Eisgebilde

Angelabenteuer an der Opala

Von Clemens Ratschan, 2004

Rumms ... schon wieder hängt ein Lachs an der Rute und kämpft wie ein Berserker. Welche Art wird es wohl diesmal sein? Nirgends in der Welt kann man eine derartige Vielfalt an Salmoniden, also lachsartige Fische, fangen wie hier in Kamtschatka!

Vier Tage haben wir gebraucht, um bis zu unserem Ziel am anderen Ende der Erde zu gelangen: Flug von Wien nach Moskau, neun Stunden Aufenthalt im Flughafen Scheremetjevo, neun Stunden Weiterflug nach Petropavlovsk, die Hauptstadt von Kamtschatka, Einkauf von Proviant und Überwindung der bürokratischen Hürden bei der Organisation der Angellizenzen. Schließlich warten wir auf das umgebaute Geländefahrzeug, das uns vom letzten Vorposten der Zivilisation zum Oberlauf des Opala-Flusses bringen soll. Dann eine Autopanne, und weitere Stunden vergehen. Nach achtstündiger absolut halsbrecherischer Fahrt über das Vulkangebirge, die uns jetlag-geplagten Abenteurern jeden einzelnen Knochen zu brechen droht, haben uns die russischen Fahrer an unser Ziel gebracht. Hier können wir uns endlich ausruhen, in einer heißen Quelle sitzen und uns mit gerade gefangenem Lachs, Kaviar und Wodka erfrischen. Der Lkw fährt davon, und wir sind auf uns selbst gestellt. Für zwei Wochen befahren wir mit unseren ›Grabner Schlauchbooten‹ die Opala, angeln und genießen die Natur, bis uns am Unterlauf am vereinbarten Ort hoffentlich der MI-2-Helikopter abholen wird.

Jetzt im August ist der gesamte Fluss voll mit Buckellachsen. Zu Beginn haken wir sie bei jedem zweiten Wurf. Mit der Zeit lernen wir aber, selektiv auf die anderen vorkommenden Fischarten zu fischen und das Haken der massenhaft vorkommenden Buckellachse geschickt zu vermeiden. Mit ›Eifliegen‹ kann man hier hinter wirklich jedem Lachs einen ›Eierdieb‹ fangen, es handelt sich dabei

Nicht bequem, aber geländetauglich

Ein Rotlachs

um farbenprächtige Pazifische Saiblinge, in Amerika als Dolly Varden bekannt. Die bis zu einen Meter langen Hundslachse sind leider schon vor mehreren Wochen aufgestiegen, haben großteils bereits abgelaicht und werden – wie alle pazifischen Lachsarten – in Kürze sterben. Allerdings finden sich noch frisch aufgestiegene Rotlachse, die nur mit kleinen, akkurat servierten Fliegen zum Biss zu bewegen sind und einen atemberaubenden Drill an der Fliegenrute bieten. Die angelfischereiliche Hauptattraktion ist allerdings die Regenbogenforelle, die einzige Salmonidenart hier, die das ganze Jahr im Süßwasser verbringt und buchstäblich vom Lachs lebt: Eier, Junglachse und verrottendes Lachsfleisch bilden den überwiegenden Teil der Nahrung dieser aggressiv auf ›Eifliegen‹, ›Streamer‹ und ›Fleischfliegen‹ beißenden Fische. Allzu einfach ist die Fischerei auch hier jedoch nicht: Jede Forelle muss durch konsequentes Abfischen von Einständen erarbeitet werden. Die Belohnung folgt: Die Forellen messen durchschnittlich 55 Zentimeter und sind makellos schön!

Im Frühsommer kann man in ›unserem‹ Fluss, neben dem wenig bekannten Kirschlachs auch noch Königslachse fangen. Für den Silberlachs sind wir Ende August leider wenige Tage zu früh dran, dafür fangen wir am letzten Tag eine ganz besondere Saiblingsart, den ostasiatischen ›White spotted char‹. Darüber hinaus gibt es in anderen Regionen Kamtschatkas noch die arktische Äsche, die Steelhead-Forelle sowie einiger kleinräumig verbreiteter Saiblingsarten, womit die hiesige Vielfalt von einem guten Dutzend an Salmonidenarten vollständig ist!

Wir lassen die Landschaft an uns vorübertreiben, angeln an aussichtsreichen Stellen mal hier, mal dort, und schlagen an den schönsten und fischreichsten Uferplätzen unser Lager auf. Ständige Begleiter sind die Braunbären: Fast jeden Tag können wir mehrere dieser beeindruckenden Tiere beim Fischen und beim Abweiden der Beeren in der Tundra beobachten.

Heimtückische Stromschnellen

Ständig wechselt der Fluss seinen Charakter. Im Oberlauf pendelt die Opala durch eine weite Tundralandschaft und vereinigt sich mit mehreren Nebenflüssen. Der Mittellauf ist geprägt durch den 2460 Meter hohen Opala-Vulkan, der sich aufgrund des abwechslungsreichen Wetters leider nur kurz ›aufs Haupt‹ sehen lässt. Hier strömt unser Fluss durch tiefe bewaldete Canyons und erinnert einen eher an den Mekong oder den Yangtse als an einen Fluss im äußersten Osten Russlands. Im Unterlauf schließlich fließt die Opala – verzweigt in eine unüberschaubare Vielzahl von Nebenarmen – durch eine offene, durch einzelne Gebüschgruppen aufgelöste ›Parklandschaft‹. Zweimal gilt es, eine Serie von heimtückischen Stromschnellen zu überwinden. Dabei sind wir froh, uns auf die einmalige Qualität unserer beiden aus Europa mitgebrachten ›Grabner Boote‹ verlassen zu können.

Ein ›Float trip‹ auf Kamtschatka bietet die Möglichkeit, menschenleere Naturlandschaft und unglaublichen Fischreichtum hautnah zu erleben! Für Angler, die das Abenteuer auf sich nehmen, gibt es hier eine Fischerei, wie sie in Alaska einmal gewesen sein muss, und dazu eine einzigartige Landschaft und sehr hilfsbereite Menschen. Was wir mit Bestimmtheit sagen können ist, dass man uns mit einer zunächst zurückhaltenden, nach näherem Kennenlernen aber herzlichen Gastfreundschaft begegnet ist und wir immer fair und partnerschaftlich behandelt wurden. Fest steht auch die Tatsache, dass dieses Land einen unglaublichen Reichtum an Naturschätzen hat, den es sich lohnt, als sensibler und respektvoller Naturtourist zu erforschen!

Auf dem Vulkan

Von Oliver Spieler, 2003

Sssssssiiiiiiissssiiisiii ... Ein Geräusch neben dem Ohr erinnert sofort daran, dass sich ein Traum aus meiner Jugend erfüllt hat. Damals war der Klang des Wortes faszinierend, abenteuerlich und schwer zu erreichen: Kamtschatka. Es ist keine drei Wochen her, dass ich mit meinem Kollegen am anderen Ende des Aleutenbogens gearbeitet habe, in einer Region, die zeitlos wirkt und in der man der Bärenfährte folgt, die den nächsten Hang ansteigt. »Oli, Coffee is ready, good morning.« Sssiiiiit, der erste Blick durch den Reißverschluss gilt dem Objekt der wissenschaftlichen Begierde, dem Vulkan Bezymjannyj – leicht bestäubt mit Schnee. Ja, die Zeit ist begrenzt für uns Vulkanologen, aber auch für die Mücken, die diese Nacht nur in der wärmenden Hülle des Zeltes überlebt haben. Der Blick wandert weiter über die Vulkane Kamen' und Ključevskoj zurück über die Ablagerungen der Eruption des Bezymjannyj von 1956. Würde ich mich wundern, wenn eine Herde Mammuts über den Höhenzug ziehen würde? Nein! Diese Landschaft ist außerhalb der Zeit und doch wurde sie erst vor knapp 50 Jahren aso vollständig verändert. Eine Eruption des Bezymjannyj, ein sogenannter Sektorkollaps, ähnlich der Eruption am amerikanischen Mount Saint Helen im Jahre 1980, gestaltete die Umgebung neu, und erst heute verstehen wir, wie dieser Ausbruch abgelaufen ist. Zeit? Zeit hat eine andere Bedeutung hier im äußersten Russland. Man braucht viel Zeit für die Planung eines derartigen Forschungsvorhabens und Freilandaufenthaltes, und selbst wenn alles geplant ist und man glaubt, nichts kann mehr schief gehen, dann sagt Murphys Gesetz ›Hallo‹.

Zeitplanungen für Kamtschatka sollten immer auf unbekannte Faktoren ausgelegt sein. Bist du Wanderer, rechne mit Ausfällen, willst du dich mit einem Helikopter abholen lassen, dann rechne nicht mit Flugwetter. Zwei bis drei Tage zeitliche Sicherheit rechne ich für gewöhnlich ein, wenn nicht eher vier. Aber hier verstreicht die Zeit in einem anderen Maß. Es ist acht Uhr morgens und ich erwache aus meinem Tagtraum. Kaffee? Ja das brauche ich jetzt, und ein russisches Frühstück erwartet mich auch: Suppe und Brot – das erste ist heiß, das zweite ein Luxus hier in der Wildnis. Aber auch dieser Luxus ist vergänglich, und nun, am Ende unserer Geländearbeit, lässt der Schimmel mich und meinen Kollegen Sebastian Abstand von diesem ›Luxus‹ nehmen, denn unsere Mägen sind noch nicht so robust wie die von unseren russischen Freunden.

Die Planung für den Tag ist schnell gemacht: Da die gute Sicht einen Aufstieg ermöglicht, wollen wir auf die jungen Ablagerungen der Eruption von diesem Frühjahr und hier möglichst große Proben sammeln. Der Aufstieg mit leichtem Gepäck über den unwegsamen Block- und Aschestrom ist sehr anstrengend. Wir steigen in den zentralen Ablagerungen auf den Dom eines aktiven Vulkans und wollen an das jüngste Material gelangen – nichts, was ich meiner Versicherung hätte erklären können. Erst gestern haben wir uns über die spektakulär verunglückten Vulkanologen Katja und Maurice Krafft unterhalten. Würde uns hier etwas ähnliches passieren, wir wären nicht mehr als eine Randnotiz in den Zeitungen wert. Wenigstens das Wetter ist uns anfänglich gnädig. Aber je weiter wir hochkommen, desto stärker hüllt uns aufsteigender Nebel ein und verwehrt die

Sicht auf den immer höher und bedrohlicher aufragenden Vulkandom. Nur der vereinzelt zu vernehmende Steinschlag bringt uns akustisch unsere bedrohliche Lage in Erinnerung. Ein etwa vier Meter hoher Wall, eine leichte Farbveränderung am Gestein und die Höhenmessung bestätigt uns unsere Position. Wir stehen oben auf dem Vulkan. Nun werden ungefähr 60 Gesteinsproben genommen und auf drei Rucksäcke verteilt. Zusätzlich werden drei 15 Kilogramm schwere Blöcke erbeutet, auch wenn diese zusammen mit den Proben den Abstieg erheblich erschweren. Ist es das, wovon ich träume, wenn ich in München im Analyselabor stehe? Ist das Abenteuer? Ja!!! Forschung ist für mich sehr wohl Nervenkitzel.

Der nächste Tag lässt tatsächlich einen Helikopterflug zu. Wir fliegen mitsamt unserem umfangreichen Gepäck knatternd über die weitflächigen Lava-, Asche- und Eisflächen der Bergriesen hinunter ins grüne Tal. Der bestellte Lkw ist natürlich noch nicht gekommen, so dass wir noch ein Lager auf dem Flugfeld aufbauen müssen. Ssssssiiiiiissssssssiii – hier ist es auch wieder wärmer als oben am Berg, und die Plagegeister sind bei uns am Lagerfeuer. Doch diese Nacht wird sehr kühl, und die wenigsten Mücken überleben. Die Feuchtigkeit der letzten Tage und die Kühle der Nacht bringen auch meinen Schlafsack an seine Komfortgrenze.

Gegen elf Uhr morgens kommt endlich der bestellte Lkw und nimmt unsere umfangreiche Ladung lose geschichtet auf. Der deutsche TÜV hätte seine helle Freude an dem Fahrzeug, das uns nun über die Stadt Ključi zum Vulkan Šiveluč befördern soll. Der Šiveluč ist ein nördlich des Vulkankomplexes Ključevskoj und Bezymjannyj gelegener Bergriese. Dieser Vulkan ist unser letzter Anlaufpunkt, wir brauchen noch Aschen des Bezymjannyj, die 1956 weiter entfernt abgelagert wurden. Der ›Geological Fun Bus‹, wie ihn eine Kollegin im letzten Jahr getauft hat, entfaltet unter Aleksej, unserem Fahrer, eine Beweglichkeit im Gelände, von der städtische Fahrer von Allradautos nur träumen können. Neben den Schwierigkeiten der Bewältigung von Geländeunebenheiten und durchdrehenden Rädern kommt ein weiteres Problem auf: Es beginnt heftig zu regnen. Für Aleksej und uns ist der starke Regen ein Zeichen, das zur besonderen Vorsicht in diesem Gelände mahnt, denn die Flugablagerungen der Vulkane in diesem Tal bestehen aus großen Blöcken, eingebettet in eine feine Materialschicht. Ein Lahar, ein vulkanischer Schlammstrom, hat dieses Tal im Frühjahr aufgefüllt, und der momentane Regen nimmt an Heftigkeit zu. Die Bäche, die sonst nur von einem Schneefeld gespeist werden und erst abends, wenn die Sonneneinstrahlung ihre Wirkung entfaltet hat, von einem Rinnsal zu einem Bach anschwellen, fließen nun schon kräftig. Wir kalkulieren die Gefahren und tendieren zum Abbruch der geplanten Forschungstätigkeiten am Šiveluč. Ich frage unseren russischen Kollegen, aber seine Informationen sind wenig erfreulich: »Ein Zyklon ist auf dem Weg von Petropavlovsk zu uns – wir müssen eine neue Planung machen!« Nach einer kurzen Atempause kommt die zweite prickelnde Nachricht von ihm: »Ein Langstrecken-Raketentest wird heute von einem U-Boot bei Murmansk aus durchgeführt, und das Ziel liegt am Nordhang des Šiveluč.«

Ist es das, was sich manche Daheimgebliebenen unter Forschung in fremden Gebieten und Abenteuer auf dem Vulkan vorstellen? Da sitze ich auf dem Hang eines aktiven Vulkans, der mit Raketen beschossen wird. Ich habe einen echt spannenden Job!

Jenseits der Komfortzone

Von Johannes Groschupf (2011)

Zehn Tage Pferdetrekking im Bystrinskij-Naturpark

Für zehn Tage geht es in die Wildnis. Am Rand von Èsso, einem Dorf im nordwestlichen Kamtschatka, ist die Unruhe spürbar. Zwölf Reiter stehen bereit, dazu fünf einheimische Russen und Korjaken als Pferdemänner. Die robusten Kleinpferde werden gesattelt und bepackt, Proviant, Zelte, Schlafsäcke, Kleidung müssen mit. Ein grauer Hengst scheut zurück, bäumt sich auf und reißt sich los. Mit ihm galoppieren fünf Pferde an den Waldrand; es dauert, sie wieder einzufangen und zu beruhigen.

In die Wildnis geht es also, neun Flugstunden östlich von Moskau und noch einmal neun Stunden mit einem Überlandbus auf einer Schotterpiste von Petropavlovsk nach Esso und jetzt durch einen Birkenwald. Das helle Licht des Vormittags schimmert durch die hellen Stämme und die grünen Blätter. Hier ist es still – bis auf das gelegentliche Schnauben der Pferde, das Knacken von Zweigen unter ihren Hufen und das Rauschen der nahen Bystraja. Durch diesen Fluss, der breit und kraftvoll von den Bergen her strömt, müssen wir bald hindurch. Die Pferde tasten und suchen ihren Weg durch die Kiesel und Steine. »Nicht ins Wasser schauen!« empfiehlt ein erfahrener Reiter, »sonst wirst du seekrank.«

Mittags öffnet sich der Wald zu einer flachen Auenlandschaft. Berge links und rechts, sie ziehen sich gestaffelt gegen den Horizont hin. Der Pfad wird schmaler und hört schließlich auf, es geht durch dichtes Gestrüpp von Farnen und knorrig verwachsenen Erlen. Jedes vierte Pferd hat ein Glöckchen um den Hals, damit

Ein Packpferd wird beladen

die Bären, die hier zahlreich leben, rechtzeitig verschwinden. Die Glöckchen vertreiben allerdings nicht die Mücken, die heimlichen Herrscher Kamtschatkas, die in dichten Schwärmen über Pferde und Reiter herfallen. Ihnen macht der Nieselregen, der nun einsetzt, nichts aus.

Die erste Lagerstätte wird am frühen Abend erreicht. Nach dem Absteigen läuft man eine Weile breitbeinig. Die Pferde, erleichtert von Reitern, Packtaschen und Sätteln, wälzen sich im Gras, während die Korjaken im nahen Fluss angeln und bald mit einem riesigen Saibling wiederkommen. Der Kopf wird abgetrennt und den Hunden überlassen, der Fisch in fünf Teile geschnitten und in einem Wassertopf über das Lagerfeuer gehängt: es gibt Fischsuppe. Drei Fohlen, die auf die Reise mitgenommen wurden, galoppieren bis spät in den Abend über die Weide.

Morgens zieht der Nebel über die Hügelkuppen und an den Berghängen hin, die Sonne kommt nur allmählich durch die Wolken. Sie beginnt die klammen Reiter erst nach einer Stunde zu wärmen, als sie wieder unterwegs sind. Es geht durch sumpfige Wiesen und Moore, die Pferde tauchen tief in den Boden ein mit ihren Beinen, ziehen sie schmatzend wieder aus der nassen Erde. Das kostet Kraft und lässt sie ärgerlich schnauben. Eines legt sich schließlich, als es nicht mehr aus einem Sumpfloch kommt, mit dem Reiter auf die Seite. Nachmittags werden die ersten Bären gesichtet. Sie sind zu zweit, weit entfernt über einen Fluss hinweg, sitzen in einem Feld von Heidelbeersträuchern und suchen das Weite, als sie die Kolonne der Reiter bemerken. Kamtschatka ist das bärenreichste Land der Erde, etwa 10 000 Bären leben hier. Sie sind größer als ihre europäischen oder amerikanischen Artgenossen, denn sie haben in den Lachsschwärmen, die alljährlich im Sommer hier zum Laichen die Flüsse hinaufziehen, eine unvergleichliche Nahrungsquelle.

Auch Fohlen sind mit von der Partie

Die Tage und Nächte werden kälter. Der Vulkan Itschynski, mächtige 3600 Meter hoch, wird in der Ferne sichtbar; er ist der letzte tätige Vulkan in diesem Teil Kamtschatkas, die ihn umgebenden Vulkane sind längst erloschen. Er gibt freilich kein Lebenszeichen, als wir uns nähern, sondern ruht in majestätischer Stille. Seine Hänge sind von frischem Schnee bedeckt.

Auch die Zelte der Reisegruppe sind am frühen Morgen vereist, die Regentropfen des Abends über Nacht gefroren; glücklich, wer einen warmen Schlafsack dabei hat. Ein schneidend kalter Wind scheint die Landschaft vor uns zu rasieren. Mittags werden die klammen Hände wieder warm, und schon kehren auch die Mücken zurück. Es geht querfeldein, steile Böschungen hinunter in die Gebirgsbäche, die allerorten rauschen, dann hügelan durch Wälder von Steinbirken und Erlen. Die Pferde zeigen, welche Kraft sie haben, als sie sich mit langen Schritten hocharbeiten.

Die korjakischen Pferdemänner suchen nach Rentier-Nomaden, die mit ihrer Herde durch diese Gegend ziehen. Einer reitet weit voraus, sucht die Täler und Hügel mit seinem Fernglas ab, doch er findet sie nicht. Nur die verlassenen Lagerplätze zeugen von ihnen; schmale Birkenstämme sind zu einem Zeltgerippe zusammengestellt, die Feuerstellen längst verweht, in weitem Umkreis die Wiesen abgegrast. Diese Rentierherden haben bis zu 8000 Tiere. Später treffen wir auf Nachzügler, die den Anschluss verloren haben und ratlos durch die Gegend laufen, eine Stute und drei Fohlen. Die Nomaden werden sie hoffentlich noch finden; sonst werden sie zur Beute der Wölfe oder des harten Winters.

Nach fünf Tagen ist das Reiten selbstverständlich geworden, ein gemeinsamer Tanz zweier Körper. Die Herausforderungen meistern Reiter und Pferd zusammen, wenn sie steile Abhänge hinunter zu Flüssen und Bächen oder jähe Anstiege die Berge hinauf angehen. Auf den Ebenen döst man in gemächlichem Trott oder genießt das Vergnügen eines scharfen Trabs. Dann, auf freiem Feld, bei lauem Wind, der Reiter hängt seinen Gedanken nach, wieso die Landschaft ihn hier, am Ende der Welt, an die Lüneburger Heide erinnert, plötzlich die existentielle Bedrohung durch eine Maus! Das Pferd schießt wie eine Rakete hoch und galoppiert in wilder Panik los; der Reiter muss ungeahnte Rodeokünste aufbieten, um im Sattel zu bleiben. Die Pferde auf Kamtschatka erschrecken auch vor rostigen Autofelgen, die unversehens am Wegesrand zu einer verlassenen Geologensiedlung liegen. Solche Zivilisationsrelikte kennen sie nicht, sie wiehern entsetzt auf und scheuen zurück, da hilft auch gutes Zureden wenig. Und der Reiter, der nachts im Zelt schläft und nahebei ein unheimliches Malmen hört, muss sich vergegenwärtigen, dass es nur ein grasendes Pferd ist. Kriecht er schlaftrunken aus seinem Zelt, so empfängt ihn ein ungeheurer Nachthimmel, in dem die Sternbilder zum Greifen nahe scheinen.

Morgens gibt es Hirsebrei mit Rosinen oder unterwegs gesammelten Heidelbeeren, abends Kohlsuppe mit Graupen, gelegentlich auch gebratenen Lachs oder eine Pfanne Pilze. Die Raucher teilen sich die letzten Zigaretten. Auch der Tee geht zur Neige, man reicht die Teebeutel für den zweiten und dritten Aufguss weiter und beginnt von den kulinarischen Errungenschaften der Zivilisation zu halluzinieren: Schokoriegel, frisch gezapftes Bier, Pizza, Semmelknödel! Doch unterwegs ist man für Stunden ganz einverstanden mit

diesem Leben, mit dieser Weise des Reisens, die für Jahrtausende selbstverständlich war: Mensch und Pferd gemeinsam in unwegsamem Gelände.

Kamtschatka bietet in seinen Naturparks noch wirkliche Wildnis. Hier greift kein Förster ein. Nur Jäger und Nomaden ziehen hindurch, und auch sie kennen große Teile dieses riesigen Naturparks nicht. Wenn Bäume morsch werden und fallen, bleiben sie liegen. Wir kommen an Feldern voller bleichem Totholz vorbei. Junge Birken wachsen mit heiteren grünen Blättern nach.

Am achten Tag soll es zurück ins Bystraja-Tal gehen. Dazwischen liegt ein Pass, der jedoch in den aufziehenden Nebelschwaden nicht zu sehen ist. Die Pferde mühen sich bergan; hier gibt es nur noch Moos und Flechten, dann wird es steinig. Bald darauf heißt es absteigen und die Pferde führen, es geht noch steiler den Berg hinauf. Die klamme Nässe verschlägt einem den Atem, die Anstrengungen des Anstiegs noch mehr. Regen setzt ein. Man tastet sich über reißende Gebirgsbäche, das Pferd am Zügel. Hier oben ist es selbst den Mücken zu kalt und zu nass. Und dann ist es endlich geschafft, man ist über den Berg und könnte eine wunderbare Aussicht genießen, wenn man nicht in einer wabernden Wolke aus Nebel und Nieselregen steckte. Der Abstieg ist noch schwieriger, es geht an Steinhängen vorbei, die steil in die Tiefe reichen, auch die Pferde setzen hier behutsam Huf vor Huf.

Doch nach einer Stunde kommt die Sonne wieder durch, und auch die Mücken sind zurück. Wir sitzen auf und reiten durch ein langgestrecktes Tal, in dem die Bystraja rauscht. Gegenüber an den Hängen tummeln sich drei Bären, eine Mutter mit ihren beiden Kindern. Wir grüßen respektvoll hinüber und sehen die beiden Kleinen in tapsigem Trab davonlaufen, die Mutter zottelt hinterher.

Zum letzten Lagerplatz geht es durch den Fluss, der an dieser Stelle den Pferden bis an den Bauch reicht. Sie haben mit der starken Strömung zu kämpfen, suchen Schritt für Schritt den Weg zwischen den Steinen, wanken unter dem Ansturm des Wassers und kommen glücklich hinüber. Ein letzter Kraftakt die Böschung hinauf, dann werden sie von Reitern, Packtaschen und Sätteln befreit.

Am nächsten Morgen spüren sie schon, dass es nun nach Hause geht. Auch die Reitergruppe ist erschöpft. Man kann sich nichts Schöneres vorstellen als das Dorf, das man vor zehn Tagen verlassen hat, eine Ansammlung von Holzhütten und Matschwegen. Dort aber gibt es Duschen und Spiegel zum Rasieren, frisches Brot und Käse, auch Tee und Zigaretten. Doch der Abschied von den Pferden, die kurz vor dem Dorf in aufgeregten Trab fallen, fällt schwer. Man steht noch lange bei ihnen, streichelt und striegelt sie und bedankt sich für die gemeinsame Reise.

Die Dorfjugend langweilt sich an einer Holzbrücke, ein Pärchen knutscht verstohlen. Das Mädchen hat sich die Stöckelschuhe ihrer Mutter geborgt und stakst darin würdevoll an den Pfützen entlang. Der eine Einkaufsladen, der auch Kaffee ausschenkt, hat geschlossen. In einer Bar gegenüber der Bushaltestelle aber gibt es Bliny, die russischen Pfannkuchen, und Kaffee. Eine Leuchtgirlande glimmt über dem Tresen, wehmütige Schlager dröhnen aus den Lautsprechern, wir fühlen uns fast wie zu Hause.

Abends grasen die Pferde friedlich

Voll durchorganisiert oder individuell?

Von Lisa Veverka, 2004

Seit 1997 bereise ich Kamtschatka – zu Beginn als Dolmetscherin, später als Reiseleiterin. Und immer war ich mit zusammengewürfelten Gruppen unterwegs, das heißt mit Leuten, die einander meist beim Abflug in Wien oder im Hotel in Moskau das erste Mal gesehen haben. Ich leitete Kleinstgruppen von vier Personen bis hin zu Gruppen von 15 Teilnehmern. Mehr ist in Kamtschatka nicht sinnvoll. Wenn man rund um die Uhr in den einsamsten Gegenden zusammensteckt, ist es wichtig, dass man den einzelnen noch wahrnimmt, denn nur so kann die Reise zu einem gemeinsamen Erlebnis werden und nicht zu einem anonymen Pauschaltourismus.

So eine Reise sieht im Vergleich zu einer Tour auf eigene Faust folgendermaßen aus: Der Teilnehmer blättert in den Katalogen der verschiedenen Reiseveranstalter, entscheidet sich für eine Reise, die meist zwei bis drei Wochen dauert und bucht dieselbe. An Organisatorischem ist die Sache für den Teilnehmer damit erledigt. Die Einladung, das Visum, die Flugtickets, das ist alles Sache des Veranstalters. Auch in Kamtschatka selbst ist eigentlich so ziemlich alles gut und professionell organisiert: Die Gruppe wird am Flughafen in Elizovo abgeholt und befindet sich von da an unter der fürsorglichen Aufsicht der russischen oder ausländischen Tourenführer. Mit von der Partie ist ein lokaler Bergführer, der die Vulkane kennt wie seine Westentasche, eine Köchin, die selbst in der einsamsten Tundra die köstlichsten Leckerbissen zaubern kann, ein Fahrer, der die Macken seines Autos kennt und es behandelt wie ein Landtierarzt eine kalbende Kuh, je nach Tour kommt vielleicht noch ein Bergführer oder eine Dolmetscherin hinzu. Und alle sitzen im selben Boot! Auf alle fallen die gleichen Regentropfen, alle stechen die gleichen Mücken, alle entspannen sich gleichermaßen in den heißen Quellen und freuen sich, wenn sie am Kraterrand stehen – hinter sich den anstrengenden Aufstieg und vor sich den dampfenden Schlund.

Es ist immer wieder rührend, wie sich die Kamtschatkareisenden und diejenigen, die mit diesen Reisenden in den wenigen Sommermonaten ihr Geld verdienen, am Ende der Reise um den Hals fallen, Adressen austauschen, Einladungen aus- und Briefe versprechen, Geschenke austauschen: löchrige GoreTex-Hosen, ausrangierte Wanderstöcke und manchmal auch ein warmer Daunenschlafsack finden so einen neuen Besitzer in Kamtschatka, während kleine Schnitzereien, selbstgemachte Marmeladen und seltene mineralische Fundstücke den langen Weg nach Europa antreten. Die meisten im Rausche des Abschieds gemachten Beteuerungen sind auch bald vergessen, doch ich kenne Österreicher, Deutsche und Schweizer, die wiedergekommen sind – unter anderem, weil sie in Kamtschatka Freunde gefunden haben –, und Russen, die dann in den arbeitslosen Wintermonaten ihr Erspartes in eine ›Alpenbesichtigung‹ investiert haben und so ein Wiedersehen arrangiert haben. Wenn schon kein Wiedersehen – eine Foto-CD mit Bildern der Reise oder ein Brief aus der Heimat hat auf Bitte ehemaliger Reisender schon oft in meinem Handgepäck den Weg nach Kamtschatka gefunden.

Soweit zu den Freundschaften zwischen den Reisenden und den Bereisten. Wie sieht es nun zwischen den Teilnehmern aus? Gleich vorweg: Noch selten hat es eine Reise gegeben, auf der nicht auch der eine oder die andere den verzaubernden

Kräften dieses Landes erlegen wäre – oder war das romantische Lagerfeuer dran schuld? Leider kann ich es nicht bestreiten: Es gibt auch Quertreiber, Leute die mit allem einverstanden scheinen und dann zwei Monate nach der Reise ihr Geld zurückfordern, weil sie vom angeblich abgelaufenen Joghurt Durchfall bekommen haben. Dabei konnte sich keiner von uns über schlechte Verdauung beklagen – das kommt vom Lachs und vom Kaviar!

Doch im großen und ganzen habe ich viele faszinierende Leute kennengelernt. Dorfschullehrer, Kindergärtnerinnen, eine deutsche Musiklehrerin aus Hongkong, Sozialarbeiterinnen ... Leute, die mit einer völligen Unvoreingenommenheit auf das Land und seine Leute zugingen, die einander gegenseitig halfen, wenn jemandem kurz vorm Gipfel die Luft ausging, die plötzlich ihre Liebe zum Steine sammeln oder Fotografieren entdeckten. Ich habe strenge Vegetarier getroffen, die plötzlich begannen, russischen Speck zu essen, und hotelgewohnte Manager, die eine sogar von sich selbst unerwartete Geschicklichkeit beim Zeltaufstellen entwickelten. Ältere Damen, die um alles in der Welt einen Bären aus der Nähe fotografieren oder am liebsten sogar streicheln wollten und die dann beim Rascheln eines Murmeltieres verzweifelt nach den Reiseleiter riefen.

Und eines habe ich gelernt: Wenn ich vor der Reise die Teilnehmerliste mit den Geburtsdaten bekomme, werde ich mich hüten, voreilige Schlüsse zu ziehen, wenn ein paar ›ältere Herrschaften‹ mit von der Partie sind.

Ein Dank an Karl, damals 75 Jahre, der bei der ersten Übernachtung, nachdem wir im strömenden Regen unsere Zelte aufgestellt hatten und so mancher mit Trauermiene beim Nachtmahl saß, seine Mundharmonika auspackte und für eine lustige Stimmung sorgte, die uns noch die ganze Reise begleiten sollte. Er war es auch, der es sich nicht nehmen ließ, bei Wind und Wetter der russischen Crew zu helfen, das Auto zu beladen, und der – da er wegen seiner Hüftoperation keine Gipfel mehr besteigen durfte – an so manchen Tagen der Köchin beim Kartoffelschälen half, während der Rest der Gruppe versuchte, vom Vulkangipfel das Zeltlager zu erspähen.

So bin ich also wieder und wieder gekommen und ich hoffe, dass es noch viele Gelegenheiten gibt, mein so liebgewonnenes und vertrautes Kamtschatka auch anderen zu zeigen. Es gibt noch so viele Gegenden, die ich noch nicht kenne, Vulkane, die ich noch nicht bestiegen habe, doch auch Orte und Plätze, an die ich immer wieder zurückkehren will, weil sie zu den faszinierendsten der Welt gehören.

Reisegruppe am Lagerfeuer beim Pilze putzen

Sprachführer Russisch

Die aus der russischen Sprache übernommenen Namen und Begriffe sind in den vom ›Duden‹ empfohlenen Transliterationsregeln für das kyrillische Alphabet gehalten. Ungewohnt mag die Umschrift der in der russischen Sprache häufigen Zischlaute wirken (Ж – Ž, Ч – Č, Х – CH, Ц – C, Ш – Š, Щ – ŠČ). Sie aber eindeutiger als die eindeutschende Übertragung und, wenn man sich einmal daran gewöhnt hat, auch gut zu lesen. Lediglich bei Namen, die im Deutschen sehr geläufig sind, haben wir auf die wissenschaftliche Umschrift verzichtet.

Das kyrillische Alphabet

Kyrillisch	Aussprache	Transkription	Transliteration	engl. Transkription
А а	›a‹ wie in ›Vater‹	a	a	a
Б б	›b‹ wie in ›Ball‹	b	b	b
В в	›w‹ wie in ›Wasser‹	w	v	v
Г г	›g‹ wie in ›gut‹, in den Endungen -ero und -oro wie ›w‹	g	g	g
Д д	›d‹ wie in ›dort‹	d	d	d
Е е	am Wortanfang, nach Vokalen und in der Endsilbe ›ite‹ wie ›je‹, sonst wie ›e‹	e	e	e
Ё ё	am Wortanfang und nach Vokalen ›jo‹, sonst betontes ›o‹	jo	ë	yo
Ж ж	›sch‹ wie in ›Journal‹	sch	ž	zh
З з	›s‹ wie in ›Rose‹	s	z	z
И и	›i‹ wie in ›Ritus‹	i	i	i
Й й	kurzes ›j‹	j	j	y
К к	›k‹ wie in ›Kamm‹	k	k	k
Л л	›l‹ wie in ›Schall‹	l	l	l
М м	›m‹ wie in ›Milch‹	m	m	m

Sprachführer Russisch

Kyrillisch	Aussprache	Transkription	Transliteration	engl. Transkription
Н н	›n‹ wie in ›Natur‹	n	n	n
О о	›o‹ in betonten, ›a‹ in unbetonten Silben	o	o	o
П п	›p‹ wie in ›Post‹	p	p	p
Р р	rollendes ›r‹	r	r	r
С с	stimmloses ›s‹ (daß)	s	s	s
Т т	›t‹ wie in ›Tisch‹	t	t	t
У у	›u‹ wie in ›gut‹	u	u	u
Ф ф	›f‹ wie in ›falsch‹	f	f	f
Х х	›ch‹ wie in ›acht‹	ch	ch	kh
Ц ц	›z‹ wie in ›Zar‹	z	c	ts
Ч ч	›tsch‹ wie in ›Tschechien‹	tsch	č	ch
Ш ш	›sch‹ wie in ›Schule‹	sch	š	sh
Щ щ	länger gezogenes ›sch‹	schtsch	šč	shch
ы	ein im hinteren Mundbereich ausgesprochenes ›jüi‹	y	y	y
ь	Weichheitszeichen, davorstehende Konsonanten werden weich ausgesprochen	entfällt	'	entfällt
Э э	›ä‹ wie in ›Ente‹	e	ė	e
Ю ю	›ju‹ wie in ›Jugend‹	ju	ju	yu
Я я	›ja‹ wie in ›Januar‹	ja	ja	ya

Wichtigste Auspracheregeln:

unbetontes o wird wie a ausgesprochen
š entspricht stimmlosen ›sch‹

ž entspricht stimmhaften ›sch‹
č entspricht ›tsch‹

Sprachführer Russisch

deutsch	Transliteration, der Akzent zeigt die betonte Silbe an	russisch

Allgemeine Wendungen

deutsch	Transliteration	russisch
Guten Tag!	Dóbryj den'!	Добрый день!
Hallo!	Privét!	Привет!
Guten Morgen!	Dóbroe útro!	Доброе утро!
Guten Abend!	Dóbryj véčer!	Добрый вечер!
Gute Nacht!	Spokójnoj nóči!	Спокойной ночи!
Auf Wiedersehen!	Do svidánija!	До свидания!
Tschüß!	Poká!	Пока!
Wie geht's?	Kak delá?	Как дела?
gut	chorošó	хорошо
schlecht	plócho	плохо
Es geht.	Ták sebjé.	Так себе.
Danke!	Spasíbo!	Спасибо!
Bitte!	Požálujsta!	Пожалуйста!
ja	da	да
nein	net	нет
Hilfe!!	Pomogíte!	Помогите
Entschuldigung!	Izviníte!	Извините!
Macht nichts!	Ničevó!	Ничего!
Sprechen Sie deutsch/englisch?	Vy govoríte po-nemécki/po-anglíjski?	Вы говорите по-немецки/по-английски?
Ich verstehe nicht.	Ja ne ponimáju.	Я не понимаю.
Ich spreche kein Russisch.	Ja ne govorjú po-rússki.	Я не говорю по-русски.
Sprechen Sie langsam!	Govoríte médlenno!	Говорите медленно!
Ich weiß es (nicht).	Ja (ne) znáju.	Я (не) знаю.
Schreiben Sie es bitte auf!	Zapišíte, požálujsta!	Запишите, пожалуйста!

deutsch	Transliteration, der Akzent zeigt die betonte Silbe an	russisch
Ist es frei?	Svobódno?	Свободно?
Darf ich?	Móžno?	Можно?
Sie dürfen nicht/Man darf nicht!	Nel'zjá!	Нельзя!

Orientierung

Wo?	gde?	Где
Sagen Sie bitte, wo ist …?	Skažíte, požálujsta, gde …?	Скажите, пожалуйста, где…?
Entschuldigen Sie, wie komme ich zu …?	Izviníte, kak mne popást' k …?	Извините, как мне попасть к …?
rechts, nach rechts	právo, naprávo	право, направо
links, nach links	lévo, nalévo	лево, налево
geradeaus	prjámo	прямо
um die Ecke	za uglóm	за углом
hinter der Brücke	za mostóm	за мостом
hier	zdes'	здесь
dort	tam	там
nah	blízko	близко
weit	dalekó	далеко
Norden	séver	север
Süden	jug	юг
Westen	západ	запад
Osten	vostók	восток

Hinweisschilder

Eingang	vchod	вход
Ausgang	vychod	выход
geschlossen	zakrýto	закрыто
außer Betrieb	ne rabótaet	не работает

deutsch	Transliteration, der Akzent zeigt die betonte Silbe an	russisch
Kasse	kássa	касса
Umbau, Renovierung	remónt	ремонт
geöffnet	otkrýto	открыто
Hygiene-Tag	sanitárnyj den'	санитарный день
Information	správka	справка
Toilette (Damen/Herren)	tualét (ženskij/mužskój)	туалет (женский/мужской)

Orte

Brücke	most	мост
Straße	úlica	улица
Gasse	pereúlok	переулок
Prospekt (große Straße)	prospékt	проспект
Platz	plóščad'	площадь
Uferstraße	náberežnaja	набережная
Boulevard	bul'vár	бульвар
Haus	dom	дом
Theater	teátr	театр
Kloster	monastýr'	монастырь
Kirche	cérkov'	церковь
Museum	muzéj	музей

Öffentliche Verkehrsmittel

Busbahnhof	avtovokzál	автовокзал
Flughafen	aeroport	аэропорт
Haltestelle	ostanóvka	остановка
Bahnsteig	perrón, put'	перрон, путь
Abfahrt	otpravlénie	отправление
Ankunft	pribýtie	прибытие
Bus	avtóbus	автобус

deutsch	Transliteration, der Akzent zeigt die betonte Silbe an	russisch
Fährt dieser Bus nach ...?	Étot avtóbus idët v ...?	Этот поезд/автобус идёт в ...?
Wann fährt der Bus nach ...?	Kogdá otpravljáetsja avtóbus v ...?	Когда отправляется автобус в ...?
mit dem Boot	na lódke, na rakéte	на лодке
mit dem Bus	na avtóbuse	на автобусе
mit dem Taxi	na taksí	на такси
Einen Fahrschein nach Elizovo, bitte!	Odín bilét v Elizóvo, požálujsta!	Один билет в Елизово, пожалуйста!
hin und zurück	tydá i obrátno	туда и обратно
Gepäck	bagáž	багаж
Gepäckaufbewahrung	kámera chranenija	камера хранения
Gute Reise!	Sčastlívogo putí	Счастливого пути!

Öffentliche Einrichtungen

Post	póčta	почта
Geschäft, Laden	magazín	магазин
Bank, Sparkasse	bank, sberkássa	банк, сберкасса
Konsulat	kónsul'stvo	консульство
Botschaft	posól'stvo	посольство
Krankenhaus	bol'níca	больница
Apotheke	aptéka	аптека
Arzt	vrač	врач
Zahnarzt	zubnój vrač	зубной врач

Auf der Post

Wo ist hier die Post?	Gde zdes' póčta?	Где здесь почта?
Wo ist ein Briefkasten?	Gde zdes' póčtóvij jáščik?	Где здесь почтовий ящик?
Brief	pis'mó	письмо
Briefmarke	márka	марка

deutsch	Transliteration, der Akzent zeigt die betonte Silbe an	russisch
Paket	posýlka	посылка
Päckchen	banderól'	бандероль
Briefumschlag	konvért	конверт
Postkarte	otkrýtka	открытка

Im Hotel

Hotel	gostínica	гостиница
Pension	pansión	пансион
Zimmer	nómer	номер
für eine Nacht	na noč'	на ночь
heißes Wasser	gorjáčaja vodá	горячая вода
Dusche	duš	душ
Heizung	otoplénie	отопление
Preis	cená	цена
dies hier	vot éto	вот это
funktioniert nicht	ne rabótaet	не работает
Licht	svet	свет
Haben Sie Tee?	Est' li u vas čaj?	Есть ли у вас чай?

Einkaufen

Haben Sie?	U vas est'?	У Вас есть?
Was kostet das?	Skól'ko éto stóit?	Сколько это стоит?
Geben Sie mir bitte …!	Dájte mne, požálujsta …!	Дайте мне, пожалуйста …!
Zeigen Sie mir bitte …!	Pokažíte mne požálujsta …!	Покажите мне пожалуйста …!
Tüte	pakét	пакет
Eine Packung …, bitte	Odnú páčku …, požálujsta	Одну пачку …, пожалуйста
Eine Flasche …, bitte	Odnú butýlku …, požálujsta	Одну бутылку …, пожалуйста

deutsch	Transliteration, der Akzent zeigt die betonte Silbe an	russisch
Zeitung	gazéta	газета
Zigaretten	sigaréty	сигареты
Schokolade	šokolád	шоколад
Kaugummi	ževétel'naja rezinka	жевательная резинка

Im Restaurant

Die Speisekarte bitte!	Menjú, požálujsta!	Меню, пожалуйста!
Ich möchte zahlen.	Ja choćú zaplatíť.	Я хочу заплатить.
Bringen Sie bitte …!	Prinesíte, požálujsta …!	Принесите, пожалуйста …!
Teller	tarélka	тарелка
Tasse	čáška	чашка
Glas	stakán	стакан
Messer	nož	нож
Gabel	vílka	вилка
Löffel	lóžka	ложка
Zucker	sáchar	сахар
Salz	sol'	соль
Frühstück	závtrak	завтрак
Mittagessen	obéd	обед
Abendessen	úžin	ужин
Vorspeisen	zakúski	закуски
Erster Gang (Suppe)	pérvoe (sup)	первое (суп)
Zweiter Gang	vtoróe	второе
Obst	frúkty	фрукты
Gemüse	óvošči	овощи
Nachspeise	desért	десерт

Frühstück

Tee mit Zitrone	čaj s limónom	чай с лимоном

[260] Sprachführer Russisch

deutsch	Transliteration, der Akzent zeigt die betonte Silbe an	russisch
Kaffee mit Milch und Zucker	kófe s molokóm i sácharom	кофе с молоком и сахаром
Brot	chleb	хлеб
Butter	máslo	масло
Honig	mëd	мёд
Marmelade	varén'e	варенье
Milch	molokó	молоко
Eier	jájca	яйца
Käse	syr	сыр
Wurst	kolbasá	колбаса

Vorspeisen

Pfannkuchen	blinýy	блины
Fleischsalat mit Mayonnaise	salat oliv'é	салат оливье
Gurkensalat	salát iz ogurcóv	салат из огурцов
Tomatensalat	salát iz pomidóry	салат из помидоры
Pilze	gribý	грибы
Kaviar	ikrá	икра
Pirogge	piróg	пирог
Gemüsesalat	vinegrét	винегрет

Suppen

Rote-Beete-Suppe	boršč	борщ
Kohlsuppe	šči	щи
Bouillon	bul'ón	бульон
Soljanka	soljánka	солянка
Fischsuppe	uchá	уха

Zubereitungsarten

gekocht	varënyj	варёный

deutsch	Transliteration, der Akzent zeigt die betonte Silbe an	russisch
gebraten	žárenyj	жареный
geräuchert	kopčënyj	копчёный
mariniert	marinóvannyj	маринованный
in Öl gebraten	fri	фри

Mittag- und Abendessen

Kartoffeln	kartóška	картошка
Reis	ris	рис
saure Sahne	smetána	сметана
russische Maultaschen	pel'méni	пельмени
Fisch	rýba	рыба
Fleisch	mjáso	мясо
Hammelfleisch	baranina	баранина
Boulette	kotléta	котлета
Ragout	ragú	рагу
Würstchen	sosíski	сосиски
Huhn	kúrica	курица
Plow (Reisgericht mit Fleisch)	plov	плов

Gemüse und Salat

Erbsen	goróch	горох
Gurke	oguréc	огурец
Kartoffeln	kartófel	картофель
Kohl	kapústa	капуста
Möhren	morkóv'	морковь
Rote Beete	sveklá	свекла
Salat	salát	салат
Tomaten	pomidór	помидор
Zwiebel	luk	лук

Sprachführer Russisch

deutsch	Transliteration, der Akzent zeigt die betonte Silbe an	russisch

Obst

Apfel	jábloko	яблоко
Birne	grúša	груша
Erdbeere	klubníka	клубника
Honigmelone	dýnja	дыня
Süßkirsche	čeréšnja	черешня
Orange	apel'sín	апельсин
Pflaume	slíva	слива
Wassermelone	arbúz	арбуз
Weintrauben	vinográd	виноград
Zitrone	limón	лимон

Dessert

Speiseeis	morózenoe	мороженое
Bonbons	konféty	конфеты
süßes Teiggebäck	pirožók	пирожок
Kuchen	pirózhnoe	пирожное
Torte	tort	торт
Obst	frúkty	фрукты

Getränke

Mineralwasser	minerál'naja vodá	минеральная вода
Saft	sok	сок
Rotwein	krásnoe vinó	красное вино
Weißwein	béloe vinó	белое вино
Bier	pívo	пиво
Vodka	vódka	водка
Cognac	kon'ják	коньяк

Sprachführer Russisch

deutsch	Transliteration, der Akzent zeigt die betonte Silbe an	russisch

Zahlen

deutsch	Transliteration	russisch
eins, zwei, drei	odín, dva, tri	один, два, три
vier, fünf, sechs	četýre, pjat', šest'	четыре, пять, шесть
sieben, acht, neun	sem', vósem', dévjat'	семь, восемь, девять
zehn, elf	désjat', odínadcat'	десять, одинадцать
zwölf	dvenádcat'	двенадцать
dreizehn	trinádcat'	тринадцать
vierzehn	četýrnadcat'	четырнадцать
fünfzehn	pjatnádcat'	пятнадцать
sechzehn	šestnádcat'	шестнадцать
siebzehn	semnádcat'	семнадцать
achtzehn	vosemnádcat'	восемнадцать
neunzehn	devjatnádcat'	девятнадцать
zwanzig	dvádcat'	двадцать
hundert	sto	сто
tausend	týsjača	тысяча

Zeitangaben

deutsch	Transliteration	russisch
Wie spät ist es?	Kotóryj čas?	Который час?
heute	segódnja	сегодня
gestern	včerá	вчера
morgen	závtra	завтра
Stunde	čas	час
am Morgen	útrom	утром
tagsüber, am Tag	dnëm	днём
am Abend	véčerom	вечером
Woche	nedélja	неделя
Monat	mésjac	месяц

deutsch	Transliteration, der Akzent zeigt die betonte Silbe an	russisch
Jahr	god	год
Montag	ponedél'nik	понедельник
Dienstag	vtórnik	вторник
Mittwoch	sredá	среда
Donnerstag	četvérg	четверг
Freitag	pjátnica	пятница
Sonnabend	subbóta	суббота
Sonntag	voskresén'e	воскресенье
Januar, Februar	janvár', fevrál'	январь, февраль
März, April, Mai	mart, aprél', maj	март, апрель, май
Juni, Juli, August	ijún', ijúl', ávgust	июнь, июль, август
September, Oktober	sentjábr', oktjábr'	сентябрь, октябрь
November, Dezember	nojábr', dekábr	ноябрь, декабрь

Ein Buckellachs

Reisetipps von A bis Z

Angeln

Wer als Ausländer auf Kamtschatka angeln möchte, benötigt eine Angellizenz. Wer sich seinen Fisch zum Grillen aus dem Fluss holt, wird jedoch nicht gleich verhaftet. Die Vorschrift soll die starke und naturschädigende Fischwilderei eindämmen. Dass die kontrollierenden Fischereibehörden in der fast grenzenlosen Weite der Landschaft mit ihren unzähligen Flüssen vollkommen überfordert sind, kann man sich vorstellen. Weitere Tipps zur Ausrüstung für einen Angelaufenthalt auf Kamtschatka: → S. 130. Für die Organisation der Visa, Lizenzen und des Transports zum Ausgangspunkt wurden mit der Firma ›Explore Kamtchatka‹ beste Erfahrungen gemacht. Die liebenswerte Leiterin Martha Madsen (Tel. +7/(8)/904/2807840 oder +7/(8)/41531/26601) bietet bei Bedarf auch Touren mit russischen Führern für Anglergruppen an. Die Fischereibehörde (Kamtschatribvod), bei der man eine Angellizenz bekommt, befindet sich in Petropavlovsk in der ul. Korolova.

Ärztliche Versorgung und Gesundheit

Die hygienischen Bedingungen in den Hotels und öffentlichen Einrichtungen sind relativ gut. Auf den Straßen und Gehwegen liegt dagegen oft viel Müll herum. Die saubere Luft Kamtschatkas, wenn man nicht direkt neben einer Straße in Petropavlovsk steht, und das größtenteils subarktische Klima verhindern weitestgehend eine Vermehrung von krankheitsrelevanten Keimen und Bakterien. Mit von Mücken, Bremsen und Fliegen übertragenen Krankheiten ist auf Kamtschatka nicht zu rechnen. Das Wasser aus den Bächen und Flüssen kann eigentlich bedenkenlos getrunken werden. Einschränkungen gelten flussabwärts von Siedlungen und während der Hauptzeiten des Lachszuges.

Besonders bei Wildnistouren sollte man seinen Impfschutz vor Reiseantritt überprüfen: Diphterie, Tetanus, Polio und Hepatitis A sollte bestehen. Individualtouristen sollten bei längeren Touren durch die Wildnis eine gut sortierte Reiseapotheke dabeihaben, näheres dazu ab → S. 120. Gleiches gilt auch für organisierte Gruppenreisende, für die eventuell der Reiseanbieter die Ausrüstung zusammensucht. Wer in der Wildnis unterwegs ist, sollte sich im Notfall selbst Erste Hilfe leisten können.

Wer auf weitere Hilfe von außen angewiesen ist, sollte sich bewusst sein, dass diese oft erst nach Tagen kommen kann. Bergrettungsdienste wie in Europa und anderen Regionen gibt es nicht. Ein verantwortungsvoller Reiseleiter sollte bei mehrtägigen Wildnistouren ein Satellitentelefon dabeihaben. Der medizinische Standard in den Krankenhäusern auf Kamtschatka entspricht nicht unbedingt dem, was man zu Hause gewohnt ist. Daher ist eine Reisekrankenversicherung mit der Option einer Notfallrückführung empfohlen. Wer eine Bergrettungsversicherung hat, z.B. über einen Alpenverein, sollte sich erkundigen, ob diese auf Kamtschatka gilt.

Autofahren

Wer auf eigene Faust die Straßen und Pisten unsicher machen möchte, wird vergeblich nach einer der bekannten Autovermietungen suchen. Es gibt jedoch verschiedene Firmen und Fuhrunternehmen, die Pkw und geländegängige Lkw samt Fahrer vermieten. Der Stunden- oder Kilometersatz ergibt sich nach dem Fahrziel, der Jahreszeit,

Brücken sind sehr selten

dem Verhandlungsgeschick und der Laune des Fahrers. Ein Kamaz- oder Ural-Lkw kostet samt Fahrer und Treibstoff pro Tag etwa 14 000 bis 16 000 Rubel, Tag ein Gaz 66 (eine Art geländegängiger Minibus) etwa 8000 Rubel pro Tag. Benzinkosten kommen oft noch separat dazu: etwa 34 Rubel pro Liter. Ein Gaz 66 braucht etwa 30 Liter auf 100 Kilometer, ein Kamaz hat etwa 60–80 Liter Verbrauch. Allerdings wird man während der Touristensaison spontan in Kamtschatka kaum ein Fahrzeug finden, das noch zur Verfügung steht. Langfristiges Organisieren ist deswegen notwendig.

Banken und Geldwechsel

Wechselkurs Anfang 2012: 1 Euro etwa 40 Rubel.

In aller Regel kommt man über Moskau nach Kamtschatka und hat am Flughafen Šeremet'evo oder Domodedovo einige Zeit Aufenthalt. Der Umtauschkurs in den dortigen Geldwechselstuben ist allerdings häufig schlechter als in den Banken und Hotels in Petropavlovsk. Man sollte sich dort nicht gleich mit einer zu großen Menge Rubeln versorgen, bevor man in Kamtschatka ankommt. Es gibt an den Flughäfen auch Geldautomaten, an denen man mit gängigen Karten abheben kann.

In Petropavlovsk findet man mehrere Banken im Stadtgebiet verteilt. Außerdem stehen in allen größeren Kaufhäusern Bankautomaten für gängige Kreditkarten und ec-Karten. Die maximale Geldmenge, die die Automaten herausrücken, ist oft 6000 Rubel, bei manchen 10 000 Rubel. Mit der VISA-Card am Bankschalter Geld holen geht auch, kostet aber ca. 4 Prozent Gebühren (Ausweis nicht vergessen). Manche Banken haben auch samstags oder sonntags offen.

Beim **Geldumtausch in Banken** muss in der Regel der Reisepass vorgelegt werden. Euroscheine werden genauso angenommen wie Dollar. Wer mit Dollar reist, sollte darauf achten, dass die Scheine nicht zu stark abgenutzt und nicht älter als zehn Jahre sind. Ansonsten muss man mit Kursabschlägen rechnen, und bei Barzahlung mit Dollar kann es sein, dass die älteren Scheine nicht angenommen werden. Die Banken in Russland haben zu den normalen Geschäftszeiten von Montag bis Freitag bis 16 Uhr geöffnet. Manchmal gibt es Mittagspausen.

Stellersche Seelöwen

Geländegängiger Kleinbus der Russischen Post

Reiseschecks in Euro oder Dollar werden von den meisten Banken akzeptiert, sind aber wegen der umständlichen Formularflut der Bankangestellten nicht zu empfehlen. Da beim Umtausch der momentane Kurs von der Zentralbank aus Moskau abgefragt wird, kann es auch passieren, dass wegen einer Internet- oder Computerpanne kein Geldtausch möglich ist.

In vielen Hotels und Geschäften in Petropavlovsk ist die **Bezahlung mit Kreditkarte** schon möglich und wird wohl in den nächsten Jahren noch weiter zum Standard werden.

Bei russischen **Behörden** wie beispielsweise der Nationalparkverwaltung muss mit **Rubeln** bezahlt werden, da öffentliche Ämter keine Devisen annehmen dürfen.

Bergsteigen

Wer neben der Wildnis und den vielen Aktivitätsmöglichkeiten in der menschenleeren Natur auch noch höher hinaus möchte, für den hat Kamtschatka einige Herausforderungen zu bieten: die schroffen Felsen und eisigen Gipfel der hohen Vulkane. Auch wenn man die entsprechende alpinistische Erfahrung von anderen Bergtouren hat, ist es dennoch ratsam, einen einheimischen Bergführer anzuheuern. Da fragt man sich entweder bei den lokalen Reiseagenturen durch oder bekommt über den Russischen Bergsteigerverband (www.risk.ru/eng/regions/kamch/index.html) Kontaktpersonen empfohlen. Noch kostet die Besteigung der Berge Kamtschatkas nichts – anders als etwa im Himalaja oder in den Anden. Lohnende Ziele sind die Vulkangruppe rund um Ključevskoj und Tolbačik, der Šiveluč und der Mutnovskij mit seinem launischen Wetter.

Busfahren

Eine Reise mit dem gut ausgebauten öffentlichen Bussystem ist äußerst billig (innerhalb der Stadt 16 Rubel), zuverlässig und fast immer pünktlich. Die Fahrtziele sind an den Frontscheiben der Busse ausgewiesen – oft allerdings auch nur mit Nummern.

Es gibt tägliche **Überlandbusse** aus der Stadt nach Ust'-Bol'ševsk und über Mil'kovo nach Èsso und über Kozyrevsk nach Ključi und Ust'-Kamčatsk. Außerdem verbinden regelmäßige (oft im 20-Minuten-Takt) Busse Petropavlovsk mit Elizovo (30 Rubel) und den umliegenden kleineren Siedlungen (Paratunka, Termal'nyj, Krečet). Auf → S. 102 gibt es nähere Informationen zu diesem wichtigsten Fortbewegungsmittel auf Kamtschatka.

Bootstouren

Bei folgenden Anbietern in Petropavlovsk kann man Bootstouren auf der Avača-Bucht und zu den Pazifikinseln buchen.

Orca Diving, Anna Butkovskaja, ul. Gorkij 19, 683024 Petropavlovsk. Tel. +7/(8)/4152/234742, orcadiving@kamchatka.ru. Besitzen mehrere Boote für maximal 16 und 24 Personen.

Peliken, ul. Zerkalnaja, Petropavlovsk. Tel. +7/(8)/4152/232883 oder +7/(8)/961/9611777, office@peleken.ru.

Travel Pacific, Petropavlovsk. Tel. +7/(8)/41531/72575, info@travelinthepacific.com. Bietet Touren zu den Kurilen und Kommandeurinsel, nach Tschukotka und sogar bis zur Wrangel Insel an.

Pacific Network, ul. Osernovskaja 11, Petropavlovsk. Tel. +7/(8)/4152/412254, info@pacnet.ru.

OK-Diving, Alexander Solomatin, Chef der Kamchatka Underwater Federation, okdiving@mail.ru. Er besitzt zwei Boote: eines für 15 000 Rubel pro 3 bis 6 Stunden Ausflug (20 000 Rubel für einen Tag) für maximal 15 Personen und ein großes Segelboot für 10 Personen (40 000 Rubel pro Tag) für Fahrten zu den Kommandeurinseln oder den Kurilen.

Camping

Das Zelten außerhalb von Siedlungen, Privatgrund, bebauten Feldern und militärischen Anlagen ist jederzeit erlaubt – sofern man sich nicht in einem Zapovednik (Naturreservat) befindet. Ein Lagerfeuer ist auch nicht verboten. Allerdings ist von offenem Feuer in den trockenen Lärchenwäldern Zentralkamtschatkas im Sommer unbedingt abzuraten! In der Nähe von Siedlungen lockt man eventuell Jugendliche oder Betrunkene an, die sich entweder friedlich mit einer Wodka-Flasche ans Feuer setzen oder mit ihren auffrisierten Motorrädern nachts über die Zeltschnüre fahren. Besser ist es, sich nicht sichtbar in die Büsche zu schlagen oder einen Gartenbesitzer ausdrücklich um Erlaubnis zu fragen.

Fast überall auf Kamtschatka, aber besonders in der Nähe der Flüsse und Seen muss man beim Campieren besondere Aufmerksamkeit auf Bären richten (→ S. 124).

Offizielle Campingplätze gibt es auf Kamtschatka nicht. Lediglich bei Malki gibt es so eine Art Campingplatz, und in den Naturparks ist es üblich, neben den Hütten auch Zelte aufzubauen.

Diplomatische Vertretungen

▶ **In Deutschland:**

Achtung: Visaanträge sind seit 2007 per Post nicht mehr möglich. Man muss entweder persönlich vorbeikommen oder eine Visaagentur bauftragen (→ S. 91)! Das gilt auch für Österreich und die Schweiz.

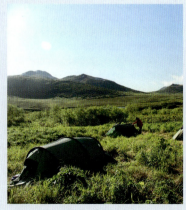

Schöner Zeltplatz in der Tundra

Diplomatische Vertretungen [269]

Russische Botschaft Berlin, Unter den Linden 63–65, 10117 Berlin, Tel. 030/229-1110, -1129, Fax 229-9397, Telefonische Auskunft: Mo–Fr 8–18 Uhr, Publikumsverkehr: Mo–Fr 8–12 Uhr, www.russische-botschaft.de. Seit Juli 2010 ist Vladimir Michailovitsch Grinin der Botschafter Russlands in Deutschland.

Generalkonsulat Berlin, Behrenstr. 66, 10117 Berlin, Tel. 030/22651184 (75 Ct./min.), Annahme: Mo–Fr 9–12 Uhr, Ausgabe: Mo–Fr 12–13 Uhr, bis 12.30 Einlass, infokonsulat@russische-botschaft.de. Für die Länder Berlin, Brandenburg, Mecklenburg-Vorpommern und Sachsen-Anhalt.

Generalkonsulat Bonn, Waldstraße 42, 53177 Bonn, Tel. 0228/3867930, Fax 312164, Visaanträge: Mo–Fr 8.30–12.30 Uhr, info@ruskonsulatbonn.de, www.ruskonsulatbonn.de. Für die Länder Nordrhein-Westfalen, Rheinland-Pfalz und Saarland.

Generalkonsulat Hamburg, Am Feenteich 20, 22095 Hamburg, Tel. 040/2295201, Fax 2297727, Sprechzeiten: Mo–Fr 9–12 Uhr, www.generalkonsulat-rus-hamburg.de. Für die Länder Hamburg, Bremen, Niedersachsen und Schleswig-Holstein.

Generalkonsulat Leipzig, Turmgutstr. 1, 04155 Leipzig, Tel. 0341/5851876, Fax -5649589, Sprechzeiten: Mo, Mi, Fr 8.30–13 Uhr, rusgenkon_leipzig@t-online.de, www.russische-botschaft.de. Für die Länder Sachsen und Thüringen.

Generalkonsulat Frankfurt/Main, Eschenheimer Anlage 33/34, 60318 Frankfurt am Main, Tel. 069/59674231, Fax 59674505, Sprechzeiten: Mo–Fr 9–13 Uhr, visa@ruskonsulatfrankfurt.de, www.ruskonsulatfrankfurt.de. Für Baden-Württemberg und Hessen.

Generalkonsulat München, Maria-Theresia-Straße 17, 81675 München, Tel.

Neues Leben blüht aus der Asche

089/592503, Fax 5503828, Sprechzeiten: Mo–Fr 9–12.30 Uhr, Visaanträge: Mo–Fr 9–12, Ausgabe: 12–13 Uhr, ruskonsmchn@t-online.de, www.russische-botschaft.de. Für Bayern.

▶ **In Österreich:**
Botschaft der Russischen Föderation in Österreich, Reisnerstr. 45–47, 1030 Wien, Tel. 01/7121229 und 7138622, Fax 7123388, www.rusemb.at, info@rusemb.at.

Generalkonsulat Salzburg, Bürgelsteinstr. 2, 5020 Salzburg, Tel. 0662/624184, Fax 621743, genkonsulat@rusemb.at. www.rusemb.at. Für den Konsularkreis Salzburg, Tirol, Oberösterreich, Kärnten und Vorarlberg. Sprechstunden: Mo–Fr 9–12 Uhr.

▶ **In der Schweiz:**
Botschaft der Russischen Föderation und Generalkonsulat in Bern, Brunnadernstr. 53, 3006 Bern, Tel. 031/3520567, Fax 3526460, Sprechzeiten Mo–Mi, Fr 9–12, rusbotschaft@bluewin.ch, www.switzerland.mid.ru/de. Für alle Schweizer Kantone außer s.u.

Consulat Général de la Fédération Russie à Genève, Rue Jean Schaub 24, 1202 Genève, Tel. 022/7347955, Fax 7403470, consulat.russie@bluewin.ch.

[270] Diplomatische Vertretungen

Vulkanrauch am Korjakskij von Petropavlovsk aus gesehen

Für die Kantone Wallis, Genf, Waadt, Freiburg und Neuenburg.
► **Europäische Vertretungen in Russland:**
Homepage des Russischen Außenministeriums (russ./engl./deut./franz./span.): www.mid.ru.
Deutsche Botschaft Moskau (Посольство Германии в Москве), ul. Mosfil'movskaja 56 (Мосфильмовская ул.), 119285 Moskau (Москва), Russland (Россия), Tel. +7/(0)495/9379500, Fax +7/(0)499/7830875, Bürozeiten Mo–Do 8–17, Di 8–17.30, Fr 8–15 Uhr, Mittagspause 13–13.45 Uhr, in Notfällen: +7/(0)495/9379500, www.moskau.diplo.de. Ulrich Brandenburg ist seit April 2010 Botschafter der Bundesrepublik Deutschland in Russland.
Pass- und Konsularangelegenheiten, Leninskij prospekt 95a (Ленинский проспект), 119313 Moskau, Tel. +7/(0)495/9334311. Fax +7/(0)495/9362143, Öffnungszeiten Mo 8–16.30, Di–Do 8–17, Fr 8–15 Uhr, Mittagspause 13–13.30 Uhr. Der Eingang befindet sich in der Seitenstraße ul. Akademika Piljugina. Metrostation Prospekt Vernadskogo (Проспект Вернадского).
Deutsches Generalkonsulat in Novosibirsk, General'noe Konsul'stvo Germanii (Генеральное Консульство Германии), Krasnyj Prospekt 28 (Красный проспект), 630099 Nowosibirsk (Новосибирск), Tel. +7/(0)383/2310020, 2231411, Fax 2234417, Öffnungszeiten Mo–Do 8–16, Fr 8–15 Uhr, www.nowosibirsk.diplo.de. Notfälle: +7/(0)913/9859976.
Botschaft Österreichs in Russland (Посольство Австрии в Москве), pereulok Starokonjušennyj 1 (Староконю-шенный пер.), 119034 Moskau (Москва), Russland (Россия), Tel. +7/(0)495/7806066, Fax 9374269, moskau-ob@bmeia.gv.at, www.aussenministerium.at/moskau, Metro-Station: Kropotkinskaja (Кропоткинская). Seit Dezember 2009 ist die österreichische Botschafterin in Russland Dr. Margot Klestil-Löffler.
Konsular- und Visaabteilung, pereulok Bol'šoj Levšinskij 7 (Большой Левшинский пер.), 119034 Moskau, Tel. +7/(0)495/9561660, Fax 6374268. Metrostation Smolenskaja (Смоленская).
Botschaft der Schweiz in Moskau (Посольство Швейцарий в Москве), pereulok Ogorodnaya Sloboda 2/5 (Огороднайа Слобода пер.), 101000 Moskau (Москва), Russland (Россия),

Einkaufen

Tel. +7/(0)495/2583830, Fax 621-2183, mos.vertretung@eda.admin.ch, www.eda.admin.ch. Metro-Station: Ochotnyj Rjad (Охотный ряд). Der aktuelle Botschafter der Schweiz in Russland ist Walter B. Gyger.

Einkaufen

Produkty (Продукты) oder **Magazin** (Магазин) heißen die Tante-Emma-Läden, die man in kleinen Hütten am Straßenrand, mal in privaten Wohnungen oder modernen Gebäuden in jeder nennenswerten Siedlung findet. Dort bekommt man alles an notwendigen Lebensmitteln oder Grundausrüstungen für den Alltag oder die Reisen abseits der Pisten. Auf den verschiedenen Märkten (Рынок) werden sowohl die lokalen Produkte wie frisches Gemüse, Obst, Kartoffeln, Honig, Waldfrüchte, Pilze, Fische und Fleischprodukte als auch importierte Waren angeboten, zum Beispiel Textilien aus China, Trockenfrüchte und Nüsse aus den mittelasiatischen Staaten, Tütensuppen aus Europa und Elektrogeräte aus Japan.

Der größte **Markt in Petropavlovsk** liegt am Prospekt 50 Let Okt'jabrja (проспект 50 Лет Октября), ein großer, moderner Glasfassaden-Palast mit der Aufschrift Рынок, in dem seit einigen Jahren der Fisch-, Fleisch- und Frischwarenmarkt untergebracht ist. Hinter der großen Kaufhalle sind noch weitere Kaufhallen mit Einzelgeschäften gebaut worden (momentan drei).

Ein **großer Supermarkt** nach westlichem Muster liegt in der ul. Kavkaskaja (ул. Кавкаская).

Der **am besten sortierte Supermarkt** ist Šamsa (Шамса) westlich des ›Km 10‹ (Busbahnhof) in der ul. Arseneva (ул. Арсенева).

Es gibt mehrere gute **Läden für Outdoor- und Angelbedarf**:

Alpindustria, in einem Hinterhofbereich zwischen der ul. Lukaševckogo (ул. Лукашевского) und dem Prospekt 50 Let Okt'jabrja (nach dem Firmennamen durchfragen).

Start, oberhalb der Bushaltestelle in der ul. Vladivostokaja (ул. Владивостокая), unterhalb der neuen Kathedrale. Hier findet man alles für den Aufenthalt in der Wildnis, vom Schlauchboot bis zum Fleecepulli, vom Benzinbrenner bis zum Bergseil.

Sport, im Erdgeschoss des großen Kaufhauses am Komsomolska pl. (КП = Комсомолска Площадь), dem Platz mit dem alten Weltkriegspanzer auf dem Betonsockel.

Einen weiteren Laden gibt es im zweiten Gebäude rechts vom Platz mit der Fontäne beim Großmarkt (Рынок, Prospekt 50 Let Okt'jabrja 16).

Buchläden (Книжный Магазин) gibt es am Prospekt Pobedy (проспект Победы) gegenüber dem Vulkanologischen Institut, an der ulica Leningradskaja (ул. Ленинградская, hier auf der westlichen Seite unterhalb der Fußgängerbrücke die Treppen hoch im Eckhaus mit dem großen Schiffsanker davor) und sicherlich in weiteren Geschäften.

Gemüse gibt es frisch auf dem Markt

Viele Supermärkte in Petropavlovsk sind von Montag bis Samstag von 9–21 oder 22 Uhr und sonntags von 10–18 Uhr geöffnet.

Die zweitgrößte Stadt, **Elizovo**, besitzt ebenfalls einen großen Markt, alle Arten von Läden, Supermärkten (auch einen Šamsa/Шамса beim Busbahnhof) und Banken. Vielleicht ist die Produktauswahl geringfügig kleiner als in Petropavlovsk, dafür ist alles viel enger zusammen und kann zu Fuß erledigt werden. In Elizovo wird man in Sachen Outdoor- und Anglerbedarf auch fündig: ulica Leninskaja 77 (ул. Ленинская).

Essen und Trinken

Der Service in der Gastronomie in Petropavlovsk, Elizovo oder den kleineren Ortschaften ist größtenteils noch weit vom europäischen Standard entfernt. Auch wenn man sich meistens viel Mühe macht und mit Liebe und Sorgfalt den Tisch dekoriert oder die Speisekarte verziert, so wird man manchmal das Gefühl nicht los, dass man als Gast den ruhigen und verschlafenen Betriebsablauf des Personals durcheinanderbringt, wenn man ins Lokal kommt und sich setzt. Bisher habe ich stets erleben dürfen, dass der nächste Gang schon im Anmarsch ist, sobald der letzte Bissen vom vorherigen im Mund verschwunden ist. Allerdings sind die angebotenen Gerichte und die Qualität der Zutaten nie zu beklagen gewesen. Man hat oft eine erstaunliche Auswahl, kann jederzeit auch eigene Wünsche vorbringen und bekommt schon nach wenigen Minuten serviert.

Das Preis-Leistungs-Verhältnis ist für einen Europäer sowieso außergewöhnlich günstig. Schon für umgerechnet 7 Euro bekommt man in einem Café (Кафе) oder Restaurant (Ресторан) ein gutes Gericht mit Vor- und Nachspeise und einem Getränk. Als Trinkgeld sind 5 bis 10 Prozent der Rechnung üblich.

Zur erstaunlichen Auswahl gehört es aber auch leider, dass man erstaunt ist über nicht verfügbare Auswahl. Selbst in einem Café kann es einem passieren, dass nur noch eine Sorte Teebeutel vorhanden ist oder in einer Bier-Bar (mit über 30 Biersorten auf der Karte) nur zwei Fassbiersorten und zwei Flaschenbiersorten verfügbar sind. Am Mangel der Zutaten kann es ja nicht liegen – gibt es diese doch direkt daneben im Supermarkt.

Billiger als im Café oder Restaurant kommt man an den vielen Imbissbuden mit Schaschlik (Шашлык), gefüllten Teigtaschen (Чебуреки), Pfannkuchen (Блины) oder süßem Gebäck davon.

Apropos Imbiss: die wohl **besten Piroggen** (Пирог, russisch allgemein Kuchen oder Gebäck, Plural Piroški, Пирошки) ganz Russlands gibt es am Straßenrand bei der Ortschaft Sokoč, etwa 60 Kilometer westlich von Elizovo. Hier erstellen die Frauen des Ortes diese leckeren Teigtaschen mit sehr verschiedenen Füllungen und bieten sie in umgebauten Kinderwägen (mit Styropor-Kästen) warm am Straßenrand an. Selbst die Überlandbusse halten hier deswegen. Der Preis für eine Pirogge liegt bei

Piroggen-Stand bei Sokoč

Essen und Trinken [273]

Wodka haut jeden aus den Schuhen

durchschnittlich 60 bis 70 Rubel. Damit man sich gleich zurechtfindet gibt es hier die häufigsten Füllungen aufgelistet. Bestellt wird:
Пирог с ... (Pirog s ..., Pirogge mit ...)
... рисом и яйцом (risom i jajcóm, Reis und Ei)
... капустой (kapustoj, Kraut)
... картошкой (kartoschkoj, Kartoffeln)
... беляшь (beljasch', Fleisch)
– печень с луком (petschen' s lukom, Leber und Zwiebeln)
... творогом (tvorogom, süßem Quark)
... ягодой (jagodoj, Waldfrüchten)
... яблоком (jablokom, Apfel).
In Petropavlovsk gibt es ein recht **gutes Bier** (Пиво): ›Камчатское 1‹ (Kamtschatkoe 1) Das liegt daran, dass die Sowjets in einem der Kriegsgefangenenlager in Sibirien einen deutschen Braumeister entdeckten, den sie vor die Wahl stellten, entweder in den dortigen Minen zu arbeiten oder in Petropavlovsk ein anständiges Bier zu brauen. Seitdem gibt es hier ein gutes süffiges Helles. Früher gab es angeblich auch ein Dunkles und ein Weizenbier aus Kamtschatka. Das Getränk **Kvas** (Квас), das aus (meist gelb gestrichenen) Tankanhängern am Straßenrand angeboten wird, ist aus vergorenen Brotresten produziert und gewöhnungsbedürftig, jedoch bei warmem Wetter sehr erfrischend.
Noch ein Wort zum **Wodka-Konsum** vieler Russen und den damit verbundenen Zeremonien, die sich vor allem am Lagerfeuer und in geselliger Runde abspielen: Wer von Anfang an als Abstinenzler auftritt, wird vielleicht belächelt, aber nicht weiter genötigt. Wer allerdings mitten im Gelage die Zeremonie abbricht, verstößt gegen russische Rituale und womöglich gegen Gastfreundschaft und verliert entweder an Ansehen oder wird als ›Weichei‹ behandelt – außer er bricht die Zeremonie im Koma ab. Dann hat man zwar einen dicken Schädel am nächsten Tag, sich dafür aber einen hohen Respekt ersoffen. Nur die Wodkaflaschen mit dem **holografischen Aufkleber** sind aus einer lizenzierten staatlichen Brennerei. Es aber auch viele Imitationen und Eigenproduktionen im Umlauf, die mit Vorsicht zu genießen sind. Der beste Vodka ist ›Регион 41‹ (Region 41) mit der Landkarte Kamtschatkas auf der Flasche – der wird allerdings in St. Petersburg hergestellt. Gut ist auch der Vodka Парламент (Parlament) (mit der roten Aufschrift ›mit Milch gereinigt‹).

Tomaten im Gewächshaus in Èsso

Feiertage

Im November 2004 hat die russische Duma die Feiertage des Landes reformiert. Es handelt sich nun um folgende Tage:

1./2./3./4./5. Januar (arbeitsfrei): Neujahrsferien. Nicht wenige Unternehmen verlängern die Neujahrsferien mit Betriebsferien, dann zumeist bis zum nächsten Wochenende oder bis zum 13. Januar.

7. Januar (arbeitsfrei): russisch-orthodoxes Weihnachtsfest.

13. Januar: altes Neues Jahr – das Neujahrsfest nach altrussischem Kalender.

25. Januar: Tatjanas Tag. Gründungstag der Moskauer Universität, der heute als Fest aller Studenten wachsende Popularität erlangt.

23. Februar (arbeitsfrei): Tag der Vaterlandsverteidiger – so heißt er offiziell seit 1996. Früher war er entsprechend dem Gründungsdatum der Tag der Sowjetarmee und galt – als nicht arbeitsfreies Pendant zum 8. März – als Männertag, an dem kleine Aufmerksamkeiten üblich sind. Seit 1999 ist er im Rahmen der Gleichberechtigung ebenfalls arbeitsfrei.

8. März (arbeitsfrei): Internationaler Frauentag. Ein für die Frauen Russlands sehr wichtiger Feiertag, der aber weder kämpferisch noch feministisch geprägt ist. Fehlende Blumen oder Aufmerksamkeiten werden aber ignoranten Männern beruflich wie privat sehr übelgenommen.

1. Mai (arbeitsfrei): Tag der Arbeit.

9. Mai (arbeitsfrei): Tag des Sieges – Der Tag des Sieges im hier ›Großer Vaterländischer Krieg‹ genannten Zweiten Weltkrieg weicht aufgrund des Zeitunterschiedes vom Jahrestag der Kapitulation Deutschlands ab. Bei der Unterzeichnung am 8. Mai 1945 um 23.45 Uhr war es in Moskau bereits zwei Stunden später und somit der 9. Mai.

Start des Beringia-Rennens 2011

12. Juni (arbeitsfrei): Der offizielle Nationalfeiertag war ursprünglich der Tag der Unabhängigkeit. Der Tag der ersten freien Präsidentschaftswahlen, die Boris Jelzin zum Präsidenten werden ließen, war der 12. Juni 1993.

4. November (arbeitsfrei): Tag der Einheit des Volkes. Ursprünglich waren zu Sowjetzeiten dem Jahrestag der Oktoberrevolution am 7. November sogar zwei freie Tage (7. und 8. November) gewidmet worden. Zunächst wurde der 8. November gestrichen, dann wurde er als Tag der Aussöhnung 1996 inhaltlich neu ausgerichtet und dann 2005 durch den 4. November als Tag der Einheit, ersetzt. Aufhänger ist der 4.11.1612, als Moskau von den polnisch-litauischen Besatzern befreit wurde.

Wenn offizielle **Feiertage auf ein Wochenende fallen**, ist generell der darauffolgende Montag ebenfalls ein arbeitsfreier Feiertag. Wenn zwischen Feiertag und Wochenende nur ein Arbeitstag liegt, gibt es manchmal offizielle Beschlüsse zur Verlegung dieses Arbeitstages auf einen anderen Samstag. Insbesondere die erste Januar- und die erste Maihälfte mit drei Feiertagen bieten sich hier an. Da zu dieser Zeit auch viele Urlaub nehmen oder Betriebsferien stattfinden, lästern böse Zungen, dass man in dieser Zeit Russland eigentlich generell für jeweils zwei Wochen schließen könnte.

Schwankende Feiertage:

Maslenica (Butterwoche): In der letzten Karnevalswoche wird nochmals richtig gefeiert. Es gibt Straßen- und Dorffeste, aber keine Umzüge oder Kostümbälle. Am Montag gibt es das Begrüßungsritual. Der Sonntag ist der Tag der Vergebung. In Russland fehlen auch die beiden letzten ›wilden Tage‹, so dass nicht erst am Aschermittwoch, sondern bereits am Sonntag alles vorbei ist. Ursprünglich heidnische Traditionen in der Anbetung des Sonnengottes Jarila als Fest der Fruchtbarkeit wurden seit dem 16. Jahrhundert von der russisch-orthodoxen Kirche übernommen. In erster Linie ist Maslenica aber – und daher auch der Name – ein kulinarischer Höhepunkt. Vor der großen Fastenzeit will man sich nochmals richtig – allerdings bereits ohne Fleisch – satt essen. Berühmt sind vor allem die Bliny, die mit Kaviar, Lachs oder saurer Sahne, Quark oder Honig gegessen werden. Ursprünglich gab es diese Hefepfannkuchen nur in dieser Woche.

Post (Fastenzeit): Die 48-tägige Fastenzeit vor dem Osterfest gewinnt im wieder religiöser werdenden Russland an Bedeutung. Manche Restaurants bieten auch bereits für diesen Zeitraum eine spezielle Speisekarte für Fastende an.

Pascha (Ostern, s und ch wie in ›Kuchen‹ werden nacheinander ausgesprochen): Ostern nach dem russisch-orthodoxen Kalender findet zumeist 1–2 Wochen nach dem Ostern in Europa statt. 2010 war ein Ausnahmejahr, als das Osterfest in der Zeitrechnung beider Glaubensrichtungen auf dasselbe Wochenende fiel. Die Ostermesse wird durch den Würdenträger im weißen Gewand und mit den Worten ›Christus voskres! Christus voistinu voskres!‹ (›Christus ist auferstanden! Christus ist wahrhaft auferstanden!‹) eröffnet. Zum Ende der Fastenzeit kommen typische Osterspeisen, wie das Kulitsch genannte Osterbrot, spezieller Oster-Quarkkuchen und bunt gefärbte Eier auf den Tisch.

Auch Schlittenhunde brauchen mal Pause

Troica (Pfingsten): das Fest der Dreifaltigkeit ist das Pendant zum Pfingstfest und wird 50 Tage nach Ostern gefeiert. In **Kamtschatka** wird seit 2010 am letzten oder vorletzten Sonntag im August noch der **Tag des Vulkans** gefeiert, ein sehr zweifelhafter Feiertag, wie ich meine. Bei seiner ersten Durchführung waren etwa 5000 Personen am Basislager des Avačinskij und etwa 1700 oben am Gipfel. Die Gegend am Fuß des Vulkans liegt immerhin im UNESCO-Park Nalyčevo und verträgt solche Menschenmassen nicht. Das Resultat: ein ökologisches Desaster für diese Seite des Berges. Drei volle Lkws mit Müll wurden ins Tal gefahren, die empfindliche Tundralandschaft ist zertrampelt worden (sogar eine Bühne mit Disco-Livemusik wurde aufgebaut), es gab nur eine Toilette (!) und entsprechend sah es danach im Stlanik aus. Aber man hat auch dazugelernt. Im Jahr 2011 wurde das ganze eine Nummer kleiner gefeiert, ohne Bühne und mit mehr sportlichem Hintergrund.

An Fotomotiven ist kein Mangel

Fernsehen

In den Hotels in Petropavlovsk und Elizovo steht in der Regel in jedem Zimmer ein kleiner Fernseher. Der Empfang ist zwar gut, aber die Auswahl an Programmen im Fernen Osten Russlands recht bescheiden. Neben dem russischen Staatsfernsehen RTR und dem staatsnahen Privatsender ORT aus Moskau gibt es noch einen kleinen lokalen Sender mit Nachrichten und Beiträgen aus der Region. Die Sendungen sind meistens zugetextet mit Werbeblöcken oder durchlaufenden Schriftzeilen am unteren Bildrand.

Ein Stellerscher Seeadler

Fotografieren und Filmen

Fotografen, die **Dia- oder Negativfilme** benutzen, bekommen in Petropavlovsk kaum noch Filme. Wenn ja, muss man auf das Verfallsdatum achten. Die kleinen Silberionen-Lithium-Batterien für die älteren Kameras gibt es eventuell in den Fachgeschäften, aber man sollte sie sicherheitshalber aus Europa in ausreichender Anzahl mitbringen.

Neben einem Normalobjektiv (50 mm) ist für die vielen Natureindrücke und Landschaftsaufnahmen ein kleines Weitwinkelobjektiv (24 oder 28 mm) empfehlenswert. Für die botanisch interessierten Naturfotografen ist darüber hinaus ein Macroobjektiv oder ein Umkehrring für das 50-mm-Objektiv anzuraten. Da fast alle Vögel Kamtschatkas nicht besonders scheu sind, reicht für Ornithologen ein 300-mm-Objektiv für annehmbare Tieraufnahmen schon aus. 500 mm wären aber schon besser. Ähnliches gilt auch für Bären, bei denen man die Distanz wegen eines Fotos nicht unbedingt verringern sollte.

Militärische oder strategische Objekte gibt es auf Kamtschatka einige, besonders entlang der Küste (Avača-Bucht) oder im Norden (Ključi). Es versteht sich von selbst, dass man in diesen Gebieten die Kamera erst gar nicht auspackt. **Uniformträger** (Polizei, Militär, Sicherheitsbehörden) wollen auch nicht gerne ungefragt abgelichtet werden.

In **Kirchen und Museen** ist das Fotografieren oft untersagt. Wer um eine Erlaubnis bittet, wird in der Regel mit einer offenen Hand konfrontiert. Zum korrekten Verhalten eines Touristen gehört es auch, dass man vorher um Einverständnis bittet, wenn man Leute auf der Straße oder bei der Arbeit fotografieren möchte. In Petropavlovsk und Elizovo gibt es auch einzelne Läden, in denen man seine Filme entwickeln lassen kann. Wohin diese ins Labor geschickt werden, konnte ich nicht erfahren, wahrscheinlich aufs Festland.

Die **Digitalfotografie** hat abseits der Zivilisation und ohne Kontakt zum Stromnetz den klaren Nachteil der begrenzten Batterieleistung. Eventuell sollte man seine Digitalkamera vor der Reise auf Mignons (AA) Batterien oder leistungsstarke Akkus umrüsten. Ein weiterer Nachteil kann die Speicherkapazität der Chips sein, wenn man mehrere Wochen unterwegs ist. Eine, wenn auch teure Abhilfe bieten sogenannte ›imagetanks‹. Das sind kleine mobile Datenträger von der Größe einer Musikkassette, die den Inhalt des Kameraspeichers entleeren und zwischen 20 und 80 Gigabite Speichervolumen haben.

Digitalkameras sind in der Regel auch empfindlicher gegen Feuchtigkeit. Die aktuell in den Kameras arbeitenden Akkus müssen möglichst immer warm gehalten werden, damit die Leistung nicht absinkt, am besten nachts mit in den Schlafsack nehmen. Die nicht benutzten vollen Li-Ionen-Akkus verlieren dagegen bei Kälte kaum an Leistung. In Petropavlovsk gibt es Fotokopierläden, wo man seine auf dem Chip gespeicherten Bilder anschauen und ausdrucken kann, beispielsweise im Gebäude der Pizzeria in der ul. Lukaševckogo (ул. Лукашевского) im Kellergeschoss.

Wer in Kamtschatka professionell filmen möchte, wendet sich am besten an Alexander Pechen Direktor der Agentur ›Film Commission Kamchatka‹, *die* Adresse für Filmvorhaben auf Kamtschatka, Tel. +7/(8)/909/8318844, filmcommission@beringia.ru.

Hotels

In den letzten Jahren sind dank des zunehmenden Tourismus einige neue Hotels entstanden, die mehr und mehr auch den internationalen Standards entsprechen. Die Preise sind in der Regel in Dollar angegeben und zu hoch für die gebotenen Leistungen. Ein Zweibett-Zimmer mit separater Toilette und (manchmal kalter) Dusche am Ende des Gangs, mit durchgelegenen Matratzen und einem kleinen Bürofrühstück (nichts für Wanderer) kostet etwa 30 Dollar oder mehr. Eine Übernachtung mit Bürofrühstück in einem Hotel, in das ich manchmal mit meinen Reisegruppen in der Stadt absteige, kostet etwa 45 Euro. Leider fehlt es an günstigen Studentenabsteigen, Hostels oder Herbergen (Гостиница). Einen offiziellen Campingplatz gibt es ebenfalls nicht in der Nähe von Petropavlovsk. Die Tourismusbehörden wollen offensichtlich, dass die west-

Vor dem Hotel Edelweis

lichen Touristen auf diese Weise etwas gemolken werden, wenn sie schon die meiste Zeit ihres Urlaubes in der Natur Kamtschatkas verbringen. Klar wird als vordergründiges Argument die Sicherheit aufgeführt.

▶ **Einige bekannte Hotels und Herbergen:**

Hotel Okt'jabrskaja, ul. Sovetskaja 51, Petropavlovsk, hotelok2@mail.kamchatka.ru (Октябрьская, ул. Советская).

Hotel Ėdel'vejs (Edelweiß), prospekt Pobedy 27/1, Petropavlovsk, idelves@mail.iks.ru (Эдельвейс, проспект Победы).

Hotel Gejzer (Geysir), ul. Toporkova 10, Petropavlovsk, Tel. +7/(8)/415/257996 (Гейзер, ул. Топоркова).

Hotel Petropavlovsk, prospekt Karla Marksa 31, Petropavlovsk, Tel. +7/(8)/415/2250374, www.petropavlovsk-hotel.ru

Hotel Avača, Leningradskaja 61, Petropavlovsk, Tel. +7/(8)/415/22127331.

Hotel Albatros, ul. Kutuzova 18, Petropavlovsk.

Hotel Rus', ul. Zvezdmaja 11/2, Petropavlovsk, Tel. +7/(8)/415/2275515, hotelrus88@mail.ru, www.kamhotel.ru.

APT-Hotel, ul. V. Krušina 1, Elizovo, el-mart@mail.iks.ru (Апт, ул. В. Крушина).

Gästehaus von Galina und Evgeny, Tel. +7/(8)/962/2828788 oder +7/(8)/962/2159751, dep41@mail.ru. Eine sehr angenehme, schöne und empfehlenswerte private Herberge in der Datschasiedlung Мечта (Mečta, 1. Straße nach links) etwas außerhalb von Elizovo, Buslinie 2 von Elizovo, Buslinien 105, 106 und 107 aus Petropavlovsk. Es stehen mehrere Doppel- und Dreibettzimmer zur Verfügung. Die Kosten liegen bei 750 Rubel für eine Übernachtung, 150 Rubel für ein reichhaltiges Frühstück und 250 Rubel für ein großes Abendessen. Galina und Evgeny sind pensionierte Geophysiker und sprechen ausreichend gut Englisch. Sie kümmern sich auch um nötige Fahrten, Abholungen oder organisieren Registrierungen, Taxis oder Infomaterial.

Bed & Breakfast sowie super Organisation von Touren bei Martha Madson, ul. Bol'šakova 41, Elizovo (ул. Большакова, Елизово), Tel. +7/(8)/904/2807840 oder +7/(8)/41531/26601, info@explorekamchatka.com.

Faktorija-Hotel, in Anavgaj, 25 Kilometer vor Ėsso im Bystrinskij-Distrikt, bogdanov@mail.iks.ru (Фактория, Анавгай).

Privates Gästehaus von Sina in Ėsso, Tel. +7/(8)/909/8346798.

Privates Gästehaus von Natalja Savehenko in Ėsso, ul. Selenaya 14, Tel. +7/(8)/242/21139 oder +7/(8)/902/4615563.

Private Herberge Alyona-Tour in Ėsso, ul. Kedrovaja, Tel. +7/(8)/415/422-1271, kudymovat@rambler.ru.

Hotels Helios und Flamingo in Paratunka, die über geothermal beheizte Schwimmbäder verfügen und sehr beliebt bei Einheimischen und Touristen sind.

Snow Valley, (Снежная Долина), www.snow-valley.ru. Aauf dem Weg zum Mutnovskij an der gleichnamigen Piste, etwa 45 Minuten Fahrzeit von Termal'nyj (Ende der Asphaltstraße liegt dieses Erholungs-Resort mit vielfältigen Möglichkeiten. Hier kann man eine Unterkunft mieten (2-, 3- und 4-Bett-Zimmer für 4000 Rubel pro Tag) oder auch den VIP-Bereich für sechs Personen für 18 000 Rubel am Tag. Das Zelten kostet 1000 Rubel pro Zelt (bis zu 4-Personen-Zelte), inklusive Feuerholz und Wasser. Es gibt eine Banja (3000 rubel für 3 Stunden), das Benutzen der Duschen und des großen warmen Pools kostet 200 Rubel pro Person. Ein Restaurant bietet Frühstück (etwa 350 Rubel) und Abendessen (etwa 600 Rubel) an. Im Hotel können 26 Personen übernachten (Doppelzimmer). Ein weiteres Gebäude für 16 Personen entsteht gerade. Es gibt Englisch sprechende Angestellte. Es werden auch geführte Touren durch die Umgebung angeboten. Im Sommer muss man nicht vorbuchen, allerdings im Winter. Dann ist hier viel los. Es gibt einen Skilift und eine Skipiste mit 650 Meter Höhenunterschied zum Resort, es werden Snowmobil-Touren und Hundeschlittentouren angeboten.

Informationen

In **Elizovo** gibt es seit kurzem ein gut ausgestattetes Information-Center für Touristen, wo man auch gut Englisch spricht. Dieses Büro liegt im Busbahnhof (moderner halbrunder Glasbau) im 1. Stock, Treppe hoch 1. Tür links. Die Öffnungszeiten sind Mo–Fr von 10–19 Uhr und Sa von 12–17 Uhr. Sonntags ist das Büro geschlossen. Man erreicht das Büro auch telefonisch (+7/(8)/961/961/8558 oder +7/(8)/962/2825265 oder per mail: info@welcomekamchatka.ru. Hier hilft man mit Informationen zu Unterkünften, Exkursionen, örtlichen Reiseagenturen oder Bustickets.

In **Petropavlovsk** wird gerade ein Visit Center eingerichtet (wohl ab 2012): ul. Leninskaja 65, täglich von 10–19 Uhr, ohne Ruhetage. Tel. +7(8)4152/307517 oder +7(8)902/4638777, pk@kaminfotour.ru und vis@kaminfotour.ru, www.kam-info-tour.ru.

Internet

Интернет-Кафе, das gibt es natürlich auch schon in Petropavlovsk. Es passiert allerdings auch schon mal, dass das gesamte Internet im Fernen Osten Russlands oder auf Kamtschatka zusammenbricht. Dann geht gar nichts mehr. Dies wird auch derjenige zu spüren bekommen, der von Europa aus versucht, russische Internetseiten aufzurufen.

Das Internetcafé in Petropavlovsk mit der besten Verbindung und den modernsten Computern ist auch ein Treff der Computerspiel-Szene der Stadt: **Полыгон (Polygon)** im südlichen Teil des Prospekt 50 Let Okt'jabrja (проспект 50 Лет Октября, Hausnummer 16), gegenüber der Glasfassade der großen

Privatunterkunft von Galina und Evgeny bei Elizovo

Bank, etwa 200 Meter vom Großen Markt (Рынок) entfernt.

Ein **weiteres Internetcafé** ist oberhalb des großen Kaufhauses am КП (KP, wo der Panzer steht) in der ул. Ключевская (ul. Kljutčevskaja) 51 (an der Buslinie 23).

In Elizovo: ул. Ленинская (ul. Leninskaja) 14.

Einige Postämter (z.B. in Elizovo oder in Èsso) bieten ebenfalls Internet-Plätze an. Eventuell muss man sich seinen zugewiesenen Computer erst noch auf die lateinische Schrift umstellen lassen (oft mit Alt+Strg+Shift). Das Zeichen ›@‹ heißt hier übrigens sobaka (собака, Hund, Aussprache: sabáka).

Wer länger auf Kamtschatka bleibt und sein Notebook dabei hat, für den lohnt sich die Anschaffung eines USB-Internet-Sticks. Der kostet etwa 750 Rubel (inklusive 2 GB Daten up/download frei) und kann an jedem Telefon-Terminal in den Kaufhäusern und Märkten wieder aufgeladen werden. Gute Empfangsstärken hat man in Petropavlovsk und Elizovo, in Èsso ist der Datenstrom schon sehr langsam. Mit dem Internet der Gesellschaften MTS und Megafon hat man einen besseren Empfang. Die Telefonläden bieten diese USB-Sticks an. Die dort arbeitenden meist jungen Russen sprechen oft auch Englisch.

Jagd

Wer nach Kamtschatka zur Jagd auf Wildtiere reist, kann das nicht als Individualist machen, sondern benötigt eine Reiseagentur, die einen Jagdbegleiter und das Zielgebiet aussucht und die nötigen Permits beschafft. Darüber hinaus gilt das, was ich schon im Kapitel über den Naturschutz über die Jagd auf Kamtschatka geschrieben habe. Wer es dennoch unbedingt tun will, der soll sich an die dafür spezialisierten Agenturen wenden.

Krankenhaus

Das große Gebiets-Krankenhaus (Больница) von Petropavlovsk befindet sich in der ulica Leningradskaja 114 (ул. Ленинградская). Dort wird man im Notfall auch immer jemanden finden, der Englisch kann. Die Notfall-Telefonnummer ist 01, sowie 8/4152/425152.

Landkarten

Es gibt in den Buchläden und manchmal in den Hotels in Petropavlovsk und Elizovo eine gute und aktuelle Übersichtskarte über den Oblast' Kamtschatka für ungefähr 300 Rubel (Kartographischer Verlag, Moskau 2008). Diese Karte hat einen Maßstab von 1:1 000 000. Auf der Karte sind auch drei Detailkarten im Maßstab 1:200 000 enthalten: die Avača-Bucht mit Petropavlovsk, Elizovo, Paratunka und dem Vulkan Avačinskij, die Region um die Vulkane Tolbačik und Ključevskoj sowie das Gebiet um den Vulkan Šiveluč.

Wer auf genaueres Kartenmaterial in der Wildnis angewiesen ist, bekommt hoffentlich in den Buchläden auch zwei Altlanten (Süd und Zentral) mit 1:200 000er Karten im Dreifarbendruck angeboten. Hierin wird der gesamte Bereich der Halbinsel Kamtschatka von der

Warnschild seit 2010 am Gorelyj

Südspitze bis zur Landenge im Norden abgedeckt. Der südlichere Teil davon, bis kurz vor dem Tolbačik-Massiv, wird manchmal auch auf CD angeboten.
Wer sich im Vorfeld der Reise mit gutem Kartenmaterial (1:200 000) versorgen möchte, muss sich an den Autor wenden.

Militär

In Russland gilt für westliche Touristen stets die Devise, dem Militär beziehungsweise Soldaten aus dem Weg zu gehen. Viele der russischen Soldaten empfinden ihre mehrjährige Wehrpflicht schon als Tortur und Strafe genug und sind durch den harten Drill und die vielen Schikanen stark frustriert und gewaltbereit. Wenn sie dann noch so fern der Heimat auf Kamtschatka stationiert werden, steigt der innere Frust noch. Bisher ist noch kein Fall von ernsthaften Konflikten zwischen Touristen und dem Militär bekannt geworden, aber man sollte es auch nicht darauf ankommen lassen. Die ehemals geschlossenen und für Touristen verbotenen Städte und Regionen werden inzwischen nach und nach geöffnet. So ist die Stadt Ključi seit dem Sommer 2004 frei zugänglich. Militärische Anlagen bleiben allerdings weiträumig Sperrzonen. Diesbezüglich können die russischen Militärs sehr empfindlich reagieren.

Museen, Institute

Sehenswert und fast schon zwingend notwendig für alle geologisch und vulkanologisch Interessierten ist das berühmte **Vulkanologische Institut** in Petropavlovsk am prospekt Pobedy (пр. Победы) 9. Hier sollte man sich vorher telefonisch oder persönlich um einen entsprechenden Besuchstermin bemühen, weil die Institutsmitglieder nicht an jedem Tag Zeit für eine Führung durch

Im Ethnologischen Museum von Ėsso

das kleine Museum haben. Samstag und Sonntags geschlossen. Gezeigt werden alle Arten von vulkanischen Gesteinen, Mineralien und Kristallen, die durch geothermale Aktivitäten entstehen. Darunter sind einige seltene chemische Verbindungen, die erstmals auf Kamtschatka gefunden wurden und bisher einmalig auf der Erde sind. Daneben gibt es großformatige Fotos, Zeichnungen und ein russischsprachiges Video von den verschiedenen Vulkanausbrüchen der jüngsten Geschichte. Man ist stolz auf seine Forschungsergebnisse der letzten Jahrzehnte und auf seine internationalen Kontakte. Leider wird in Russland der Etat für die Forschung immer weiter heruntergesetzt, so dass für die dauerhafte Erhaltung dieses Museums immer zu wenig Geld vorhanden ist. Die ausführliche und lehrreiche Führung sollte daher ruhig eine großzügige Spende wert sein.

Die **Kunstgalerie** und das **Nationalmuseum** liegen eng zusammen in der ul. Leninskaja in der sogenannten Altstadt. Das **Naturkundemuseum** zur Natur, zur indigenen Bevölkerung und der Geschichte der russischen Besiedlung befindet sich in Petropavlovsk an der Stelle, wo die ulica Leninskaja und die Sovjetskaja zusammenkommen (ул. Ленинская 20), in der Altstadt am historischen Hafen. Besonders die russische Geschichte der Region wird ausführlich dargestellt. Mi–So 10.30–18 Uhr. Der Eintritt kostet für Ausländer 200 Rubel. Das Fotografieren im Museum bekommt man für 150 Rubel erlaubt.

Ein sehr informatives und mit viel Liebe zum Detail eingerichtetes **Ethnologisches Museum** gibt es in Èsso im Bystrinskij-Distrikt (siehe Abschnitt zum Bystrinskij-Naturpark → S. 161).

Schneehuhn-Henne

Naturschutzgebiete und Permits

Für Aufenthalte in den **Naturreservaten** (Zapovednik, Цаповедник) Korjakskij, Kronockij, Južno-Kamčatskij und Kommandeurinseln benötigt man eine gesonderte Erlaubnis. Die Permits bekommt man im **Zapovednik-Büro**, 684010 Kamčatskaja Oblast', Elizovo, ul. Rjabikova 48. Tel. +7/(8)/41531/73905, kronkipressa@gmail.com. zapoved@mail.kamchatka.ru, www.wildrussia.org und www.kronoki.ru. Angemerkt sei hier auch noch einmal, dass in diesen Zapovedniks das Wandern nur in Begleitung eines Inspektors möglich ist. Übernachtung in Zelten ist in diesen Gebieten nicht gestattet – dafür gibt es in den Parks Hütten.

Für Aufenthalte in den **Naturparks** ›Vulkane Kamtschatkas‹ (Prirodnij park, Природный Парк) benötigt man ebenfalls eine Genehmigung (außer für den Naturpark-Cluster Južno-Kamčatskij). Das Büro der **Naturpark-Verwaltung** ist in Elizovo in der ul. Savojko 33, 684000 Kamčatskaja Oblast', Tel. +7/(8)/41531/72400 oder -73941. park@mail.kamchatka.ru, www.vulkanikamchatki.ru.

Polizei und Sicherheit

Die Verkehrspolizei ist äußerst höflich, zuvorkommend und hilfsbereit gegenüber Touristen. Wenn Besucher mit Problemen zu rechnen haben, dann nur, wenn sie sich nicht innerhalb der ersten drei Arbeitstage nach ihrer Ankunft registrieren haben lassen, wobei das in den letzten Jahren auch immer nachläs-

Rentierzüchter beim Einfangen ihrer Tiere

Polizei und Sicherheit

siger behandelt wird und offensichtlich bei der Ausreise aus Russland nur noch eine untergeordnete Rolle spielt. Da Kamtschatka Grenzgebiet ist, sollte man sich trotzdem nach wie vor offiziell registrieren lassen.

Überfälle oder Körperverletzungen finden meistens in Zusammenhang mit alkoholisierten Russen statt. Mir ist der Fall von zwei Schweizer Mountainbikern bekannt, die auf der Straße zwischen Elizovo und Mil'kovo auf Höhe der Siedlung Sokoč von mehreren Personen in einem Pkw gewaltsam zum Anhalten gezwungen wurden und anschließend aufgefordert wurden, die Kamera und Wertgegenstände auszuhändigen. Soweit ich erfahren habe, kamen den beiden Touristen die Dorfbewohner von Sokoč zu Hilfe. Es kam ihnen auch zugute, dass sie gut Russisch sprachen. Sie hatten wohl nichts verloren. Einer der Schweizer, von dem ich diese Nachricht bekam, sprach auch davon, dass die Polizei ihm gegenüber meinte, so etwas sei in den letzen Jahren öfters passiert. Ein anderes Problem ist die allgemeine Sicherheit auf den Straßen und Pisten. Nachdem viele Russen auf Kamtschatka Fahrzeuge aus Japan steuern, also das Lenkrad auf der rechten Seite haben, aber damit auch im Rechtsverkehr fahren, sind die meisten Überholmanöver sehr riskant. Mehrere Holzkreuze, Gedenksteine, Plastikblumen oder Autowracks am Straßenrand zeugen davon. Die Notfallnummer der Polizei (Milizia, Милиция) ist 02.

Es gibt auch einen ›Search and Rescue Service‹ (SRS) der Emercon des Kamtschatka-Kraj. Hier kann man seine Wildnistour auch anmelden beziehungsweise die Route erklären sowie festlegen, wann und wo man meint, wieder in die Zivilisation zurückzukommen. Tel. +7/(8)/4152/410395.

Post

Postämter gibt es in jeder größeren Siedlung auf Kamtschatka, oft muss man lange danach suchen oder sich durchfragen. In Petropavlovsk und Elizovo gibt es gleich mehrere Postämter, beispielsweise in Petropavlovsk in der ul. Leninskaja in der Altstadt am Hafen oder in der ul. Tuškanova. In den Postämtern findet man eventuell auch ein funktionierendes Faxgerät oder einen Internetanschluss. Eine Postkarte von Kamtschatka nach Übersee (Europa, Amerika, Australien) kostet etwa 25 Rubel und braucht zwischen zwei und vier Wochen.

Ob Reit- oder Packpferd – robuste und geländetaugliche Tiere sind in der Wildnis nötig

Preise

Eine Reise nach Kamtschatka ist kein ganz billiges Vergnügen. Hier noch einmal eine Übersicht über die ungefähren Kosten, mit denen man rechnen muss (1 Euro entspricht ca. 40 Rubel, Stand Anfang 2012):
Einladung (über eine Visum-Agentur): 35 Euro
Visum: 40 Euro
An- und Abreise (Flug, Sommer): 800 bis 1400 Euro (je früher, desto billiger)
Fahrt vom Flughafen ins Zentrum von Petropavlovsk: Sammeltaxi ca. 60 Rubel pro Person, Individualtaxi: bis zu 100 Rubel, öffentlicher Bus: 30 Rubel
Busfahrt innerhalb der Stadt: 16 Rubel
Hotelübernachtung in Petropavlovsk: ab 3000 Rubel je DZ und Tag
Übernachtung in einem privaten Gästehaus: ab 800 Rubel je Person und Tag
Polizeiliche Registrierung (im Hotel): 200 Rubel
Zapovednik-Gebühren: etwa 2000 bis 4000 Rubel pro Person und Tag (inklusive Inspektor)
Naturpark-Gebühren: 300 bis 500 Rubel (einmalig) pro Person
Flugstunde Helikopter MI-8: 109 000 Rubel (Kapazität ca. 20 Personen mit Gepäck)
Parkhütte: 300 Rubel pro Person und Tag
Proviant (Selbstversorger): 10 Euro pro Person und Tag.

Registrierung

siehe Polizei → S. 282 und Kapitel Einreise nach Kamtschatka → S. 93.

Souvenirs

Die schönsten Souvenirs aus dem **Kunsthandwerk** der Bevölkerung Kamtschatkas stammen von den Itenmenen, Evenen und Korjaken aus Èsso und Umgebung. Aber auch einige russisch-

Freilichtmuseum bei Èsso

stämmige Personen erstellen empfehlenswerte Handwerkskunst. Wer nicht selber dort vorbeikommt und direkt bei den Künstlern einkaufen kann, ist auf die Kunstgalerien oder **Souvenirläden** angewiesen: Kamchatka Souvenirs Art Salon, ul. Zavoika (ул. Завоика), am Marktplatz in Elizovo, im Flughafengebäude bei Elizovo, im Kaufhaus GUM in Petropavlovsk im Erdgeschoss und in dem Souvenirladen Schaman (Шаман) in der ul. Leninskaja in der Altstadt am Hafen. Oder: Severnoe Sijanie Art Gallery, ul. Sovjetskaja 48 (ул. Советская), Petropavlovsk (www.visitkamchatka.com, www.northernlights.ru/english).
Die künstlerische Bandbreite erstreckt sich von Schmuck über Talismane aus Tierknochen oder Rentiergeweihen und figürlichen Darstellungen des Alltags der Ureinwohner bis zu perlenverzierten Kleidungsstücken aus Tierhäuten und ausgestopften Tieren. Man sollte auf alle Fälle darauf achten, dass die Kunstwerke tatsächlich von den Einheimischen gemacht wurden und nicht etwa in einer Fabrik in China.
Ein weiteres attraktives Souvenir aus Kamtschatka ist **geräucherter Wildlachs**. Diesen gibt es jederzeit von unterschied-

lichen Lachsarten und in unterschiedlichen Räucherqualitäten, was die Haltbarkeit beeinflusst, in den Markthallen in Petropavlovsk und Elizovo sowie an einigen der kleinen Stände am Straßenrand. Das Kilogramm kostet zwischen 450 bis 600 Rubel. In den Markthallen gibt es auch die Möglichkeit, den gekauften Lachs luftdicht einschweißen zu lassen. Bei größeren Mengen (etwa ab fünf Kilogramm) sollte man den Lachs nicht ins Handgepäck stecken. Es ist schon mehrfach vorgekommen, dass sich die Zöllner bei der Ausreise in Moskau noch Lachs fürs Wochenende beschafften.

Straßenqualitäten

Die Asphaltstraßen in Petropavlovsk, Elizovo und Umgebung sind größtenteils von schlechter Qualität. Frost- und Wasserschäden werden zwar im Laufe des Sommers regelmäßig wieder ausgebessert. Aber die Schlaglöcher und Risse wachsen schneller nach. Manche der Schlaglöcher sind oft mit Regenwasser gefüllt und lassen ihre wahre Tiefe nicht erkennen. Hier ist große Vorsicht angebracht, und bei zu starkem Gegenverkehr muss man wegen der Löcher auch mal auf das Bankett ausweichen. Die Asphaltierung der Straße in Richtung Norden kommt langsam aber sicher auch in den nächsten Jahren in Mil'kovo an. Im Sommer 2011 war von Süden kommend bis zum Kilometer 152 asphaltiert worden, von Norden kommend ist bis Шаромы eine glatte Oberfläche entstanden. Es fehlen also noch etwa 120 Kilometer dazwischen. Nachdem momentan ungefähr 30 Kilometer pro Jahr asphaltiert werden, sind wohl größere Anstrengungen nötig, um das geplante Ziel von 2012 zu erreichen.

Anders sieht es im Großteil des restlichen Straßennetzes Kamtschatkas aus. Die vorherrschenden Staub und Steinpisten besitzen oft nur eine gut gewalzte Doppelspur auf der der beidseitige Verkehr rollt. Begegnen sich zwei Fahrzeuge, weicht man langsamer fahrend auf den weicheren Sand oder Kies aus. Je nach Bedarf fahren Baumaschinen über die Pisten und fräßen die Oberfläche wieder flach. Die Fixierung des losen Materials wird manchmal nicht mit Walzen durchgeführt, sondern den Autofahrern überlassen. Das verursacht dann relativ schnell wieder ein Wellblechmuster auf der Piste. Besonders im trockenen Zentralkamtschatka ist die Staubentwicklung durch vorausfahrende Fahrzeuge an manchen Tagen so hoch, dass man mit großen Abstand fahren muss.

Strom

Die Stromversorgung in Kamtschatka wird durch lokale Kohle-, Wasser- und Geothermalkraftwerke gewährleistet. Verlass auf die kontinuierliche Versorgung ist nicht immer – wie fast überall in den Weiten Russlands. Die Spannung beträgt normalerweise 220 V, aber in einigen ländlicheren Distrikten und Dörfern sind die Toleranzgrenzen stark von denen in Europa abweichend. Sehr empfindliche Geräte quittieren dann eventuell ihren Dienst. Die deutschen Stecker-

Auf der Piste zum Tolbačik

Auch Wegweiser an einigen Wanderwegen gibt es schon

größen und Formen sind eigentlich überall einsetzbar. Häufig besitzen die Steckdosen keine Erdung.

Taxi

Taxi fährt man am besten nur, wenn man keine Möglichkeit sieht, mit öffentlichen Bussen ans Ziel zu kommen oder wenn man sehr viel sperriges Gepäck dabei hat und/oder eine größere Gruppe mit gleichem Ziel ist. In diesem Fall chartert man sich einen kleinen Minibus (meist sogar mit Allradantrieb) und verhandelt den Preis vor Abfahrt.

So teuer und hart in den Preisverhandlungen wie die Taxifahrer in Moskau sind die Kollegen auf Kamtschatka zwar noch lange nicht, aber deswegen sollte man sich trotzdem nicht übers Ohr hauen lassen.

Theater und Kino

Das große Theater (Театр) von Petropavlovsk befindet sich am Anfang der ul. Leninskaja schräg gegenüber des zentralen Oblast'-Verwaltungsgebäudes und der Leninstatue. Kinos (Кино) gibt es in Petropavlovsk in der ul. Leninskaja, in der Leningradskaja und neben dem großen Markt am prospekt 50 Let Okt'jabrja.

Telefon

Die kleinen, offen angebrachten Telefonapparate an vielen Bushaltestellen und öffentlichen Plätzen mögen sozialistisch-antik aussehen, funktionieren aber fast immer. Innerhalb der Ortsnetze kann man damit kostenfrei telefonieren.

Für **Ferngespräche** in andere Regionen Kamtschatkas, aufs Festland oder nach Europa braucht man entweder einen privaten Telefonanschluss oder geht in eines der Hotels oder zum Telefonamt. Innerhalb des jeweiligen Ortsnetzes wählt man einfach die fünf- bis sechsstellige Rufnummer. Wer im Selbstwählverfahren aus dem örtlichen Netz heraustelefoniert, z.B. von Elizovo nach Petropavlovsk, muss folgendermaßen vorgehen: 8 – warten auf einen Dauerton – 4152 – Rufnummer.

Von **Deutschland nach Kamtschatka** wählt man 007-4152-Rufnummer. Wenn irgendwo in einem Prospekt Telefonnummern angegeben sind, so häufig mit einer +7 beginnend und dafür die 8 weglassend. Wenn man innerhalb Kamtschatkas telefonieren möchte, braucht man statt der +7 die 8. Daher sind auch alle Telefonnummern im Buch so angegeben ›+7/(8)/... Bekommt man von jemandem aus Kamtschatka die Telefonnummer überreicht, so häufig ohne die 8 davor. Beim Wählen diese 8 trotzdem nicht vergessen! Mehr Informationen dazu gibt es unter www.russlandjournal.de.

Nach Deutschland wählt man die Landesvorwahl 0049 (oder +49) und dann die Ortsnetzvorwahl ohne die Null sowie die Rufnummer. Nach Österreich wird statt der 49 die 43 gewählt, in die Schweiz die 41.

Mobiltelefone funktionieren auf Kamtschatka nicht überall. Innerhalb der besiedelten Gebiete rund um Petropavlovsk und Elizovo gibt es keine Lücken im Empfang. Die Russen setzen selber auf die kleinen mobilen und modernen Geräte, statt noch in das marode Festnetz zu investieren. Mobiltelefon-Läden gibt es in Petropavlovsk und Elizovo.

Für einen längeren Aufenthalt in Russland oder auf Kamtschatka lohnt es sich auch, bei einer der Telefongesellschaften (BeeLine, Megafon, MTS) eine prepaid SIM-Karte zu kaufen und diese in das mitgebrachte Mobiltelefon zu stecken. Das Guthaben auf der Karte lädt man ganz einfach an einem der vielen Telefon-Terminals in den Kaufhäusern oder Märkten wieder auf. Einfach auf das Logo der jeweiligen Telefongesellschaft tippen, die eigene Telefonnummer eingeben und dann die entsprechenden Rubelscheine in den Schlitz schieben.

Satellitentelefone sind für größere Distanzen und längere Aufenthalte in der Wildnis besonders für Reisegruppen zu empfehlen. Entweder man bringt sein eigenes mit, oder man versucht sich eines vor Ort auszuleihen. Die Kosten für das Ausleihen, ohne die anfallenden Gebühren bei einer Benutzung, betragen etwa 10 Dollar pro Tag, die für die Versicherung des Telefons 30 Dollar. Offiziell ist es noch nicht gestattet, Satellitentelefone mit nach Russland zu nehmen. In Petropavlovsk verleiht die Firma ›Morsvyazsputnik‹ (Tel. 54821) solche Telefone. Das Thuraya-System deckt Kamtschatka nicht ab, weshalb auf Global Star oder Iridium zurückgegriffen werden muss.

Versicherungen

Empfehlenswert bei längeren Reisen und mehreren Flügen innerhalb Russlands ist sicherlich eine Reisegepäckversicherung. Im Falle eines medizinischen Ernstfalls ist eine Rückverlegung in ein heimatliches Krankenhaus ratsam, worauf man beim Abschluss einer Reisekrankenversicherung für Russland achten sollte.

Visum

Für die Beantragung eines Visums wird neben einer Einladung, die man über eine Visum-Agentur bekommt, ein Reisepass mit mindestens drei Monaten Gültigkeit, ein Passfoto, ein Nachweis (Kopie) über eine Auslandskrankenversicherung und ein ausgefüllter Visumantrag benötigt. Seit einiger Zeit muss man auch als Tourist den Nachweis der Rückkehrwilligkeit erbringen. Akzeptiert werden Mietvertrag, Bescheinigung des Arbeitgebers, Verdienstnachweise etc.. Bezüglich der erforderlichen Unterlagen findet man alles auf den offiziellen Seiten der russischen Botschaften. Als

Mit Asche bedecktes Eis am Ključevskij

Reiseziel sollte man im Visumsantrag diejenigen größeren Städte (Provinzhauptstädte) angeben, die man während der Reise besuchen wird. Für Kamtschatka reicht die Angabe ›Petropavlovsk-Kamtschatskij‹. Spontane Änderungen der angegebenen Route sind möglich, da das freie Reisen innerhalb Russlands mit dem erteilten Visum erlaubt ist.

Das Visum muss spätestens drei Arbeitstage nach Ankunft am Ziel und bei einer Weiterreise in andere russische Städte bei den jeweiligen örtlichen Behörden registriert werden. Diesen Service übernehmen viele Hotels, ansonsten kann man sich auch selber zur entsprechenden Behörde (OVIR) begeben. Sie liegt in der ul. Solnyčnaja (Улица Солнычная) in Petropavlovsk-Kamčatskij. Wenn man sich nie länger als drei Arbeitstage an einem Ort aufhält, braucht man sich auch nicht registrieren zu lassen. Also zur Not bei der Ausreise ›Dauerexkursion‹ (экскурсия) angeben, wenn man nach einer Registrierung gefragt wird und keine hat → S. 93.

Winteraktivitäten

Auf Kamtschatka herrschen hervorragende Wintersportverhältnisse für Langläufer, Tourengeher und Abfahrtsläufer sowie für Hundeschlittenfahrer. Einige Gebiete auf Kamtschatka beanspruchen für sich den Titel der schneereichsten Region der Erde. Skifahren ist oft bis weit ins Frühjahr möglich. Selbst Präsident Putin war noch im Mai am Avačinskij zum Skifahren. Tourenläufer mit Steigfellen und einer Pulka (kleiner Zugschlitten) können eine einzigartige, menschenleere und stille Landschaft genießen. Örtliche Reiseagenturen bieten organisierte Skitouren und Hundeschlittenfahrten an, auch mehrtägige und sportlich anspruchsvolle. Einen einzigen Skilift auf Kamtschatka gibt es auch: oberhalb der Altstadt von Petropavlovsk. Im Rest des Landes muss man noch im alpinen Stil selbst den Berg besteigen, bevor man sich in die Tiefe stürzen kann, was unter Umständen 1000 Höhenmeter oder mehr sein können.

Leider gibt es bedauerliche Auswüchse des Wintersportes auch auf Kamtschatka: Heli-Skiing. Damit wird unnötig Lärm und Unruhe in Regionen gebracht, in denen es im Winter ruhig bleiben sollte. Selbst in den Parks und Reservaten wird Heli-Skiing von örtlichen Reisebüros angeboten. Wer eine Hundeschlitten- oder Skitour unternimmt, bewegt sich noch im Rahmen des naturverträglichen Tourismus und kommt weitaus günstiger weg. Heli-Skiing wird zunehmend von der neureichen russischen Schikeria entdeckt, die sich keine Gedanken über Naturverträglichkeiten macht. Auch die ersten Europäer sind im Winter schon beim Heli-Skiing auf Kamtschatka aufgetaucht. Außerdem verdienen an den Heli-Skitouren nur die, die schon eh ein Monopol besitzen: die Helikopteragenturen. Der Besitzer eines Hundeschlittens hätte die Devisen sicherlich nötiger.

Wer im Winter querfeldein ohne Führer geht, sollte sich darüber im Klaren sein, dass nicht alle Flüsse zugefroren sind und nur von einer lockeren Schneeschicht bedeckt sein können und dass besonders die alten Bären keinen durchgehenden Winterschlaf halten und dann nach Futter suchen. Außerdem ist an den steilen Hängen der Vulkane die Lawinengefahr extrem hoch!

Hundeschlittengespann

Wer in der Nähe der Stadt eine Tour mit Schlittenhunden (Snežnye psy = Schneehunde) machen möchte, wendet sich am besten an Nastja (Anastasija) Semaškina, Tel. +7/(8)/924/781/8910. Sie bietet neben den Schlittenfahrten auch Schneemobilfahrten an die Vulkane an und vermittelt Kultur und Folklore der indigenen Bewohner des Nordens. Jenseits des Winters kann man die Hunde auch besuchen und sich mit Nastja über das Alltagsleben auf Kamtschatka unterhalten. Anreise mit öffentlichen Bussen Nummer 105, 106 oder 107 auf der nördlichen Straße nach Elizovo bis zur Skisportbasis Lesnaja. Bei der Schaschlikbude ›Berëzka‹ geht es auf der neu asphaltierten Strasse entlang der Gaspipeline (novaja gazovaja doroga) wenige Kilometer bis zu einem See. Dort wird man von Nastja abgeholt. Das Taxi direkt dorthin kostet etwa 400 Rubel (einfach).

Zeitungen

Europäische Zeitungen oder die englischsprachige ›Moscow Times‹ gibt es in Petropavlovsk bisher nur in unregelmäßigen Abständen, je nach Flugverbindungen. Außerdem ist es dann immer die Tageszeitung vom Vortag. Die Städte Petropavlovsk und Elizovo haben zwar auch eine Tageszeitung, nur wird die für den Touristen höchst uninteressant sein. Wer sich fern der Heimat effektiv informieren will, geht in eines der Internet-Cafés und sucht die Internetseiten der heimatlichen Medien auf.

Zeitzonen und Akklimatisation

Kamtschatka liegt seit 2010 acht Zeitzonen östlich von Moskau und – nach Abschaffung der Winterzeit in Russland im Herbst 2011 – elf Zeitzonen östlich von Deutschland (UTC + 12, MEZ + 11). Im Sommer werden es ab 2012 nur noch zehn Stunden Unterschied zu Deutschland sein.

Für den Hinflug ist dieser große Zeitunterschied in der Regel kein größeres Problem, weil man eine Nacht im Flieger verbringt. Allerdings kommt man in den lauten russischen Maschinen nicht unbedingt zu einem tiefen oder langen Schlaf, so dass man während der neunstündigen Flugzeit nicht besonders gut ausruhen kann. Zur besseren Akklimatisation und dem neuen Einstellen des inneren Tagesrhythmus nimmt man sich besser am ersten Tag noch kein anstrengendes Programm vor. Der Rückflug ist anstrengender, weil man zur gleichen Ortszeit in Moskau ankommt, zu der man in Elizovo abgehoben hat. Nach einem kurzen Aufenthalt und dem Wechsel des Flugzeugs in Moskau (innerhalb des Terminals Scheremetjevo D), ist man nochmals etwas mehr als zwei Stunden nach Westen unterwegs. Man kommt also unter Umständen am Abend desselben Tages in Deutschland an, an dem man mittags in Kamtschatka losgeflogen ist, nur hat man in der Zwischenzeit nicht sechs Stunden, sondern fast 18 Stunden verbracht und ist total übermüdet.

Zoll und Kontrollen

An jedem Flugplatz Russlands werden der Pass und das Visum kontrolliert sowie das Gepäck mehrfach durch Röntgengeräte geschickt, besonders seit dem Terroranschlag auf zwei Flugzeuge und dem Attentat in Beslan im September 2004 und dem Anschlag auf den Flughafen Domodedovo im Januar 2011. Oft finden die ersten Kontrollen schon am Eingang zum Flughafengebäude statt. Wichtig sind neben dem gültigen Pass und dem Visum die weißen **Einreisekarten**, die von den Visumstellen schon im Pass neben dem Visum befes-

Der Autor als Gipfelstürmer auf dem Korjakskij

tigt werden. Die Zollkontrollen finden immer vor der Passkontrolle statt. Die auszufüllenden **Zollerklärungen** werden manchmal schon im Flugzeug verteilt, liegen aber auch im Eingangsbereich vor den Kontrollschaltern auf den Tischen. Ein **griffbereiter Kugelschreiber** ist hier viel wert. Früher musste jeder Besucher bei der Ein- und Ausreise jeweils eine Zollerklärung ausfüllen, was aber seit 2003 nicht mehr grundsätzlich nötig ist, wenn man nichts zu verzollen hat und durch den grün markierten Korridor geht. Die Freigrenze an ein- oder ausführbarem Bargeld wurde auf 3000 Dollar (oder in gleichwertigen Summen anderer Währungen) hochgesetzt.

Wer etwas zu verzollen hat (etwa ein Jagdgewehr und Munition), muss darauf achten, dass alle nötigen Papiere bei der Einreise auch korrekt abgestempelt werden, damit es bei der Ausreise keinen unnötigen Ärger gibt. Bei der Ausreise wird auch darauf geachtet, dass man sich in seinem Aufenthaltsgebiet bei der Polizei hat registrieren lassen.

Wer dies vernachlässigt oder verpasst (innerhalb der ersten drei Arbeitstage nach Ankunft) riskiert eine Geldstrafe und viel zeitraubenden Ärger mit den Behörden vor dem Rückflug. Ich habe aber auch schon Russland verlassen, ohne dass ich eine Registrierung hatte oder jemand bei der Ausreise danach fragte.

Wer als Souvenir eines der geschützten Tiere Kamtschatkas oder der Washingtoner Artenschutzliste (CITES), oder Teile davon, ausführen möchte, beispielsweise den Schädel von einem der seltenen Schneeschafe oder gar einen Bärenschädel, der kann bei der Gepäckkontrolle ernsthafte Schwierigkeiten bekommen, selbst wenn er glaubhaft versichern kann, dass der Knochen schon alt ist und in der Wildnis gefunden wurde. Ähnliches kann auch für Rentiergeweihe oder andere Tierteile gelten, die dem Jagdrecht unterliegen. Daher sollte man in der Wildnis gefundene Rentiergeweihe gut verpacken und nicht offen herumtragen.

Literatur

Klima

Starikov, G.F. & Djakonov, P.N. (1952): Lesa poluostrova Kamčatki (Die Wälder der Halbinsel Kamtschatka). Goslesbumisdat (Staatlicher Forstverlag), Moskau Leningrad, p. 116.

Geologie und Vulkanismus

Gippenrejter, V. (1985): Kamtschatka, VEB Brockhaus Verlag, Leipzig, p. 100.

Newell, J. (2004): The Russian Far East – A Reference Guide for Conservation and Development. **McKinleyville**, CA, USA, Daniel & Daniel Publ., p. 466.

Schdanowa, N.D. (Hrsg.) (1997): Kamčatka XVII-XX BB. – Istoriko-Geografičeskij Atlas (Kamtschatka vom 17. bis 20. Jahrhundert. – Geschichts- und Geographieatlas), Federal'naja Služba Geodesii i Kartografii Rossii, Moskau, p. 112.

Short, N.M. & Blair, R.W. Jr. (Hrsg.) (1986): NASA SP-486: Geomorphology from Space – A Global Overview of Regional Landforms.

Böden

Baeumler, R., Zech, W. (1999): Quaternary paleosols, tephra deposits, and landscape history in South Kamchatka, Russia. Catena 41 (Special Issue), pp. 199–215.

Zech, W., Hinterobermaier-Erhard, G. (2002): Böden der Welt – Ein Bildatlas. Spektrum Akademischer Verlag GmbH, Heidelberg/Berlin.

Vegetation

Berg, L. S. (1959): Die geographischen Zonen der Sowjetunion, Vol. 2., Teubner, Leipzig, p. 604.

Charkevicz, S.S. (1981): Bestimmungsbuch der Gefäßpflanzen Kamtschatkas. Opredelitel sosudistych Rastenii Kamtschatskoj Oblast'i. Akademia Nauk SSSR, Isdatelstwo ›Nauka‹, Moskau.

Hultén, E. (1927–1930): Flora of Kamtschatka and the adjacent Islands I–IV. Kungl. Svenska Vetenskapsakademien Handlingar 3. Ser. Band 5 (1, 2), Band 8 (1, 2). Stockholm.

Krestow, P. (2002): Geobotanica Pacifica: Phytogeography.

Močalova, O. A., Jakubov V. V. (2004): Flora Komandorskich ostrovov. Institute of Biology and Soil Science, Vladivostok, p. 120. ISBN 5-7442-1380-5.

Neschatayewa, W.Y. (2002): Flora und Vegetation von Süd-Kamtschatka. Komarov Botanical Institute of the Russian Academy of Science (Hrsg.). Petropavlovsk-Kamčatskij, Pechatny Dwor, p. 300.

Neshatayeva, W.Y., Himelbrant, D.E., Kuznecova, E.S. & Chernyadeva, I.V. (2003): The species composition of vascular plants, mosses and lichens and the community structure features of pristine old-growth stone-birch forests of south-west Kamchatka. In: Komarov Botanical Institute of the Russian Academy of Science (Hrsg.): Conservation of Biodiversity of Kamchatka and Coastal Waters. Petropavlovsk-Kamčatskij, Eigenverlag, pp. 100–123.

Smetanin, A.H. & Bogojavlenskij, B.F. (2000): Ausgewählte Pflanzen der natürlichen Flora Kamtschatkas. Petropavlovsk-Kamčatskij, 315 p.

Walter, H. & Breckle, S.-W. (1991): Ökologie der Erde. Vol. 4: Spezielle Ökologie der Gemäßigten und Arktischen Zonen außerhalb Euro-Nordasiens (einschließlich einem Kapitel über den Russischen Fernen Osten basisierend auf einem russischen Manuskript von Morozov & Belaya). Fischer Verlag, Stuttgart, p. 586.

Walter, H. & Breckle, S.-W. (1994): Ökologie der Erde. Vol. 3: Spezielle Ökologie der Gemäßigten und Arktischen Zonen Euro-Nordasiens. 2. Auflage, Fischer Verlag, Stuttgart, p. 726.

Walter, H. & Breckle, S.-W. (1999): Vegetation und Klimazonen. 7. Auflage, Ulmer Verlag, Stuttgart, p. 544.

Yakubow, W.W. und Chernyagina, O.A. (2004): Catalog of Flora of Kamchatka (Vascular Plants), Petropavlovsk-Kamchatsky.

Tierwelt

Artuchin, J.W. & Burkanow, W.N. (1999): Morskie Pticy i Mlekopitajuščie Dal'nego Vostoka Rossii (Die Vögel und Säugetiere der Meere und Küsten des Fernen Ostens Russlands). Moskau, Izdatel'stvo Ast, p. 224.

Blair, W. (2003): Rainbows over Kamchatka. Fish and Fly, Winter 2003, pp. 50–57.

Brunner, P.C., Douglas, M.R., Osinov, A., Wilson, C.C., Bernatchez, L. (2001): Holarctic Phylogeography of Arctic Char (Salvelinus alpinus L.) inferred from mitochondrial DNA sequences. Evolution 55(3), pp. 573–586.

Catalog of Vertebrates of Kamchatka and Adjacent Waters (2000), Petropavlovsk-Kamchatsky Kamchatskiy Petchatniy Dvor.

Flint, V.E., Boehme, R.L., Kostin, Y.V., Kuznetsow, A.A. (1984): A Field Guide to the Birds of the USSR. Princteon Publisher.

Ilicev, V.D., Flint, V.E. (1985, 1989): Handbuch der Vögel der Sowjetunion/Handbuch der Vögel Russlands und angrenzender Gebiete, Wiesbaden, Aula-Vlg., Bd.1, 4, 6.1 und 6.2.

Kistschinski, A.A. (1988): Avifauna of North-East Asia. Moscow Nauka, p. 288.

Kristof, Rudolf A. (2003): An der Kolpakowa. Von einer Fliegenfischerreise nach West-Kamtschatka. Der Fliegenfischer, Verlag J. Schück, Nürnberg. Heft 152.

Madsen, Martha (2004): Kamchatka Explorer. Kamchatka's 2004 Tourism and Visitor Guide. p. 36.

Montaigne, Fen (1998): Reeling in Russia. Thomas Dunne Books, pp. 251–275. ISBN 0-312-18595-2.

Nechayev, Andrei (2003): Kamchatka – Hot land at the cold sea. Moskau, p. 159. ISBN 5-900858-28-6.

Reschetnikow, Y.S. (Ed., 1998): An annotated checklist of Cyclostomata and fishes of the continental waters of Russia. Moscow, p. 220.

Reshetnikov, Y.S. (Ed., 2003): Atlas of Russian Freshwater Fishes. 2 Volume. Moskau, Nauka Vlg., Vol. 1, p. 379. ISBN 5-02-002873-8.

Wannhoff, U. (1996): Ornithologische Beobachtungen auf den Kommandeur-Inseln. Limicola 10, pp. 281–303.

World Wildlife Fund for Nature (WWF, Hrsg.) and Kamchatka Committee for the Protection of the Environment and Natural Resources (1996): Background for the Conservation and Management of the Brown Bears in Kamchatka, compiled by Chestin, I.E. WWF-International, Gland/Schweiz.

Naturschutz und Schutzgebiete

Blinkhorn, T.A. (1998): World Bank Concepts for the Conservation of Cultural Heritage in Northern Eurasia. In: Dömpke, S. & Succow, M. (Hrsg.): Cultural Landscapes and Nature Con-

servation in Northern Eurasia. Selbstverlag, Bonn, pp. 277–280.
Butorina, A. (1998): World Heritage Areas in Russia. In: Dömpke, S. & Succow, M. (Hrsg.): Cultural Landscapes and Nature Conservation in Northern Eurasia, Selbstverlag, Bonn, pp. 75–78.
Chebakowa, I.W. (1997): National Parks of Russia: A guidebook. Biodiversity Conservation Center. Moscow.
Klenn, E. & Tennhardt, T. (1998): UNESCO Weltnaturerbe Programm – Chance für die Natur in Russland. In: Fenner, R. & Wood, R. (Hrsg.): Taiga, Die borealen Wälder – Holzmine für die Welt. Ökozid Jahrbuch 14, Focus-Verlag, Gießen, pp. 169–189.
Newell, J. (2004): The Russian Far East – A Reference Guide for Conservation and Development. McKinleyville, CA, USA, Daniel & Daniel Publ., pp. 340–373.
Pryde, P.R. (1997): Post-Soviet Development and Status of Russian Nature Reserves. Post-Soviet Geography and Economics, 38 (2), pp. 63–80.
Sobolew, N.A., Schwarts, E.A., Kreindlin, M., Mokiewsky, V.O., Zubakin, W.A. (1995): Russia's protected areas: a survey and identification of development problems. Biodiversity and Conservation, 4, pp. 964–983.
State Committee of Russian Federation for Environtment Protection (1997): Biodiversity Conservation in Russia. The First National Report of Russian Federation. Moscow.
Succow, M., Tennhardt, T. (2003): UNESCO-Weltnaturerbegebiete in der Russischen Föderation. In: Stifterverband für die Deutsche Wissenschaft (Hrsg.): 10 Jahre Naturschutzforschung.
Tennhardt, T. (1996): Naturschutz in Russland – mit einer Übersicht über Naturschutzgebiete und UNESCO-Weltnaturerbe-Gebiete. Dipl. Arbeit (unveröff.) an der Technischen Universität Berlin.
Wells, M.P., Williams, M.D. (1998): Russia's Protected Areas in Transition: The Impacts of Perestroika, Economic Reform and the Move Towards Democracy. Ambio 27, pp. 198–206.
World Wildlife Fund for Nature (WWF, Hrsg.) and Kamchatka Committee for the Protection of the Environment and Natural Resources (1996): Background for the Conservation and Management of the Brown Bears in Kamchatka, compiled by Chestin, I.E. WWF-International, Gland/Schweiz.
Zabelina, N.M., Isaeva-Petrowa, L.S., Kuleshowa, L.W. (1998): Zapovedniks and National Parks of Russia. Logata, Moscow.
Zykov, V., Petrov, A. (2008): The Nature Park of Kamchatka ›Nalyčevo‹, Choldingovaja Kompanija ›Novaja Kniga‹, Petropavlovsk, p. 140. ISBN 978-5-87750-125-6.

Indigene Bevölkerung

Baron de Lessups, J.B.B. (1790): Travels in Kamtschatka, during the years 1787 and 1788. Translated from the French. London: J. Johnson.
Berg, L.S. (1946): Otkrytije Kamtschatki i ekspedicija Beringa (Die Entdeckung Kamtschatkas und die Expedition Berings) 1725–1742. AN CCCP, Moskva.
Bogoras, V.G. (1904–09): The Chukchee. Parts I, II, III. Memoirs of the American Museum of Natural History Vol. XI. The Jesup North Pacific Expedition, F. Boas, ed. Leiden: E. J. Brill.
Dittmar, C.v. (1856): Über die Korjaken und die ihnen sehr nahe verwandten Tschuktschen (Mélanges Russes tirés

de Bulletin Historico-Philologique de l'Académie impériale des Sciences de St. Pétersbourg, Tome III, Ire Livraison).

Fitzhugh, W.W. & Crowell, A. (Hrsg.) (1988): Crossroads of Continents. Cultures of Siberia and Alaska. Washington D.C., Smithsonian Institution Press.

Jochelson, V.I. (1908): The Koryak. American Museum of Natual History Memoirs. Vol. X, Parts I and II. The Jesup North Pacific Expedition, F. Boas, ed. Leiden: E. J. Brill.

Kasten, E. und Dürr, M. (2003): Die das Rentier tanzen: Korjaken und Evenen im Fernen Osten Russlands. DVD mit Booklet (16 Seiten). Westfälisches Museum für Naturkunde Münster & Dietrich Reimer Verlag Berlin.

Kasten, E. (2005): Mit dem Seehund feiern: Korjaken und Evenen im Fernen Osten Russlands. DVD. Zentral- und Landesbibliothek Berlin.

Kasten, E. (2005): Rentierhorn und Erlenholz: Schnitzkunst aus Kamtschatka. Zentral- und Landesbibliothek Berlin.

Kennan, G. (1890): Zeltleben in Sibirien, Berlin.

Kennan, G. (1910): Tent Life in Siberia and Adventures among the Koryak and Other tribes in Kamchatka and Northern Asia. New York: Putnam. Revised and enlarged, New York: G. P. Putnam's Sons, [1871].

Krašeninnikov, S.P. (1949): Opisanije zemli Kamtschatki (Die Beschreibung des Landes Kamtschatka). Izdatel'stvo Glavsevmorputi, Moskau (Nachdruck der Ausgabe von 1755)

Shnirelman, V.A. (1994): Hostages of an authoritarian regime: The fate of the numerically-small peoples of the Russian North under Soviet rule. In: Études Inuit/Inuit Studies, Vol.18, Issue 1-2, pp. 201-223.

Steller, G.W. (1996): Beschreibung von dem Lande Kamchatka. Holos, Bonn. (Nachdruck von 1774)

Wakchtin, B.N. (1992): Native Peoples of the Russian Far North. Minority Rights Group International Reports, Nr. 1992/5, London.

Russische Besiedlungsgeschichte

Gülden, W.F. (1992): Forschungsreise nach Kamtschatka – Reise und Erlebnisse des Johann Karl Ehrenfried Kegel von 1841 bis 1847. Köln, Böhlau Verlag, p. 441.

Hintzsche, W. & Nickol, T. (1996): Die Große Nordische Expedition – Georg Wilhelm Steller (1709-1746) – Ein Lutheraner erforscht Sibirien und Alaska. Gotha, Justus Perthes, p. 347.

Lehr, H. (1943): Der Rebell von Kamtschatka. Ludwigsburg/Württ., Eichhorn Verlag.

Matthies, V. (1990): Georg Wilhelm Steller: Berings rejse fra Sibirien til Amerika – Kaptajn Vitus Berings opdagelse af Alaska 1741-1742. Copenhagen, Tidens Ewentyrlige Rejser, p. 240.

Posselt, D. (1990): Die Große Nordische Expedition von 1733 bis 1743 – Aus Berichten der Forschungsreisenden Johann Georg Gmelin und Georg Wilhelm Steller. München, Verlag C.H. Beck, p. 408.

Schdanowa, N.D. (Hrsg.) (1997): Kamtschatka vom 17. bis 20. Jahrhundert. – ein Geschichts- und Geographieatlas, Federal'naja Služba Geodezii i Kartografii Rossii, Moskau, p. 112.

Scurla, H. (1973): Jenseits des Steinernen Tores. Reisen deutscher Forscher des 18. und 19. Jahrhunderts durch Sibirien. Berlin, Verlag der Nationen, p. 623.

Semjonow, J. (1954): Sibirien – Eroberung und Erschließung der wirtschaftlichen Schatzkammer des Ostens. Berlin, Ullstein Verlag, p. 467.

von Benjowski, M.A. (1984): Reisen durch Sibirien und Kamtschatka über Japan und China nach Europa. Turnhout/Belgien, Time-Life-Books B.V. (Nachdruck von 1790, dto., Berlin, Christian Friedrich Roß und Sohn), p. 447.

Wissenschaftliche Expeditionen vom 17. bis 19. Jahrhundert

Erman, A. (1835): Reise um die Erde durch Nord-Asien und die beiden Ozeane in den Jahren 1828, 1829 und 1830: Naturhistorischer Atlas. Verzeichnis von Thieren und Pflanzen, die auf einer Reise um die Erde gesammelt wurden. Berlin, G. Reimer Vlg.

Dahlmann, D. (Hrsg.)(1999): Johann Georg Gmelin: Expedition ins unbekannte Sibirien. Sigmaringen, Jan Thorbecke Verlag, p. 454. Nachdruck des Werkes von Gmelin (1751): Reise durch Sibirien.

Ditmar, C.v. (2011): Reisen und Aufenthalt in Kamtschatka in den Jahren 1851–1855. (Bd.1, 1890). Herausgegeben von Michael Dürr. Bibliotheca Kamtschatica. Fürstenberg/H.: Kulturstiftung Sibirien/SEC Publications.

Ditmar, C.v. (2011): Reisen und Aufenthalt in Kamtschatka in den Jahren 1851–1855. (Bd.2, 1900). Herausgegeben von Michael Dürr. Bibliotheca Kamtschatica. Fürstenberg/H.: Kulturstiftung Sibirien/SEC Publications.

Gülden, W.F. (1992): Forschungsreise nach Kamtschatka – Reise und Erlebnisse des Johann Karl Ehrenfried Kegel von 1841 bis 1847. Erstveröffentlichung eines verschollenen Manuskriptes. Köln, Böhlau Verlag, p. 441.

Hintzsche, W. & Nickol, T. (Hrsg.) (1996): Die Große Nordische Expedition – Georg Wilhelm Steller (1709–1746) – Ein Lutheraner erforscht Sibirien und Alaska. Ausstellungskatalog der Franckeschen Stiftung zu Halle (12.5.1996 – 31.1.1997). Gotha, Justus Perthes Verlag, p. 347.

Kegel, J.K.E. (2011): Forschungsreise nach Kamtschatka. Reisen und Erlebnisse des Johann Karl Ehrenfried Kegel von 1841 bis 1847. Herausgegeben von Werner Friedrich Gülden. Bibliotheca Kamtschatica. Fürstenberg/H.: Kulturstiftung Sibirien/SEC Publications.

Posselt, D. (1990): Die Große Nordische Expedition von 1733 bis 1743 – Aus Berichten der Forschungsreisenden Johann Georg Gmelin und Georg Wilhelm Steller. München, Verlag C.H. Beck, p.408. Auszüge aus den Werken Gmelins (1751): Reise durch Sibirien, Stellers (1774): Beschreibung von dem Lande Kamtschatka dessen Einwohnern, deren Sitten, Nahmen, Lebensart und verschiedenen Gewohnheiten und Stellers (1793): Tagebuch seiner Seereise aus dem Petripauls Hafen in Kamtschatka bis an die westlichen Küsten von Amerika, und seiner Begebenheiten auf der Rückreise.

Sarychew, G.A. (1969): Account of a voyage of discovery to the North-East of Siberia, the Frozen Ocean and the North-East Sea. 2 vols. Amsterdam.

Schdanowa, N.D. (Hrsg.) (1997): Kamčatka XVII-XX BB. – Istoriko-Geografičeskij Atlas (Kamtschatka vom 17. bis 20. Jahrhundert. – ein Geschichts- und Geographieatlas), Federal'naja Služba Geodezii i Kartografii Rossii, Moskau, p. 112.

Scurla, H. (1973): Jenseits des Steinernen Tores. Reisen deutscher Forscher des 18. und 19. Jahrhunderts durch Sibirien. Berlin, Verlag der Nation, p. 623.

von Kittlitz, F.H. (2011): Denkwürdigkeiten einer Reise nach dem russischen Amerika, nach Mikronesien und durch Kamtschatka (Abschnitt zu Kamtschatka). Herausgegeben von Erich Kasten. Bibliotheca Kamtschatica. Fürstenberg/H.: Kulturstiftung Sibirien/SEC Publications.

von Krusenstern, A.J., von Langsdorff, G.H., von Kotzebue, O., von Chamisso, A. (2011): Auszüge aus ihren Werken über Forschungsreisen zu Beginn des 19. Jahrhunderts auf Kamtschatka. Herausgegeben und mit Beiträgen von Marie-Theres Federhofer und Diana Ordubadi. Bibliotheca Kamtschatica. Fürstenberg/H.: Kulturstiftung Sibirien/SEC Publications.

Politik und Wirtschaft

Newell, J. (2004): The Russian Far East – A Reference Guide for Conservation and Development. McKinleyville, CA, USA, Daniel & Daniel Publ., pp. 340–373.

Schdanowa, N.D. (Hrsg.) (1997): Kamčatka XVII-XX BB. – Istoriko-Geografičeskij Atlas (Kamtschatka vom 17. bis 20. Jahrhundert. – ein Geschichts- und Geographieatlas), Federal'naja Služba Geodezii i Kartografii Rossii, Moskau, p. 112.

Newell, J. (2004): The Russian Far East – A Reference Guide for Conservation and Development. McKinleyville, CA, USA, Daniel & Daniel Publ., pp. 340–373.

Angeln und Bootstouren

Blair, W. (2003): Rainbows over Kamchatka. Fish and Fly, Winter 2003, pp. 50–57.

Kristof, Rudolf A. (2003): An der Kolpakowa. Von einer Fliegenfischerreise nach West-Kamtschatka. Der Fliegenfischer, Verlag J. Schück, Nürnberg. Heft 152, pp. 42 f.

Madsen, Martha (2004): Kamchatka Explorer. Kamchatka's 2004 Tourism and Visitor Guide. p. 36. Montaigne, Fen (1998): Reeling in Russia. Thomas Dunne Books, pp. 251–275. ISBN 0-312-18595-2.

Nechayev, Andrei (2003): Kamchatka – Hot land at the cold sea. Moskau, p. 159. ISBN 5-900858-28-6.

Kommandeurinseln

Artjuchin, J. (2005): Komandorskije Ostrova, Choldingovaja Kompanija ›Novaja Kniga‹, Petropavlovsk, p. 133. ISBN 5-87750-004-X

Hintzsche, W. und Nicol, T. (1996): Die Große Nordische Expedition. G.W. Steller (1709–1746) – Ein Lutheraner erforscht Sibirien und Alaska, Justus Perthes Verlag, Gotha. Katalog zur Ausstellung Mai 1996 – Januar 1997 in Halle an den Frankeschen Stiftungen. Es zeigt einen sehr guten Überblick über die Zeit der russischen Erforschung Kamtschatkas. Der größte Teil der Ausstellung war dem Forscher G.W. Steller, seinen Reisen und Forschungen gewidmet.

Stejneger, L. (1885): Results of ornithological Explorations in the Commander Islands and in Kamchatka, Bull. U. S. Nat. Mus. 29: pp. 1–382. Der Norweger Leonhard Stejneger (1867–1943) arbeitete 1887 im Auftrage des Smithsonian Institution fast drei Jahre auf den Kommandeurinseln und brachte an die 2000 Vogelbälge mit. Das Buch ist die für Ornithologen umfassendste Literaturquelle der Avifauna dieser Inselgruppe.

Stejneger, L. (1936): Georg Wilhelm

Steller – The Pioneer of Alaskan Natural History, Harvard University Press. Für die Biographie über Steller hat den Autor auch viel in Deutschland, unter anderem in Halle, Bad Windsheim und in Stellers Geburtsstadt Magdeburg recherchiert.

Steller, G.W. (1753): Ausführliche Beschreibung von sonderbaren Meerthieren.

Steller, G.W. (1793): Reise von Kamtschatka nach Amerika. (Beide Bände liegen im unveränderten Neudruck vor (1974), Brockhaus, Stuttgart)

Wannhoff, U., Törmer, K. (1995): Comandor – Leben am Ende der Welt, Berlin. Das Standardwerk zu den Kommandeurinselne.

Wannhoff, U. (1996): Ornithologische Beobachtungen auf den Kommandeurinseln, Limicola Bd. 10 Heft 6, S. 281-303. Ein kurzer, aber umfassender Bericht aus den Jahren 1991 bis 1996.

Bildbände und Reisereportagen

Gippenreiter, V. (1993): Kamtschatka – Land aus Feuer und Eis, Gerstenberg Verlag Hildesheim. Erweiterte Neuauflage des Bildbandes vom VEB Brockhaus Verlag 1985, p. 191.

Gleadhill, D. (2007): Kamchatka: A Journal & Guide to Russia's Land of Ice and Fire. Hongkong: Odyssey. S. 312. Wunderschön illustriert, sehr informativ, einfühlsam geschrieben.

Gorshkov, S. (2008): The Vanishing World Kamchatka, Bely Gorod Publishing, Moskow, p.197. ISBN 978-5-7793-1560-9. Grandioser Bildband über die Tiere und Landschaften.

Nigge, K. (1997): Kamtschatka – Adler, Bären und Vulkane, Tecklenborg Verlag Steinfurt, p.135. Mein persönliches Lieblingsbuch zu Kamtschatka.

Kamtschatka im Internet

Alle hier genannten Internetseiten sind auf unserer Verlags-Homepage unter ›Kamtschatka‹ verlinkt.

Klima

www.klimadiagramme.de/Asien/petropawlowsk.html Klimadiagramm von Petropavlovsk.

www.mountainbike-expedition-team.de/stuff/sky.html Interessante Wolkenbilder Kamtschatkas.

Geologie und Vulkanismus

http://data.emsd.iks.ru/video/video.htm Webcams am Ključevskoj, Bezymjannyj, Šiveluč.

www.wwf.ru/about/where_we_work/kamchatka/webcam/eng/ Webcam im Tal der Geysire.

www.volcano.si.edu/world/region.cfm?rnum=1000 Global Volcanism Program of the Smithsonian Institute.

http://whc.unesco.org/en/list/765 Volcanoes of Kamchatka, UN World Heritage List.

www.geology.buffalo.edu Institute of Geology, Volcano Studies and Geochemistry of the University of Buffalo.

www.kamchatkapeninsula.com/ringoffire.html Informationen zum Pazifischen Feuerring.

Pflanzen und Tiere

www.saxifraga.de/kamtschatka/kamtsch_artlist_gp.html Zusammenfassende Liste aller Pflanzenarten bzw. aller für Kamtschatka in der Literatur erwähnten Pflanzennamen.

Kamtschatka im Internet

www.geopacifica.org/PH_GEO/veg.html Vegetationstypen im russischen Fernen Osten.

www.saxifraga.de/kamtschatka/kamtschatka.html umfassende Listen zu den Säugetier-, Vogel- und Fischarten Kamtschatkas.

www.travelkamchatka.com/animalmore.htm Artenliste der Säugetiere.

www.kamchatka.org.ru/fauna.html Allgemeines zur Fauna Kamtschatkas.

www.kamchatkapeninsula.com/bear.html Informatives zum Braunbär.

www.travelkamchatka.com/birdsmore.htm Artenliste der Vögel.

www.fadr.msu.ru/o-washinet/spsynop.html Beschreibungen des Riesen-Seeadlers.

http://de.wikipedia.org/wiki/Sibirischer_Winkelzahnmolch Wissenswertes zum Winkelzahnmolch.

www.wildsalmoncenter.org/programs/kamchatka/index.php Beschreibungen der Fischarten Kamtschatkas sowie der Schutzbemühungen für natürliche Fischhabitate.

Politik und Verwaltung

www.gks.ru Russisches Statistikamt allere Gebiete und Städte.

www.petropavlovsk.ru Selbstdarstellungsseite der Stadt.

Geschichte

http://ycdl4.yukoncollege.yk.ca/~agraham/nost202/timetables.htm Zirkumpolare Geschichtstabellen und Zeittafeln.

Schutzgebiete

www.park.kamchatka.ru/eng/tourism.htm Offizielle Seite des Nalyčevo Naturparks.

www.wwf.de/regionen/welt/kamtschatka/index.html Projekte vom WWF.

www.wwf.ru/kamchatka/eng/ Seite des WWF Russland.

www.travelkamchatka.com/kronotsky_map.htm Landkarte des Kronockij-Reservates.

http://www.kronoki.ru/ offizielle Seite der Zapovednik-Verwaltung in Elizovo.

http://whc.unesco.org/en/list/765.htm ›Vulkane Kamtschatkas‹ – UN World Heritage.

Indigene Bevölkerung

www.kulturstiftung-sibirien.de Informative Seite zu den ethnologischen Forschungen in Sibirien.

www.eki.ee/books/redbook/introduction.shtml Das Rote Buch der Völker des russischen Reiches.

www.yukoncollege.yk.ca/~agraham/nost202/aboppsru.htm Ureinwohner des russischen Nordens.

www.koryaks.net/biblio-siberia.html Literatursammlung und Informationen zu Korjaken und anderen sibirischen Volksgruppen.

Angeln

www.wildsalmoncenter.org/programs/kamchatka/index.php Informationen zum Angeln auf Kamtschatka.

www.g-feuerstein.com/bolshaya-system.html Fliegenfischen auf Kamtschatka.

www.fliegenfischer-forum.de/kamtscha.html Reisebericht von einem Angelurlaub.

http://kamtschatka2006.flyfishingteam.org/ Reisebericht Floattrip und Fliegenfischen

Artenliste Säugetiere

Ordnung der Insektenfresser – Insectivor

Familie der Spitzmäuse – Soricidae

Sorex cinereus camtchatica	Kamchatka shrew	Бурозубка ж. камчатскае
Sorex minutissimus tschuktschorum	Chuckchy least shrew	Бурозубка ж.
Sorex daphaenodon sunguinidens	East-Siberian large-toothed shrew	Бурозубка ж. тёмнолапая
Sorex isodon	Same-toothed shrew	Бурозубка ж. восточно-сибирская
Sorex roboratus vir	Yakut flat-skulled (brown) shrew	Бурозубка ж. плоскочерепная
Sorex tundrensis borealis	Northern tundra shrew	Бурозубка ж. тундровае
Sorex caecutiens macropygmaeus	East-Siberian Laxmann's shrew	Бурозубка ж. средняя
Sorex caecutiens insularis	Karagynsky Laxmann's shrew	Бурозубка ж. средняя

Ordnung der Fledermäuse – Chiroptera

Familie der Glattnasen – Vespertilionidae

Myotis brandti brandni	Brandt's myotis	Ночнитца ж. брандта
Myotis brandti gracilis	Brandt's myotis (?)	Летучая мышь ночнитца Бранта
Myotis daubentoni ussuriensis	Uzsurien Daubenton's water bat	Летучая мышь ночнитца ж. водяная узурий
Eptesicus nilssoni nilssoni	Northern bat	Летучая мышь севернае кожанае

Ordnung der Raubtiere

Familie der Hunde – Canidae

Canis lupus albus	Polar wolf	Волк м. тундровый
Alopex lagopus lagopus	Arctic fox	Песец м.
Alopex lagopus beringensis	Bering Arctic fox	Песец м. беринговский

Artenliste Säugetiere [301]

| Alopex lagopus semenovi | Medny Arctic fox | Песец м. медновский |
| Vulpes vulpes beringiana | Kamchatka red fox | Лисица ж. (Лиса ж. беринговскае) |

Familie der Bären – Ursidae

Ursus arctos piscator	Kamchatka brown bear	Медведь м. камчатский
Ursus arctos jenisensis (?)	East-Siberian brown bear	Медведь м. восточно-сибирский
Ursus maritimus marinus	Siberian polar bear	Медведь м. белый (М. м. полярный)

Familie der Marder – Mustelidae

Martes zibellina kamtschadalica	Kamchatka sable	Соболь м. камчатский
Gulo gulo albus	Kamchatka wolverine	Росомаха ж. камчатская
Mustela erminea kanei	East-Siberian ermine	Горностай м. восточно-сибирский
Mustela erminea karaginensis	Karaginsky ermine	Горностай м. карагинский
Mustela nivalis pygmaea	Siberian least weasel	Ласка ж. сибирская
Mustela vison	Mink	Норка ж. американская
Mustela mustela borealis	Forest ferret	Куница ж. лесная северная
Lutra lutra	Northern river otter	Выдра ж. речная
Enhydra lutris gracilis (Lutra stelleri)	Kuril sea otter	Калан м. курильский
Enhydra lutris lutris	Bering's sea otter	Калан м. командорский

Familie der Walrösser – Odobenidae

| Odobenus rosmarus divergens | Pacific walrus | Морж м. тихоокеанский |

Familie der Seelöwen – Otariidae

Eumetopias jubatus	Northern sea lion	Сивуч м.
Callorhinus ursinus	Northern fur seal	Котик м. морской северный
Callorhinus ursinus ursinus	Bering's fur seal	Котик м. морской командорский

Artenliste Säugetiere

Familie der Seehunde – Phocidae

Erignathus barbatus nauticus	Far-east bearded seal	Лахтак м. тихоокеанский
Phoca hispida krascheninnikovi	Bering ringed seal	Нерпа ж. Крашенинникова
Phoca hispida ochotensis	Okhotsk ringed seal	нерпа Кольчатая
Phoca vitulina stejnegeri	Harbor seal	тюлень Обыкно-венный
Phoca vitulina largha	Larga seal	Тюлень-парга м.
Phoca fasciata (Histriophoca fasciata)	Ribbon seal	Крылатка

Familie der Katzen – Felidae

Lynx lynx wrangeli	East-Siberian lynx	Рысь ж. восточно-сибирская

Ordnung der Wale

Familie der Delphine – Delphinidae

Lissodelphius borealis	Northern right whale dolphin	Дельфин северный китовидиый
Lagenorhynchus obliquidens	Pacific white-sided dolphin	Дельфин тихоокеанский белобокий
Delphinus delphinus bairdii	Pacific common dolphin	Дельфин-белобочка
Tursiops truncatus gillii	Pacific bottle-nosed dolphin	Афалина ж. дальневосточная
Grampus griceus	Risso's dolphin	Дельфин серый
Orcinus orca	Killer whale	Косатка ж.
Globicephala melas sieboldi	Short-finned pilot whale	Гринда обыкновенная

Familie der Schweinswale – Phocaenidae

Phocoena phocoena vomerina	Pacific harbor porpoise	Свинья обыкно-венная морская
Phocoenoides dalli dalli	Northern Dall's porpoise	Свинья белокрылая морская

Familie der Gründelwale – Monodontidae

Delphinapterus leucas dorofeevi	Pacific belukha whale	Белуха ж. охотская
Monodon monoceros	Narwhal	Нарвал м. (Единорог м.)

Artenliste Säugetiere [303]

Familie der Pottwale – Physeteridae		
Physeter catodon catodon	Northern sperm whale	Кашалот м.
Familie der Schnabelwale – Ziphiidae		
Berardius bairdii	Baird's beaked whale	Плавун северный
Ziphius cavirostris	Cuvier's beaked whale	Клюворыл м. кювьеров
Mesoplodon stejnegeri	Stejneger's beaked whale	Пемнезуб командорский
Familie der Grauwale – Eschrichtiidae		
Eschrichtidae gibbosus	Gray whale	Кит серый
Familie der Glattwale – Balaenidae		
Balaena mysticetus	Bowhead whale	Кит гренландский
Eubalaena glacialis japonica	Pacific right whale	Кит южный
Familie der Furchenwale – Balaenopteridae		
Megaptera nodosa (M. novaeangliae)	Northern humpback whale	Кит м. горбатый (Горбач м.)
Balaenoptera musculus musculus	Northern blue whale	Кит м. синий
Balaenoptera physalis physalis	Northern fin whale	Полосатик м. сельдяной (Финвалм)
Balaenoptera borealis borealis	Northern sea (fish) whale	Кит м. ивасевый (Сейвал м.)
Balaenoptera acutorostrata	Pacific minke whale davidsoni	Малый полосатик
Ordnung der Paarhufer		
Familie der Hirsche – Cervidae		
Alces alces buturlini (A. a. pfizenmayeri)	Kolymsky moos	Лось м. восточно-сибирский
Rangifer tarandus phylarchus	Kamchatka reindeer	Олень м. северный охотский
Rangifer tarandus tarandus	Tundra reindeer	Олень м. северный европейский
Familie der Rinderartigen – Bovidae		
Ovis nivicola (Ovis canadensis)	Kamchatka snow sheep	Баран м. снежный (Чубук, Толсторог)

Artenliste Säugetiere

Ovis nivicola koriakorum	Koryaksky snow sheep	Баран м. снежный (Чубук, Толсторог)
Ovis nivicola lydekkeri	Yakutsky snow sheep	Баран м. снежный якутский

Ordnung der Nagetiere

Familie der Flughörnchen – Pteromyidae

Pteromis volans anadyrensis	Anadyrsky flying squirrel	Летяга ж. анадырская

Familie der Hörnchen – Sciuridae

Sciurus vulgaris jacutensis	Yakutsky red squirrel	Белка ж. якутская
Tamias sibiricus jacutensis	Yakutsky asiatic chipmunk	–
Citellus parryi stejnegeri	Kamchatka arctic ground squirrel	Суслик м. длиннохвостый
Citellus parryi coriakorum	Koryaksky arctic ground squirrel	Суслик м. (?)
Citellus parryi leucostrictus	Okhotsky arctic ground squirrel	Суслик м. (?)
Marmota camtschatica camtschatica	Kamchatka black-capped marmot	Сурок м. камчатский, Сурок черношапочный

Familie der Biber – Castoridae

Castor canadensis	Canadien biver	Бобры речные

Familie der Hamster und Wühlmäuse – Cricetidae

Alticola macrotis lemminus (A. lemminus)	Lemming-lake vole	Полёвка ж. высокогорная лемминговидная
Clethrionomys rufocanus wosnessenskii	Kamchatka red-gray vole	Полёвка ж. красно-серая
Clethrionomys rutilus jochelsoni	North-eastern red-backed vole	Полёвка ж. красная сибирская
Dicrostonyx torquatus chionopaes	Eastern collared lemming	Лемминг м. копытный восточный (Копытный лемминг)
Ondatra zibethica	Muskrat	Крыса ж. мускусная (Ондатра ж.)
Microtus oeconomus kamtschaticus	Kamchatka tundra (root) vole.	Полёвка-экономка ж (П. крысоголовая)

Microtus oeconomus karaginensis	Karagynsky tundra (root) vole	Полёвка-экономка ж. (П. крысоголовая)
Microtus oeconomus tschuktschorum	Chukchy tundra (root) vole	Полёвка-экономка ж. (П. крысоголовая)
Microtus hyperboreus	North-Siberian vole	Полёвка ж. северо-сибирская
Lemmus sibiricus flavescens (?)	Kamchatka lemming	Лемминг м. Камчатский (Сибирский лемминг)
Lemmus obensis chrysogaster	Yellow-bellied Lemming	Лемминг м. желтобрюхий
Myopus schisticolor thayeri	Kolymsky wood lemming	Лемминг м. лесной колымский

Familie der Echten Mäuse – Muridae

Mus musculus	House mouse	Мышь ж. домовая
Rattus rattus	Black rat	Крыса ж. (Чёрная)
Rattus norvegicus	Norway rat	Крыса ж. серая (К. Рыжая)

Ordnung der Hasenartigen

Familie der Hasen – Leporidae

Lepus timidus gichiganus	Gichigae blue (mountain) hare	Заяц-беляк м. охотский (З.-б. гижигитский)

Familie der Pfeifhasen – Ochotonidae

Ochotona alpina hyperborea (O. hyperborea)	Northern pika	Пищуха ж. северная
Ochotona hyperborea ferruginea	Kamchatka northern pika	Пищуха ж. северная камчатская
Ochotona hyperborea kolymensis	Kolymsky northern pika	Пищуха ж. северная колымская (?)

Verwendete Literatur:

Arsenjew, W.A. (1980): Atlas der Meeressäuger der UDSSR. Moskau, Verlag der Lebensmittelindustrie.

Artuchin, J.W. & Burkanow, W.N. (1999): Morskie Pticy i Mlekopitajuščie Dal'nego Vostoka Rossii (Die Vögel und Säugetiere der Meere und Küsten des Fernen Ostens Russlands). Moskau, Izdatel'stvo Ast, p. 224.

Klemm, M. (1973): Zoologisches Wörterbuch Paläarktische Tiere; P. Parey, Berlin & Hamburg, p. 854.

Artenliste Vögel

Wissenschaftlicher Name	Deutscher Name	Englischer Name	Russischer Name
Gavia stellata stellata	Sterntaucher	Red-throated Diver	Krasnozobaya Gagara
Gavia arctica viridigularis	Prachttaucher	Black-throated	Tschernozobaya Gagara
Gavia immer	Eistaucher	Common Loon	Tschernokliuvaja
Gavia adamsi	Gelbschnabeltaucher	Yellow-billed Loon	Belokliuvaya Gagara
Gavia pacifica	Weißnackentaucher	Arctic Diver (Arctic Loon)	–
Podiceps grisegena holboellii	Rothalstaucher	Red-necked Grebe	Seroschchiukaya Poganka
Podiceps auritus auritus	Ohrentaucher	Little Grebe, Horned Grebe	Krasnoschejnaya Poganka
Fulmarus glacialis rodgersi	Eissturmvogel	Northern Fulmar	Glupysch
Pterodroma inexpectata	Regensturmvogel	Mottled Petrel, Peals Petrel	–
Puffinus griseus	Dunkler Sturmtaucher	Sooty Shearwater	Serij Burevestnik
Puffinus tenuirostris	Kurzschwanz-Sturmtaucher	Short-tailed Shearwater	–
Oceanodroma leucorhoa	Gabelschwanz-Wellenläufer	Leach's Storm-Petrel	Severnaya Kachurka
Oceanodroma	(Sturmschwalbe)	Fork-tailed Storm-Petrel	Sizaya furcata Kachurka
Diomedea nigripes	Schwarzfuß-Albatross	Black-footed Albatross	–
Diomedea immutabilis	Laysan-Albatross	Laysan Albatross	–
Diomedea albatrus	Kurzschwanz-Albatross	Short-tailed Albatross	–
Phalacrocorax pelagicus	Meerscharbe	Pelagic Cormorant	Beringov Baklan

Artenliste Vögel

Wissenschaftlicher Name	Deutscher Name	Englischer Name	Russischer Name
Phalacrocorax urile	Rotgesichtscharbe	Red-faced Cormorant	Krasnolitsy Baklan
Cygnus Cygnus	Singschwan	Whooper Swan	Lebed-klikun
Cygnus bewickii	Zwergschwan	Bewick's Swan	Maly Lebed
Anser fabalis	Saatgans	Bean goose	Gumennik
*Anser erythropus	Zwerggans	Lesser White-fronted Goose	Piskulka
*Anser albifrons	Blässgans	Greater White-fronted Goose	Bjelolobij Gus
*Chen (Anser) caerulescens	Schneegans	Snow Goose	Bjelij Gus
*Chen canagica (Anser canagicus)	–	Emperor Goose	Bjeloschej
*Branta Canadensis	Kanadagans	Canada Goose	Kanadskaya Kazarka
*Branta bernicla (Branta nigricans)	Ringelgans	Brant	Tschiurnaya Kazarka
Anas Penelope	Pfeifente	Eurasian Wigeon	Sviyaz
Anas platyrhynchos platyrhynchos	Stockente	Mallard	Kryakva
Anas acuta	Spießente	Northern Pintail	Schilokvost
Anas clypeata	Löffelente	Northern Shoveler	Schirokonoska
Anas crecca crecca	Krickente	Green-winged Teal	Tschiroksvistunok
Anas querquedula	Knäkente	Garganey	Tschiroktreskunok
Anas formosa	Gluckente	Baikal Teal	Kloktun
Anas falcata	Sichelente	Falcated Teal	Kasatka
Anas strepera	Schnatterente	Gadwall	Seraya Utka
Aythya ferina	Tafelente	Common Pochard	Krasnogolovy Nyrok
Aythya fuligula	Reiherente	Tufted Duck, Tufted Pochard	Khokhlataya Tschernet
Aythya marila mariloides	Bergente	Greater Scaup	Morskaya Tschernet

Artenliste Vögel

Wissenschaftlicher Name	Deutscher Name	Englischer Name	Russischer Name
*Somateria spectabilis	Prachteiderente	King Eider	Gaga-grebiunuschka
*Somateria fischeri	Plüschkopfente	Spectacled Eider	Ochkovaya Gaga
Somateria mollissima	Eiderente	Common Eider	Obyknovennaya Gaga
*Polysticta stelleri (Somateria stelleri)	Scheckente	Steller's Eider	Sibirskaya Gaga
Histrionicus histrionicus	Kragenente	Harlequin Duck	Kamenuschka
Clangula hyemalis	Eisente	Oldsquaw, Long-tailed Duck	Moryanka
Melanitta nigra (americana)	Trauerente	Black Scoter, Common Scoter	Singa
Melanitta fusca, M. deglandi stejnegeri	Samtente	White-winged Scoter	Turpan
*Melanitta perspicillata	Brillenente	Surf Scoter	Pestronosij Turpan
*Bucephala albeola	Büffelkopfente	Bufflehead	–
*Bucephala islandica	Spatelente	Barrow's Goldeneye	–
Bucephala clangula	Schellente	Common Goldeneye	Gogol
Mergus albellus	Zwergsäger	Smew	Lutok
Mergus serrator	Mittelsäger	Red-breasted Merganser	Dlinnonosy Krokhal
Mergus merganser	Gänsesäger	Common Merganser	Bolshoj Krokhal
Pandion haliaetus haliaetus	Fischadler	Osprey	Skopa
Circus cyaneus cyaneus	Kornweihe	Northern Harrier	Polevoy Lun
Accipiter nisus pallens	Sperber	Eurasian Sparrowhawk	Perepelyat nik

Artenliste Vögel [309]

Wissenschaftlicher Name	Deutscher Name	Englischer Name	Russischer Name
Accipiter gentilis albidus	Habicht	Northern Goshawk	Teterevyatnik
Buteo lagopus kamchatkensis	Rauhfußbussard	Rough-legged Buzzard	Zimnyak
Haliaetus albicilla	Seeadler	White-tailed Eagle	Orlan-belokhvost
Haliaetus pelagicus	Riesenseeadler	Steller's Sea-Eagle	Bjeloplechy Orlan
Aquila chrysaetos kamtschatika	Steinadler	Golden Eagle	Berkut
*Falco tinnunculus	Turmfalke	Eurasian Kestrel	Obyknovennaya Pustelga
Falco subbuteo subbuteo	Baumfalke	Northern Hobby	Tscheglok
Falco peregrinus	Wanderfalke	Peregrine Falcon	Sapsan
Falco columbarius	Merlin	Merlin	Derbnik
Falco rusticolus	Gerfalke	Gyrfalcon	Krechet
Lagopus mutus kraschennikowi	Alpenschneehuhn	Rock Ptarmigan	Tundryanaya Kuropatka
Lagopus lagopus kamtschatkensis	Moorschneehuhn	Willow Grouse	Bjelaya Kuropatka
Tetrao parvirostris kamtschatikus	Felsenauerhuhn	Black Capercaillie	Kamenny Glukhar
Grus canadensis	Kanadakranich	Sandhill Crane	Kanadsky Zhuravl
**Porzana fusca	Zimtralle	Ruddy Crake	–
**Gallicrex cinerea	Wasserhahn	Watercock	–
Haematopus ostralegus	Austernfischer	Common Oystercatcher	Kuliksoroka
*Charadrius hiaticula	Sandregenpfeifer	Greater Ringed Plover	Galstuchnik
Charadrius mongolus	Mongolen-Regenpfeifer	Mongolian Plover	Mongolsky Zuyok
*Pluvialis dominica fulva	Amerikanischer Goldregenpfeifer	Pacific Golden Plover	Burokrylaya Rzhanka

Anhang

Artenliste Vögel

Wissenschaftlicher Name	Deutscher Name	Englischer Name	Russischer Name
*Pluvialis squatarola	Kiebitzregenpfeifer	Black-bellied Plover	Tuless
*Arenaria interpres	Steinwälzer	Ruddy Turnstone	Kamnescharka
*Arenaria melanocephala	–	Black Turnstone	–
*Calidris alba	Sanderling	Sanderling	Pesoschanka
*Calidris canutus rogersi	Knutt	Red Knot	Islandski Pesochnik
*Calidris ferruginea	Sichelstrandläufer	Curlew Sandpiper	Krasnozobik
*Calidris alpina sakhalina	Alpenstrandläufer	Dunlin	Tschernozobik
*Calidris temminckii	Temminck-strandläufer	Temminck's Stint	Belokhvost Pesochnik
*Calidris ruficollis	Rotkehlstrandläufer	Rufous-necked Stint	Pesochnik-krasnosheyka
*Calidris mauri	Bergstrandläufer	Western Sandpiper	Pereponchatopaly Pesochnik
Calidris subminuta	Langzehen-Strandläufer	Long-toed Stint	Dlinnopaly Pesochnik
*Calidris bairdii	Baird-Strandläufer	Baird's Sandpiper	Berdov Pesochnik
*Calidris melanotos	Graubruststrandläufer	Pectoral Sandpiper	Dutysh
*Calidris acuminata	Spitzschwanzstrandläufer	Sharp-tailed Sandpiper	Ostrokhovsky Pesochnik
*Calidris tenuirostris	Großer Knutt	Great Knot	Bolshoj Pesochnik
*Eurynorhynchus pygmeus	–	Spoon-billed Sandpiper	Kulik-lopaten
*Philomachus pugnax	Kampfläufer	Ruff	Turukhtan
*Limicola falcinellus	Sumpfläufer	Broad-billed Sandpiper	Gryazovik

Wissenschaftlicher Name	Deutscher Name	Englischer Name	Russischer Name
*Numenius phaeopus variegatus	Regenbrachvogel	Whimbrel	Sredny Kronschnep
Numenius madagascariensis	Isabellbrachvogel	Australian Curlew	Dalnevostochny Kronschnep
*Limosa limosa	Uferschnepfe	Black-tailed Godwit	Bolshoj Veretennik
*Limosa lapponica	Pfuhlschnepfe	Bar-tailed Godwit	Maly Veretennik
*Tringa erythropus	Dunkelwasserläufer	Spotted Redshank	Schtchyógol
*Tringa incana (Heteroscelus incanus)	Wanderwasserläufer	Wandering Tattler	Amerikansky Pepelny Ulit
Tringa nebularia	Grünschenkel	Greenshank	Bolshoj Ulit
Tringa glareola	Bruchwasserläufer	Wood Sandpiper	Fifi
Tringa brevipes	(Wasserläufer)	Gray-tailed Tattler	Sibirsky Pepelny Ulit
Actitis hypoleucos	Flussuferläufer	Common Sandpiper	Perevozchik
*Xenus cinereus	Terekwasserläufer	Terek Sandpiper	Morodunka
*Limnodromus scolopaceus	Langschnabel-Schlammläufer	Long-billed Dowitcher	Amerikanski Bekasovidny Veretennik
*Gallinago stenura	Spießbekassine	Pintail snipe	Aziatsky Bekas
Gallinago gallinago	Bekassine	Common Snipe	Bekas
Gallinago solitaria	Einsiedlerbekassine	Solitary snipe	Gorny Dupel
*Phalaropus fulicarius	Thorshühnchen	Red Phalarope, Gray Phalarope	Ploskonosy Plavunchik
Phalaropus lobatus	Odinshühnchen	Northern Phalarope	Kruglonosy Plavunchik
Stercorarius pomarinus	Spatelraubmöwe	Pomarine Jaeger, Pomarine Skua	Sredny Pomornik
Stercorarius parasiticus	Schmarotzerraubmöwe	Parasitic Jaeger, Arctic Skua	Korotkokhvosty Pomornik

Artenliste Vögel

Wissenschaftlicher Name	Deutscher Name	Englischer Name	Russischer Name
Stercorarius longicaudus	Falkenraubmöwe	Long-tailed Jaeger, Long-tailed Skua	Dlinnokhvosty Pomornik
Larus ridibundus	Lachmöwe	Common Black-headed Gull	Ozernaya Tschayka
Larus canus kamtschatkensis	Sturmmöwe	Common Gull, Mew Gull	Sizaya Tschayka
Larus delawarensis	Ringschnabelmöwe	Ring-billed Gull	–
Larus argentatus vegae	Silbermöwe	Herring Gull	Serebristaya Tschayka
Larus hyperboreus palidissimus	Eismöwe	Glaucous Gull	Burgomistr
Larus glaucescens	Beringmöwe	Glaucous-winged Gull	Serokrylaya Tschayka
Larus schistisagus	Kamtschatkamöwe	Slaty-backed Gull	Tikhukeanskaya Tschayka
*Larus crassirostris	Japanmöwe	Black-tailed Gull	Chernokhvostaya Tschayka
Rhodostethia rosea	Rosenmöwe	Ross' Gull	Rozovaya Tschayka
Rissa tridactyla pollicaris	Dreizehenmöwe	Black-legged Kittiwake	Moevka
*Rissa brevirostris	Klippenmöwe	Red-legged Kittiwake	Krasnonogaya Govoruschka
Sterna hirundo longipennis	Flussseeschwalbe	Common Tern	Reschnaya Kraschka
Sterna paradisaea	Küstenseeschwalbe	Arctic Tern	Polarnaya Kraschka
Sterna kamtschatica (S. aleutica)	Aleutenseeschwalbe	Aleutian Tern	Aleutskaya Kraschka
Uria aalge inornata	Trottellumme	Common Guillemot	Tonkoklyuvaya Kayra
Uria lomvia arra	Dickschnabellumme	Brünnich's Guillemot	Tolsto klyuvaya Kayra

Artenliste Vögel

Wissenschaftlicher Name	Deutscher Name	Englischer Name	Russischer Name
Cephus columba columba	Taubenteiste	Pigeon Guillemot	–
Cepphus carbo	Brillenteiste	Spectacled Guillemot	Ochkovy Tschistik
*Cepphus grylle	Gryllteiste	Black Guillemot	Tschistik
Brachyramphus marmoratus perdix	Marmelalk	Marbled Murrelet	Dlinnoklyuvy Pyzhik
Brachyramphus brevirostris	Kurzschnabelalk	Kittlitz's Murrelet	Korotkoklyuvy Pyzhik
Synthliboramphus antiquus	Silberalk	Ancient Murrelet	Starik
Ptychoramphus aleuticus	Aleutenalk	Cassin's Auklet	–
Aethia cristatella	Schopfalk	Crested Auklet	Bolshaya Konyuga
Aethia pygmaea	Bartalk	Whiskered Auklet	Malaya Konyuga
*Aethia pusilla	Zwergalk	Least Auklet	Konyuga-kroschka
Cyclorrhynchus psittacula	Rotschnabelalk	Parakeet Auklet	Bjelobryuschka
Fratercula corniculata	Hornlund	Horned Puffin	Ipatka
Lunda cirrhata	Gelbschopflund, Schopflund	Tufted Puffin	Toporik
Streptopelia orientalis	Meenataube	Rufous Turtle Dove	Bolschaya Gorlitsa
Cuculus canorus canorus	Kuckuck	Common Cuckoo	Obyknovennaya Kukuschka
Cuculus saturatus horsfieldi	Hopfkuckuck	Oriental Cuckoo	Glukhaya Kukuschka
Asio flammeus	Sumpfohreule	Short-eared Owl	Bolotnaya Sova
*Nyctea scandica	Schneeeule	Snowy Owl	Belaya Sova
Surnia ulula ulula	Sperbereule	Northern Hawk Owl	Yastrebinaya Sova

[314] Artenliste Vögel

Wissenschaftlicher Name	Deutscher Name	Englischer Name	Russischer Name
Aegolius funereus magnus	Rauhfußkauz	Tengmalm's Owl	Mokhnonogy Sych
Apus pacificus leucopyga	Gabelschwanz-Pazifiksegler	White-rumped Swift	Belopoyasnichny Strizh
*Hirundapus caudacutus	–	White-throated Needletail	Iglokhvosty Strizh
Picoides tridactylus albidior	Dreizehenspecht	Northern Threetoed Woodpecker	Tryokhpaly Dyatel
Dryocopus martius	Schwarzspecht	Black Woodpecker	Zhelna
Dendrocopos major kamtschatikus	Buntspecht	Great Spotted Woodpecker	Pyostry Dyatel
Dendrocopos minor immaculatus	Kleinspecht	Lesser Spotted Woodpecker	Maly Pyostry Dyatel
Dendrocopus leucotus	Weißrückenspecht	White-backed Woodpecker	Bjelospinny Dyatel
Alauda arvensis pekinensis	Feldlerche	Eurasian Skylark	Polevoy Zhavoronok
*Eremophila alpestris	Ohrenlerche	Horned Lark	–
Riparia riparia	Uferschwalbe	Bank Swallow, Sand Martin	Beregovushka
Hirundo rustica	Rauchschwalbe	Barn Swallow	Derevenskaya Lastockha
Anthus spinoletta	Wasserpieper	Water Pipit	Gorny Konyok
Anthus cervinus	Rotkehlpieper	Red-throated Pipit	Krasnozoby Konyok
Anthus hodgsoni yunnanensis	Waldpieper	Indian Tree Pipit	Pyatnisty Konyok
Anthus gustavi gustavi	Petschorapieper	Pechora Pipit	Sibirsky Konyok
Motacilla alba ocularis	Bachstelze	White Wagtail	Bjelaya Tryasoguzka
Motacilla cinerea melanope	Gebirgstelze	Gray Wagtail	Gornaya Tryasoguzka

Artenliste Vögel [315]

Wissenschaftlicher Name	Deutscher Name	Englischer Name	Russischer Name
Motacilla flava	Schafstelze	Yellow Wagtail	Zholtaya Tryasoguzka
Bombycilla garrulus	Seidenschwanz	Bohemian waxwing	Sviristel
Cinclus pallasii	Braune Wasseramsel	Brown dipper	Buraya Olyapka
Troglodytes troglodytes	Zaunkönig	Northern Wren	Krapivnik
Luscinia calliope	Taigarubinkehlchen	Siberian Rubythroat	Solovey-krasnosheyka
Luscinia cyane	Sibirisches Blaukehlchen	Siberian Blue Robin	Siny Solovey
*Luscinia svecica svecica	Blaukehlchen	Bluethroat	Varakushka
**Luscinia (Pseudaedon) sibilans	Schwirrnachtigall	Swinchoe's Red-tailed Robin	Solovey-svistun
Tarsiger cyanurus pacificus	Blauschwanz	Siberian Bluechat	Sinekhvostka
*Saxicola torquata	Schwarzkehlchen	Stonechat	Tschernogolovy Tschekan
*Oenanthe oenanthe	Steinschmätzer	Northern Wheatear	Obyknovennaya Kamenka
Turdus naumanni	Naumanndrossel	Naumann's Thrush	Drozd Naumanna
Turdus obscurus	Weißbrauendrossel	Grey-headed Thrush	Bledny Drozd
*Catharus minimus minimus	Grauwangendrossel	Grey-cheeked Thrush	Maly Drozd
Aegithalos caudatus caudatus	Schwanzmeise	Long-tailed Tit	Dlinnokhvostaya Sinitsa
Phylloscopus fuscatus	Dunkellaubsänger	Dusky Warbler	Buraya Penochka
Phylloscopus borealis	Wanderlaubsänger	Arctic Warbler	Penotschka-talovka

Artenliste Vögel

Wissenschaftlicher Name	Deutscher Name	Englischer Name	Russischer Name
Locustella certhiola	Streifenschwirl	Pallas's Grasshopper Warbler	Pevtschy Svertschok
Locustella ochotensis Subcerthiola	Middendorffschwirl	Middendorffs Grasshopper Warbler	Ochotsky Svertschok
Locustella lanceolata	Strichelschwirl	Lanceolated Warbler	Pyatnisty Svertschok
Muscicapa griseisticta	–	Gray Spotted Flycatcher	Pestrogolovaya Mukholovka
Muscicapa sibirica	Rußschnäpper	Sooty Flycatcher	Mukholovkakasatka sibirica
Ficedula parva albicilla (Muscicapa parva)	Zwergschnäpper	Red-breasted Flycatcher	Malaya Mukholovka
Parus ater ater	Tannenmeise	Coal Tit	Moskovka
Parus montanus	Weidenmeise	Willow Tit	Burogolovaya Gaichka
Parus cinctus	Lapplandmeise	Siberian Tit	Serogolovaya Gaichka
Sitta europaea albifrons	Kleiber	Nuthatch	Obyknovenny Popolzen
Lanius excubitor	Raubwürger	Northern Shrike, Great Gray Shrike	Sery Sorokoput
Lanius cristatus cristatus	Rotschwanzwürger	Red-backed Shrike, Brown Shrike	Zhulan
*Prunella montanella	Bergbraunelle	Siberian Accentor	Sibirskaya Zavirushka
Emberiza aureola	Weidenammer	Yellow-breasted Bunting	Dubrovnik
Emberiza rustica latifascia	Waldammer	Rustic Bunting	Ovsyanka Remez
*Emberiza pusilla	Zwergammer	Little Bunting	Ovsyanka Kroshka
Emberiza schoeniclus pyrrhulina	Rohrammer	Common Reed Bunting	Kamyschovaya Ovsyanka
*Emberiza pallasi	Pallasammer	Pallas's Reed Bunting	Polarnaya Ovsyanka

Artenliste Vögel

Wissenschaftlicher Name	Deutscher Name	Englischer Name	Russischer Name
Emberiza variabilis variabilis	Japanische Grauammer	Japanese Gray Bunting	Yaponskaya Ovsyanka
Calcarius lapponicus kamtschaticus	Spornammer	Lapland Bunting, Lapland Longspur	Laplansky Podorozhnik
Plectrophenax nivalis	Schneeammer	Snow Bunting	Punoschka
Coccothraustes coccothraustes	Kernbeißer	Hawfinch	Obyknovenny Dubonos
Chloris sinica kawarahiba	Chinesengrünling	Oriental Greenfinch	Kitayskaya Zelenuschka
**Dendroica coronata	Kronwaldsänger	Yellow-rumped Warbler	–
**Seiurus noveboracensis	Uferwaldsänger	Northern Waterthrush	–
**Junco hyemalis	Junko	Dark-eyed Junco	–
**Passerculus sandwichensis	Grasammer	Savannah Sparrow	–
**Spizella arborea	Baumammer	American Tree Sparrow	–
**Zonotricha atricapilla	Kronenammer	Golden-crowned Sparrow	–
**Passerella iliaca (Zonotricha a.)	Fuchsammer	Fox Sparrow	(Zonotrichnija)
*Carduelis (Spinus) spinus	Erlenzeisig	Siskin	Chizh
Carduelis (Acanthis) flammea flammea	Birkenzeisig	Common Redpoll	Obyknovennaya Tscheschetka
*Carduelis (Acanthis) hornemanni	Polarbirkenzeisig	Hoary Redpoll	Tundryanaya Tscheschetka
Pyrrhula pyrrhula cassini	Gimpel	Eurasian Bullfinch	Snegir
Carpodacus erythrinus grebnitski	Karmingimpel	Scarlet Rosefinch, Pine Rosefinch	Obyknovennaya Tschetschevitsa
Pinicola enucleator kamtschatkensis	Hakengimpel	Pine Grosbeak, Pine Rosefinch	Schtschur

Artenliste Vögel

Wissenschaftlicher Name	Deutscher Name	Englischer Name	Russischer Name
**Loxia leucoptera	Bindenkreuzschnabel	White-winged Crossbill	Bjelokryly Klyost
Fringilla montifringilla	Bergfink	Brambling	Vyurok
Leucosticte arctoa brunnionucha	Rosenbauch-Schneegimpel	Arctic Rosy Finch	Sibirsky Vyurok
Corvus corax kamtschaticus	Kolkrabe	Common Raven	Voron
Corvus corone orientalis (cornix)	Aaskrähe	Hooded Crow	Vorona
Nucifraga caryocatactes kamtchatkensis	Tannenhäher	Spotted Nutcracker	Kedrovka
Pica pica kamtschatica	Elster	Black-billed Magpie	Soroka

*   Wintergäste auf Kamtschatka
**   nur gelegentliches Vorkommen auf Kamtschatka
Bei einigen Vogelarten konnte kein deutscher oder russischer Name in Erfahrung gebracht werden.

Gelbschopflund

Über den Autor

Dr. Andreas von Heßberg, Jahrgang 1963, studierte Physik und Geoökologie an der Universität Bayreuth, spezialisierte sich in den Bereichen Landschaftsökologie, Naturschutz und Vegetationskunde und promovierte 2003, ebenfalls in Bayreuth, über Vegetationsdynamik an renaturierten Flussufern. Schon früh in seiner Jugend unternahm er kleine und große Ausflüge innerhalb Europas. Während des Studiums kamen größer angelegte Expeditionen dazu, so in Grönland, Patagonien, Australien, Namibia, in der Mongolei und der Wüste Gobi, mehrere in Tibet, Sibirien oder in diversen anderen menschenleeren Gebieten. Seit 1995 unternimmt er die meisten Expeditionen mit der Biologin Dr. Waltraud Schulze.

Momentan arbeitet er als freiberuflicher Gutachter (Gewässer, Forst, Ressourcenmanagement, Radwegekonzepte), als Reisejournalist und Vortragsreisender sowie als Reiseleiter (Kamtschatka, Tibet, Slowenien, Friaul). Er ist auch Spezialist für die Herstellung von dehydriertem Reiseproviant für Outdoor-Aktiivitäten und Winter-Expeditionen. Im Trescher Verlag gibt es von ihm auch den aktuell umfassendsten deutschsprachigen Tibet-Reiseführer (in der dritten Auflage, zusammen mit Waltraud Schulze). Die Reisen, Expeditionen und sportlichen Aktivitäten sowie alle Publikationen (Bücher und DVDs) kann man auch auf der Internetseite nachlesen/kaufen: www.mountainbike-expedition-team.de.

Danksagung

Der größte Dank für Hilfe bei der Erstellung dieses Reiseführers gebührt allen, die sich bei der Durchsicht der Texte in dieses Buchprojekt einbrachten.

Dann möchte ich mich bei allen Mitautoren bedanken, ohne die dieser Reiseführer niemals so ausführlich hätte entstehen können. Mit Eurer Hilfe konnte ich viel fundierter schreiben und durch Eure Reisereportagen und Beiträge ist dem Leser mehr als nur ein Reiseführer in die Hand gegeben. Namentlich sind dies (alphabetisch): Katharina Gernet, Dr. Erich Karsten, Andreas Lörcher, Lutz Kirchner, Clemens Ratschan, Dr. Waltraud Schulze, Dr. Oliver Spieler, Lisa Strecker, Dr. Uli Sukopp, Lisa Veverka.

Für Korrekturlesungen bei den lateinischen Pflanzen- und Tiernamen bedanke ich mich bei Michael Koltzenburg und Prof. Dr. Reinhard Böcker.

Mein Dank gilt auch in besonderem Maß den Direktoren und Mitarbeitern der verschiedenen Naturparkverwaltungen in Kamtschatka, besonders Nikolaj (›Kolja‹) Pavlov, Kokorin Igor Anatolevitsch, Mascha Klimova und Alexander Buschenko, sowie Judith Kiss von der Manfred-Hermsen-Stiftung.

Ein großer Dank geht an den WWF Deutschland und das WWF-Büro in Petropavlovsk, die mich mit sehr detaillierten Informationen zum Naturschutz und der Arbeit des WWF auf Kamtschatka versorgt haben.

Danke auch an die Gastfreundschaft von Galina und Evgeny aus Elizovo (Мечта, Mečta), wo ich 2011 Quartier bezogen hatte, um einen Großteil der zweiten Auflage fertigzustellen.

Am Schluss ein herzlicher und spezieller Dank an Elena Podubnaja und Oliver Schmidt, die mir aufgrund ihres Fachwissens zu Kamtschatka und ihrer russischen Sprachkenntnisse immer mit Recherchen und Informationen halfen.

Register

A
Abramovič, Roman 54
Ainu 56
Aleuten 56
Aljutoren 53
Anavgaj 162
Angellizenz 128
Angeln 265
Angel- und Bootstouren 126
Ankalyt 54
Anreise 99
Artenliste Säugetiere 300
Artenliste Vögel 306
Ärztliche Versorgung 265
Asača 152
Atlasov, Vladimir 66
Auenwälder 32
Ausrüstung 89, 108
Autofahren 265
Avača-Bucht 19, 142
Avačinskij 144

B
Banken 266
Bären 122
Bärenkontakt 122
Bekleidung 109
Benjowski, Moritz August von 70
Bergsteigen 267
Beringia-Rennen 163, 182
Beringsee 14, 179
Bering, Vitus 51, 66
Bering, Vitus Jonassen 71
Bezymjannyj 169, 174, 243
Birken-Erlen-Pappelwälder 30
Böden 24
Bodenschätze 80
Bootstouren 268
Bürokratie 90
Busfahren 267
Bussystem 102
Bystrinskij-Naturpark 161, 245

C
Chodutka 153
Čirikov, Aleksej 71, 73
Cook, James 76

D
Dešnëv, Semën I. 69
Diplomatische Vertretungen 268
Dzendzur 144

E
Einkaufen 271
Einladung 90
Einreise 93
Elizovo 145, 156
Energiegewinnung 81
Erlen- und Kieferngebüschzone 26
Erste Kamtschatka-Expedition 71
Essen und Trinken 272
Èsso 162
Evenen 15, 54
Evreinov, Ivan 69

F
Fahrrad 103
Falk, Johann Peter 76
Feiertage 274
Fernsehen 276
Feuchtgebiete 33
Fischarten 127
Fische 37
Fischerei 84
Fischer, Johann Eberhard 72
Fischwilderei 47
Flüsse 129
Föhnwolken 17
Forstwirtschaft 82
Fotoausrüstung 115
Fotografieren 276

G
Gastronomie 272
Geldwechsel 266

Genehmigungen für Naturschutzgebiete 94
Gesundheit 265
Gmelin, Johann Georg 72
Gmelin, Samuel Gottlieb 76
Gorelyj 148, 236
GPS 107
Große Nordische Expedition 51, 66, 72
Güldenstedt, Johann 76

H
Helikopter 104
Hochstaudengebiete 31
Hotels 277

I
Ičinskij 19
Il'inskij 230
Illegale Bärenjagd 45
Illegale Jagd 45
Informationen 279
Insekten 40
Institute 281
Internet 279, 298
Isomatte 115
Itelmenen (Itenmenen) 15, 50

J
Jagd 280
Jochelson, Vladimir 52
Južno-Kamčatskij-Naturpark 148
Južno-Kamčatskij-Naturreservat 155

K
Kamčatka-Fluss 15, 203
Kamčatskij, Ivan 66
Kamen 169, 203
Kamtschatka-Tal 16
Kanu- und Kajakfahren 105
Karaginskij 187
Karymskij 146
Katharina II. 76
Kleinflugzeuge 105
Klima 16
Ključevskoj 20, 169, 173, 192

Ključevskoj-Naturpark 167
Ključi 167
Kommandeurinseln 175
Kopin, Roman 54
Korjaken 15, 52
Korjakien 14
Korjakskij 144
Kozyrevsk 167, 168, 205, 211
Krankenhaus 280
Krašeninnikov, Stepan Petrovič 50, 72
Kronockij-Naturreservat 157
Kronockij-See 15
Ksudač 153, 231
Ksudač-Caldera 231
Kurilensee 15, 153, 155, 228
kyrillisches Alphabet 252

L
Landkarten 107, 280
Landwirtschaft 83
Lepëchin, Ivan Ivanovič 76
Literatur 292
lokale Veranstalter 104
Lužin, Fëdor 69

M
Malki 143
Malyi Semljačik 146
Manfred-Hermsen-Stiftung 166
Medwedew, Dmitri 78
Militär 281
Moore 25
Moskovitin, Ivan F. 69
Mückenschutz 116
Müller, Gerhard Friedrich 72
Museen 281
Mutnaja 152
Mutnovskij 148, 237
Mutnovskij-Gebiet 148

N
Nadelwälder 29
Nalyčevo-Naturpark 87, 144
Naturpark-Verwaltung 282
Naturreservat Korjakskji 179
Naturschutz 48

Naturschutzgebiete 282
Navigation 107
Nikol'skoe 177
Nordenskjöld, Adolf Erik von 76
Nymylanen 52

O

Ochotskisches Meer 14
Öko-Tourismus 87
Opala 240
Östliche Bergkette (Vostočnyj chrebet) 18
Ostryj Tolbačik 169
Oval'naja Zimina 174

P

Pallas, Peter Simon 76
Parapolskij-Tiefebene 179
Pazifischer Feuerring 20
Permafrostböden 25
Permits 282
Pérouse, Jean François de Galaup de La 76
Peter der Große 66, 69
Petropavlovsk-Kamčatskij 15, 136
Ploskaja Dal'njaja 169
Polizei 282
Post 283
Preise 284
Proviant 118
Putin, Vladimir 78

R

Registrierung 93, 284
Reiseanbieter 96
Reiseapotheke 120
Reisevorbereitung 89
Reisezeit 18
Rubez, I. M. 69
Rucksack 114
Russisch-Japanischer Krieg 67

S

Satellitentelefon 106
Säugetiere 34
Schlafsack 115
Schutzgebiete 41
Sicherheit 282
Souvenirs 284
Spangberg, Martin 71
Sperrgebiete 94
Sprachführer Russisch 252
Staduchin, Michail 66
Stechmücken 18, 40
Steinbirkenwälder 30
Stellerbogen 178
Steller, Georg Wilhelm 51, 72
Straßenqualitäten 285
Straßenverkehr 103
Strom 285
Sümpfe 25
Süßwasser-Fischarten Kamtschatkas 38

T

Tal der Geysire 159, 217
Taxi 286
Telefon 286
Temperaturen 16
Theater und Kino 286
Tolbačik 169, 209
Tourismus 85
Tschautschuwat 54
Tschavtschuvenen 52
Tschuktschen 53
Tundra 26

U

Umweltschäden 43
Ustinova, Tatjana 159
Uzon-Caldera 158, 217

V

Vegetation 26
Versicherungen 287
Viljučinskij 148
Visum 91, 287
Vögel 36
Vulkane 21, 22
Vulkanische Böden 24
Vulkanismus 18

W
Wandern 106
Westliche oder Zentrale Bergkette (Zapadnyj oder Sredinnyj chrebet) 18
Wiesen 33
Wildnisküche 116
Winteraktivitäten 288
Wodka 273
WWF 49

Z
Zeitungen 290
Zeitzonen 290
Zelte 114
Želtovskij 230
Zoll 290
Županovskij 144

Bildnachweis

Steffen Bohl: 133u., 165, 178, 266u., 276, 282, 318.
Hubert Frömelt: 44.
Katharina Gernet: 282.
Andreas von Heßberg: Titel, 10, 12/13, 15, 16, 24, 25, 28o., 28u., 30, 31, 32, 33, 34, 37, 43, 45, 46, 48, 52, 53, 55, 63, 77, 78, 80, 81, 83, 84, 85, 86, 87, 88/89, 92, 94, 95o., 95u., 97, 100, 101, 102, 103o., 103u., 104u., 107o., 107u., 109, 110, 111, 112, 113, 114, 116, 117, 118, 119, 120, 123o., 123u., 130, 134/135, 138, 142o., 142u., 143, 145, 146, 147, 150, 151u., 153, 154, 156, 158, 159, 160, 162, 168, 169, 170, 172, 173, 174, 179, 188, 189, 190, 193, 194, 199, 200, 202, 209, 211, 212, 216, 217, 218, 219, 222, 223, 224, 227, 228, 230, 232, 235, 236, 237, 239, 245, 246, 248, 251, 266o., 267, 268, 269, 271, 272, 273o., 273u., 276, 278, 279, 280, 281, 283, 285, 286, 287.
Dr. Erich Kasten: 58, 60, 65.
Lutz Kirchner: 8, 197.
Andreas Lörcher: 90, 91, 204, 205, 206, 208o., 208u., 288.
Clemens Ratschan: 126, 131, 133o., 240, 241, 242, 246.
Waltraud Schulze: 14, 35o., 35u., 40, 79, 104o., 151o., 152, 291.
Gerlinde Seerig: 139, 270.
Oleg Smolij: 182, 184, 186, 274, 275.
Lisa Strecker: 176, 177, 180/181, 185, 284.

Traumreisen!
Kamtschatka Baikalsee Sibirien

*Die erfahrenen Spezialisten für Trekking,
Erlebnisse und Begegnungen in Kamtschatka*

BaikalExpress GmbH, Unterholz 3, D-79235 Vogtsburg
Tel. +49-(0)7662-949294, info@baikal-express.de, www.baikal-express.de

KAMTSCHATKA

Lassen Sie sich ins Land der größten Braunbären, Riesenseeadler und Lachse entführen. Mit einem geländegängigen Fahrzeug und zu Fuß erkunden Sie die schönsten Vulkane Kamtschatkas und beobachten die Bären beim Lachsfang.

Natur- und Erlebnisreisen

▲ **Kamtschatka – Reich der Bären und Lachse**
Eine Expedition in den Süden der Halbinsel mit Wanderungen und Bären- Beobachtung, 17 Tage ab 2890,– €

▲ **Kamtschatka – Halbinsel aus Feuer und Eis**
Eine gut ausgewogene Tour aus Tageswanderungen in die Welt der Vulkane, Begegnungen mit Menschen und unberührter Natur, 16 Tage ab 2550,– €

Ostkirchstraße 65 · D-47574 Goch · Tel. +49(0)2823 / 419748
Fax +49(0)2823 / 419749 · eMail info@baikaltours.de · www.baikaltours.de

Kamtschatka-Trekking mit kompetenter Reiseleitung

Erleben Sie die einmalige Fülle einzigartiger Landschaftstypen und Ökosysteme u. a. mit Dr. Andreas von Heßberg, dem Autor dieses Reiseführers

Fichtestr. 30 ■ D-10967 Berlin
Tel: (030) 695 68 767
Fax: (030) 694 18 51

biss *- Reisen*
www.biss-reisen.de

weitere Trekking-, Wander- und Radreisen:

**BAIKALSEE ■ SEIDENSTRASSE ■ GEORGIEN ■ BULGARIEN
ARMENIEN ■ TIBET ■ WALDKARPATEN ■ KRIM ■ MONGOLEI**

Elbrus-Reisen Alexios Passalidis

Bergsteigen – Trekking – Skitouren

Kaukasus	Elbrus, Kasbek, Dombai, Schwarzmeer
Pamir	Pik Lenin und Trekking
Altai	Trekking und Bergsteigen
Kamtschatka	Skitouren und Trekking
Baikalsee	Trekking im Winter und im Sommer

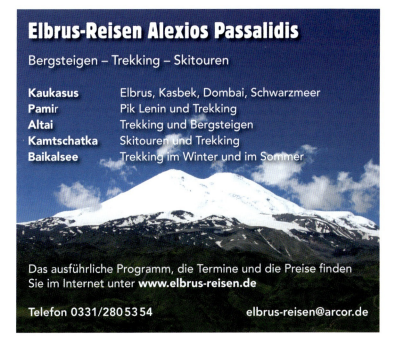

Das ausführliche Programm, die Termine und die Preise finden Sie im Internet unter **www.elbrus-reisen.de**

Telefon 0331/28 05 3 54   elbrus-reisen@arcor.de

www.diamir.de

KAMTSCHATKA
selbst erleben...

Kleingruppenreisen und individuelle Touren

▲ **Kamtschatka – Im Feuerreich des Bären**
 19 Tage Naturrundreise ab 4290 € inkl. Flug

▲ **Kamtschatka – Ursprung des Lebens**
 21 Tage Vulkantrekking ab 3890 € inkl. Flug

▲ **Kamtschatka – Auf Bärenpfaden zu Vulkanen und Geysiren**
 19 Tage Trekking & Naturreise ab 5590 € inkl. Flug

▲ **Kamtschatka – Besteigung des Kljutschewskij (4750 m)**
 22 Tage Vulkanexpedition ab 3990 € inkl. Flug

▲ **Tschukotka – Mit Rentiernomaden durch die russische Arktis**
 16 Tage Tundra- und Eismeerexpedition ab 8290 € inkl. Flug

▲ **Individuelle Kleingruppen-Sonderreisen nach Kamtschatka**

Wir organisieren gern auch Ihre Natur- und Kulturreise, Trekkingreise oder Expedition nach Afrika, Asien, Europa, Ozeanien, Nord- und Südamerika.

Katalogbestellung, Beratung und Buchung:
DIAMIR Erlebnisreisen GmbH
Berthold-Haupt-Straße 2
D – 01257 Dresden
Tel.: (0351) 31 20 732
Fax: (0351) 31 20 76
info@diamir.de

Naturkundliche, Geologische und Botanische
Gruppen- und Individualreisen & Expeditionen,
Tier- und Naturfotografie, Birding

Altai
Sibirien
Kamtschatka
Kyrgyzstan
Tadschikistan
Kasachstan

russland_zentralasien@yahoo.de
Telefon: +49 (0) 177 483 44 02

Reisevermittlung für Russland und Zentralasien
Seit 1994 in der ehemaligen Sowjetunion unterwegs.

OST & FERN
Reisen erleben mit dem Spezialisten

Ihr Spezialveranstalter für: Russland, Osteuropa, Mittelasien, Baltikum
Neu im Programm: Skandinavien, China, Vietnam

Städte- und Rundreisen · Studienreisen · Fluss- und Hochseekreuzfahrten
Gruppenreisen · Flüge-Hotels-Visa-Sprachreisen · Spezialist für St. Petersburg

OST & FERN Reisedienst GmbH • An der Alster 40 • 20099 Hamburg
Telefon: (040) 2840 9570 • Telefax: (040) 280 20 11 • www.ostundfern.de

Beratung und Reiseorganisation
durch die erfahrenen Spezialisten
für Russland und Zentralasien.

Kira Reisen
Badstrasse 31, 5400 Baden
Tel. 056 200 19 00, info@kiratravel.ch
www.kirareisen.ch

KAMTSCHATKA EXPEDITION

Das einmalige Naturparadies für Entdecker und Abenteurer; Halbinsel aus Feuer & Eis, Großbären & Adler; zu den heißen Quellen aktiver Vulkane; 21 unvergessliche Tage ab 3360,- €

VOM ALTAI IN DIE MONGOLEI

Zwischen Belucha-Gebirge und Steppe. Pionier- und Aktivreise durch das imposante Altaigebirge zu den Seen der Westmongolei bis nach Ulan Bator. 18 Tage ab 3750,- €

KIRGISTAN, USBEKISTAN UND KASHGAR

Eine außergewöhnliche Natur und Kulturreise zwischen TienShan, Wüste und Seidenstrasse, teilweise weitab der Zivilisation. 22 Tage Expedition, Übernachtung zum Teil in Jurten, ab 3360,- €

DIE WILDNISSE DER WELT

Fordern Sie unseren Gesamtkatalog an!
www.WIGWAM-TOURS.de

NATURREISEN

Naturnahes Reisen mit dem Komfort fester landestypischer Unterkünfte; Naturnahe Ausflüge; Kleingruppen 6 -12 Pers.; kompetente Reiseleitung
Geeignet für Jedermann

EXPEDITIONEN

Erlebnisreisen mit Wanderungen & Trekking, Bootsausflüge & Tierbeobachtungen; weniger Komfort, dafür purer Luxus des Erlebens
Für abenteuerlich orientierte Reisende

PRIVAT REISEN

maßgeschneiderte Reise:
zu Zweit, mit guten Freunden und Bekannten – Sonderreisen mit variablem, angepasstem Routenverlauf von einfach bis luxuriös

naturreisen
WIGWAM
expeditionen

Information, Beratung & Katalog:

D: +49 (0)8379 92060
info@wigwam-tours.de

CH: +41 (0)71 2444501
info@wigwam-tours.ch

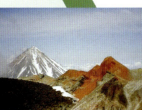

WWW.WIGWAM-TOURS.DE

JS · ALASKA/YUKON · BAJA CALIFORNIA · PATAGONIEN · OST/SÜD-AFRIKA

Trescher Verlag
Der Spezialist für den Osten

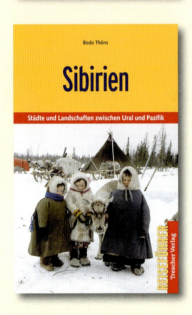

Sibirien
Städte und Landschaften zwischen Ural und Pazifik

5. Auflage 2012, 492 Seiten
ISBN 978-3-89794-200-4
21,95 Euro

Die aufstrebenden sibirischen Metropolen Krasnojarsk, Novosibirsk und Irkutsk werden in diesem Buch ebenso vorgestellt wie zahlreiche kleinere interessante Städte. Auch die Naturschönheiten im Altajgebirge, in Jakutien, am Baikalsee oder auf der Halbinsel Kamčatka werden ausführlich beschrieben. Eigene Kapitel sind den Flusskreuzfahrten auf den großen sibirischen Strömen und der Transsibirischen Eisenbahn gewidmet.

Nordmeerkreuzfahrten und Hurtigruten
Norwegen, Spitzbergen, Grönland, Kanada, Alaska, russische Arktis

1. Auflage 2011, 396 Seiten
ISBN 978-3-89794-183-0
18,95 Euro

Dieses Buch beschreibt die populären norwegischen Hurtigruten ebenso wie die vielfältigen Möglichkeiten, mit eistauglichen Expeditionsschiffen die gesamte Nordpolarregion zu erkunden. Norwegen, Spitzbergen, Grönland, die Nordwestpassage, Alaska, die kanadische und die russische Arktis werden ausführlich vorgestellt und auch die jeweilige Kultur, Natur und Geschichte der Gebiete anhand von Essays lebendig nachgezeichnet. In einzelnen Abschnitten finden sich zudem Daten zu Schiffen, Reiseveranstaltern und Sicherheit sowie die Verhaltensrichtlinien für Besucher in der Arktis.

www.trescher-verlag.de

Trescher Verlag
Der Spezialist für den Osten

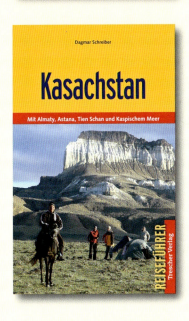

Kasachstan
Mit Almaty, Astana, Tien Schan und Kaspischem Meer

4. Auflage 2012, 444 Seiten
ISBN 978-3-89794-196-0
19,95 Euro

Kasachstan, eines der größten Länder der Erde, ist als Reiseziel nahezu unbekannt. Dabei hat das zentralasiatische Land neben faszinierenden Steppenlandschaften auch Hochgebirgs- und Küstenlandschaften zu bieten. In den Bergregionen des Altaj- und des Tien-Schan-Gebirges, aber auch an riesigen Steppenseen und wilden Flüssen kommen besonders Naturliebhaber und Individualtouristen auf ihre Kosten. Neben der Beschreibung der Sehenswürdigkeiten und den umfangreichen Servicetipps enthält dieser Reiseführer ausführliche Informationen zu Geschichte und Kultur des Landes.

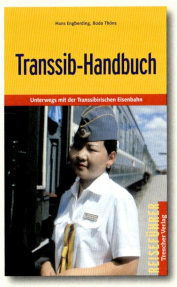

Transsib-Handbuch
Unterwegs mit der Transsibirischen Eisenbahn

7. Auflage 2012, 444 Seiten
ISBN 978-3-89794-225-7
19,95 Euro

Dieser Reiseführer ist für alle gedacht, die eine Reise mit der Transsib planen. Die Reiserouten zwischen Moskau, Vladivostok, Ulaanbaatar und Peking und alle Landschaften und Städte entlang der Route werden ausführlich beschrieben, umfangreiches Material zur Geschichte und Technik der Transsib, zur Streckenführung und zu den Ländern, die bereist werden, dient einer gründlichen Reisevorbereitung.

www.trescher-verlag.de

Trescher Verlag
Der Spezialist für den Osten

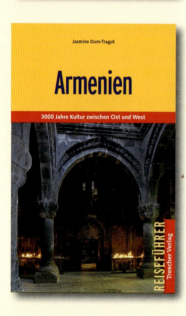

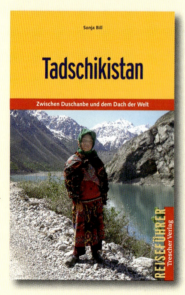

Auswahl Reiseführer

Armenien
3000 Jahre Kultur zwischen
Ost und West
21.95 Euro

Aserbaidschan
Unterwegs im Land des Feuers
18.95 Euro

Baikalsee entdecken
Die blaue Perle Sibiriens
15.95 Euro

China
Erkundungen im Reich der Mitte
19.95 Euro

Georgien
Unterwegs zwischen Kaukasus
und Schwarzem Meer
18.95 Euro

Kirgistan
Zu den Gipfeln von Tien-Schan
und Pamir
16.95 Euro

Makedonien
Unterwegs auf dem
südlichen Balkan
16.95 Euro

Mongolei
Unterwegs im Land der Nomaden
19.95 Euro

Siebenbürgen
Rund um Kronstadt, Schäßburg und
Hermannstadt
18.95 Euro

Slowakei
Unterwegs zwischen Donau, Tatra
und Beskiden
16.95 Euro

Tadschikistan
Zwischen Duschanbe und dem
Dach der Welt
17.95 Euro

www.trescher-verlag.de

Trescher Verlag
Der Spezialist für den Osten

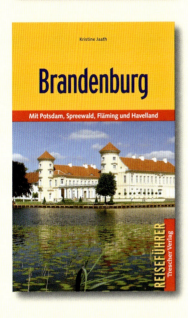

Tibet
Mit Lhasa, Mount Everest, Kailash und Osttibet
19.95 Euro

Auswahl Deutschland

Baden in und um Berlin
Die schönsten Badestellen
12.95 Euro

Brandenburg
Natur und Kultur zwischen Oder und Elbe
14.95 Euro

Dresden
Mit Meißen, Radebeul und Sächsischer Schweiz
11.50 Euro

Lausitz
Unterwegs zwischen Spreewald und Zittauer Gebirge
16.95 Euro

Mecklenburg-Vorpommern
Mit Rügen, Usedom, Rostock und Stralsund
14.95 Euro

Oderbruch
Natur und Kultur im östlichen Brandenburg
9.95 Euro

Sachsen
Mit Dresden, Leipzig, Erzgebirge und Sächsischer Schweiz
14.95 Euro

Wanderungen durch Brandenburg
Unterwegs auf den Europäischen Fernwanderwegen
12.95 Euro

66-Seen-Wanderung
Zu den Naturschönheiten rund um Berlin
13.95 Euro

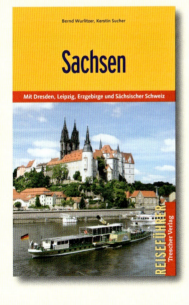

www.trescher-verlag.de

Trescher Verlag
Der Spezialist für den Osten

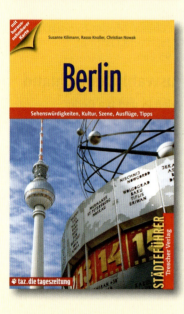

Auswahl Städteführer

Berlin
Sehenswürdigkeiten, Kultur, Szene, Ausflüge, Tipps
14.95 Euro

Bratislava
Mit Donautiefland, Kleinen Karpaten und Záhorie
14.95 Euro

Breslau
Niederschlesien und seine tausendjährige Hauptstadt
14.95 Euro

Bukarest
Mit Brașov, Sibiu und Prahovatal
14.95 Euro

Kiev
Rundgänge durch die Metropole am Dnepr
16.95 Euro

Königsberg
Kaliningrader Gebiet
Mit Bernsteinküste, kuhrischer Nehrung, Samland und Memelland
18.95 Euro

Lemberg
Das kulturelle Zentrum der Westukraine
16.95 Euro

Ostseestädte
14 Städte zwischen Kiel, St. Petersburg und Kopenhagen
16.95 Euro

Peking und Shanghai
Unterwegs in Chinas Metropolen
18.95 Euro

Posen, Thorn, Bromberg
Mit Großpolen, Kujawien und Südostpommern
16,95

www.trescher-verlag.de

Trescher Verlag
Der Spezialist für den Osten

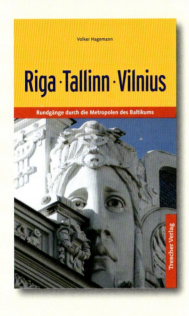

Prag
Mit Melnik, Karlstein und Böhmischem Bäderdreieck
12.95 Euro

Riga, Tallinn, Vilnius
Rundgänge durch die Metropolen des Baltikums
17.95 Euro

St. Petersburg entdecken
Die europäische Metropole und ihre altrussischen Nachbarn
15.95 Euro

Zagreb
Die kroatische Hauptstadt und ihre Umgebung
15.95 Euro

Auswahl Flusskreuzfahrten

Donaukreuzfahrt
Von Passau bis zum Schwarzen Meer
16.95 Euro

Flusskreuzfahrten Dnepr
Unterwegs zwischen Kiev und der Krim
14.95 Euro

Flusskreuzfahrten in Frankreich
Unterwegs auf Seine, Rhône und Saône
16.95 Euro

Flusskreuzfahrten Rußland
Unterwegs auf Wolga, Don, Enisej, Lena und Amur
14.95 Euro

Flusskreuzfahrten Yangzi
Von der Quelle bis zur Mündung
15.95 Euro

Rhein-Main-Mosel Kreuzfahrten
Zwischen Basel und Amsterdam, Trier und Frankfurt
14.95 Euro

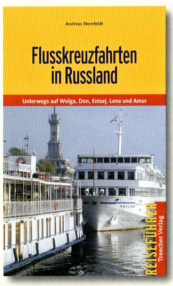

www.trescher-verlag.de

Kartenlegende

- 💲 Bank
- 🚌 Busbahnhof
- ⛺ Campingplatz
- ✈ Flughafen
- ⚓ Hafen
- 🏨 Hotel
- Ⓗ Hubschrauberlandeplatz
- @ Internetcafé
- 🎦 Kino
- ✚ Krankenhaus
- 🛒 Markt
- 🏛 Museum
- 🎒 Outdoorladen
- ✉ Post
- ★ Sehenswürdigkeit
- 🛈 Touristeninformation
- ⛺ Wanderhütte/Schutzhütte

- Autobahn
- Autobahn im Bau
- sonstige Straßen
- 243 Straßennummern
- Eisenbahn
- ⊖ Grenzübergang
- Staatsgrenze
- ■ Hauptstadt
- • Stadt/Ortschaft

Kartenregister

Bystrinskij-Naturpark 161
Der Pazifische Feuerring 18
Èsso 163
Flüsse auf Kamtschatka 129
Južno-Kamčatskij-Naturpark 149
Južno-Kamčatskij-Naturreservat 155
Ključevskoj-Naturpark 167
Kommandeurinseln 175
Kronockij-Naturreservat 157
Nalyčevo-Naturpark 144

Petropavlovsk-Kamčatskij, Übersicht 137
Petropavlovsk-Kamčatskij, Altstadt 141
Schutzgebiete 42
Subduktionsprozess der Plattentektonik 19
Vegetationszonen 27
Verbreitung indigener Volksgruppen in Nordostasien 51
Vulkane der Halbinsel Kamtschatka 21